社会科学专家话德宏

中共云南省委宣传部
中共德宏州委员会
德宏州人民政府
云南省社会科学界联合会
组编

中共德宏州委宣传部
德宏州社会科学界联合会
协编

云南大学出版社

图书在版编目（C I P）数据

社会科学专家话德宏 / 中共云南省委宣传部等组编．
— 昆明：云南大学出版社，2010
ISBN 978-7-5482-0244-8

Ⅰ．①社… Ⅱ．①中… Ⅲ．①地区经济—经济发展—调查研究—德宏傣族景颇族自治州—文集②社会发展—调查研究—德宏傣族景颇族自治州—文集 Ⅳ．①F127.742-53

中国版本图书馆 CIP 数据核字（2010）第 186103 号

社会科学专家话德宏

中共云南省委宣传部
中共德宏州委员会
德宏州人民政府
云南省社会科学界联合会
组编

责任编辑：柴 伟 段义珍
封面制作：周 旸

出版发行：云南大学出版社
印　　装：昆明佳迪兴隆印刷有限公司
开　　本：787mm×1092 mm　1/16
印　　张：27.875
字　　数：515 千
版　　次：2010 年 9 月第 1 版
印　　次：2010 年 9 月第 1 次印刷
书　　号：ISBN 978-7-5482-0244-8
定　　价：40.00 元

地　　址：昆明市翠湖北路 2 号云南大学英华园内
邮　　编：650091
发行电话：0871-5033244/5031071
网　　址：http://www.ynup.com
E - mail：market@ynup.com

4月29日上午，“2010 年云南社会科学专家德宏行暨百名学者话德宏”大型调研活动新闻发布会在省社科联举行

5月6日下午，“2010 年云南社会科学专家德宏行暨百名学者话德宏”大型调研活动州情介绍暨专家见面会在芒市会堂举行

云南省人大常委会原副主任、云南省社会科学界联合会主席王义明同志在“2010 年云南社会科学专家德宏行暨百名学者话德宏”大型调研活动州情介绍暨专家见面会上作重要讲话

云南省委宣传部副部长张瑞才同志在“2010 年云南社会科学专家德宏行暨百名学者话德宏”大型调研活动盈江座谈会上听取专家发言

德宏州委书记赵金同志在“2010 年云南社会科学专家德宏行暨百名学者话德宏”大型调研活动州情介绍暨专家见面会上作重要讲话

德宏州州长孟必光同志主持“2010 年云南社会科学专家德宏行暨百名学者话德宏”大型调研活动州情介绍暨专家见面会

德宏州委常委、副州长、宣传部部长田大余同志在“2010 年云南社会科学专家德宏行暨百名学者话德宏”大型调研活动新闻发布会上作新闻发布

云南省社会科学界联合会副主席江克同志主持“德宏经济社会发展高端论坛”

云南省社会科学界联合会副主席雷翁团同志在瑞丽调研座谈会上讲话

云南省社会科学界联合会副主席靳昆萍同志主持瑞丽调研座谈会

调研活动中，梁河县召开专家与县直各部门领导座谈会

调研活动中，盈江县召开专家与县直各部门领导座谈会

调研活动中，陇川县召开专家与县直各部门领导座谈会

调研活动中，瑞丽市召开专家与市直各部门领导座谈会

调研活动中，潞西市（现改称芒市）召开专家与市直各部门领导座谈会

领导和专家认真听取梁河县筑平山白花油茶种植基地负责人介绍情况

云南省人大常委会原副主任、云南省社会科学界联合会王义明主席向梁河县遮岛镇余家田搬迁点文化室赠送电脑、科普书籍等

专家在盈江县玉石毛料场考察调研

专家在盈江县澳洲坚果种植基地考察调研

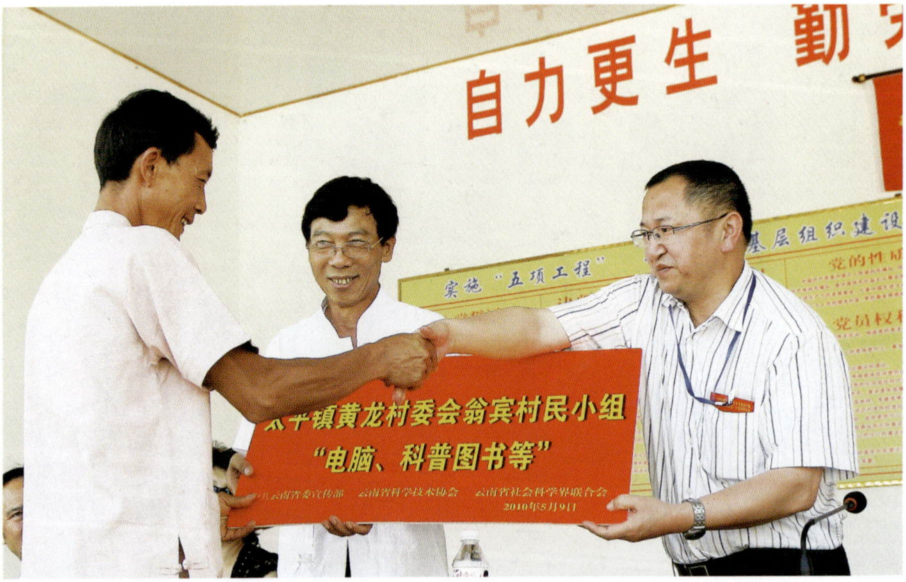

云南省委宣传部张瑞才副部长、云南省社会科学界联合会雷翁团副主席向盈江县太平镇翁宾村村民小组文化室赠送电脑、科普书籍等

领导、专家与盈江县太平镇翁宾村村民在村民小组文化室合影留念

专家在陇川县景罕镇万亩甘蔗种植示范基地考察调研

专家在陇川县章凤口岸考察调研

专家在瑞丽市姐告口岸考察调研

专家在瑞丽市畹町口岸考察调研

专家在潞西市（现改称芒市）宏天咖啡种植基地考察调研

专家在潞西市（现改称芒市）遮放镇贡米加工厂听取情况介绍

中国社会科学院文化研究中心副主任章建刚研究员在盈江县铜壁关自然保护区考察调研

中国社会科学院亚太研究所区域合作研究室副主任王玉主副研究员在盈江县弄璋糖厂考察调研

调研活动中，专家在德宏五县市举行十场学术报告会，图为梁河县报告会场

5月14日，“2010 年云南社会科学专家德宏行暨百名学者话德宏”大型调研活动“德宏经济社会发展高端论坛”在芒市宾馆二楼会议厅举行

“2010 年云南社会科学专家德宏行暨百名学者话德宏”大型调研活动，省、州领导和专家在芒市会堂合影

目 录

◎德宏对外开放研究

新闻报道及评述

领导讲话

在“2010年云南社科专家德宏行暨百名学者话德宏”专家见面会暨州情介绍会上的讲话

王义明

云南省人大常委会原副主任

云南省社会科学界联合会主席

尊敬的赵金书记、孟必光州长，尊敬的各位领导、各位专家，同志们：

大家好！“五一”刚过，我们和各位专家来到了美丽的孔雀之乡——德宏。今天德宏州为我们在这里召开了一个隆重的社科专家见面会暨州情介绍会，赵金书记亲自为我们介绍了州情，孟必光州长为我们主持这次会议，还有来自德宏州委、州政府、州直各部门的同志们，因为受到如此的信任，而让我们备受鼓舞和感动，也使我们深深地感受到德宏州委、州政府、州人大、州政协及各位领导对我们这次专家行的有力支持和殷切期望，在这里我要对德宏州委、州政府、州直各部门和各县市为这次“社科专家德宏行”所做的大量工作表示衷心的感谢。在此，我也要对来自北京和省、州的各位专家表示衷心的感谢。

德宏是一个美丽的地方，是一个令人向往的地方。这里不仅绿树成荫、物产丰富，而且有着悠久的历史文化。这里是古西南丝绸之路的必经之地和重要通道，也是抗日烽火的战场；这里是歌曲《有一个美丽的地方》的发源地，称得上人杰地灵、物华天宝。过去的2009年，在德宏州委、州政府的正确领导下，德宏人民克服了世界性的金融危机给德宏州带来的负面影响，保持了全州经济发展、社会和谐、文化繁荣、民族团结、边疆稳定、人民生活水平日益提高这样一个良好局面。今年，一季度开局以来，德宏州经济快速发展、社会和谐。今天我们下飞机后，一路看过来，德宏的基础设施建设又迈出了新的步伐，使我们深受鼓舞。

今年是“十一五”规划实施的最后一年，怎么样制定“十二五”规划是各级党委、政府以及广大人民群众都非常关心的问题。在这个时候，德宏州委、州政府热情邀请社科界的专家们来到德宏，进行大型的咨询调研，我认为这是非常有远见的，是非常有智慧的。同时，我们和社会科学专家（下文简称“社科专家”）们都感到十分荣幸，也感到责任重大。我们一定不辜负德宏人民的希望，要通过调查研究，把专家们的丰富修养、广阔视野，与德宏州人民在州委、州政府的坚强领导下取得的丰富而成功的改革开放的实践经验相结合，总结经验，创新理论，提出符合德宏州实际的改革发展指导性意见和建议，积极推动德宏州经济社会发展新跨越。在这里，我也对这次专家行活动讲几点看法和认识。

一、坚持科学发展，抓住新机遇，与时俱进，开拓进取

德宏州位于我国云南省的西南边陲，是云南面向东南亚、南亚开放的前沿。改革开放初期，德宏抓住了机遇，率先发展边贸，使德宏的沿边开放创造了骄人的业绩，实现了德宏经济社会的第一次跨越式发展。当前，德宏州的对外开放和经济发展面临着新的机遇，2010 年 1 月 1 日，中国—东盟自由贸易区正式启动，中央已经明确提出“使云南成为我国向西南开放的重要桥头堡”战略思路。刚才，赵金书记在讲话中也说了，去年 7 月，胡锦涛总书记在云南考察结束时的讲话中指出：“要拓展对外开放广度和深度，推动对外贸易，利用外资、企业‘走出去’上水平，尤其要充分发挥云南作为我国通往东南亚、南亚重要陆上通道的优势，深化同东南亚、南亚和大湄公河次区域的交流合作，不断提升沿边开放质量和水平，使云南成为我国向西南开放的重要桥头堡。”为了贯彻落实中央和胡锦涛总书记的指示精神，省委八届八次全会提出了“要把云南建设成为绿色经济强省，民族文化强省，中国面向西南开放的桥头堡”的战略目标。为了实施“桥头堡战略”，与缅甸接壤、与南亚的印度和孟加拉国相毗邻的德宏州，将成为人们关注的主要战略区域。筹划中的泛亚铁路西线，由昆明—大理—瑞丽—缅甸皎漂港，德宏是重要的中转地。德宏还是酝酿中的第三欧亚大陆桥的国内陆港通道口岸。“桥头堡建设”是德宏继 20 世纪八九十年代之后又一次对外开放的良好历史机遇。今天谈“桥头堡建设”的时候，德宏的基础能源、基础设施等各方面的条件更加完备了，德宏州委、州政府紧紧抓住“桥头堡建设”这一历史机遇，以科学发展观为指导，提出了“生态立州、科教兴州、产业富州、开放强州、和谐稳州”的发展战略目标，推动德宏经济社会在新的历史条件下实现跨越式发展。这次社科专家德宏行大型调研咨询活动，要围绕德宏州委提出的发展战略目标和八个方面的战略任务，以“深入学习实践科学发展观，着力推进中国面向西南开放的桥头堡建设，促进德宏经济社会又好又快发展”的主题开展调研。要深入研究德宏州在“桥头堡战略”中的角色分工，具体战略构想，结合云南省和德宏州的实际，特别是在新形势下的“黄金口岸”建设，三个基地、三个平台、三个窗口怎么实现，等等。围绕这些问题，我们应该提出一些好的意见和建议，提出具体可行的新举措、新途径、新政策、新权限，探索跨境经济合作区、保税区，无障碍跨境旅游区、加工贸易区，在邻国建立农业园区，建设区域性国际金融结算中心等新领域的开拓途径和可能性，争取在“桥头堡”规划中让德宏占有一席之地。

二、尊重群众、尊重实践，创新理论、服务社会

社会科学专家基层行的活动是服务基层、服务社会的一项大型咨询调研活动，迄今已举办了6次，成为云南省社科工作的一个品牌，自从2003年以来，对红河、临沧、楚雄、大理、丽江和盈江县都做过比较深入细致的调研工作，为推动当地经济社会发展建言献策，得到了当地党委、政府和广大人民群众的高度评价，专家们的意见和建议成为当地党委、政府决策的依据和参考。总结成功的经验，是因为专家们尊重群众、尊重实践，成功地用马克思主义认识论的方法，总结了当地群众在党委、政府的领导下创造的成功经验，把它放在国内国际的大视野中，加以升华和总结，做到了创新理论、资政育人，反过来又为指导新的实践提供了新的指导意见。例如：社科专家盈江行收到了很好的效果，专家们关于盈江工业园区建设、矿电结合、口岸建设和环边境的基础设施建设的建议都进入了地方党委、政府的决策。我们相信，只要我们虚心向当地的党委、政府学习，就能够总结出德宏州经济社会发展中创造的好的经验、好的方法。在省委宣传部的直接领导下，在德宏州委、州政府的高度重视下，借鉴多次组织社科专家基层行的经验，这次社科专家德宏行暨百名学者话德宏大型调研咨询活动一定会办得更好，办得更实，办得更精彩。

三、要踏实工作、团结协作，圆满完成调研任务

这次社科专家德宏行是云南省开展基层行活动以来规模最大的活动之一。参加调研的专家队伍人数多，调研时间长，各位专家要善始善终做好调研，工作人员要精心组织、统筹协调，做好服务工作，新闻媒体要抓住关键、抓住亮点做好报道工作，大家要齐心协力，圆满完成这次活动的各项任务。值得向大家报告的是，参与本次调研的专家队伍组成情况突出了四个方面的特点：一是本次调研活动的专家结构由北京、省、州专家组成，有来自北京中国社会科学院的两位专家，来自省里的25位专家和德宏州的13位专家。二是在专家的学科构成上，根据德宏州提出的调研课题，我们组织了6位来自昆明理工大学、云南农业大学、西南林业大学的环境科学、种植养殖科学和林业科学的专家参与这次调研活动。三是在专家的部门结构上有理论研究部门的专家和实际工作部门的专家。他们有来自北京、省、州科研机构的研究员，有来自大专院校的专家教授，同时还有来自省政府研究室、省发改委、省商务厅的实际工作部门的专家。四是在专家的结构上体现老中青相结合、中年专家为主的原则。他们中有年过花甲的资深老专家，也有20世纪70年代后出生的年轻专家。特别是参加这次调研活动的专家队伍中，来自北京和省里的好几位专家，他们曾经在德宏等边疆下过乡，把德宏等边疆地区当做他们的第二故乡，他们是满怀着深情参加这次调研活动的。希望专家们进一步加强使命感和责任感，相信专家们一定会倾注全部心力，把这次调研活动搞好。

最后，我还要感谢本次活动得到了北京、省、州各有关方面、各位领导、专家和同志们的大力支持，特别要感谢省科协的党组书记、常务副主席唐兵同志，他是应我们的邀请来参加这次活动的，既体现了省科协自然科学和社会科学相结合，是对省里大型调研活动的一种新探索，同时，还为我们带来大量的自然科学方面的科学读物，参加向德宏州、县的赠书活动。在此，我代表省社科联再次向大家表示衷心的感谢！希望这次调研活动取得圆满成功。

2010年5月6日

紧扣时代主题，常办常新，办好社科专家基层行

——在“德宏经济社会发展高端论坛”上的讲话

王义明
云南省人大常委会原副主任
云南省社会科学界联合会主席

尊敬的赵金书记、张瑞才副部长，尊敬的各位领导、各位老师，同志们：

为期8天的“2010年云南社科专家德宏行暨百名学者话德宏”大型调研主题活动就要告一段落了，在这里我再一次代表参加活动的专家们、代表省社科联向德宏州委、州人大、州政府、州政协给予活动的大力支持和指导，对德宏各州、县市和州直各部门给予的大力支持和密切配合，表示衷心的感谢。

8天来，专家们风尘仆仆，走过了德宏州2市3县的许多村村寨寨，亲自感受了德宏州基础设施大发展的场面，为德宏州的快速发展而备受鼓舞。专家们广泛接触了以“抗震救灾”和“抗旱救灾”精神克服各种困难，努力实现跨越式发展的各族干部群众，看到了他们积极向上的精神风貌，聆听了他们经得住考验，克服种种困难，认准目标不动摇，集中精力谋发展的宝贵经验。“孔雀之乡”秀丽而和谐，所到之处山水美、文化美、翡翠美，给大家留下了深刻而美好的印象。

今天，我们在这里举办“德宏经济社会发展高端论坛”。上午，省委宣传部张瑞才副部长受张田欣部长委托作了重要讲话。瑞才副部长全程参加并指导了这次活动。今天有24名专家代表作了交流发言，这些发言涉及了德宏经济发展的方方面面，专家们深入实践调查研究，得到了很多真知灼见，这些真知灼见闪耀着智慧的火花，饱含了对德宏州人民的深情厚谊。我认

为，这次调查研究活动实现了总结德宏州发展的宝贵经验，深化了对德宏州情的认识，研究了德宏州跨越式发展的路子，我们希望这次调研活动能够宣传德宏州改革开放和跨越式发展取得的成就，也希望这次调研活动能为德宏州党委、政府和有关方面领导科学决策提供有用的理论支持。

听了专家们的发言，参加了从田大余部长新闻发布会到今天高端论坛的一系列活动，我也有几点认识和体会与同志们共同分享。

一、以打造桥头堡黄金口岸为目标，进一步优化德宏州经济社会跨越式发展战略思路

德宏州委、州政府坚持用科学发展观统揽全局，在理论和实践的探索中开拓了新的发展局面，提出了符合德宏实际的跨越式发展的思路。曾经提出抓住四个机遇、围绕一个目标、攻克两个难关、打好三个基础、发展四大产业、实施五大战略，把德宏建成富裕开放、和谐安宁的社会主义新边疆。各县市也结合自己的实际情况，提出了发展思路和发展目标，在州委、州政府的坚强领导下，一个蓬勃向上、欣欣向荣的跨越式发展局面正在这里逐步形成。张瑞才副部长所总结的德宏州是蓄势待发的，正是大家的真实感受。调研活动中，专家们对这个发展思路也给予了充分肯定，特别是对发展生物特色产业“六棵树、一棵草”的形象比喻给予了高度评价。同时，不少专家都对德宏州在云南省建成面向西南开放的“桥头堡战略”中的定位问题发表了许多好的意见和看法。特别是我读到媒体报道的州委赵金书记在今年十一届省人大三次会议上强调的观点：在云南省建成中国面向西南开放的桥头堡建设中，把德宏作为黄金口岸大门给予重点建设。提出了打造“三个基地、三个中心、三个窗口”的目标任务，打造生物特色产业基地、进出口装备加工基地、物流仓储基地，对外开放的金融服务平台、信息服务平台、文化交流平台以及中国通往东南亚、南亚的经济窗口、文化窗口、友谊窗口。同时，也读到了孟必光州长在政府工作报告中提到的以桥头堡“黄金口岸”建设为重点，在沿边开放水平上有所提升。我非常赞同这些观点，同时也很受鼓舞，我希望以桥头堡黄金口岸建设为纲，进一步优化德宏州的发展战略，使得它更加简明、易记，重点突出。围绕这个观点我也提一点看法：2010 年 4 月，国家发改委出台了文件《支持云南省加快建设我国向西南开放桥头堡的指导意见》工作方案，这意味着云南省桥头堡建设已经进入国家战略层面，这个层面比其他机遇离德宏州更近，也更有针对性。现在被列入国家战略的桥头堡有好几个，但是从经济、地理角度上看，条件最好的是云南。东北方的黑龙江，出境后经过 1.4 万公里人烟稀少的地区才可以到达俄罗斯圣彼得堡。西北方向，从新疆出境穿过中亚到达欧洲荷兰鹿特丹港运距也有 1.3 万公里，所经地区人口稀少，市场容量也小。向西开放西藏与南印巴次大陆之间有喜马拉雅山阻隔，能通行的几个出口海拔都在 5 000 米左右，自然条件恶劣，要有大的发展也比较困难。而从昆明到德宏只用半天时间，德宏地理、气候条件优越，边境口岸对外通道已成体系。尤其从瑞丽出境到缅甸经腊戍到曼德勒，马圭到印度洋东岸的皎漂港公路里程仅为 1 772 公里；规划中的泛亚铁路西线里程有 1 550 公里。对于正在进行西部大开发战略的我国西南地区来说，中南半岛是大西南地区的主要商品市场、劳务和人才市场，重要的投资场所，主要的经济合作伙伴，是我国西南地区“走出去”战略的主要实施对象。德宏州就是实施与东南亚、南亚经贸合作的重要战略通道和枢纽。有经济学家分析说：德宏位于中华经济圈、东盟经济圈和南亚经济圈的结合部，特别在中缅两国关系、两国经贸合作中发挥着不可替代的桥梁、纽带作用。

现在“昆明国际内陆港经济区”项目已经被昆明市政府列为“两强一堡”建设的核心内容，并获得省发改委的认可和支持，正在争取国家级经济区项目，目前有可能争取得到。昆明的规划中把瑞丽定位为中国向西南开放的桥头堡窗口城市，中国连接印度洋的重要物流节点城市；将德宏定位为中国向西南开放桥头堡的前沿，云南省对东南亚、南亚开放的重要口岸，也就是赵金书记说的黄金口岸，中国—东盟自由贸易区建设、中印经贸合作、孟中印缅地区经济合作的中心区。在这样的新形势、新机遇下，我们希望德宏州能抓住这个机遇，把自己的战略定位与省和国家战略相结合，与中国加强和周边国家特别是中国加强和缅甸乃至南亚的合作，营造中国和平发展的周边战略结合，与中国西部大开发战略结合，与提升沿边开放战略结合。

以下是我的一些建议：

（1）积极配合桥头堡建设，认真做好德宏“十二五”总体规划的编制工作，把打造桥头堡黄金口岸作为规划的主线。紧紧围绕战略通道、产业基地合作平台，交流窗口建设为核心作好规划，像赵金书记提到的基地、平台、窗口，许多东西都可以装进去。通道建设都是国家级的大项目，在德宏有中缅陆水联运通道，昆明—仰光高等级公路，泛亚铁路西线，中缅输油管道，中缅天然气管道等项目，可以把相关联的项目都装进去，从而制定相应的实施机制和保障措施。

（2）希望德宏进一步争取省和国家的关注，加强与缅甸的政府和民间的联系和友好往来，展示友好合作诚意、改革开放成果，传播中华文化，真正成为一个促进中缅两国相互了解和友谊的重要窗口，服务于国家大战略，作出新的更大贡献，从而也将得到省和国家的大力支持和重视。

（3）希望德宏积极探索跨境经济合作区的建设和运营，不仅是工业园，更多的可以考虑农业开发园区、报税区、无障碍跨境旅游区、加工贸易区等等，继续争取省和国家的支持、关注。积极组织参与到省和国家一级的各项国际合作交流机制中去寻求更多话语权和发展机会。在探索中拓展发展领域，取得经验，提出切实可行的政策建议，拓展我们的发展空间。

二、与时俱进、开拓创新，保持社科专家基层行的生命力

自2003年社科专家红河行以来，在省委宣传部的指导下，我们先后举办了社科专家临沧行、盈江行、楚雄行、大理行、丽江行，还配合红河州的元阳哈尼梯田申报世界文化遗产，进行了社科专家元阳行专题调研活动，这些调研活动都取得了很好的效果，不同程度地推动了地方经济社会的发展。云南这种综合多学科，凝聚各方力量成规模，组织一大批专家对一个地区或专项问题进行调研，服务基层的形式，得到了中央领导同志、宣传部长刘云山同志和省领导的肯定。这些年来我们也积累了许多值得借鉴的经验，以科学发展观为指导，探索和改革社科专家基层行的举办形式，提高举办质量，打造好这一社会科学工作品牌是我们的重要任务。

今年的社科专家德宏行我们实现了三个结合。一是在专家组织上实现北京和省、州专家相结合，自然科学和社会科学专家相结合，研究部门和实际部门专家相结合。本次调研活动有来自北京的两位专家和省、州的40多位专家参与调研，他们中有6位是从事自然科学的专家，有3位来自实际工作部门。二是在组织形式上把调研活动和理论宣讲结合起来。本次调研活动期间，我们每到一个县市，都请两位专家作理论宣讲，共有10位专家作了9场宣讲报告。专家们的学术报告内容包括山区经济、对外开放桥头堡建设、文化产业、德宏的宏观经济战略、社会事业发展、阳光政府和提高行政效率、生态环境保护、发展旅游产业等方面。三是在内容上把为党委、政府提供决策参考与送科普知识到基层相结合。在省科学技术协会的大力支持下，我们给梁河县遮岛镇的余家田搬迁点、盈江县平原镇的翁宾新农村建设点等地送去了电脑、科普书籍等。结合改革开放和“桥头堡”建设的需要，给州委、州政府和各县市赠送了《东南亚国家经济贸易法律研究丛书》。努力把社科专家基层行办成有中国特色社会主义“理论大众化的推进器、科普知识的宣传队、服务基层群众的工作队、地方党委政府决策的智囊团”。我们一定要认真总结德宏行的经验和不足，把社科专家基层行的品牌工作做得更好。

今天由于时间关系，有的专家还没有机会发言，有的专家还没能将他们的意见充分表达出来。回去以后，专家们还将对调研期间获得的第一手材料进行分析研究，撰写成文，汇编成《社会科学专家话德宏》，向德宏州各级领导作正式汇报。

最后，再一次感谢德宏州各级领导和同志们，特别是州委宣传部田大余部长、社科联林主席以及为我们服务的同志们，是你们的支持和帮助，为我们创造了好的工作条件和生活环境。在这里，我也再一次感谢参加这次活动的各位老师和专家，是你们不辞劳苦，风雨兼程，成就了这次专家行活动，我向各位老师和专家们问候致敬！特别要感谢的还有陪伴我们专家行始终的新闻界的朋友们，你们辛苦了。祝大家吉祥如意、健康幸福，祝愿德宏州繁荣昌盛、蒸蒸日上，祝德宏各族人民幸福安康！

2010 年 5 月 14 日

着力推进中国面向西南开放的桥头堡建设

——在“德宏经济社会发展高端论坛”上的讲话

张瑞才

中共云南省委宣传部副部长

去年7月，胡锦涛总书记在云南考察工作时提出，“使云南成为我国向西南开放的重要桥头堡”。省委八届八次全会提出“两强一堡”战略目标。我们要深刻领会和认真贯彻落实总书记的讲话精神和省委的战略部署，从践行科学发展观和国家战略需要的高度来认识云南建设中国面向西南开放桥头堡的重大意义，要抓住机遇，增强紧迫感，采取有力措施推进中国面向西南开放的桥头堡建设。德宏州地处祖国西南边疆，是通往东南亚、南亚以及印度洋的重要通道。随着云南加快中国面向西南开放的桥头堡建设，德宏州的战略地位日益显现，德宏要在全省桥头堡建设中发挥更加积极的作用，着力打造桥头堡黄金口岸。下面，我就推进桥头堡建设谈几点认识，与大家一起交流。

一、充分认识推进中国面向西南开放桥头堡建设的重大战略意义

建设中国面向西南开放的桥头堡是国家在新形势下对外开放的重大战略部署，这为云南经济社会实现跨越式发展提供了重大战略机遇。

（一）中国面向西南开放的桥头堡建设具有国家战略意义

桥头堡建设进一步深化和完善了我国的对外开放格局。经过30余年的改革开放，我国已形成了全方位、多层次、宽领域的开放格局。当前，国际形势正在发生重大而深刻的变化，世界格局正处在一个大发展、大变革、大调整的重要时期，中国与世界的关系更加紧密，中国的发展离不开世界，世界的发展也需要中国，特别是国际金融危机以后，这种关系更加明显。面对新形势，进一步提升对外开放水平，是我们迫切需要解决的问题。因此，在

新的形势下，建设面向西南开放的桥头堡，并将其上升为国家战略，这不仅有利于中国同时启动面向太平洋和印度洋的开放，而且有利于云南省加快开放步伐、促进经济社会科学发展提出的新要求，有利于云南省进一步发挥优势和特色，由对外开放的“末端”变为对外开放的前沿，从而为提升开放水平和寻求更大的发展，提供了千载难逢的机遇。

（二）桥头堡建设有利于实现互利共赢，维护我国边疆安全，促进世界和谐

周边是一个国家的战略依托。随着中国经济实力大幅度增强，中国走向世界的脚步越来越快。但要走得好、走得远，还必须立足周边，加强同周边国家的睦邻友好和务实合作，积极开展区域合作，共同营造和平稳定、平等互信、合作共赢的地区环境。随着世界经济全球化、区域经济一体化加快推进，拥有独特地缘优势的云南将发挥着重要作用。与云南临近的周边国家包括东南亚、南亚国家，它们地缘优势重要且都是发展中国家，其加快发展的愿望强烈，与中国加强合作的愿望也十分强烈。通过建设面向西南开放的桥头堡，加强与周边国家的合作，不仅有利于中国以及云南开拓东南亚、南亚市场，也有利于它们开拓中国以及云南的市场。目前，东南亚国家与中国建立了自由贸易区，南亚国家中的孟加拉国、巴基斯坦实行了“向东看”政策，印度、尼泊尔、斯里兰卡等与中国的关系也不断改善，正是中国与其加强合作的关键时期。因此，加快桥头堡建设，推进中国以及云南与东南亚、南亚国家的经贸合作，符合中国“睦邻、安邻、富邻”的外交政策，符合周边国家的利益，有利于促进双边政治互信，共同维护地区安全，有利于促进世界和谐发展，双方共同实现繁荣进步。

（三）桥头堡建设有利于提升云南的对外开放水平

实施“走出去”开放战略是党中央、国务院总揽全局、根据国内外发展新形势作出的重大决策，是发展开放型经济、全面提高对外开放水平的重大举措，是实现我国经济社会长远发展、促进与世界各国共同发展的有效途径，标志着我国对外开放向纵深发展并进入了新的阶段。云南经过多年努力已形成了“走出去”的基础实力，并取得了显著成效，推动了全省经济发展和国际化进程。但同时也必须看到我们还面临不少挑战。其中一个重要的挑战就是对外开放程度低。因此，继续深入贯彻落实科学发展观，加快实施“走出去”战略，对于促进云南经济又好又快发展具有非常重要的意义。建设中国面向西南开放的桥头堡，必然会使云南成为投资的热土，必然会改善云南的基础设施状况和投资环境，进而为云南实施“走出去”战略创造更好

的条件。同时，桥头堡建设还可以更好地推动云南加快转变经济发展方式，充分利用“两个市场”、“两种资源”，实现资源的优化配置，进一步推动全省开放型经济发展和提高国际竞争力，提高云南的对外开放水平。

二、着力推进中国面向西南开放桥头堡建设

建设中国面向西南开放的桥头堡，既是中央对云南的殷切期望和要求，更是云南以对外开放促进自身发展的需要和机遇。推进桥头堡建设，是新时期加快云南经济社会发展的重大战略举措，各级各部门一定要提高思想认识，从战略和全局的高度，增强推进桥头堡建设的紧迫感、责任感，坚持规划先行、分步实施、重点突破、全面推进，切实保障桥头堡建设的顺利实施。

（一）加快“走出去”与“引进来”的步伐，加大云南外向型经济发展的力度

“引进来”与“走出去”是对外开放的两个重点，是深化开放、搞好合作、充分利用外部资源和市场的必然选择，是云南对外开放实现可持续发展的必由之路。在开放发展到新阶段后，特别是面对建设桥头堡的新要求，必须坚持“引进来”与“走出去”相结合的开放战略。为此，在开放中既要积极引进外国的资金、技术、人才和管理经验，又要大力支持有条件的企业加快“走出去”的步伐，加大对外经济技术合作，开展对外直接投资和跨国经营，完善境外投资促进和保障体系，加强对境外投资的统筹协调、风险管理和海外国有资产监管，形成促进生产要素跨境流动和优化配置的体制机制，努力实现互利共赢。

（二）加快基础设施建设，把云南建成面向西南开放的交通、通信、电网枢纽

近年来，省委、省政府高度重视基础设施建设，使云南基础设施建设取得了巨大进展。在公路方面，云南出巨资基本打通了昆河、昆曼、昆仰的高速或高等级公路境内段。目前，以昆明为中心的干线公路已全部实现高等级化，连接省外和周边国家的干线公路也正在向高等级化方向发展。在铁路方面，打通了南昆、内昆等铁路，正在推进昆河、云桂、昆曼、昆瑞、滇藏等铁路建设，铁路网规模不断完善。在航空方面，已开通 30 多条通往东南亚、南亚及其他国家或地区的航线，全省通往省内外主要城市和东南亚、南亚国家的航空网络初步形成。在水运方面，澜沧江—湄公河的通航能力大幅度提高，中缅陆水联运、中越陆水联运正在逐步推进。在口岸建设方面，云南拥有 20 个国家级一、二类口岸，我们看了德宏州的两个

国家一级口岸，两个二级口岸，各口岸的基础设施、通关能力、通关效率大幅度提高。在邮电通信、电网建设等方面也取得重大进展。这些基础设施建设，大大推进了云南经济社会的发展，使云南与周边国家的经贸关系得到深化。但是也应看到，由于历史、自然、经济等因素，全省基础设施还较落后，与云南建设中国面向西南开放的桥头堡的要求还有差距。因此，必须把加快基础设施建设放在更加突出的位置，进一步加快公路、铁路、航空、水运等建设，尽快形成多元立体的交通网络，使云南成为中国面向西南开放的交通枢纽；进一步加快邮电通信基础设施建设，以泛亚光纤网、高原信息走廊、西南邮电通信出口为重点，加快面向东南亚、南亚信息枢纽建设，为中国和周边国家企业相互开拓市场搭建信息平台；进一步加快电网建设，以“西电东送”、“云电外送”为重点，打造坚固电网，建设连接东南亚和“泛珠三角”的区域电网枢纽。

（三）加快面向西南开放的物流中心、能源中心、人民币结算金融服务中心、旅游目的地和人文交流合作中心建设

建设中国面向西南开放的桥头堡，不仅要形成畅通、快捷、高效的国际大通道，更重要的是要以此为依托，积极发展通道经济，增强产业实力，提升云南的国际竞争力。一是要加强产业基地建设，大力发展现代产业。改造提升传统优势产业，大力发展先进制造业，积极发展电子信息、新材料、节能环保、新能源、生物医药等新兴产业和战略性产业，建设一批面向东南亚、南亚的出口加工基地和产业转移基地。二是以国际大通道、重要城市和物流节点为依托，加快物流基础设施建设，打造昆明、德宏等国际物流园区，形成一批分工明确、布局合理、特色鲜明的现代物流基地，使云南成为中国面向西南开放的现代物流中心。三是以建设中缅油气管道为契机，积极推进云南与东南亚、南亚、西亚、非洲国家的能源合作，加快石油炼化基地建设，加快新能源和可再生能源发展，把云南建设成为中国的重要能源中心和清洁能源基地。四是不断深化与周边国家的经贸合作，积极争取国家支持，把云南建设成为中国面向东南亚、南亚的人民币结算金融服务中心，德宏的瑞丽将成为金融服务中心的前沿。五是充分发挥云南的区位优势、气候优势、旅游资源优势和人文优势，把云南建设成为中国面向西南开放的重要旅游目的地、高原体育训练基地和特色体育赛事中心。六是以东南亚、南亚国家为重点，打造一批教育、培训、科研、外宣基地，积极开展对外交流与合作，把云南建设成为中国面向西南开放的人才交流合作枢纽、文化交流传播中心。七是继续推进“七彩云南”建设，大力发展低碳经济，加大天然林保护、退耕还林、大江大河和高原湖泊治理的力度，加快“森林云南”建设，把云南建设成为面向西南开放的生态屏障。

（四）充分发挥地缘优势，大力推进区域经济合作，积极应对经济全球化挑战

经济全球化会带来发展的机遇，但也有风险和挑战。只有积极应对，在更广阔的空间进行产业结构调整和资源优化配置，才能分享全球化的利益，才能在国际分工体系中占据有利地位。为此，我们要充分发挥云南的地缘优势、比较优势和后发优势，继续坚持对外开放的基本国策，牢固树立“只有大开放才能大发展”的观念，紧紧抓住建设面向西南开放桥头堡的战略机遇，以更加积极的姿态走向世界，不断适应经济全球化的新形势，在更大范围、更广领域和更高层次上参与国际竞争与合作。当前尤其要充分利用建成中国—东盟自由贸易区以及中国与南亚国家关系不断改善的机遇，积极实施面向印度洋的开放战略，不断推进与东南亚、南亚的区域经济合作，并以此为基础不断拓宽开放深度和广度，为云南优化配置资源、推动产业结构优化升级、拓展国际市场开辟更加广阔的空间。

（五）坚持统筹对内对外开放，内外联动、互利共赢的开放战略

对内开放也是开放。特别是在世界经济全球化、区域经济一体化加速推进的情况下，国际市场国内化、国内市场国际化的趋向日益明显，统筹对内对外开放，形成内外联动、互利共赢的开放型经济体系，是推动一个国家或地区形成经济全球化条件下参与国际经济合作和竞争新优势的重要基础和保障。建设中国面向西南开放的桥头堡，必须不断完善内外联动、互利共赢、安全高效的开放型经济体系，必须继续贯彻“与邻为善、以邻为伴”和“睦邻、安邻、富邻”的周边外交方针，加强同周边国家的睦邻友好和务实合作，积极开展区域合作，共同营造和平稳定、互利互惠、合作共赢的开放环境。与此同时，要把对外开放、引进外资同提升省内产业结构、技术水平有机结合起来，与资源重组、优化配置结合起来，并完善对外开放法律法规和政策，形成稳定、公开、高效的管理体制和公平、公开、透明、可预见的政策环境，积极引导更多外资向高新技术产业、现代服务业、高端制造业、基础设施和生态环境保护等行业集中，鼓励外国企业特别是跨国公司、世界500强企业在云南设立地区总部、研发中心、采购中心、制造基地和培训中心，以不断优化云南经济结构，提高云南产业国际竞争力。

三、哲学社会科学要为中国面向西南开放的桥头堡建设营造舆论氛围，提供理论支撑

哲学社会科学是国家软实力和综合国力的重要组成部分。建设中国面向

西南开放的桥头堡也离不开哲学社会科学的理论支持。全省哲学社会科学工作者要紧紧围绕云南省委、省政府的工作大局，不断探索推进桥头堡建设的措施和办法，大力促进云南物质文明、政治文明、精神文明、生态文明建设和人的全面发展，为中国面向西南开放的桥头堡建设营造良好的舆论氛围，提供理论支撑、精神动力和智力支持。

（一）提高认识，增强紧迫感、责任感，把建设中国面向西南开放的桥头堡作为当前哲学社会科学工作者的重要研究任务来抓

作为哲学社会科学工作者，必须提高对桥头堡建设的认识，增强紧迫感和责任感，把建设中国面向西南开放的桥头堡作为当前最重要的研究任务来抓紧抓好。首先要提高认识。加快桥头堡建设是一项具有战略性、全局性的任务。全省哲学社会科学工作者一定要站在国家战略的高度，认真学习和深刻领会胡锦涛总书记考察云南的讲话精神，把其精神实质贯穿于整个研究工作中。其次，要增强紧迫感。在全国各地纷纷兴起区域经济发展热潮的情况下，建设中国面向西南开放的桥头堡为云南加快发展提供了难得的机遇，全省哲学社会科学工作者一定要统一思想，增强紧迫感，只争朝夕，把深入研究桥头堡建设的相关问题摆在重要位置，提上重要议事日程，及时拿出高质量的研究成果，为国家和省委、省政府提供决策参考。再次，要增强责任感。全省哲学社会科学工作者要把深入研究建设中国面向西南开放的桥头堡作为义不容辞的责任，落实研究任务，全面整合研究资源，凝聚各方智慧和力量，准确把握世界发展趋势，深刻领会桥头堡的丰富内涵，研究建设桥头堡的新举措。

（二）坚持正确的舆论导向，为中国面向西南开放的桥头堡建设营造良好的舆论氛围

全省的哲学社会科学工作者必须始终坚持正确的舆论导向，牢记党的宗旨和自己的使命，增强社会责任感。在当前全省推进中国面向西南开放的桥头堡建设过程中，全省哲学社会科学工作者必须采取多种形式以正面宣传为主，以鼓舞士气为主，大力弘扬求真务实的精神，积极宣传省委、省政府的决策部署和桥头堡建设，为云南建设中国面向西南开放的桥头堡营造良好的舆论氛围。

（三）不断深化研究，为中国面向西南开放的桥头堡建设提供强有力的理论支撑

哲学社会科学要着力在创新理论上下工夫，按照跟得上、贴得紧、要管用的要求，推动学术观点创新、学科体系创新和科研方法创新。争取基础

研究出精品、应用研究上水平、决策咨询研究出亮点。云南建设中国面向西南开放的桥头堡同样需要哲学社会科学在实践上和理论上坚持不懈地进行探索，不断在实践的基础上提出创新的理论。希望全省哲学社会科学工作者进一步强化机遇意识和责任意识，紧紧围绕全省工作的大局，不断深化中国面向西南开放的桥头堡建设研究，突出重点，把握规律，加强对桥头堡建设战略性、宏观性、前瞻性问题研究，努力提供一批具有针对性和可操作性的成果，力争将更多的重点项目纳入国家“十二五”规划，以便为全省更好地推进桥头堡建设提供理论支撑，为国家对外开放战略和云南经济社会又好又快发展作出新的贡献。

2010年5月14日

在“2010年云南社科专家德宏行暨百名学者话德宏”大型调研活动专家见面会上的州情汇报

赵 金

中共德宏州委书记

尊敬的王主席，各位领导，各位专家学者：

在德宏发展的关键时候和面临面向西南开放桥头堡建设重大机遇的时刻，省委宣传部和省社科联组织专家学者，深入德宏边疆考察调研，指导工作，为德宏的发展传经送宝、出谋献策。这么大的专家阵容走进德宏，在德宏历史上尚属首次，具有非常特殊的意义。这次活动，必将对德宏经济社会跨越式发展起到强大的推动作用。在此，我代表州委、州政府和全州各族人民对各位领导、各位专家学者的到来表示热烈的欢迎和衷心的感谢！下面，我就德宏州经济社会发展情况以及下一步的打算向各位领导、各位专家学者作一简要汇报。

一、基本州情

德宏傣族景颇族自治州，是全国30个、云南省8个少数民族自治州之一，地处祖国西南、云岭边陲，辖潞西、瑞丽2市和梁河、盈江、陇川3县，国土面积11 526平方公里。德宏山川秀丽，气候宜人，资源丰富。著名歌曲《有一个美丽的地方》、《月光下的凤尾竹》就是她的真实写照。德宏具有以下三个显著特点：

（一）民族文化资源丰富多样

德宏是一个多民族聚居的地区，总人口近120万人，州内居住着傣族、景颇族、阿昌族、德昂族、傈僳族5个世居民族，总的民族有24个，其中，阿昌族、德昂族是全国人口较少的民族，少数民族人口占总人口的49.7%。五大宗教俱全，信仰宗教人口占42%。德宏各族人民淳朴善良，相容相通，中缅边境同一民族跨境而居，和睦相处，共同繁荣发展，是民族团结的大家园。德宏民族文化多样多元、和谐相容，底蕴深厚、丰富多彩，是汉文化与少数民族文化，西方文化与少数民族文化，中原文化与少数民族文化的融合，呈现出少数民族文化的多样性，是民族文化的大观园。傣族德昂族的泼水节、景颇族的目瑙纵歌节、中缅胞波狂欢节已成为传承民族文化、增进民族团结、促进中缅友谊、推动经济发展、展现德宏民族文化的突出亮点。

（二）绿色生物资源丰富多样

德宏州位于东经97°31′～98°43′、北纬23°50′～25°20′，属典型的南亚热带季风气候，州内平均海拔800～1 300米，年均气温18.4℃～20.3℃，年降雨量1 436～1 709毫米，年日照时间2 281～2 453小时，森林覆盖率67.1%，冬无严寒、夏无酷暑，花开四季、果结终年，生态自然优势非常明显。得天独厚的光、热、水、土造就德宏万物生长，物种资源丰富多样，素有“植物王国”、“物种基因库”之美称，是发展生物特色产业，走低碳经济之路最具优势的地方之一。

（三）地理区位独具优势

德宏州与缅甸接壤，国境线长达503.8公里，全州5个县市，其中有4个县市处在边境线上。它是中国经济区、东南亚经济区、南亚经济区的交汇点，是中国陆地连接东南亚、南亚，走向印度洋的最佳结合部和最便捷的通道，是中国面向西南开放桥头堡的黄金口岸和云南沿边开放的前沿。历史上，德宏就是南方古丝绸之路的要塞，是滇缅公路、史迪威公路、中印输油管道三大通道的出入口。全州现已拥有瑞丽、畹町两个国家一类口岸，章凤、盈江两个国家二类口岸，28个渡口、64条通道、9条公路通往缅甸，形成了以国家一类口岸为核心、国家二类口岸为辅助、省级通道为补充的口岸体系。建成了瑞丽、畹町两个国家边境经济合作区和全国唯一实行“境内关外”特殊监管模式的姐告边境贸易区，形成了边民互市、边境贸易、跨境经济合作的沿边开放格局。2009年，实现进出口总额7.63亿元，占全国对缅贸易的24.6%，占云南对缅贸易的58%。

同时，德宏还存在三大制约因素。一是社会发育程度低。解放时，德宏很多地方是从原始社会末期、奴隶社会、封建领主的社会形态，与全国人民一道进入社会主义社会的，人口的科技文化素质普遍较低，干部的观念相对滞后。二是交通基础设施严重滞后。三是经济实力较弱。

二、发展思路

近年来，我们在开展新一轮解放思想大讨论和深入学习实践科学发展观活动中，进一步深化对州情的认识，根据州情特点和比较优势，把德宏的发展置于全省乃至全国、全世界的大格局、大趋势中来思考和认识，找准定位，理清思路，确定重点，明确目标，使我们的思路更加符合科学发展观的要求，更加符合德宏实际。在2009年初召开的州委五届七次全会上提出经济社会发展思路。即以科学发展观为统领，牢牢把握发展第一要务，紧紧抓住西部大开发、中国—东盟自由贸易区建设、中国面向西南开放桥头堡建设、兴边富民工程行动计划重大机遇，围绕全面建设小康社会这一目标，攻克毒品、艾滋病两个难关，打好农业、教育、交通三个基础，发展生物特色、旅游文化、水能电冶、外贸加工四大产业，实施生态立州、科教兴州、产业富州、开放强州、和谐稳州五大战略，把德宏建设成为富裕开放、和谐安宁的社会主义新边疆。在2009年底召开的州委五届十次全会上提出党的建设思路：以经济建设为中心，以巩固党在边疆民族地区的执政基础为目标，坚持“一个强化”即强化中国特色社会主义理论体系武装干部头脑，加强“两个建设”即加强干部队伍和党风廉政建设，围绕“四个重点”即围绕经济发展抓党建、围绕民族团结抓党建、围绕边疆稳定抓党建、围绕改善民生抓党建，实施“五项工程”即农村党员发展工程、农村党员素质提高工程、农村带头人培养工程、农民服务站建设工程、红旗飘飘工程，推进科学发展，构建和谐德宏，为建设富裕开放、和谐安宁的社会主义新边疆提供坚强的政治组织保证。全州经济社会发展和党的建设思路更加清晰，重点更加突出，目标更加明确，措施更加有力。

今年初，我们召开了州委五届十一次全会，提出2010年要紧紧围绕把德宏建设成为中国面向西南开放桥头堡的黄金口岸这一目标，强化农业稳基础，建设生态转方式，突出特色调结构，改革开放增活力，团结固边保稳定，改善民生建和谐，抓好党建强保障，继续把促进经济平稳较快发展作为首要任务，把加强基础设施建设作为重中之重，把发展特色产业作为主攻方向，把招商引资作为重要手段，把改革创新作为强大动力，把维护稳定作为基本要求，把禁毒防艾作为攻坚目标，把改善民生作为根本目的，把党的建设作为坚强保障，在发展中促转变，在转变中谋发展，全力推动全州经济社会又好又快发展。

2009年，面对严峻复杂的形势，在省委、省政府的坚强领导下，德宏州委、州政府团结带领全州各族干部群众，千方百计保增长、竭尽所能保民生、全力以赴保稳定，全州各项工作取得了可喜成绩，经济发展跃上了一个新台阶。2009 年全州生产总值、固定资产投资双双突破百亿元大关。生产总值实现 115 亿元，同比增长 15%；完成固定资产投资总额 100.9 亿元，同比增长 31.5%；实现财政总收入 17.23 亿元，同比增长 17.3%；完成外贸进出口总额 7.63 亿美元，同比增长 0.2%；城镇居民人均可支配收入达 12 558 元，同比增长 9.7%；农民人均纯收入达 2 831 元，同比增长 16.1%，是近 20 年来发展速度最快的一年。全州呈现出经济发展、社会进步、文化繁荣、民族团结、边疆安宁以及生态文明建设和党的建设全面加强的良好局面。

从今年一季度的经济指标完成情况看，全州经济快速发展，开局良好。一季度全州实现生产总值 27.29 亿元，同比增长 14.6%，增幅比去年同期提高 5.4 个百分点；完成现价工业总产值 301 061 万元，同比增长 50.5%；完成固定资产投资总额 277 967 万元，同比增长 46.9%；财政总收入达 39 203 万元，同比增长 43.4%；财政一般预算收入 22 114 万元，增长 43.9%；实现进出口总额 27 012 万美元，同比增长 80.2%；城镇居民人均可支配收入和农村居民人均现金收入分别达到 3 536 元和 955 元，同比增长 10.3% 和 12.9%。

三、发展重点

按照发展思路和面临的形势，围绕促进科学发展、增进民族团结、维护边境稳定三大任务，今年重点抓好十个方面的工作：

一是加快基础设施建设，促进固定资产投资快速增长。坚持一手抓项目争取，一手抓项目落地，抢前期、抢立项、抢开工、抢进度，积极推进基础设施建设，按照思路项目化、项目工程化、工程操作化、操作数字化的要求，重点推进一个机场（芒市机场）、一条铁路（大瑞铁路）、两大灌区（盈江大型灌区、麻栗坝水库大型灌区）、三条公路（龙瑞高速公路，腾陇、潞梁二级公路）、四个口岸（瑞丽、畹町国家一类口岸，章凤、盈江国家二类口岸）、五个大中型水利水电工程（麻栗坝水库、龙江水电枢纽、盈江回龙河水库、瑞丽芒林水库、潞西清塘河水库）建设。

二是以农民增收为核心，加快农业农村经济发展。德宏是典型的农业州，发展的基础在农村，发展的优势在农业。我们按照“稳粮保供给、增收惠民生、改革促统筹、强基增后劲”的基本思路，把建设新农村作为战略任务，把加快城乡经济社会协调发展作为根本要求，做到倾斜引投入，认真落实各项强农、惠农政策，千方百计拓宽农业投入渠道；稳粮调结构，推进优势农产品向规模化、区域化、优质化、规范化、科技化、产业化方向发展；

强基增后劲，大力实施“兴地睦边”农田整治重大工程，加快推进中低产田改造；改革添活力，继续推进农村综合改革，巩固集体林权制度改革成果，抓好中低产林地改造，努力实现山区农民人均拥有6亩以上经济林的目标，推进户籍改革，加快农民变市民、村民变居民的步伐。围绕把德宏的乡村建设成为花果乡村、幸福家园的目标，加快实施“农民收入翻番计划”。

三是着力调整和优化经济结构，全力加快生物特色产业发展。全面实施产业富州战略，在特色上做文章，在人均占有上下工夫。针对德宏的资源样样有、样样好、样样少，基地不大、龙头不强、优而无势的现实，坚持有所为有所不为的原则，按照发挥优势，科学规划，把握重点，突出特色，打造亮点的思路，在整合巩固提升粮食、蔗糖、茶叶、橡胶、畜牧等传统产业的基础上，大力发展具有德宏特色和比较优势的竹子、咖啡、坚果、柠檬、油茶、核桃“六棵树”和番麻“一棵草”，采取一个特色产业由一个州级领导抓，制定一套扶持政策，建设一个基地，扶持一个龙头企业，打造一个品牌的发展措施，真正把德宏新兴的生物“大资源”变成富民强州的“大产业”。以德宏被授予“中国咖啡之乡”为契机，把德宏建成全国最大的咖啡种植加工基地、全省最大的竹子基地、全国最大的柠檬和坚果基地，走出一条规模化、龙头化、现代化、品牌化、市场化的生物特色产业发展路子。同时，结合国家实施统筹城乡发展，推进城镇化建设的总体要求，我们正着手建设“中国咖啡小镇”，努力将德宏州打造成中国咖啡国际博览园和咖啡文化之都。

四是加快发展工业经济，努力推进新型工业化进程。大力实施以水电为依托、以科技为支撑的水能电冶工业百亿元工程，重点发展水电矿结合模式的清洁载能工业；进一步巩固提升制糖、建材等传统工业；加快发展农产品加工业，推进农业工业化，重点发展以优质稻、咖啡、坚果、柠檬等为重点的现代食品加工业，以竹木深加工产品为重点的竹木加工业，以傣药、番麻皂素、生物农药为重点的生物制药工业；大力发展“两头”产业，即石头和木头，建设珠宝玉石加工区和红木家具加工区；加快潞西、瑞丽、盈江工业园区建设，努力实现边疆农业州的工业突破。

五是打造绿色生态公园，加快旅游文化产业发展。在全省旅游“二次创业”中，德宏发展以休闲度假、康体养生为重点的旅游文化产业，打造候鸟式的绿色生态旅游公园。按照“两城、两江、一环线”建设思路，科学规划德宏旅游产业，整合旅游资源，全力打造潞西、瑞丽两座中国优秀旅游城市，大力开发瑞丽江—大盈江国家级风景名胜区，打造“芒市—畹町—瑞丽—盈江—腾冲”旅游精品环线。抓好以民族文化、绿色生态、现代气息为特征，以“花果城”为目标的五个县城建设。以“七彩云南德宏保护行动”为载体，加大环境保护力度，促进生态文明全面发展。

六是抓住建设中国面向西南开放桥头堡历史机遇，建设桥头堡黄金口岸。

七是加强保障和改善民生工作，加快社会事业发展。全面实施科教兴州战略，积极构建从学前教育、义务教育、中等教育到高等教育，基础教育、职业教育、成人教育协调发展的较为完善的民族教育体系，大力实施“素质培养”工程，打好校舍安全工程、高中扩招、深化改革、提升质量“四大攻坚战”。抓好鼓励创业“贷免扶补”工作，推进医药卫生体制改革，切实解决群众“看病难、看病贵”问题。实施好新三年“兴边富民工程”和边疆解“五难”惠民工程，加快实施贫困地区整村推进、易地搬迁和安居工程等扶贫开发项目。

八是稳步推进社会主义民主政治建设，巩固安定团结的政治局面。由于德宏州特殊的州情，无论在什么时候，民族团结、边疆稳定都是我们做好一切工作的基础。我们将始终按照省委“决不让一个兄弟民族掉队”的要求，认真开展各民族“共同团结奋斗、共同繁荣发展”专题教育，大力开展“自力更生，勤劳致富，感恩思进”主题教育活动，围绕建设“民族团结模范州”这一目标，扎实做好民族工作。

九是强化禁毒防艾工作，维护边疆和谐安宁。我们明确提出“不重视禁毒防艾的领导是不称职的领导，不会抓禁毒防艾的干部是不合格的干部”，始终以“毒品不禁，我心不甘，艾滋病不灭，我夜不眠”的强烈责任感、使命感、危机感和紧迫感，以打攻坚战、持久战的思想投入禁毒防艾工作，认真实行州级领导和单位挂钩联系乡镇抓禁毒防艾工作制度，建立“一打、二防、三戒、四教”的禁毒防艾模式和“县包乡、乡包村、村包组”的包保责任制，深入开展“大清查、大打击、大收戒”行动，推进无毒创建工作，坚决打赢新一轮禁毒防艾人民战争。

十是抓好边疆党建工作，为全州经济社会发展再上新台阶提供坚强保证。围绕“强组织、建阵地、聚人心、固边疆”的目标，扎实推进“边疆党建长廊”建设和“云岭先锋”工程。结合德宏实际，大力实施农村党员发展工程，发展壮大农村党员队伍；实施农村党员素质提高工程，增强党员意识，提高发展能力；实施农村带头人培养工程，选好配强基层组织负责人；实施农民服务站建设工程，密切党同人民群众的血肉联系；实施红旗飘飘工程，增强各族干部群众的爱国爱党意识。做到一个支部就是一个堡垒、一名党员就是一面旗帜、一个村民就是一个哨兵。

四、桥头堡黄金口岸建设情况

2009 年 7 月，胡锦涛总书记在云南考察时提出，云南要发挥优势，建设中国面向西南开放的重要桥头堡的战略思想。省委、省政府已经作出建设面向西南开放桥头堡的总体部署。这对德宏来说是千载难逢的机遇。德宏是最具优势的地方，处在中国经济区、东南亚经济区、南亚经济区的交汇点，是中国陆地连接东南亚、南亚，走向印度洋的最佳结合部和最便捷通道。一面背靠国内大市，一面有两个国家一类口岸、两个国家二类口岸、28 个渡口、64 条通道、9 条公路通往缅甸，有 3 条公路最为关键：一条是瑞丽—八莫，入伊洛瓦底江，直达仰光港；一条是陇川—八莫；一条是盈江—密支那。建设中国面向西南开放的桥头堡，打通西南连接印度洋陆上出海通道，必将进一步凸显云南面向东南亚、南亚开放的重要地位。德宏处于云南对外开放的前沿，在云南省的对外开放布局中占有重要位置。去年年底，省委提出建设面向西南开放的重要桥头堡战略后，德宏顺势调整了扩大对外开放的思路，我们的定位就是要努力把德宏建成中国面向西南开放桥头堡的黄金口岸，力争成为云南沿边开放的先行区。

为提升沿边开放水平，近年来，德宏加大基础设施建设力度，重点抓好“一个机场、一条铁路、三条公路、四个口岸”建设，力争将芒市机场升格为口岸机场，加快推进泛亚铁路西线大理至瑞丽德宏段、杭瑞高速公路龙陵至瑞丽段和腾冲至瑞丽、芒市至腾冲两条高等级公路建设，完善两个一类口岸设施，提升通关便利化水平，提高两个二类口岸等级，申请升级为一类口岸。形成连接国内，通向东南亚、南亚的交通网络和沿边口岸群。按照省委、省政府的总体部署，在抓好基础设施建设的同时，也要抓好打造桥头堡黄金口岸“三个基地、三个平台、三个窗口”建设。即把德宏建成生物特色产业基地、进出口装配加工基地、物流仓储基地，对外开放的金融服务平台、信息服务平台、文化交流平台以及中国通往东南亚、南亚的经济窗口、文化窗口、友谊窗口。

这次“云南社科专家德宏行暨百名学者话德宏”大型调研活动在德宏举办，是德宏州乃至云南省的一件大事，是德宏科学发展、跨越式发展的一次难得的机会。德宏州委、州政府对举办这次大型调研活动高度重视，全力以赴做好各项准备工作和服务工作。

这么多专家到德宏来，我们决不能错失向各位专家请教的机遇。我们非常希望各位领导、各位专家在德宏考察调研过程中，深入德宏、认识德宏、剖析德宏、发现德宏、研究德宏，对德宏州经济社会发展中的现实问题、前瞻性问题、热点难点问题等进行深层次的把脉会诊，对我们的工作，特别是围绕“中国面向西南开放桥头堡建设，德宏怎么做”给我们多提宝贵的意见和建议，这是德宏实现跨越式发展的智力支撑。希望各位专家、学者不吝赐教，把你们的智慧留在德宏，我们将以非常真诚的姿态学习好、运用好专家、学者的意见，让这些智慧伴随着德宏的青山绿水、蓝天白云和淳朴善良的各族人民。

最后，预祝“2010年云南社科专家德宏行暨百名学者话德宏”大型调研活动圆满成功！祝各位领导、各位专家在德宏工作生活期间身体健康、工作顺利、万事如意！

2010年5月6日

在“云南社会科学专家德宏行暨百名学者话德宏”“德宏经济社会发展高端论坛”上的讲话

赵　金

中共德宏州委书记

尊敬的王主席、张瑞才副部长，各位领导、各位专家，新闻界的朋友们：

在德宏发展转型升级处于最关键的时候，“云南社会科学专家德宏行暨百名学者话德宏”大型调研活动深入德宏。从5月6日以来，在8天的时间里，各位专家不辞辛劳，深入德宏各县市的城镇、村寨、社区、企业、厂矿、口岸、学校，对德宏的经济社会发展进行深入调研。每到一地，专家们在调研的基础上，以座谈会、学术报告会等多种形式，为当地的发展出谋献策，倾注了心血，贡献了智慧。在此，我代表中共德宏州委、州人民政府和全州各族人民对各位领导、各位专家、各位学者表示最真诚的感谢！

通过深入调研，今天上午我们又举办了一个高层的论坛，在各位专家、学者发言的基础上，省社科联王义明主席作了重要讲话，对这次专家行作了总结，对德宏州围绕桥头堡黄金口岸建设提出了三条很有指导性、针对性和可操作性的意见。这次调研活动，我个人认为有三个最显著的特点：一是调研专家水平层次高，学科专业门类全。活动组织了北京和省内的30多名社科专家、自然科学专家和相关工作部门的专家参加，是云南社科专家基层行历次调研活动中规模最大、调研门类最全的一次。二是调研内容丰富系统，研究问题重点突出。调研组遴选的28个课题，涵盖了德宏经济建设、政治建设、文化建设、社会建设、生态文明建设以及党的建设各个领域，特别是围绕桥头堡建设这个题目，专门组成了对外开放和桥头堡建设调研组在德宏开展调研，对德宏建设桥头堡黄金口岸提出了很多好的意见和建议，具有很强的针对性和指导性。三是专家、学者求真务实，调研活动成果丰硕。各位专家以科学的态度、务实的精神，紧密结合德宏实际，就德宏经济社会建设中的基础性、战略性问题进行深入研究，探索解决问题的新举措、新方法、新途径，形成了一批对促进德宏边疆民族地区跨越式发展有理论深度、运用价值和指导意义的调研报告和研究论文。

下面，我谈三点意见。

一、充分运用调研成果，全力推动德宏经济社会发展

从今天各位专家的发言中我们深切感受到，这次大型调研活动所取得的丰硕成果，既有理论的深度，又有实践的厚度；既有现实的针对性，又有长远的前瞻性，是一次理论与实践相结合的大调研，是一次指导边疆民族地方发展的大行动，符合科学发展观的要求，符合德宏边疆的实际，是一笔难得的宝贵财富，贵在各位专家、学者的真知灼见，重在德宏建设者的运用实践，实在推动德宏科学发展、构建和谐。有上级党委政府的支持，有专家、学者的智慧，有德宏建设者的努力，德宏一定能够实现跨越式发展，“一个美丽的地方”更名副其实。根据专家们提出的意见和建议，我们将从这几个方面来努力，总体上德宏的发展要把握“科学发展、民族团结、边疆安宁”三大任务，具体来说：一是加大基础设施建设力度，改善跨越式发展的条件。二是大力发展生物特色产业，为富民强州打下经济基础。三是发展旅游文化产业，为德宏发展营造良好氛围。四是加大教育基础工作力度，为提高“直过区”各族人民的思想道德水平和科学文化素质打下良好基础。五是加大对外开放力度，建设好桥头堡黄金口岸。六是加强民生工作，建设和谐安宁的社会主义新边疆。按照确定的发展思路和重点，我们将按照思路项目化、项目工程化、工程操作化、操作数字化的要求，把发展的思路变成一个个实实在在的工程和项目，推动各项工作取得实效。调研活动结束后，德宏州将对这次社科专家行各位专家学者的调研成果进行认真疏理、认真研究，真正运用到我们的实践中，推动德宏跨越式发展。

二、把握历史机遇，全力推进桥头堡黄金口岸建设

中国面向西南开放重要桥头堡建设，对德宏来说既是一次重大机遇，更是一次严峻挑战。我国实行改革开放30余年来，形成了对外开放的三大板块：沿海开放、沿江开放、沿边开放。沿海、沿江开放取得了辉煌的成就，但沿边开放远远滞后于沿海、沿江的开放，所以，落实党的十七大报告中胡锦涛总书记提出的提升沿边开放的水平势在必行。把云南建设成为中国

面向西南开放重要桥头堡是胡锦涛总书记新时期对外开放的一个重大战略思想，是对云南发展战略的最新定位，其重大意义不言而喻。桥头堡建设对德宏来说是个千载难逢的历史机遇，云南是桥头堡，德宏则是这个桥头堡的黄金口岸。关于德宏在桥头堡建设中的定位，还请各位专家、学者赐教。现在我们提出建设桥头堡黄金口岸，指的是一个物理的、板块的、区域的概念，即口岸经济区的概念，而不仅是指出口的一个窗口或口岸。德宏的地理区位具有独特的优势，处于云南沿边开放的前沿，处于中国经济区、东盟经济区、南亚经济区的交汇点，是中国陆地连接东南亚、南亚，走向印度洋的一条最便捷通道和最佳结合部。刚才王主席说了，从昆明出发经过 1 700 多公里，就可以到达印度洋西岸，节约时间，节约成本，减少风险，具有可操作性，从中国瑞丽经缅甸腊戍、曼德勒、马圭，直到皎漂港，这是一条我国西南直达印度洋的非常便捷的国际大通道。我们提出建设桥头堡黄金口岸的目标，为的是紧紧抓住桥头堡建设的重大机遇，加快推进德宏的跨越式发展。在今后的工作中，我们将紧紧围绕这个目标，高度重视、加强领导，把握重点、突出特色，先行先试、打牢基础，不等不靠、主动作为，全力推进桥头堡黄金口岸“三基地，三平台，三窗口”建设。“三基地”即生物特色产业基地、进出口装配加工基地、物流仓储基地；“三平台”即桥头堡最前端的金融服务平台、信息服务平台、文化交流平台；“三窗口”即中国面向西南通往东南亚、南亚的经济窗口、文化窗口、友谊窗口。这里对友谊窗口作一个解释。胡锦涛总书记提出构建和谐社会、推动和谐世界的建设，我想我们各位学者在研究这个问题时考虑得很多，我国的全球化战略、重大决策部署，对周边国家都会产生影响，要考虑内外的承受能力，所以我们要融入和谐社会、和谐世界建设，加强沿边国际友谊走廊的建设。当前我国的外交政策，大国是关键，发展中国家是基础，周边国家是首要。首要就是我们的大门。全国有 22 800 多公里的边境线，与 14 个国家接壤，很多边境地区境内境外的差异很大，德宏与境外的缅甸无天然屏障，同一民族跨境而居，同宗同族同源。基于德宏的区位和地缘优势，我们积极建议作为沿边开发、开放的试验区，在政策、税收等方面，采取特殊措施，形成沿边开放的“深圳效应”。

三、加强社科机构建设，加快德宏哲学社会科学的发展

这次大型调研活动不仅对德宏经济社会发展有大的推动，而且对德宏哲学社会科学的发展也是一次巨大的推动。哲学社会科学在推进发展中起着认识世界、传承文明、创新理论、咨政育人、服务社会的作用，是推动人类社

会文明进步的重要力量。我们将进一步加强社科机构建设，加强社科研究队伍的力量，为研究人员提供良好的工作和生活条件，使德宏哲学社会科学的发展上一个新台阶。

各位领导、各位专家、各位学者，这次“云南社科专家德宏行暨百名学者话德宏”的大型调研活动，为德宏这片充满生机的热土留下了宝贵的思想财富和精神财富。我们坚信，在省委、省政府的坚强领导下，在各位专家、学者的帮助指导下，在德宏各族干部群众的共同努力下，德宏一定能够建设成为富裕开放、和谐安宁的社会主义新边疆！

最后，真诚祝福各位专家、各位学者身体健康、工作顺利、万事如意，也真诚希望各位专家、学者留下德宏情结，把这块沃土作为你们的研究基地，作为你们的试验田，多出成果，多出佳绩。今天各位专家、学者在发言中都说出了精彩的话语，绽放出激励德宏发展的火花，但是有很多精彩的思想、论点还没有得到充分的阐述。我真诚地邀请各位专家、学者把这次活动作为一个新的起点，德宏的各级领导、各族人民将以真诚、淳朴、善良的求知、求发展的心态来欢迎大家，欢迎大家再次到德宏，经常到德宏，把你们的智慧融入德宏、参与德宏、发现德宏、推动德宏跨越式发展！

谢谢各位领导、各位专家，不对的地方，请赐教！

2010年5月14日

浓墨重彩书写德宏扩大开放大文章

——在桥头堡黄金口岸建设领导小组工作会议上的讲话

孟必光

德宏州人民政府州长

同志们：

为了强力推进德宏州桥头堡黄金口岸建设，州委六十七次常委会议决定召开德宏州桥头堡黄金口岸建设领导小组工作会议，目的是进一步提高认识，统一思想，抢抓机遇，扎实推进桥头堡黄金口岸建设各项工作。下面，我讲三点意见。

一、统一思想，充分认识桥头堡黄金口岸建设的重大意义

2009年7月，胡锦涛总书记视察云南时指出：“云南要统筹对内对外开放，一方面要加强同国内其他地区的横向经济联合和协作，积极引进省外资金、技术、人才，主动承接东部产业转移，另一方面要拓展对外开放广度和深度，推动对外贸易、利用外资、企业走出去上水平，尤其要充分发挥云南作为我国通往东南亚、南亚重要陆上通道的优势，深化同东南亚、南亚和大湄公河次区域的交流合作，不断提升沿边开放质量和水平，使云南成为我国向西南开放的重要桥头堡。”胡总书记的讲话，是对党的十六大报告关于提升沿边开放战略的具体诠释，是党中央、国务院面对国际金融危机，紧紧抓住重要战略机遇期，审时度势作出的重大战略决策，是在我国改革开放30多年取得巨大成功的基础上，实施全方位开放的新思想、新突破、新举措，是进一步深化我国与东南亚、南亚、西亚、东非国家合作的重大战略布局，是进一步统筹国内发展和对外开放、促进区域经济协调发展和边疆长治久安的重大战略部署，意义十分重大。

一是有利于提升沿边开放，完善对外开放格局。改革开放以来，我国以面向太平洋为重点，成功实施了沿海开放、沿江开放，取得了显著成果。新时期，加快构建全方位、多层次、宽领域的对外开放格局，迫在眉睫。建设向西南开放桥头堡，构筑我国进入印度洋的西向贸易通道，将进一步凸显云南面向东南亚、南亚开放的重要地位和作用，为提升沿边开放质量和水平、加快大西南发展注入新鲜的开放活力；将进一步完善我国“深化沿海开放，加快内地开放，提升沿边开放，实现对内对外开放相互促进”的对外开放布局，确保我国能源安全和经济安全。

二是有利于和谐周边建设，维护国家经济安全。印度洋周边区域资源丰富、市场广阔、发展潜力巨大、全球战略地位突出，对我国长期稳定发展具有重大影响。建设向西南开放桥头堡，构建我国陆上进入印度洋的西向国际大通道，将有力推进我国向印度洋的开放，巩固我国与西南周边国家的传统友好，增进“你中有我、我中有你”的互信合作关系，不断深化我国与东南亚、南亚、西亚、东非国家的互利共赢合作，实现我国与西南周边国家共同发展，共同繁荣。

三是有利于坚定不移地推进西部大开发，加快边疆民族地区发展。坚定不移地推进西部大开发，是统筹国内区域发展的重大战略措施。大西南地处祖国边疆，民族众多，战略位置十分重要，但长期开放不足、发展滞后，发展任务十分繁重。建设向西南开放重要桥头堡，打造我国向西南开放的战略高地，将极大地改善大西南的发展环境，更好地利用两种资源、两个市场，加快形成新阶段大西南发展的重要增长极，推动西部大开发上水平，促进大西南协调发展，不断开创云南改革开放和社会主义现代化建设新局面。

胡锦涛总书记作出把云南建成我国面向西南开放的桥头堡的指示后，省委、省政府高度重视，省委八届八次全会要求“坚持优势互补、协力共建、全面合作、互利共赢，以通道、平台、基地、窗口建设为突破口，深入研究、科学谋划，积极争取国家支持，把云南建设成为中国面向西南开放的重要桥头堡”，确定了建设“绿色经济强省、民族文化强省、向西南开放重要桥头堡”三大目标。在今年全国“两会”期间，云南省全国人大代表、政协委员提出的相关建议和提案，已被列为全国人大 13 件重点建议之一和全国政协 5 件重点提案之一。省级有关部门配合中央部委开展了联合调研，通过前期研究提出了初步意见，形成了较为充实的支撑桥头堡建设的内容，为桥头堡建设的启动实施奠定了基础。

云南建设向西南开放重要桥头堡，德宏怎么办？这是每一个德宏人都高度关心的问题。根据中央和省委、省政府的部署，2010 年 1 月，州委五届十一次全会确定了把德宏建设成为中国向西南开放重要桥头堡的黄金口岸。

这是州委、州政府在经过深入调查研究、广泛听取民意后作出的一项重要决策。这项决策主要从以下两个方面考虑：

（一）德宏既是云南对外开放的最前沿，又是向西南开放的最佳出入境节点，在向西南开放重要桥头堡建设中，德宏义不容辞

缅甸扼守“三亚两洋”的咽喉，是实施向西南开放桥头堡建设、构建印度洋国际大通道的必经之地。自古以来，德宏就是我国陆地联通缅甸，进入南亚和印度洋的最佳结合部和最便捷通道，位居云南对外开放的最前沿、中缅合作的核心区，在桥头堡建设中，德宏优势突出。

1. 区域位置近

德宏三面与缅甸接壤，直接面对缅中央政府长期有效管理的木姐地区，距缅甸伊洛瓦底江八莫港70公里、密支那90公里、腊戍182公里、曼德勒387公里、内比都670公里、仰光981公里，经德宏到曼德勒可直达仰光港，或到德穆口岸进入印度东北部，或到皎漂港，直抵孟加拉吉大港，无须经过危机四伏的马六甲海峡，无须触及高度敏感的中印领土主权问题，是我国陆上就近进入印度洋的最佳区位。

2. 通道基础牢

德宏地处高黎贡山末端，属亚热带气候，既无高山大川阻隔，又无冰雪严寒围困，出入境通道可以“全天候”利用。历史上的“蜀身毒道”、滇缅公路、中印史迪威公路和中缅印输油管道从德宏出入境。当代320国道、GZ65杭瑞高速公路的终点，昆明—德宏（瑞丽）—腊戍—曼德勒—仰光的泛亚铁路西线、中缅油气管道的出入境节点，等等，都在德宏。目前，州内已经有9条公路、28个渡口、64条民间正式通道及1条国际通信光缆、9条输电线路联通缅甸。

3. 人文交融深

瑞丽江流域是傣族的发祥地。缅甸和印度东北部的掸、克钦、勃欧、阿萨姆等众多民族与州内5个世居民族同族同宗、同语同俗，长期友好往来、通婚互市。特别是1956年12月，中缅两国总理倡导并亲自出席在德宏州府芒市召开的“中缅边民联欢大会”，极大地增进了中缅胞波情谊。

4. 开放互动实

1985年德宏全境在全国率先开放为边境贸易区以来，中缅双方在此开放了3对国家级口岸、1对指定通道（那邦—拉咱），建立了9座边境开放城镇，分别批设了5个国家级边境特殊经济开发区（中方的姐告边境贸易区、畹町经济开发区、瑞丽边境经济合作区、畹町边境经济合作区和缅甸木

姐特殊经济贸易区），成功实施了中缅30余份协议协定，成功展开了一系列沿边开放试验。

5. 合作成果多

1985—2009年，德宏对缅贸易年均增幅超过20%，贸易量分别占中缅贸易、滇缅贸易的四分之一和五分之三以上。2000年以来，缅甸已成为云南第一贸易伙伴国和主要外经来源地。目前，双方地方间建立了诸多合作机制，涵盖了基础设施、贸易、旅游、农业、加工、科教文卫、司法、抢险救援等广泛领域。特别是双方共建的中缅边境经济贸易商品交易会、中缅胞波狂欢节，已经成功运行10年，影响不断扩大。同时，中国—东盟自由贸易区、澜沧江—湄公河次区域合作、亚太贸易协定、印度—东盟自由贸易区、环孟加拉湾经合组织、孟中印缅论坛、中印区域贸易安排等合作机制，全面覆盖德宏，可以直接利用。

（二）建设桥头堡黄金口岸，既是服务和服从国家、省重大战略部署的需要，也是抓住机遇、加快德宏发展的需要

德宏地处边疆，“边”是德宏的一大特点。改革开放以来，德宏的干部群众解放思想，敢闯敢试，1985年在全国率先把全州开放为边境贸易区，1992年争取到两个国家级的边境经济合作区，2000年又争取到全国最先实施“境内关外”特殊海关监管的“姐告边境贸易区”。可以说，德宏的对外开放一直走在沿边地区的前列，在我国沿边开放中发挥着出思路、出经验、出政策、出成果的作用。但是，客观地说，由于基础落后，经济总量小，德宏虽然做了很大努力，取得一定成绩，但德宏的对外开放始终没有做大做强。

把云南建成我国向西南开放的桥头堡，是党中央领导给云南省部署的重大任务，是云南省对外开放的重大战略，德宏州必须站在国家战略的层面、站在讲政治的高度，无条件服务和服从国家的战略。同时，要把桥头堡建设当做一个重大发展机遇，紧紧抓住，借势发力，趁势而谋，齐心合力，开创德宏对外开放新格局，促进德宏经济社会又好又快发展。

1. 要借桥头堡建设的机遇，提升德宏改革开放的质量和水平

建设我国向西南开放重要桥头堡，将进一步完善我国“深化沿海开放，加快内地开放，提升沿边开放，实现对内对外开放相互促进”的对外开放格局。我们要借机在引进战略合作伙伴、承接东部产业转移、提升对缅合作机制等方面取得新的突破。

2. 要借桥头堡建设的机遇，彻底消除“瓶颈制约”

在桥头堡建设中，将新开辟一条我国向西开放的贸易通道。为中国西部各省（区、市）与周边国家的交流合作打通一条重要的国际运输线，为我国各省（区、市）与沿线国家的全面合作和共同发展提供一个全新的平台，为各方进一步开拓国际市场尤其是南亚国家市场创造更好的条件。我们要努力把德宏建设成连接印度洋国际大通道的重要节点，一要借机加快建设大瑞铁路、龙瑞高速公路、腾陇高等级公路、潞梁高等级公路，完善境内干线交通网络，实现“主动脉畅通”。二要争取利用“中国—东盟合作基金”，以国际援助方式支持中缅跨境铁路、公路以及中缅陆水联运大通道建设，加快把德宏芒市机场建设成国际机场，实现“外联畅通”。三要加快发展农村公路，实现“微循环畅通”，促进社会主义新农村建设，加快各族群众脱贫致富步伐。

3. 借桥头堡建设的机遇，提升德宏产业发展水平

加快扩大向西南开放，将使西部地区尤其是西南地区成为开放的前沿，依托我国向西南开放的贸易通道，由交通末梢变为开放前沿，更好地利用两个市场、两种资源，提升发展层次和水平。我们要借机实施州委提出的“五个百亿元工程”，把德宏建设成生物特色产业基地、进出口装配加工基地、物流仓储基地，为桥头堡黄金口岸提供强有力的产业支撑。

4. 要借桥头堡建设的机遇，为边疆民族地区加快发展提供动力和活力

扩大对外开放，将为云南等省的边境地区拓展新的发展空间，创造新的亮点和热点，形成资金、技术、人才聚集的“洼地”。我们要借机解决长期掣肘德宏发展、稳定的一系列问题，为德宏经济社会再跨越提供强劲动力，努力使德宏成为对外开放的金融服务平台、信息服务平台、文化交流平台以及中国通往东南亚、南亚的经济窗口、文化窗口、友谊窗口。

我们也清醒地看到，目前，德宏的产业发展正处于传统产业发展面临市场冲击，后劲乏力，新的产业还形不成规模，发展接不上气的过渡时期，经济总量小、经济实力不强、自我发展能力较弱；劳动者科技文化素质偏低；教育、农业、交通、旅游等基础设施落后，历史欠账多；境外敌对势力渗透形势严峻，边境稳控工作任务艰巨。国家政策的调整也给德宏州造成一定影响，2004 年国家严禁各地办理边境一日游异地办证业务，使德宏州出境边境游和入境旅游客源市场相对萎缩；2006 年国家取消“口岸三费”后，地方财政每年减收 6 000 万元以上。

二、明确目标，集全州之力建设好桥头堡黄金口岸

2009年年底以来，德宏州积极配合中央和省有关部门开展的调研，主动与上级进行工作对接，提出了桥头堡黄金口岸建设的总体（框架）方案、工作方案、研究方案，前期工作取得一定进展。但是，桥头堡黄金口岸建设是一个全新的课题，是一个系统工程，需要在实际工作中不断充实完善。为了统一全州干部群众的思想和行动，州委常委会议决定，由州委办公室、政府办公室、政府研究室先行提出一个桥头堡黄金口岸的框架，统一向上汇报、对外宣传、对内动员的口径。下面，我简要介绍桥头堡黄金口岸建设的一些主要内容。

（一）德宏建设桥头堡黄金口岸的总体构想

根据省委、省政府的总体安排部署，我们提出德宏建设桥头堡黄金口岸的总体构想，要围绕“立意高、着点实”来进行谋划思考，所谓“立意高”就是要符合中央和省委、省政府的总体部署要求；“着点实”就是要紧密结合德宏实际，发挥自身优势，使桥头堡黄金口岸建设具备较强的操作性。

因此，我们初步提出德宏桥头堡黄金口岸的目标定位是：以科学发展观为指导，全面落实胡锦涛总书记重要讲话精神，牢牢抓住新一轮西部大开发和桥头堡建设重大战略机遇，全面实施开放强州战略，不断提升沿边开放质量和水平，构建全方位、多层次、宽领域的对外开放新格局，把德宏建设成为固边安民、服务全国、联通内外，立足中国—东盟自由贸易区，以云南为主体，以缅甸为突破口，连接印度洋，辐射南亚次大陆的中国面向西南开放桥头堡黄金口岸。

在建设思路上，我们提出了要高度重视、加强领导，把握重点、突出特色，先行先试、先抓基础，不等不靠、主动作为，全力推进“一节点、三基地、三平台、三窗口”建设，即努力把德宏打造成为我国西向战略大通道的重要交通节点，支撑桥头堡黄金口岸建设的生物特色产业基地、进出口装配加工基地、物流仓储基地，对外开放的金融服务平台、信息服务平台、文化交流平台以及中国通往东南亚、南亚的经济窗口、文化窗口、友谊窗口。

在建设原则上，我们提出桥头堡黄金口岸建设要遵循政府推动的原则，坚持国家主导、省级推动、地方主动、全力共建；遵循市场导向的原则，支持投资主体多元化、运行主体企业化、运营管理市场化、市场运作规则化；遵循重点突破的原则，集中力量解决基础设施落后、口岸功能弱、产业建设慢、城镇化水平低、合作层次低等突出问题；遵循产业支撑的原则，形成产业相互促进、联动发展、竞争有力的局面，为桥头堡黄金口岸建设打下坚实

基础；遵循互利共赢的原则，坚持双边互动，积极扩大中缅利益汇合点；遵循科学发展的原则，突出区域特色，科学规划、合理布局、功能协调，建设资源节约、环境友好的桥头堡黄金口岸。

在实施步骤上，我们提出经过10年的努力，桥头堡黄金口岸建设取得阶段性成果。第一阶段：前期准备、启动实施（2010年）；第二阶段：全面推进、重点突破（2011—2015年）；第三阶段：基本建成、完善提升（2016—2020年）。

（二）德宏建设桥头堡黄金口岸的重点任务

我们提出桥头堡黄金口岸建设下一步要以基础设施建设为重点，通关便利化为抓手，产业集群发展为支撑，资源节约、环境友好为保障，围绕建设黄金口岸这个目标，扭住“通道、基地、窗口、平台”4个突破口，建设“一节点、三基地、三平台、三窗口”，奠定桥头堡黄金口岸坚实基础。

1. 建设我国西向战略大通道的重要交通节点

加快构建铁路、公路、航空、水运、能源联通内外的立体交通网络，打通大动脉、完善大环线、建设大通道，全力打造云南经德宏进入缅甸到达印度洋周边的印度洋国际大通道重要交通节点，为桥头堡以及黄金口岸建设奠定交通基础。重点是：争取2010年开工建设泛亚铁路西线保山—瑞丽段和GZ65杭瑞高速公路龙陵—瑞丽段，积极争取国家把瑞丽—木姐—腊戍铁路、瑞丽—木姐—曼德勒—仰光港或皎漂港的高速公路、中缅陆水联运大通道纳入“十二五”中缅跨境交通基础设施合作重点计划，利用“中国东盟合作基金”及早进行建设；加快推进腾冲—陇川、潞西—梁河两条二级公路建设，完善州内交通大环线；积极争取建立德宏国际航空港，使德宏成为中国拓展南亚航空市场的重要前沿；积极主动配合中缅油气管道建设和境外水能开发，使德宏成为中缅能源调节枢纽。积极争取国家层面与缅甸商签“中缅重大跨境基础设施合作建设规划”，把中缅跨境铁路、跨境公路、中缅陆水联运大通道、德宏—缅北水电网作为中国援助缅甸重点项目和“中国—东盟合作基金”重点建设内容。

2. 建设生物特色产业基地

全面实施产业富州战略，在特色上做文章，在人均占有上下工夫。坚持有所为有所不为的原则，按照发挥优势、科学规划、把握重点、突出特色、打造亮点的思路，在整合巩固提升粮食、蔗糖、茶叶、橡胶、畜牧等传统产业的基础上，大力发展具有德宏特色和比较优势的竹子、咖啡、坚果、柠檬、油茶、核桃“六棵树”和番麻“一棵草”，真正把德宏林业这个“大资源”建设成为富民强州的“大产业”，力争把德宏建成全省最大的竹子基地、全国最大的柠檬和坚果基地、中国咖啡之乡，走出一条规模化、龙头化、现代化、品牌化、市场化的生物特色产业发展路子。

3. 建设进出口装配加工基地

依托两种资源、两个市场，坚持优势资源向优势企业集中、产业结构向龙头企业靠拢、经济规模向园区聚集，积极有效利用社会资本和外资，加快省级工业园区建设，积极争取大用户直供电试点，强化特色、统筹规划、优化组合，建立特色鲜明、支撑有力、集约节约资源的国家级进出口加工装配基地。一是大力发展进口资源加工业，建设若干个各具特色的进口原材料加工升值区，打造珠宝玉石之都。二是按照延长产业链、提高附加值、壮大规模、增强后劲的要求，大力发展出口加工装配业，争取建立畹町综合保税区出口加工区、瑞丽出口机电装配区。三是大力发展境外生物特色产业、矿产、清洁能源、渔业、林木等领域的跨境产业合作，加大农业“走出去”、“引进来”力度，加快发展农产品加工业，重点攻坚以优质稻、咖啡、坚果、柠檬等为重点的现代食品加工业，以竹木深加工产品、红木家具为重点的竹木加工业，以傣药、番麻皂素、生物农药为重点的生物制药工业，把德宏农业优势逐步转化为工业优势，努力实现边疆农业州的工业突破。四是主动承接产业转移，大力争取央企和东部沿海地区企业进驻德宏，开发建设互利双赢的“产业基地”。

4. 建设区域性国际物流仓储基地

以姐告为核心、中缅铁路交换站为重点、陆空口岸为主体、县市中心城镇为依托、重要边境小城镇和民间重要通道为辅助，建立面向印度洋的重要国际物流基地。一是积极扩大国际贸易物流规模，探索建立生物特色商品交易所、珠宝玉石交易所。二是积极规划建设现代物流仓储设施。积极争取建立德宏空港保税区、若干个口岸综合保税区，加快构建潞西—畹町—瑞丽—章凤、潞西—梁河—盈江两条州内物流带，积极推动建立畹町—瑞丽—木姐—曼德勒—皎漂、章凤—八莫—仰光、盈江—密支那三条跨境物流带。三是提升中缅边境经济贸易商品交易会，积极发展会展经济。

5. 建设区域性金融服务平台

以姐告为基地，瑞丽、潞西为中心，进一步完善和拓展中缅银行间合作，巩固边境贸易人民币结算退税成果，加快推动一般贸易、服务贸易等领域的人民币结算退税，积极争取进行境内外居民与非居民本外币现钞现汇境内结算、兑换与投资等方面的试点，建立场所固定、监管规范、市场运作的中缅边境本外币交易市场，破解中缅金融保险合作难题，提供高效便利的边境金融服务，保障边境金融安全稳定，全力推动人民币周边化，探索人民币区域化，创建国家级人民币国际化试验区。

6. 建设区域性信息服务平台

按照导向明确、信息全面准确、沟通境内外、传输及时、服务透明公开的原则，以中缅跨境通信光缆和国际邮件交换站为基础，州内电信、移动、邮政企业和互联网服务商为主体，缅甸耶德那崩信息城（眉苗）为重要合作伙伴，进一步加大州内和跨境信息通信基础设施建设力度。积极发展无线宽带网络，整合信息资源、网络资源，建设数字德宏，扩大区域性信息交流服务，全面提升信息服务能力和水平。

7. 建设区域性文化交流平台

依托德宏“边、情、绿、宝、和”特色资源，扩大文化、艺术、科技、教育、医疗、影视等领域的对外交流，全面推进旅游文化“二次创业”。一是大力打造绿色生态公园，以生态旅游、免税和珠宝玉石购物旅游、跨境民族文化风情旅游、避寒旅游和高端休闲度假旅游为重点，加快旅游资源开发和旅游基础设施建设，积极争取建立德宏跨境旅游综合配套改革实验区，把德宏建设成为面向印度洋的重要旅游中转站。二是深化文化体制改革，创新文化产业发展机制，积极发展文化交流。深入挖掘民族文化、生态文化、边地文化、珠宝文化、抗战文化等五大特色文化，突出提升景颇族目瑙纵歌节、傣族泼水节、中缅胞波狂欢节、瑞丽国际珠宝文化节、梁河葫芦丝文化节和傣文化国际研讨会、景颇文化国际研讨会等的国内外知名度，争取建设德宏民族文化风情园和5个世居民族生态博物馆，成为云南与印度洋周边国家文化交流的高端平台。三是以现代职业技术教育、语言文化教育、宗教文化教育为重点，积极开展跨境师资培训、交流，扩大教育合作规模，确保德宏师专“十二五”期间升本，面向东南亚、南亚培养汉语人才，面向国内培养小语种人才，使德宏成为东南亚、南亚学生留学的重要目的地。四是积极发展民营医院，努力创建姐告中缅友谊医院，大力发展跨境医疗服务产业。五是以项目带动、优势互补、利益共享为原则，积极开展现代农业、疾病控制、疫情防控、生物创新、资源开发、环境保护等领域的科技交流与合作。

8. 建设立体口岸体系

进一步完善以国家一类口岸为核心、二类口岸为支撑、省级通道为辅助，涵盖陆、空、水，便利、高效、有序的立体口岸体系。重点是：加快实现现有一类口岸对第三国人员开放，确保章凤口岸尽快升级为国家一类口岸，力争盈江口岸“十二五”期间升级为国家一类口岸，力争“十二五”期间成功申报德宏芒市机场为口岸机场。同时，全力推动芒海通道、红崩河通道"十二五"期间成为进出口指定通道，加快建设若干个设施完备、政策优惠、权责有限、管理规范的边民互市贸易市场，发挥其富民稳边的政策效应。

9. 建设大通关体系

按照政府牵头协调、统一信息平台、手续前推后移、口岸快速验放的"大通关"要求，进一步理顺口岸管理体制，创新口岸管理机制，深化海关分类通关改革，加快检验检疫绿色通道及屏障建设，强化边防管理信息化、规范化和便利化建设，建立覆盖全州的大通关电子口岸信息综合平台，使口岸人流、物流、资金流、信息流高效顺畅运转，形成地方党委、政府指导有力，口岸管理部门有效监管、高效服务，口岸功能完善、安全畅通的大通关体系，进一步提高通关便利化水平，力争把德宏的口岸建成"环境最好、收费最低、服务最好"的优质口岸。

10. 建设发展极体系

以国务院确定瑞丽市为全国重点推动跨越式发展的四个边境城镇之一为契机，围绕省政府确定建立昆明—仰光、昆明—南亚经济走廊，以桥头堡黄金口岸建设促进城镇化发展，城镇化发展推动桥头堡黄金口岸建设。继续强力推进中缅瑞丽—木姐跨境经济合作区国家立项；放大"境内关外"特殊政策的效应，发挥边境经济区的作用，积极争取国家批准瑞丽、畹町两个边境经济合作区扩区，给予投资支持和政策扶持；加快建设瑞丽、潞西两个省级新型工业园区；加快章凤、盈江两个口岸经济区开发建设；加快畹町、弄岛、拉影、那邦四个边境特色小城镇开发；积极构建潞西—遮放—畹町、瑞丽—陇川、盈江—梁河三个经济片区。建立健全以特殊经济功能区为龙头、潞西和瑞丽为重点、其他中心城镇和畹町为支撑、重要边境小城镇为补充的城镇化体系，形成全州经济社会协调发展的内核和引擎。

同时，毫不松懈地抓好生态建设、环境保护、节能减排工作，毫不松懈地加强"三农"发展、民生保障、民族团结、禁毒防艾、维稳和谐工作，全面提升德宏综合软实力。

（三）德宏建设桥头堡黄金口岸建设已经开展的工作

改革开放以来，德宏围绕"边"做文章，取得良好的成绩。特别是近年来，在国家和省的大力支持下，德宏州举全州之力下工夫狠抓州内交通、口岸、边境经济合作区建设，加快产业发展、经贸合作、信息网络、金融服务等发展步伐，为推进桥头堡黄金口岸建设奠定了坚实的基础。

1. 下大力加强交通运输通道建设

加快推进“一个机场、一条铁路、三条公路”建设，积极构建铁路、公路、航空、水运综合交通运输网络。实施了芒市机场扩建工程，2009年11月扩建竣工后，航站楼总面积新增13 000平方米，其中国内候机厅10 500平方米，预留国际候机厅2 500平方米；停机坪由原来的3个增加至9个，新增两座登机廊桥，跑道可供波音737—800、空客A319机型起降；可满足2015年运输起降架次12 221架次，年旅客吞吐量110万人次；目前正在申报芒市机场升格为口岸机场，计划先期开通昆明—重庆、昆明—德宏—曼德勒、昆明—德宏—仰光航线。积极推进大瑞铁路建设，目前，州内线路、站点及国际交换站布局已经完成，州内负责完成的征地拆迁工作有序推进，在2008年大理—保山段开工的基础上，正在争取保山—瑞丽段开工建设。积极配合做好中缅油气管道建设前期工作，目前，根据线路要求，德宏州已调整完善州内相关建设规划，并就建设期间通关、临时用地等问题作了安排。公路建设上，截至2009年底，德宏州公路通车里程达6 976.32公里，县际公路、环州公路、重要口岸公路实现了油路化、路面硬化和公路网络化“三化”建设。2009年9月、12月已相继开工建设腾冲—陇川、潞西—梁河二级公路改造项目，待龙陵（龙山卡）—瑞丽（弄岛）高速公路建成后，昆明—瑞丽、昆明—畹町两个国家一类口岸公路将实现高速化，昆明—盈江、昆明—章凤两个国家二类口岸公路将实现高等级化。外通缅甸的公路交通不断改善，已先后改造或新建完成联通缅甸内地的4条公路和中国通往缅甸的5条跨境公路交通项目。努力推进中缅陆水联运大通道项目，根据1997年1月7日签订的《中华人民共和国交通部长和缅甸联邦交通部长会谈纪要》等有关文件，德宏州于2006年贷款10 300万元，完成了盈江—那邦口岸90公里公路、潞西遮放—章凤口岸78公里公路、章凤—雷基（洋人街）—八莫90公里公路的改造，可全天候通行；瑞丽—弄岛公路已改造为二级公路；作为远期发展方案即大盈江通航方案，国内段潞西—盈江（芒允）已达三级油路以上标准，芒允—洪崩河口（37号界桩）已通三级路。

2. 加大口岸建设力度

先后建成了瑞丽口岸国门工程、瑞丽口岸联检查验中心一期工程、盈江口岸货场及综合楼工程、畹町口岸货检楼工程、陇川口岸查验综合楼工程、陇川口岸拉勐通道查验设施项目工程、瑞丽口岸姐告货物出入境通道工程、瑞丽口岸姐告边民出入境通道工程等一批口岸基础设施，完成了瑞丽、畹町、章凤、盈江4个口岸经济区规划，并通过省级审批。德宏是全省口岸综合流量最大的地区，居全国沿边地区口岸综合流量的前列。2009年，全州各口岸出入境人员998.62万人次，占全省口岸总量的56.04%；出入境交通工具176.49万辆次，占全省口岸总量的67.86%；进出口货运量175.2万吨，占全省口岸总量的27.63%；口岸进出口额116 047万美元，占全省口岸总量的28.55%。其中瑞丽口岸出入境人员、出入境交通工具、进出口额在全省口岸中均排名第一，出入境货运量排名第二。盈江口岸出入境交通工具和出入境人员分别在全省口岸中排名第二和第三。

3. 下大力抓产业发展

我们发挥德宏优势，突出德宏特色，大力实施生物特色、水能电冶、外贸加工、珠宝玉石、旅游文化“五个百亿元工程”，把口岸优势、通道优势与德宏产业优势结合起来，积极培植产业支撑体系。同时，加快对外贸易提速增效，在继续巩固缅甸市场优势的同时，通过缅甸开展对东南亚、南亚国家的转口贸易。在2009年外贸正增长的基础上，2010年一季度，德宏州外贸继续呈现出了强劲反弹的趋势，全州进出口总额27 012万美元，同比增长80.2%。其中：进口总额7 053万美元，增长58.8%；出口总额19 959万美元，增长89.2%。截至2009年底，全州具备进出口经营权的企业共计741户（含36户外资企业），进出口商品种类多达2 000余种，是我国进出口商品种类最多的边境贸易地区。

4. 扎实推进信息及金融通道建设

2008年3月，以姐告为交换中心的中缅通信光缆正式建成启用，直达缅甸全境的跨国现代通信通道更加便捷。此后，在边境一线建立了一大批移动、电信通信基站，手机覆盖缅方纵深15公里的边境一带。2009年1月，中国人民银行正式批准德宏州与缅甸开展金融合作试验，9月，双方签订了在瑞丽开立人民币结算账户的协议，开展了跨境贸易人民币结算试点工作。

5. 积极推进跨境经济合作区建设

德宏州深入总结发展中缅边境贸易、建立姐告边境贸易区的经验，于2007年初作出了建立“中缅瑞丽—木姐跨境经济合作区”的决策，提出通过5～10年的努力，把跨境经济合作区建设成为立足滇缅、服务两国，面向东南亚、辐射南亚次大陆，集出口加工装配、进口资源加工升值、金融服务创新、服务贸易和边境事务合作功能为一体的综合型跨境经济合作区的沿边开放远景目标。经过三年时间的深入研究和坚持不懈的推进，取得了显著进展：一是省委、省政府已经同意建立中缅瑞丽—木姐跨境经济合作区，并于2009年3月正式向国务院请示。二是全国政协和国务院18个部委先后深入德宏专题调研新时期提升沿边开放问题，充分肯定了建立中缅瑞丽—木姐跨境经济合作区的思路及其建设方案。三是缅甸各方面反响积极，特别是缅甸贸易部已表示支持建立中缅瑞丽—木姐跨境经济合作区。

三、加强领导，扎实推进桥头堡黄金口岸建设的各项工作

根据州委常委会议决定成立的桥头堡黄金口岸建设领导小组，由赵金书记任组长，我担任常务副组长，相关州委常委、人大常委会主任、政协主席和所有副州长担任副组长，成员包括各县市的政府领导、州政府组成部门、中央和省驻德宏的部门主要领导。这是一个强大的阵容，在德宏的各项工作中，没有比这个规格更高的领导小组及办公室了。桥头堡黄金口岸建设是一项长期的任务，是一项具有全局意义的工作，我们这个领导小组及其办公室肩负着重大历史使命。今天召开领导小组第一次会议，表明德宏州桥头堡黄金口岸建设工作正式启动，会后要抓紧做好以下工作：

（一）加强领导，落实责任

建设桥头堡黄金口岸，是德宏州委、州政府全力推动的重要工作，也是全州各族人民的强烈愿望。为此，我们把桥头堡黄金口岸建设作为德宏一切工作的轴心，高位谋划，强力推进。桥头堡黄金口岸建设领导小组要进一步强化统筹协调，凝聚各方力量，调动各种积极因素，形成合力，把桥头堡建设的各项工作抓紧抓实、抓出成效。桥头堡黄金口岸领导小组办公室要加快组建，充分发挥衔接、沟通、协调、配合作用，要明确责任，加强督促检查，及时发现和解决工作推进中存在的困难和问题，确保工作顺利推进。各级各部门一定要把桥头堡建设摆在重要位置，提上重要议事日程，强化督促检查，认真抓好落实。要牢固树立全州一盘棋的思想，加强协调配合，共同推进各项工作。要扎实做好相关研究和规划编制工作。

（二）加大宣传，营造氛围

由州委宣传部牵头，迅速在全州广大干部群众中开展一场声势浩大的以“建设桥头堡黄金口岸，我们怎么办？”为主题的大型讨论活动，以凝聚各方智慧和力量，加快推进桥头堡建设。

（三）细化方案，积极汇报

会后，领导小组办公室要尽快组织力量，一是要尽快细化《德宏州桥头堡黄金口岸建设工作方案》，把各项重点工作分解到部门，落实到人。二是要完善《德宏州桥头堡黄金口岸建设总体（框架）方案》，争取在近期内到昆明听取专家的意见和建议，同时与省的相关部门沟通，加强上下衔接，争取支持帮助，力求将桥头堡黄金口岸建设上升为省的战略。

（四）科学研究，统筹规划

科学决策是科学发展的动力之源；决策咨询是科学决策的前提和基础，是开展调研、集中民智、形成方案、为决策提供智力支持的创造性劳动。桥头堡黄金口岸建设是一项事关德宏发展的重大决策，开展深入研究是必要的。两办已经下发《桥头堡黄金口岸建设课题研究方案》，各县市、政府组成部门、中央和省驻德宏各部门要迅速组织力量，分别开展研究，科学谋划，提出各自的研究报告，重点研究本县市、本部门在桥头堡黄金口岸建设中的思路、目标、任务、保障措施。各涉及口岸的部门，要站在国家战略的高度，提出推进黄金口岸建设的切实可行的服务保障措施；课题研究牵头部门，要切实承担起总体方案、通道、基地、平台、窗口的研究；州发改委要把桥头堡黄金口岸建设与“十二五”规划编制统筹考虑、有机结合，在规划中落实相应措施和重点项目，力争使一批重点项目纳入国家和省“十二五”规划。

同志们，推进桥头堡黄金口岸建设，是新时期加快德宏经济社会发展的重大举措，各级各部门一定要提高思想认识，从战略和全局的高度，增强推进桥头堡建设的紧迫感、责任感，紧紧抓住桥头堡建设的难得机遇，以更加宽阔的视野，统筹和把握德宏发展大局，不断探索推进桥头堡黄金口岸建设的措施和办法，为国家对外开放战略和德宏又好又快发展作出新的贡献。让我们在州委统一领导下，按照州委、州政府的统一部署，以只争朝夕、奋勇争先的精神，超常规的工作节奏，迅速掀起大开放、大开发、大建设、大发展的新热潮，浓墨重彩书写一篇感天动地的扩大开放的大文章。

谢谢大家！

2010年5月16日

旅游的社会功能与德宏旅游文化产业发展的构想

田大余

中共德宏州委常委、宣传部部长、副州长

旅游文化产业是现代经济中一个富有人类终极价值意义的特殊产业，既具有强力的产业牵引功能，又充满深厚的人文意义，准确把握旅游文化产业在现代文明发展中的功能和地位，对于提高各级党委、政府和全社会对旅游文化的认识，推动德宏旅游文化跨越式发展，具有极其重要的作用。德宏旅游文化跨越式发展需要超常规的发展思维、发展模式和发展措施，本文拟从旅游的社会功能入手，根据德宏州的资源禀赋和发展条件，探讨德宏旅游文化产业跨越式发展的路径和措施。

一、旅游文化的社会功能

旅游是以旅行观光、休闲度假、康体养生、体验享受、文化创造为基本方式的一种人类活动。从供给的角度讲，旅游是一种生产活动，提供旅游产品，形成旅游产业；从消费的角度看，旅游是一种消费活动，属于现代社会人们的一种生活方式。

旅游文化产业在经济发展和社会文明进步中具有多方面的功能作用：

（一）产品生产功能

旅游作为一种产业，生产和销售旅游产品，丰富社会物质财富的内容和数量，满足人们日益增长的旅游文化和休闲享受的需要。这是旅游最基础的功能，惟其有这项功能，旅游方成为一门产业。

（二）经济牵引功能

旅游业具有绵长有力的产业链条，上下游产业和同步关联产业达上百项之多，能够辐射、牵引和带动三次产业和城乡建设的发展。这些产业包括第一产业的种植、养殖、畜牧、食品生产、造林绿化，第二产业的日用工业品、品牌产品、民族工艺品、农副产品加工、建筑建材、电力矿冶，第三产业的商业贸易、餐饮酒店、交通运输、邮电通信、金融保险、仓储物流、文化产业、文物保护、地质科研、考古探险，还有城市建设、乡村发展等。

（三）财富聚集功能

生产要素和社会财富的聚集有一个特定的规律，即优势生产要素包括资本、技术、人才、管理经验等，总是朝着更有利于它们增值的地方流动，财富总是从落后地区不断地向发达区域聚集，让富的更富，穷的更穷，经济学家们根据《圣经》上的记载把这种现象称为“马太效应”。落后地区依靠传统的农业、加工业、商服业都很难形成要素和财富聚集功能。市场规律是无情的，要扭转财富聚集的逆流规律，西部地区除了发展旅游文化产业，别无捷径可走。我们能做的，就是把青青的山、绿绿的水、神秘的历史、厚重的文化、珍稀的资源打造成为吸引人们的旅游文化产品，让发达地区和海外的人流、物流、资源流、财富流流向欠发达地区。

（四）结构调整功能

社会运行中存在多方面、多层次的结构，包括人与自然的结构、物质与精神的结构、政治经济文化结构、三次产业结构、区域结构、城乡结构、财富分配结构等，社会结构的科学性、合理性和运行情况影响着社会的发展，决定着社会文明发展的水平和质量。我们所要建立的和谐社会，就是社会结构合理匀称的良性运行的社会。大力发展旅游文化产业，体现了科学发展观的本质要求。通过大力发展旅游文化产业，可以保护生态环境和历史文化，促进人与人之间和谐发展；可以推动西部地区跨越式发展，逐步缩小地区差距；可以创造就业机会，增加群众收入，改善民生；可以带动农村文明进步，促进城乡协调发展；可以促进人类精神文化的繁荣，保持物质与精神、经济与文化的协调发展；可以通过文化交融提高人口素质，推进社会文明进步。

（五）文化传播与文化交融功能

通过文化传播，让文明为社会所共享；通过文化交融，促进落后地区的思想观念更新和社会文明进步。旅游业带来的人口、观念、信息、文化、资本、技术的大流动，往往能很快促进一个地区整体文明素质的提高，推动经济和社会的发展。丽江在旅游业发展起来之前，是一个外部世界尚不知晓的偏僻山区，随着旅游业的发展，仅仅十多年时间，丽江就成为世界人民向往的乐土。德宏州 20 世纪 80 年代末 90 年代初旅游的繁荣，同样极大地促进了当地经济文化的发展。

（六）经济品质提升功能

从社会发展的价值目标看，文化才是人类社会发展的终极目标，人类社会文明发展的过程，就是一个摆脱自然约束，摆脱物欲控制的非物化的过程。经济最终是文化，人最终也是文化。由此而言，经济是手段，文化是目的。经济文化化、文化经济化、经济文化一体化是当今时代发展的基本趋势，文化只有运用市场的手段，才会具有发展活力，经济只有赋予文化内涵，才会拥有持续发展的永恒张力。文化可以为经济发展提供道德环境、技术支持、智慧支撑、内在动力和艺术审美情趣，提高经济活动和经济产品的文化附加值。可以说，经济内在质量的高低取决于经济活动和经济产品文化含量的高低，而旅游一头连着经济，一头连着文化，正是经济文化一体化的强力黏合剂。

（七）地区形象提升功能

在市场经济条件下，生产资源和生产要素的配置是由市场来完成的，哪个地方知名度高、形象好、吸引人，国内外市场上的资本、技术、人才就往哪个地方流动，推动这个地方的发展，而旅游文化产业不仅有经济功能，还有强大的对外宣传功能。腾冲正是依托旅游文化的发展，吸引了许许多多的大型企业集团前来投资。大力发展旅游文化产业，对于提升德宏知名度和美誉度，改善德宏形象，增强对外吸引力，营造良好投资环境，意义重大。

（八）促进产业形态跨越式变迁功能

在三次产业中，旅游文化属于第三产业。三次产业结构的变化，与人类社会文明发展同步，反映社会生产活动和社会文明发展的历史阶段。社会文明越向前发展，第三产业比重越高，第一、二产业比重越低。第一产业经历从全部到趋于很小比例的过程，第二产业经历从无到有、从小到大、再从大到小的过程，第三产业经历从小到大的过程。目前，特别发达国家第三产业占80%以上；发达国家第三产业占60%～70%；发展中国家第三产业占30%～50%。简言之，人类普遍的发展历程是，先发展第一产业，再发展第二产业，进行工业化，往后再发展第三产业，实现信息化。这只是产业形态变迁和人类文明发展的一般规律。德宏的优势在区位、气候、生态、文化等方面，这些正是发展第三产业的优势，区位好，适合发展贸易，气候、生态、文化优越，适合发展旅游文化产业。在三次产业中，第一产业主要同自然打交道，产业体量小；第二产业主要依托资源和能源发展，会增加生态环境的承载压力，相比较而言，第三产业中的旅游文化对生态环境的破坏最小。按照科学发展观和构建和谐社会的要求，应大力发展旅游文化产业，保护青山绿水，实现人与自然和谐发展。州委、州政府作出的跨越式发展决策，我理解，除了指“采借发达地区的经验、技术、资本、人才，采取超常规的创新举措，花更短的时间走过发达地区用更长时间走过的道路”这层含义外，还有一层意义，就是要立足德宏优势，大力发展包括旅游文化在内的第三产业，跳过常规的工业化阶段，从第一产业社会一步跨越到第三产业社会，大大缩短社会文明发展的进程。

以上是就经济社会发展而言的，从哲学上讲，根据旅游文化产业的特性，旅游文化是最靠近人类终极价值意义的特殊产业，其生产、交换和消费的过程，都体现着高度的人本主义价值，生产者、经营者、消费者劳动的过程也是享受的过程，劳动过程是手段和目的的有机统一，这远比面对不可控大自然的第一产业和面对人机一体化现代机器设备的第二产业更具浓厚的人性化特征。旅游文化是经济牵引力强的魔法产业、造福群众的富民产业、人性化的快乐产业、推进社会文明的和谐产业。

二、德宏旅游发展的战略构想和产业布局

州委、州政府作出的“围绕一个中心，攻克两大难关，打牢三个基础，发展四大产业，实施五大战略”的发展思路，充分体现了州委、州政府对旅游文化产业发展的高度重视，州委、州政府提出的“五个百亿元工程”目标，其中有“两个百亿元”属于旅游文化范畴，旅游文化发展任务艰巨而繁重，应采取超常规的战略和思路快速推进。

（一）战略构想

1. 大开放战略

在投资上，面对海内外资本市场开放；在市场扩展上，面对国内市场和东南亚、南亚市场开放；在发展理念和产品建设上，与现代国际旅游接轨。

2. 精品化战略

缺少大型精品化旅游产品，是制约德宏旅游宣传和旅游发展的瓶颈。为此，要突出重点，规划建设一批大思路、大手笔，高标准、高起点，国际化、精品化的旅游产品。

3. 规模化战略

资源分散、景区景点分散，旅游企业小、散、弱，旅行社、旅游交通封闭性竞争，是德宏旅游发展的软肋。为此，要依托德宏旅游集团公司的调控和引导，进一步整合旅游资源、景区景点资源，实施规模化经营。对于占有旅游资源的市场主体，应制定政策激励和要求其按计划投资到位、开发到位。

4. 区域协同发展战略

县市之间统筹规划配置项目，发挥各自优势，扬长避短，形成州内区域环线；加强与保山合作，打造滇西旅游精品线路；加强对缅旅游文化合作，发展赴缅旅游，积极开辟东南亚、南亚跨国旅游圈。

5. 联动发展战略

一是与城市建设相结合。旅游规划与城市规划相协调；旅游文化与城市文化相协调；城市旅游设施与城市标志性设施相一致；城市绿化与旅游品牌建设相适应。二是与乡村建设相结合。把乡村旅游发展与新农村规划、灾后重建、农村文化馆（站）建设、特色产业项目建设、林业生态建设集合起来，一同规划，一同实施。根据市场细分原理，建设星罗棋布的乡村旅游设施，包括乡村旅游、特色产业旅游、林竹生态旅游、畜牧养殖场、农家乐、农家旅社等项目，满足自驾车游客、背包族、驴友、采风创作的艺术家、探险寻奇的探险家的需要，同时也满足旅游团队的需要，特别是对城市旅游设施起到丰枯调节作用。三是宣传、文化、旅游、珠宝相结合。宣传的内容是旅游、文化、珠宝，文化是旅游的灵魂，旅游是文化的载体，珠宝是德宏宣传、文化、旅游的突出亮点。四者紧密结合能协调发展，事半功倍。产业布局要结合，协调一致。项目实施要结合，对旅游项目全面进行文化包装改造。领导和管理体制要协调统一。

（二）产业布局构想

1. 德宏全州

品牌形象中心词：孔雀之乡；中国玉都。

释义："孔雀之乡"是德宏的综合形象标识，为各民族所认同，历经政府多年打造和宣传，已为社会所广泛知晓，这从世界最大的互联网搜索引擎"google"和"百度"可验证，输入"孔雀之乡"关键词，90%的页面讲的是德宏。遗憾的是"孔雀之乡"无"孔雀"，需要抓紧规划建设这一重要的物化标识，让"孔雀之乡"名至实归。"中国玉都"为新确立的形象标识，全称为"美丽德宏，中国玉都"，尚未广泛传播和为社会所认同，外有广州竞争，内有腾冲同构，打造任务尚重，好就好在全州 2 市 3 县除陇川、梁河外均有珠宝玉石，为省内产业基础最大，确立"玉都"地位当之无愧，需要重点补缺的是把州府芒市的珠宝产业快速发展起来，让"玉都"之"都"有玉。

内涵：幸福指数最高的候鸟式国际绿色生态文化大公园。

释义：德宏为旅游文化资源组合配套最完美的地方，沿边区位优势明显，海拔适中，气候温和，空气清新，青山绿水，文化丰富，风情独特，民风淳朴，在云南日报报业集团新近组织的“城市幸福指数”评选中，德宏仅次于昆明、玉溪，位列第三名，在人民网新近组织的“中国最具民俗文化特色旅游目的地”评选中，德宏在全省也位居第三，是当之无愧的最适宜人居的地方，是幸福指数很高的候鸟式国际绿色生态文化大公园，11 526平方公里均为景区范围，外来游客踏入州境，即享公园美景，“美丽德宏，世界分享”。

外延：民族文化；生态文化；边关文化；珠宝文化；抗战文化。

释义：州委对全州文化资源和文化形象的高度概括，已经包含了旅游文化的方方面面，不仅对于文化而且对于整个旅游文化产业都可照此阐释、细化、规划、建设。

旅游文化产业导向：

（1）民族文化旅游产业。积极引导和扶持发展以下产业：①民族节庆产业（泼水节、目瑙纵歌节、葫芦丝文化节等）；②民族歌舞产业（孔雀舞、目瑙纵歌等）；③民族戏剧产业（重点传承和发展傣剧，探索傣剧市场化发展的路子）；④民族音乐产业（傣族音乐、景颇音乐、葫芦丝音乐、洞经音乐等）；⑤民族工艺品产业（编织、刺绣、木刻、雕刻、剪纸、服饰、刀具等）；⑥葫芦丝文化艺术系列产业；⑦民族饮食文化产业；⑧民族医药产业；⑨民俗旅游产业。

（2）生态文化旅游产业。积极引导和扶持发展以下产业：①温泉休闲度假疗养；②高尔夫；③江河漂流、丛林探险、天然氧吧；④生态狩猎；⑤民族体育（拳、刀、棍、舞、操等）；⑥沙滩体育运动；⑦综合体育集训、综合体育赛事。

（3）边关文化旅游产业。积极引导和扶持发展以下产业：①东南亚、南亚风情展示展演；②边境风情旅游项目（一寨两国、一院两国、和谐边境快乐体验之旅等）；③边境游、出境游；④中缅友谊、胞波情深文化展示博览。

（4）珠宝文化旅游产业。遵循“一都三城”（美丽德宏——中国玉都；东方珠宝城——瑞丽；珠宝文化城——芒市；翡翠毛料城——盈江）的产业布局，积极引导和扶持发展以下产业：①翡翠文化产业；②宝石文化产业（钻石、红宝石、蓝宝石、祖母绿等）；③其他玉石文化产业（和田玉、黄龙玉、树化玉、珍珠、玛瑙、水晶、奇石等）；④木雕根雕文化产业（珍稀木材、木雕根雕、翡翠镶嵌艺术等）。把德宏州规划建设成为国内最大的翡翠毛料交易集散中心，海内外最知名的玉石雕刻加工中心，中国最繁荣的珠宝玉石成品交易中心，国内最有影响力的珠宝玉石文化传播中心，国内最具异国风情和民族文化底蕴的珠宝旅游购物观光目的地。

（5）抗战文化旅游产业。积极引导和扶持发展以下产业：①抗战文化旅游项目；②革命历史文化旅游项目。

主要物化标识和重点项目：

以州府芒市为主的包括各县市的重点物化标识即为全州旅游文化的物化标识，以各县市主要的重点项目为州级重点项目，本文所列的芒市的重点项目，既包括潞西的项目，也包括州里的重点项目。

2. 芒 市

品牌形象中心词：养生之城，南国佛都。

释义：芒市凭借州府作为全州政治、经济、文化中心的地位，与其他县市相比，具有航空口岸交通优势、中心城市聚集优势和区域辐射功能、窗口展示功能，能为全州的旅游文化产业发展作出贡献。而芒市的品牌形象和产业布局既要与全州重点旅游文化产业相呼应，又要突出自身特点，走差异化、独特性、唯一性的道路。全州的综合品牌是"孔雀之乡"、"中国玉都"，作为窗口的州府，芒市应大力发展珠宝产业；从休闲度假、康体养生的角度，宜把芒市建设成为中国南方最大的佛文化中心（暗含"南传上座部"之意）——南国佛都，这就会具差异化、独特性、唯一性，且能满足现代高度竞争的商业社会中人们祈福、求安、静心、趋祥的需求，也为信教者提供精神皈依之地。

内涵：最适宜人居的休闲养生城市。

外延：花果之城，绿色之都；休闲之城，养生之都；珠宝之城，购物之都；千佛之城，和谐之都。

释义：把芒市建设成为林在城中、城在林中、终年吐翠、四季瓜果飘香的绿色生态旅游城市；成为休闲度假、康体养生的优秀旅游城市；成为珠宝琳琅满目、品种齐全、功能完善的珠宝旅游购物城市；成为佛光映照、吉祥幸福、物质与精神和谐、人与自然和谐、边境和谐、民族和谐、干群和谐的和谐之都。

旅游文化产业导向：

（1）民族文化旅游产业。积极引导和扶持发展以下产业：①民族节庆产业（泼水节、目瑙纵歌节、葫芦丝文化节等）；②民族歌舞产业（孔雀舞、目瑙纵歌等）；③民族戏剧产业（重点传承和发展傣剧，探索傣剧市场化发展的路子）；④民族音乐产业（傣族音乐、景颇音乐、葫芦丝音乐、洞经音乐等）；⑤民族工艺品产业（编织、刺绣、木刻、雕刻、剪纸、服饰、刀具等）；⑥葫芦丝文化艺术系列产业；⑦民族饮食文化产业；⑧民族医药产业；⑨民俗旅游产业；⑩宗教文化产业（重点开发佛教文化）。

（2）宗教文化旅游产业。积极引导和扶持发展佛教文化及其配套产业，建设南国佛都。

（3）生态文化旅游产业。积极引导和扶持发展以下产业：①温泉休闲度假疗养；②高尔夫；③江河漂流、丛林探险、天然氧吧；④生态狩猎。

（4）体育文化旅游产业。积极引导和扶持发展以下产业：①民族体育（拳、刀、棍、舞、操等）；②综合体育集训、综合体育赛事。

（5）珠宝文化旅游产业。积极引导和扶持发展以下产业：①凭借航空口岸交通优势，抓紧建设“翡翠毛料公盘”；②参照翡翠毛料交易方式建设“黄龙玉毛料公盘”；③采取优惠政策吸引全国玉雕师落地芒市，大力发展玉雕业；④积极发展翡翠批发业务；⑤随着旅游业的发展，逐步发展翡翠、红蓝宝石等零售业务；⑥大力发展黄龙玉各产业环节的经营；⑦木雕根雕文化产业（珍稀木材、木雕根雕、翡翠镶嵌艺术等）；⑧发展珠宝文化教育培训传播，把芒市建设成为海内外知名的“珠宝文化城”。

（6）工业文化旅游产业。根据经济文化化、文化经济化、经济文化一体化的现代经济发展趋势，应依托传统物质产业，积极发展以下产业：①遮放贡米、贡酒文化项目；②后谷咖啡文化传播项目；③水利枢纽工程旅游项目。

主要物化标识和重点项目：

（1）民族文化旅游产业。①办好泼水狂欢节和目瑙纵歌节等传统项目和新创立的葫芦丝文化节；②新建大型德宏民族文化园；③新建勐龙沙民族文化公园；④做好傣剧传承，积极探索傣剧与市场结合的可能性；⑤创作排练一台精品化的商演舞台剧——《孔雀舞》；⑥建设一支可以在德宏坐地演出又可赴世界各地流动商演的景颇乐队；⑦新建勐巴娜西风情园；⑧根据旅游发展和市场需求，循序渐进发展傣族、景颇族编织、刺绣、木刻、剪纸、服饰等民族工艺品产业；⑨根据旅游发展和市场需求，逐步发展民族饮食文化产业项目；⑩开发傣医傣药文化项目。

（2）宗教文化旅游产业。①以亚洲最大空心佛塔——勐焕大金塔为中心，配套完善功能，连片建设一系列佛文化标识；②新建“千尊佛像”工程。

（3）生态文化旅游产业。①实施城市绿化美化工程，建设林中之城；②新建芒市孔雀生态园；③新建孔雀湖国际生态休闲旅游度假区；④建设德宏民族文化旅游康乐谷（高尔夫）；⑤新建法帕温泉休闲度假康体小镇；

⑥建设黑河老坡国际生态狩猎场；⑦发展江河漂流、氧吧天浴等产业。

（4）体育文化旅游产业。①大力发展民族体育运动项目；②发挥芒市体育运动中心功能，开展全国性、全省性的综合体育集训、综合体育赛事活动；③创意设计运用好中缅友谊馆和芒市广场。

（5）珠宝文化旅游产业。①加快推进芒市国际珠宝小镇项目建设；②新建芒市珠宝文化展示中心；③新建芒市国际珠宝博物馆；④建立华丰市场珠宝园区；⑤专业使用好三棵树珠宝街市场；⑥改造完善提升勐巴娜西珍奇园；⑦新建芒市翡翠毛料公盘市场；⑧新建芒市黄龙玉毛料公盘市场；⑨与名牌高等学府联合，新建包括“珠宝文化与地矿普通高等教育”、“珠宝高等职业教育”、“珠宝初中级职业培训”等功能在内的“德宏珠宝学院”。

（6）工业文化旅游产业。①开发龙江水利枢纽工程旅游项目；②全面包装、大力打造“遮放贡米、贡酒”文化；③全面包装推出“后谷咖啡”文化。

3. 畹 町

品牌形象中心词：万里边关第一镇。

内涵：最具战略地位的边关国门重镇。

外延：边关国门重镇；抗战文化长廊；革命历史遗存；翡翠古镇风光。

旅游文化产业导向：

（1）抗战文化和革命历史文化旅游产业。以畹町国门、畹町大桥、南洋机工纪念碑、周恩来纪念馆等为中心，把畹町建设成为德宏抗战文化、革命历史文化的展示中心。

（2）生态文化旅游产业。依托现有国家森林公园和孔雀生态园，发展森林旅游、江河漂流等产业。

（3）珠宝文化旅游产业。以德宏知名珠宝品牌“勐拱翡翠”为中心，建设勐拱翡翠小镇和珠宝物流配送中心；以“和盛公司”建立国际性的赌石联盟为依托，建设全国知名的赌石俱乐部。

主要物化标识和重点项目：

（1）丰富畹町国门和畹町大桥旅游内容，提升文化品位。

（2）改造完善周恩来纪念馆。

（3）宣传运营好南洋华侨机工回国抗战纪念碑。

（4）规划建设勐拱翡翠小镇。

（5）恢复民国中央银行旧址。

（6）恢复国际邮件交换站旧址。

（7）建设美式吉普沿街巡游项目。

(8) 运营好孔雀生态园。

(9) 加快国家森林公园建设。

4. 瑞 丽

品牌形象中心词：东方珠宝城；精彩瑞丽，富贵之都。

释义：这里是《有一个美丽的地方》所描写的地方，这里是财富汩汩流淌的地方，这里是海内外知名的"东方珠宝城"，这里是高端商务人士和旅游者的梦想，这里是一切淘金者的天堂。把"东方珠宝城"作为瑞丽的品牌形象中心词是最为合适的，通过多年的努力，"东方珠宝城"已广泛传播并为社会所普遍知晓，在世界最大的互联网搜索引擎"google"和"百度"输入"孔雀之乡"关键词，90%的页面讲的都是瑞丽。

内涵：祖国西南边陲最大的边境口岸城市和国际商贸旅游中心。

外延：有一个美丽的地方；国际商贸旅游城；东方珠宝城；边境口岸明珠；孔雀舞的发源地；精彩瑞丽，富贵之都。

旅游文化产业导向：

(1) 民族文化旅游产业。积极引导和扶持发展以下产业：①民族节庆产业（泼水节、目瑙纵歌节等）；②民族歌舞产业（孔雀舞、目瑙纵歌等），重点打造"孔雀舞发源地"品牌；③音乐文化产业（现代音乐、傣族音乐、景颇音乐等）；④民族工艺品产业（编织、刺绣、木刻、雕刻、剪纸、服饰、刀具等）；⑤民族饮食文化产业。

(2) 生态文化旅游产业。积极引导和扶持发展以下产业：①温泉休闲度假疗养；②高尔夫；③江河漂流、丛林探险、天然氧吧；④民族体育（拳、刀、棍、舞、操等）。

(3) 边关文化旅游产业。积极引导和扶持发展以下产业：①东南亚、南亚风情展示展演；②边境风情旅游项目（一寨两国、一院两国、和谐边境快乐体验之旅等）；③边境游、出境游；④中缅友谊、胞波情深文化展示博览。

(4) 珠宝文化旅游产业。遵循"一都三城"（美丽德宏——中国玉都；东方珠宝城——瑞丽；珠宝文化城——芒市；翡翠毛料城——盈江）的产业布局，积极引导和扶持发展以下产业：①翡翠文化产业；②宝石文化产业（钻石、红宝石、蓝宝石、祖母绿等）；③其他玉石文化产业（和田玉、黄龙玉、树化玉、珍珠、玛瑙、水晶、奇石等）；④木雕根雕文化产业（珍稀木材、木雕根雕、翡翠镶嵌艺术等）。把瑞丽建设成为德宏州乃至全省珠宝产业振兴的核心增长极，成为集毛料进口、交易、加工、成品批发、零售，教育培训，文化展示，文化传播，博览会展，旅游购物于一体的中国最大的珠宝贸易中心和珠宝文化传播中心，成为最具异国风情、民族文化底蕴、边关文化特色的珠宝旅游购物观光目的地。

（5）抗战文化旅游产业。抗战文化以畹町为重点发展，同时恢复开发利用好雷允飞机制造厂旧址。

主要物化标识和重点项目：

（1）民族文化旅游产业。①办好泼水狂欢节传统项目；②新建“孔雀舞”传承培训学校；③新创作一台精品化的商业舞台剧——“瑞丽江之夜”或“孔雀舞”；④包装改造“姐勒大金塔”旅游项目。

（2）生态文化旅游产业。①抓好景成地海温泉项目运营推介；②新建“一杆两国”高尔夫球场；③完善建设瑞丽江漂江游；④新建史迪威湿地码头公园；⑤改造扩建莫里热带雨林瀑布景区；⑥提升“独树成林”景区品质；⑦研究论证新建勐秀山“音乐家——杨非先生墓”生态旅游项目。

（3）边境口岸文化旅游产业。①巩固提升和发展“中缅胞波狂欢节”品牌；②建设完善东南亚、南亚风情展示展演项目；③建设提升“一寨两国”景区；④大力发展边境游和出境游；⑤丰富建设姐告国门旅游项目内涵。

（4）珠宝文化旅游产业。①完善提升“珠宝步行街”、“姐告玉城”、“国门珠宝街”、“水上娱乐城珠宝街”、“华丰树化玉城”五大珠宝园区；②对“珠宝步行街”进行重点改造，扩容增功提质；③促进“冠华翡翠毛料公盘”良好运行并适时改造提升，丰富赌石等旅游内容；④加快“百米地球翡翠大道”项目建设；⑤促进“东南亚、南亚珠宝商务会所”项目建设；⑥加强与缅方沟通，促进已草签的大型珠宝交易加工区项目建设；⑦研究论证新建集中连片的“大型木雕根雕艺术园区”；⑧提升“南姑河淘宝”旅游项目。

（5）抗战文化旅游产业（见畹町）。开发利用和恢复建设雷允飞机制造厂旧址旅游项目。

5. 陇 川

品牌形象中心词：目瑙纵歌之乡。

内涵：世界景颇文化大本营。

外延：目瑙纵歌之乡；边境旅游城市。

旅游文化产业导向：

（1）民族文化旅游产业。依托目瑙纵歌文化品牌，发掘和开发运用景颇音乐舞蹈艺术文化；包装提升阿昌刀文化产业项目。

（2）边关文化旅游产业。立足区位优势，依托章凤口岸，发展边境旅游项目。

主要物化标识和重点项目：

（1）景颇文化园建设和开发运用。

（2）依托景颇歌舞团创作一台可以坐地演出，也可赴世界各地商演的反映景颇文化的精品舞台剧。

6. 盈 江

品牌形象中心词：万象之城（或“傣族文化之乡”或“中国翡翠毛料第一城”或“生态文化城”）。

盈江被称为“万象之城”，但“一象”也没有，或许用“傣族文化之乡”或者“中国翡翠毛料第一城”或者“生态文化城”更为合适，前者有傣族原生态文化及刀安仁故居支撑，中者有翡翠毛料贸易史支撑，后者有大盈江美丽风光支撑，这个问题尚需进一步探讨。

内涵：傣族文化之乡。

外延：傣族原生态文化；大盈江迷人风光；中国翡翠毛料城。

旅游文化产业导向：

（1）民族文化旅游产业。傣族原生态文化；民族工艺品产业（民族编织、刺绣、木刻、剪纸、服饰等）；民族饮食文化产业等。

（2）生态文化旅游产业。江河漂流、丛林探险；氧吧天浴；民族体育、沙滩体育等。

（3）边关文化旅游产业。边境口岸旅游；出境游。

（4）珠宝文化旅游产业。依托悠久的翡翠毛料贸易历史，大力发展翡翠毛料交易、雕刻加工和成品批发，建设中国翡翠毛料城。

主要物化标识和重点项目：

（1）开发大盈江漂江游综合项目。

（2）开发凯邦亚湖工业旅游项目。

（3）开发“亚洲榕树王”旅游项目。

（4）开发那邦边境口岸旅游项目。

（5）开发沙滩体育运功项目。

（6）改造提升盈江翡翠毛料公盘市场。

（7）规划建设盈江玉雕城和成品批发市场项目。

（8）开发建设运用好刀安仁故居。

7. 梁 河

品牌形象中心词：葫芦丝之乡。

内涵：葫芦丝文化发源地。

外延：葫芦丝源头；傣族历史文化。

旅游文化产业导向：

（1）民族文化旅游产业。傣族历史文化；葫芦丝音乐艺术；洞经音乐艺术；阿昌族文化等。

（2）生态文化旅游产业。主要为温泉休闲度假疗养。

主要物化标识和重点项目：

（1）开发运用好南甸宣抚司署，依托此发展吃、住、行、游、购、娱融为一体的傣族历史文化旅游项目。

（2）大力发展包括葫芦丝种植、乐器制作、乐器销售、演奏培训、商业演出、教材图书光盘销售在内的葫芦丝文化艺术系列产业，建设商业性的“葫芦丝音乐艺术团”。

（3）建设龙窝温泉休闲度假区。

三、加快德宏旅游文化发展的主要措施

实现德宏旅游文化产业跨越式发展，需要采取一系列超常规的措施，多管齐下，予以推动。

（一）突出重点，有序推进重大项目建设

上述项目只是一个综合性的考虑，里面有轻有重，有缓有急，要对其进行详细梳理，分清轻重缓急，进入相应工作轨道。从重要程度划分，属于事关全州旅游文化发展大局的重大项目，以州里为主，县市配合抓好落实；属于突出各县市产业布局特点的较为重要的项目，以县市为主，州级配合抓好落实；属于一般性的旅游文化项目以及乡村旅游文化项目，分别由各个县市和州级相关部门负责抓好落实。从缓急程度划分，可以按照预留研究一批（远期实施项目）、科研论证一批、申报立项或招商引资一批、开工建设一批、完工一批的步骤，对各个项目分别建设管理。要按照属地管理、行业负责、分清轻重缓急的原则，落实项目实施任务。

（二）构建融资平台，加大政府引导力度

积极探索研究，由政府出资组建“德宏旅游投资公司”，学习其他地区成功经验，根据旅游文化项目投资大、见效缓的特点，在市场发育较为迟缓和投资热度不够的起步阶段，发挥政府主导作用，增强商家的信心。公司以政府出资作为融资资金，再去融集信用资金或投资资金，对具有现实条件和市场前景好的项目投资建设，投资建设全部完工或部分完工后，在市场上拍卖。如此循环往复，不仅几年就可开发一批项目，而且将吸引更多的投资商

投资，整个旅游文化投资就活跃起来了。

（三）培育大品牌，积极创造条件进入资本市场

分为两个层次，其一，对已具备一定品牌效应和发展基础的旅游文化企业或与旅游文化有关的其他企业，积极引导进一步加强品牌培育，提高效益，内联外引，在资本市场运营专家的帮助下，改造包装上市，进入资本市场筹集建设资金。其二，对具有较好发展前景、营业额较高的旅游文化企业，引导其树立品牌意识，强化营销宣传，加强品牌塑造，发展连锁企业，提升业主素质，逐步实现从商人到企业家的过渡，从商号到品牌企业的过渡。

（四）加大宣传力度，提升德宏知名度

对外宣传是为旅游文化发展鸣锣开道的，应进一步增加对外宣传的投入，加大对外宣传的力度，运用一切强势手段，多管齐下，多媒体联动，多载体运行，开展第二轮对外宣传突击战役。

（五）加强行业建设和行业管理，提升旅游自身品质

一是加强旅游行业整治，建设规范、诚信、有序的旅游市场。二是组织编写德宏州导游词，依据德宏及各个县市的旅游文化品牌形象、内涵、外延及其释义，聘请州内外专家、学者、文化艺术界人士、熟悉州情州史的人士重新编写德宏州导游词，通过出版社公开出版发行，作为州内高等院校、职业学校的选修课以及全体公务员的必读书目，培养一大批高素质的专业导游和兼职导游。三是继续有效推进“德宏州珠宝诚信联盟”建设，做到户户入盟，户户诚信，向世界承诺德宏州没有一件假冒伪劣产品。

（六）强化基础信息工作，为产业发展决策提供科学依据

由于缺乏科学准确的基础信息，德宏州大部分产业发展决策缺乏量化依据。目前，旅游的基础信息工作体系相对较为完善，但除了主要指标外都没有进入国民经济和社会发展统计。文化产业有了初步的统计体系，但其内涵、外延、体系结构、交叉重叠边界的处理等都还不够严谨。珠宝产业基本没有任何统计资料，德宏州对外宣传的产值是根据商家数量、一般销售情况、毛料销售数量及其平均价位推算出来的。为此，有三个方面的工作需要做：一是对文化珠宝产业基础信息工作和统计制度进行专题研究。二是通过耐心细致的解释，做好珠宝商家的工作，让普查行为与税负问题完全脱钩，对全州珠宝产业进行普查。三是建立德宏地方性的旅游文化珠宝统计制度，并保留与上级统计体系的接口。

（七）强化领导，高位推进运行

旅游是经济社会发展中一项涉及全局的高度综合性的产业，必须与经济社会发展全局紧密结合，并实施高位推进策略，州和瑞丽市、潞西市、盈江县、畹町经济开发区应成立统一的“旅游文化珠宝产业发展领导小组”，陇川县和梁河县可成立统一的“旅游文化产业发展领导小组”，由党委、政府主要领导任组长，分管领导任副组长，相关部门为成员，协调各个部门开展工作。办公室工作可实行联席会议制度，定期集中办公与不定期召开联席会议相结合。

（八）强化责任，建立刚性的激励约束机制

为了保证各项任务落实，应建立旅游文化发展目标责任制，明确旅游文化项目建设目标、旅游文化经济发展目标和旅游文化宣传目标，每年一定一评，完成任务的予以重奖（以奖代补），完不成任务的予以惩罚，从而激发各级党委、政府和各个部门抓旅游文化发展的积极性、主动性和创造精神、创新智慧，推动德宏旅游业跨越式发展。

专家调研报告

◎ 德宏经济发展研究

德宏州跨越式发展战略研究

尹红旗

云南省经济研究院研究室主任、研究员

随着我国改革开放的深入和全面建设小康社会进程新形势的发展，随着全面贯彻落实科学发展观的实践和经济发展方式的转变，随着我国深入实施西部大开发战略和中国面向西南开放桥头堡的建设，德宏州经济社会发展面临着跨越式发展的新的历史机遇，进入了一个扩大开放、经济转型、产业提升、功能创新、空间优化的新一轮发展阶段，处于一个新的战略机遇期和新的战略起点。面对我国深入实施西部大开发战略和中国面向西南开放桥头堡的建设的大好机遇，德宏州应把全州的经济社会发展放在我国面向西南开放桥头堡建设的大趋势下，放在全国经济发展和对外开放的大格局中，放在云南省经济建设的需要上，以区域和国际的视野，以科学发展的新理念和新的价值观，谋划构建德宏州跨越式发展新的战略宏图，以引领未来德宏州经济社会发展，实现高水平全面建设小康社会的宏伟目标。

一、德宏州跨越式发展面临的环境及机遇挑战

（一）面临的环境

从国际经济环境分析，国际金融危机导致全球经济衰退和外需的急剧缩减，使德宏州对外开放和外向型经济发展的国际经济发展环境趋紧，各种不确定和不稳定因素增加，国际贸易和投资竞争加剧，这些将对德宏州对外开放、利用外资、发展外向型经济，实施桥头堡建设战略带来一定的影响。同时，危机过后世界经济格局面临深度调整，金融危机将引发新一轮全球产业结构调整和技术革命，这些将为德宏州产业结构调整和经济转型升级带来新的契机。目前我国与周边国家保持着良好的关系，周边国家发展环境总体上

处于稳定状态，这将有利于德宏州扩大开放，开展国际经济、技术、文化的合作交流。

从国内经济发展环境分析，我国经济率先迈出了复苏的步伐，呈现企稳回升的走势，未来10年，我国仍处于一个工业化、城镇化发展的加速期，并进入全面建设小康社会的冲刺期，经济建设的需求和发展潜力巨大，国内长期向好的发展环境不会改变。为保持经济平稳快速增长，我国将继续实施一揽子扩大内需的计划和宽松的宏观经济政策，从而为德宏州实施跨越式发展创造和提供一个良好的发展环境和机遇，其中“十二五”时期将是国家实施基础设施建设的后高潮期，德宏州应紧紧把握这一时机，尽快夯实对外开放和加快发展的基础。国际金融危机对中国经济发展带来了深刻的影响，进一步激化了我国经济社会发展中的深层次矛盾，这将迫使国家从战略上加大结构调整和经济社会的转型发展，“十二五”期间国内经济发展政策和环境将发生新的重要变化，国家将在落实科学发展观的指导下，以转变发展方式为主轴，提出“民富国强”的目标，围绕“民富”，进一步提高人民收入，完善保障民生方面的政策措施，从机制上保障人民能更多地分享改革发展的成果，这些将使德宏州结构调整、经济转型、民生改善和科学发展面临较好的机遇。

从云南省发展形势分析，云南经济社会发展也将依据国家经济社会转型发展要求和部署，突出结构调整、经济转型、民生改善、社会和谐发展、城乡区域协调等重点问题，使加快发展的意愿建立在科学发展、和谐发展的基础上。这些将促使云南的财政资金更多地转向民生改善、社会发展、结构调整、产业升级、地区协调发展等方面，给德宏州跨越式发展带来更多的机会。同时，未来云南经济发展的战略重心将放在中国面向西南开放桥头堡建设方面，围绕中国面向西南开放桥头堡建设，云南将加大通道建设，扩大和提升对东南亚、南亚开放合作的水平，加强区域之间和国际之间的合作，发展面向全国和东南亚、南亚的服务经济，各项建设将全面推进。如此，将大大促进德宏州经济社会的大发展，有利于德宏州各项建设的推进和实施跨越式发展。

（二）机 遇

1. 我国对外开放的新形势和中国面向西南开放桥头堡的建设，为德宏州经济社会跨越式发展带来了大好的历史机遇

2010年中国—东盟自由贸易区建成启动，将大大促进云南与东南亚国家的贸易和经济、投资合作，与此同时，我国从对外开放新格局和西部的开

发战略的需要出发，提出把云南建设成为中国面向西南开放的桥头堡，使云南成为中国内陆对外开放的重点战略区域，德宏州是中国面向西南开放桥头堡的西大门和重要的前沿阵地，是中国破解马六甲困局，走向印度洋的重要通道，战略地位十分重要，这些预示着德宏州经济社会发展将会获得各种机会。云南对外开放新格局的形成和面向西南开放桥头堡的建设，将有利于德宏州发挥自身重要的区位条件，背靠中国内陆腹地，外接东南亚、南亚，发展通道经济，通过大开放促进大发展。

2. 西部大开发战略的深入实施和区域协调发展趋势的增强，将为德宏州发展提供新的机遇

为深入贯彻落实科学发展观，我国将把西部大开发放在区域协调发展总体战略的优先位置，进一步加大投入、强化支持，以更强的力度，从财政、税收、投资、金融、产业、土地、价格、生态建设、人才、帮扶等方面进一步完善扶持政策，进一步加大资金投入，进一步体现项目倾斜，加快西部地区的基础设施建设、功能配套、生态建设、民生改善、社会发展，加快推动西部地区又好又快发展和社会和谐稳定，努力实现全面建设小康社会的奋斗目标。其中滇西地区将是新一轮西部大开发扶贫的重点地区，西部大开发战略的深入实施，必将使德宏州的发展获得新的机遇。

3. 国际经济环境变动中蕴涵着新的发展机遇

当前国际金融危机的冲击虽然导致了世界经济发展的低落，但危机同时将引发新一轮国际产业结构的调整和经济转型，全球范围内产业结构的调整升级，将有利于德宏州加大引资力度，吸收国际产业转移、技术转移、资金转移来提升全州经济社会的发展水平。除此之外，为应对危机带来的影响，区域合作的趋势将进一步增强，这将推动德宏州与东南亚、南亚国家之间的经济合作和交流发展。

4. 国内产业结构优化升级调整，为德宏州承接东部产业转移提供了机会

国际金融危机促使东部沿海地区加快了产业结构的调整和产业转移的步伐，促进了东部产业、资金向中西部转移和互动发展，这些有利于德宏州通过承接东部产业转移、开展与东部地区的合作，利用外部要素推动来促进自身的发展。

5. 我国将加快推进发展方式转变，为德宏州全面协调跨越式发展提供较好的机会

为贯彻落实科学发展观，应对危机，我国将着力推进发展方式转变，把

扩大内需、增强自主创新、促进城乡区域协调发展、改善民生、保护环境等作为经济社会发展的重点工作，加大资金和政策投入力度，支持各地区经济社会的协调发展、民生改善、生态环境保护，国家资金投入将更多向革命老区、民族地区、贫困地区、生态脆弱地区倾斜，国家促进经济发展方式转变和扩大内需的一系列政策和措施，将对德宏州促进经济转型、民生改善、基础设施建设、生态建设、社会发展、产业升级等方面创造有利环境，带来政策支持。

（三）挑 战

1. 国际金融危机影响巨大，德宏州经济发展面临着环境变动的挑战

百年一遇的国际金融危机不仅导致了第二次世界大战后世界经济最严重的衰退和国际经济发展环境的紧张，而且给我国经济社会发展带来了巨大的影响。同时，德宏州对外开放面对的缅甸经济落后，政局动荡、不稳定，德宏州扩大开放和外向型经济发展将要面对国际环境和周边环境各种不确定因素的干扰和挑战。

2. 全面贯彻落实科学发展观，实现又好又快的跨越式发展面临着挑战

今后一段时期，将是我国全面贯彻落实科学发展观和全面建设小康社会的战略机遇期和重要的转型期，德宏州发展起点低、基础差，产业层次落后，社会发展滞后，城乡之间、山坝之间、社会阶层之间以及与发达地区之间的差距较大，这些状况使德宏州全面建设小康社会、实施跨越式发展面临着较大困难。同时，又必须按照我国落实科学发展观的要求，加大改善民生、统筹城乡、社会发展、生态环境保护力度，这对于全州财政资金投入需求较大，促进全面协调基础上的跨越式发展面临着挑战。

3. 保持社会和谐稳定任务更为艰巨，社会建设和管理面临诸多的问题和挑战

“十二五”时期我国将步入中等收入国家行列，社会结构、组织形式、利益格局发生深刻变化，社会和谐稳定发展的重要性更加凸显。德宏州是一个经济社会发展落后的民族地区，相对于经济的发展，社会发展和公共服务水平较低，涉及人民群众切身利益的问题较为突出，贫困问题仍较严重，教育、就业、医疗卫生、社会保障、居民住房、安全生产、社会治安等方面的问题亟待解决，禁毒防艾、维护边疆稳定等工作任务艰巨。这些使德宏州社会建设和管理面临着严峻挑战。

二、德宏州经济社会发展现状分析

（一）基本情况

德宏傣族景颇族自治州位于云南西部，东与保山相邻，东南、西南、西北三面与缅甸接壤，国土面积 11 526 平方公里，辖 2 市 3 县，2009 年末总人口 119.4 万人，其中少数民族人口 59.44 万人，占总人口的 49.78%，有 24 个民族在这里繁衍生息。德宏州地处横断山脉南延部分，一般海拔在 800 ～ 2 000 米之间，有较大平坝 20 个，其中 100 平方公里的坝子有 5 个，气候属南亚热带季风气候，年均气温 18.4℃ ～ 20.3℃，年降雨量 1 436 ～ 1 709 毫米，森林覆盖率 67.1%，具有得天独厚的光、热、水、土自然条件。德宏州与缅甸接壤，国境线长达 503.8 公里，州府所在地芒市，距昆明 649 公里，5 个县市中有 4 个县市处在边境线上，拥有瑞丽、畹町两个国家一类口岸和章凤、盈江两个国家二类口岸，有 69 条通道、28 个渡口通往缅甸，是中国连接东南亚、南亚，走向印度洋对外开放的最前沿和最便捷的国际大通道。

（二）经济社会发展现状分析

解放前，德宏州是一个社会发育程度较低，经济发展十分落后的少数民族地区。新中国成立以后，在党中央和云南省委、省政府的关心帮助下，经济社会发展面貌有了较大的改变。改革开放以来，德宏州在全国率先开展了边境贸易，带动了全州对外开放的发展，促进了全州经济的快速发展，成为全省经济较快增长的地区之一。近几年，德宏州在州委、州政府的领导下，以科学发展观为指导，在加快经济发展的同时，注重民生改善、社会发展和生态环境保护，经济社会发展呈现出以下亮点。

1. 经济保持快速发展，综合实力不断提高

德宏州根据边疆民族落后地区的特点，把加快发展作为第一任务，通过努力，促使经济保持快速增长。近 10 年来，经济发展年均递增 12.8%，2009 年全省生产总值达到 115 亿元。经济的快速增长，使德宏州综合实力明显提高，2009 年人均 GDP 达到 9 631 元，比 2001 年的 3 699 元增加 5 932 元，2009 年全州财政收入达到 17.32 亿元。

2. 固定资产投资快速增长，发展能力大大增强

近几年，德宏州着眼经济社会发展的需要，加大了发展投入力度，积极贯彻落实国家扩大内需的政策措施，争取中央和省扩大内需的投资，集中力量实施了一批事关全局和长远发展的交通、能源、水利以及民生、环保、城

镇社会发展建设工程，2009年，固定资产投资总额跃上100亿元的新台阶。交通方面：完成了芒市机场的扩建工程，腾陇、潞梁二级公路开工建设，完成了大瑞铁路、龙瑞高速公路的前期工程，通乡油路和乡村通达工程顺利推进。水利方面：大盈江四级电站、龙江电站枢纽、勐乃河梯级电站和回龙河水库，芒林水库、盈江大型灌区等重大水利水电工程稳步推进。除此，市政建设、旅游文化建设、社会文化事业建设等一系列建设项目全面展开，形成了德宏州建设发展的新局面，使德宏州发展能力大大增强。

3. 对外贸易止跌回升，旅游业逆势上扬

通过积极应对国际金融危机的形势，2009年全州出口贸易扭降回升，全年实现对外贸易进出口总额7.63亿美元，其中出口5.68亿美元，进口1.95亿美元，对外贸易呈现良好的发展态势。同时，通过一系列的措施，德宏州的旅游发展势头上扬，2009年，全年接待国内外旅客413.3万人次，实现旅游业总收入38.53亿元。

4. 特色产业发展显现成效，经济结构得到优化

德宏州大力实施以种植、养殖为重点的生物特色产业百亿元工程，把德宏建成云南最大的竹子基地，全国最大的柠檬、坚果基地和中国咖啡之乡，走出了一条规模化、龙头化、市场化的生物特色产业发展道路，促进了经济结构的调整。

5. 民生改善成效明显，社会发展取得新进步

德宏州积极贯彻落实科学发展观，在深刻认识民生问题的基础上，以民生改善为根本，全面推进社会发展的进步，加大了教育的投入，加快建设覆盖城乡居民的公共医疗卫生和基本医疗制度，加大新一轮兴边工程建设力度，切实推进边疆解“五难”惠民工程，对民生改善和社会发展的投入不断增加，切实解决了一批扶贫、就业、就医、就学、住房和社会保障等事关人民群众切身利益的问题，促进了边疆民族地区的社会进步。

（三）经济社会发展存在的问题

1. 经济总量和人均占有量小，经济发展仍处于较低水平

德宏州经济虽然有了较大发展，但由于原有起点低、基础差，德宏州经济发展实力仍较弱，2008年德宏州国内生产总值99.67亿元，占全省总量的1.74%，财政总收入14.70亿元，占全省财政总收入的1.08%。

2. 经济发展方式粗放，发展质量不高

德宏州经济发展主要为资源型和初加工型经济，资源开放利用水平低，发展方式粗放，没有从根本上改变高消耗、高投入、高污染、低效益的状

况，经济发展的科技含量、生产力水平、质量效益都较低。

3. 产业发展层次落后，经济结构不合理

德宏州农业发展产业化程度低，生产率水平不高，科技含量低，农业增效、农民增收困难较大；工业发展基础薄弱，生产仍以资源型初级产品和初加工为主，产业规模狭小，技术水平落后；第三产业中现代服务业发展缓慢，服务水平较低。产业发展落后，导致经济发展的质量和效益不高。

4. 经济发展极不平衡，城乡差距、山坝差距较大

德宏州山坝发展差距巨大，居住在广大山区的景颇族、德昂族、傈僳族等少数民族贫困程度较深，农民人均收入远低于全州 2 439 元的平均水平，生产力发展水平极低，温饱问题尚未得到较好的解决。

5. 发展要素缺乏，自我发展能力较弱

德宏州发展基础薄弱，无论农业生产力、工业生产力和第三产业发展水平都较低，资金、技术积累少，科技落后，人才缺乏，产业素质低，自我发展能力较弱。发展要素不足，从根本上制约着德宏州又好又快发展。

6. 对外开放和外向型经济发展落后，区域发展合作功能不强

德宏州目前对外开放成就主要体现在边境贸易方面，对外经济合作和技术、文化交流发展落后，引进利用外资成效不明显，对外开放水平仍较低，不能很好地利用两个资源、两个市场来加快德宏州的发展。同时，区域发展合作功能不强，缺乏跨区域的要素流动和区域合作交流，作为对外开放前沿的辐射带动功能作用不强。

7. 发展创新意识不强，经济管理水平落后

德宏州经济社会发展落后，封闭的状况造成了人们不思进取、因循守旧、狭隘封闭、眼界狭窄、惧怕困难等观念，发展创新、奋发图强、开放合作、大胆探索、便民服务等意识不强，难以适应新形势新发展的需要。观念意识落后，同时也造成了经济管理水平的落后，开放发展缺乏较好的管理和经营。

三、德宏州实现跨越式发展的条件

德宏州实现跨越式发展，虽然存在不少问题和制度因素，但同时也有一些较好的发展条件，这些条件为德宏州经济社会的跨越式发展提供了客观的可能。

（一）中缅合作互动关系的发展，形成了有利于德宏州发展的环境

近年来，中缅两国关系持续稳定发展，高层互访不断，中缅战略合作关

系进入一个新的发展时期。近期，温家宝总理访问缅甸，参加中缅建交60周年活动，与缅政府签订了中缅输油气管道开工建设和一大批基础设施建设、经济合作项目，这些项目的实施将大大推动缅甸基础设施建设的步伐，从而改变缅甸落后的面貌，带动中缅经济合作的大发展，为地处中缅前沿的德宏州跨越式发展带来一个较好的发展环境。

（二）桥头堡建设的区位优势突出，加快发展蕴涵巨大潜力

德宏州处于中国经济区、东南亚经济区、南亚经济区的交汇点，是中国连接东南亚、南亚，破解马六甲困局，走向印度洋的最便捷的通道，在中国面向西南开放桥头堡的建设中，最具区位优势，战略地位和作用最为重要，桥头堡建设将形成一个德宏州大开放的新格局，为经济社会的发展提供强有力的支撑。

（三）自然资源丰富，大开放促大开发将转化为经济发展的强劲推动力

德宏州具有得天独厚的光、热、水、土资源组合和丰富的生物资源、水能资源和矿产资源。中国面向西南开放桥头堡的建设，必将促进资源的有效利用、开发，使之转化为经济发展的推动力。

（四）产业发展粗具规模，形成了较好的产业发展基础

通过大力实施产业发展“五个百亿元工程”，产业结构得到了优化，产业发展已具一定规模，形成了德宏州具有特色和优势的竹子、咖啡、坚果、柠檬、油茶、番麻等生物资源产业、水能矿冶产业、旅游文化产业、珠宝玉石产业和商贸产业，为德宏州的跨越式发展奠定了产业基础。

（五）基础设施建设的不断完善，增强了德宏州发展的基础条件

近年来，德宏州加大了基础设施的建设力度，加快了交通、能源、水利、市政基础设施、农村基础设施等建设步伐，基础设施体系进一步完善，发展的基础大大加强。

（六）社会发展加快推进，和谐基础不断加强

通过加强社会发展与和谐社会的建设，德宏州社会建设等公共服务水平显著提高，民生问题有较大改善，民主法制建设与和谐文化建设不断增强，为跨越式发展提供了和谐发展和社会稳定的基础。

四、德宏州跨越式发展的战略选择和定位

（一）战略选择

根据德宏州经济社会发展的形势、发展的机遇、发展的条件和加快发

展、科学发展的需要，德宏州实施跨越式发展的选择应锁定三个方向。

一是紧紧围绕中国面向西南开放桥头堡建设，实施开放强州战略。充分发挥德宏州的区位优势和桥头堡建设的地位、作用，着力扩大对外开放，大力提升德宏州对外开放水平，创新发展和服务的功能。

二是实施创新创业发展，加快德宏州生产力的变革和社会的变革，形成经济社会又好又快发展的爆发力和新增长极。德宏州跨越式发展受到各种因素的制约，按现在传统发展的战略模式将很难形成突破，因此必须打破传统发展思维定式和经济运行惯性，站在一个较高的起点上，创新发展的环境，创新发展的方式，推动以科技创新为主导的创业型经济的发展，进而实现经济社会的跨越式发展。

三是以科学发展观为统领，实现全面协同基础上的跨越式发展。德宏州的跨越式发展的战略选择，不仅体现为经济目标的跨越，而且要体现在发展思维、发展方式的跨越式发展上，要摒弃过去跨越式发展战略追求单一经济目标的战略模式，以全新的价值理念和科学发展理念跨越落后的发展方式，立足于以人为本、全面协调可持续发展的基础，实现经济、社会、自然全面协调的跨越式发展。

（二）战略定位

根据德宏州的战略选择，德宏州跨越式发展战略的定位是：立足于中国面向西南开放桥头堡建设和德宏州经济社会发展的需要，打造国际贸易大通道、商贸商务服务中心和进出口加工基地、现代物流基地、生物资源产业发展基地，把德宏州建成中国面向西南开放桥头堡建设的重要门户和西部内陆开放经济的先导区。

五、跨越式发展的基本思路

全面贯彻落实科学发展观，坚持以人为本，以全面协调可持续发展为基础，以民生为本、社会为稳、生态为重、产业为兴，紧紧抓住中国面向西南开放桥头堡建设和深入实施西部大开发战略两大历史机遇，充分发挥德宏州桥头堡建设中的重要区位优势和丰富的自然资源优势，积极争取国家和省的支持，以大开放、大开发促跨越式大发展，着力实施对外开放和创新发展双向驱动，整合发展资源，调整优化结构，提升对外开放水平和发展质量，大力发展通道经济和服务经济，面向世界、背靠全国，以服务创造发展的新空间，夯实发展的基础，促进要素的聚集，培育振兴产业，注重改善民生，加强生态保护，实现经济、社会、自然全面协调基础上的跨越式发展。为此，德宏州经济社会跨越式发展要围绕一个主题，实现两个突破，抓好六个重点，实施六项举措。

（1）紧紧围绕又好又快发展这一主题，加快促进经济发展方式转变和经济社会转型。实现发展方式的跨越，才能在经济跨越式发展的同时实现社会的跨越，达到让各族人民共享发展成果的真正意义上的发展，同时只有转变发展方式，实现又好又快发展，才能使德宏州经济社会跨越式发展登上新台阶。

（2）着力在对外发展和创新发展两个方面实现突破。一是把德宏州的发展置于我国面向西南开放桥头堡建设的大格局中，着力扩大对外开放，积极融入和参与国际国内的合作与分工，强化区域合作，积极开展与东南亚、南亚国家的经济、贸易、投资、技术、劳务合作，积极承接东部新一轮产业转移，加强与泛珠三角区、成渝经济区等区域的经济联系与互动发展，加快资金、技术、产业、人才的引进步伐，促进发展要素的聚集，有效利用国内两种资源、两个市场，充分利用外部推动，加快德宏州的发展。二是着力推动以科技创新为主导的创新创业发展，把德宏州的经济置于一个较高的起点，进行体制创新、产业创新、创新功能，通过创新发展，形成跨越式发展的动力和新的增长极。

（3）抓好基础设施建设、口岸经济、产业培育、民生社会、统筹城乡、生态建设六个重点。以姐告贸易区和木姐跨境经济合作区为重心，抓好口岸和口岸城市的发展建设，形成对外开放和经济增长的核心极；充分利用我国扩大内需和基础设施建设的后高潮期以及水利建设的机遇，以交通通信、水利化、公共服务基础设施为主，加快完善基础设施建设，打牢跨越式发展的基础；以生物资源创新产业为主导，培育发展现代生态农业、农特产品加工、出口加工、现代服务业、林产加工、家具产业、珠宝玉石、休闲旅游等产业，打造特色产业和产业集群；在产业和经济发展的基础上，更加注重社会建设，着力保障民生，加大扶贫力度，提高各族人民群众的生活水平和质量，促进各项社会事业的发展，实现公共服务的均等化，构建和谐稳定的德宏；加大城乡统筹力度，加快缩小城乡差距、山坝差距，实现城乡一体化发展；进一步加强生态环境保护，建设绿色生态德宏，实现可持续发展。

（4）为实现跨越式发展的战略目标，应实施深化改革、规划引领、结构调整、区域合作、优化环境、招商引资六大举措。

六、对策措施

推动德宏州经济社会跨越式发展的突破，应实施以下的对策措施。

（一）深化改革，创新发展的体制机制

实施德宏州跨越式的大发展，首先应积极改革创新体制机制，强化开放发展意识，消除不利于扩大开放、创新发展的体制障碍，积极改革政府各部门管理体制，使之与经济发展方式转变、跨越式发展的需要相适应，提高政府部门管理效率和服务能力，以政府管理体制的改革创新为推动，推进各项制度的改革，增强德宏州经济的整体发展活力。

（二）加强规划的引领作用，科学有效地推动德宏州又好又快发展

规划是跨越式战略实施的关键节点，通过规划政策的支持和引导，创建预算，将资源分配到规划实施的主要任务和重点方面，形成支持的政策和运作机制，以此保障各项战略重点和任务的可操作和运用。对此，要研究制定好德宏州跨越式发展的战略规划、面向西南开放桥头堡建设行动计划、产业发展规划等各项规划，构建引领经济社会发展的平台。

（三）加快产业结构优化升级调整，大力提升产业发展水平

综合分析、评价德宏州的优势和产业结构的合理性，选准产业发展的主导方向，以产业创新为推动，实施传统产业升级改造、新兴产业培育和产业布局优化调整。以生物资源创新产业为主导，培育发展现代生态农业、农特产品加工、出口加工、现代服务业、林产加工、家具产业、珠宝玉石、休闲旅游等产业，打造产业集群。提高产业发展的科技含量和附加价值，构建德宏发展新的基础和优势，形成经济社会跨越式发展的推动力。

（四）强化区域合作，拓展发展空间

积极策应西南内陆开放和泛珠三角区经济合作，突破地区边界，发展面向全省、全国和周边国家的服务经济，加强区域分工协作和互利共赢，从更大的区域范围进行资源的空间交换和配置，获取更大的发展空间，促进跨越式发展。通过与全国、全省各区域的经济交流与合作，增强德宏州作为桥头堡前沿核心增长极的带动和辐射功能。

（五）优化环境，促进资源、产业、企业、人才的聚集

德宏州发展要把优化经济发展环境作为第一竞争点，创造一个具有吸引力、宜于投资、宜于创业、宜于生活的优良发展环境。一是创造和提供优越的政策环境，落实和用好国家、省的开放发展政策，制定相关的配套政策、外资引进政策和产业导向政策。二是创造宽松的宏观社会环境和平等竞争的体制环境，提供高质量的商业、教育、卫生、保健、休闲等社会生活环境。三是建立高效、便捷的服务环境，积极创建服务型政府。四是创造和提供优

美的生态环境。

（六）加强服务，着力抓好招商引资工作

大力改善投资软、硬环境，加强招商引资的服务，依托德宏州的区位优势和资源优势，积极承接国内外的产业转移，创新招商引资方式，拓展招商引资的渠道，以对外贸易、出口加工、资源开发、产业结构调整、基础设施建设、产业培育、服务业发展为重点，增强招商工作的目的性、主动性和实效性，大力引进外部的企业、资金、技术、人才，力求招商引资取得大的突破，促进发展要素的聚集和集约化发展。

关于加快德宏非公有制经济发展的思考

王学鸿

云南财经大学教授委员会主席、经济研究院院长、教授

最近30多年来，德宏非公有制经济取得了长足的发展，积累了很多成功的经验，当然也有一些不尽如人意的地方。在云南省建设面向西南开放桥头堡和德宏建设桥头堡黄金口岸进程中，应该发挥非公有制经济主力军作用，所以，必须进一步加快德宏非公有制经济的发展。

德宏非公有制经济是德宏经济社会超常规发展的主力军。在把云南建设成我国面向西南开放的桥头堡进程中，德宏要打造桥头堡黄金口岸，必须加快非公有制经济的发展，发挥非公有制经济在德宏州农业特色产业、水能电冶产业、对外贸易、珠宝玉石产业和旅游文化产业等支柱产业中的引领作用。

一、德宏非公有制经济发展的成就

虽然起步不是很早，但是改革开放30多年，尤其是最近10多年，德宏州非公有制经济获得较快的发展，非公有制经济已成为德宏州经济发展，尤其是电力、糖业、商品零售、珠宝、服务业、农业发展的生力军。

总的来看，德宏非公有制经济发展不断加快。2007年底，德宏全州已发展非公有制经济31 679户，为1980年224户的141倍，年平均增长523%；为1991年9 221户的3.4倍，年平均增长20.2%。其中个体工商户30 000户，为1991年的3.25倍，比2000年增加了1.5倍；私营企业1 679户，为1995年的8.5倍，为2000年的2.6倍。非公经济实现增加值34亿元，为全州GDP的40%；实现社会消费品零售总额28亿元，占全州社会消费品零售总额的93%；上缴税金6.4亿元，占全州总税收的50%，占全州财政总收入的49.5%，地方一般预算收入的81.6%；全州非公有制经济注册资金共有53.43亿元，其中个体工商户为8.66亿元，私营企业为44.78亿元。非公有制经济

共吸纳就业人员7.7万人，其中在个体工商户从业的有5万人，在私营企业就业的有2.7万人。

最近两年，在德宏州委、州人民政府的强力推动下，全州非公有制经济又有新的发展。截至2009年底，德宏州在册登记个体工商户32 085户，比上年同期增加6 026户；从业人员52 376人，比上年同期增加410人；注册资金126 652万元，比上年同期增加12 303万元。在册登记私营企业3 136户，比上年同期增加347户；雇工26 186人；投资者6 947人，比上年同期增加886人；注册资金654 289万元，比上年同期增加73 480万元。全州私营企业注册资金100万～500万元的达到531户，注册资金500万～1 000万元的达到123户，1 000万元以上的138户，亿元以上的6户；共登记农民专业合作社161户，成员2 620人，出资额6 234元，与上年同期相比分别增长188%、260%、215%。2009年德宏州非公经济产值504 009万元，占GDP的43.7%。

德宏非公有制经济造就了一批勇于创业，敢于开拓创新的成熟、半成熟的本土企业家，如董勒成、李啸云、段贵文；形成一些品牌，一些商标被评为云南省著名商标。一批民营企业获得了省、州科技奖励，例如，2003年芒市糖厂医院和平等6人的“31例断指再植获得成功”获云南省科技二等奖；2004年梁河德福滇皂荚食品有限公司杨世宏等人的“滇皂荚粉、滇皂荚浸膏的研究开发”获州科学技术三等奖；2007年盈江星云公司李啸云等人的“水电铝综合自动化控制技术开发应用”获州科学技术二等奖；潞西遮放贡米有限责任公司的“遮放贡米产业开发示范”获州科学技术三等奖；2008年潞西勐巴娜西珍奇园总经理寸建强获德宏州有突出贡献科技人员二等奖。

德宏州非公有制经济发展有一些特点。一是近几年发展速度加快；二是非公有制企业已经成了就业、再就业的主要渠道；三是德宏州非公有制企业及其从业人员素质总体上在不断提高；四是德宏州部分非公有制企业技术开发和技术创新有了一些进步；五是非公有制企业融资渠道有所拓宽；六是有较为宽松的政策环境和产业支撑；七是地缘优势有一定吸引力。

二、德宏发展非公有制经济所采取的有力措施

德宏州委、州人民政府高度重视非公有制经济的发展，州属各部门，各县党委、政府积极采取各种措施助推非公有制经济发展。

第一，各级党委、政府认真落实党中央、国务院以及国务院各部委有关鼓励非公有制经济发展的文件，如《国务院关于鼓励支持和引导个体私

营等非公有制经济发展的若干意见》、《国家工商行政管理总局关于进一步促进个体私营经济发展的若干意见》；认真贯彻云南省委、省人民政府以及省级各部门鼓励发展非公有制经济的文件和服务规定，细化实施办法和措施，如《中共云南省委、云南省人民政府关于加快非公有制经济发展的若干意见》、《中共云南省委、云南省人民政府关于加快非公有制经济发展的决定》、《云南省人民检察院关于为加快发展非公有制经济服务的若干措施》、《云南省公安机关服务非公有制经济若干规定》等。

第二，州委、州政府以及各县党委、政府积极出台各种文件，强化政策执行力度。如《德宏州人民政府鼓励投资办法》、《中共德宏州委、德宏州人民政府关于进一步加强招商引资工作的决定》、《中共德宏州委、德宏州人民政府关于在全州开展优化经济社会发展软环境建设的实施意见》、《中共德宏州委、德宏州人民政府关于进一步扩大开放的若干意见》等。

第三，各级党委、政府及其相关部门严格岗位职责，强化服务职能，优化非公有制经济发展的软环境。解放思想，转变观念，以优惠政策吸引客商，以优质服务留住客商，促进个体私营经济健康快速发展；立足热区、口岸、旅游三大资源优势，确立“人人是投资环境，个个是德宏形象”理念，以“你发财，我发展”的意识，为非公有制经济发展营造良好环境。还重奖招商引资者，表彰非公有制企业。例如，早在2003年，德宏州工商局就出台了28条措施扶持非公经济。

第四，加强基础设施建设，改善基础条件。德宏州下大力气做好机场、公路、水路等基础设施建设。芒市机场扩建完工，腾陇、潞梁二级公路开工建设，大瑞铁路、龙瑞高速公路前期工作进展顺利。瑞丽口岸查验货场工程即将竣工，云南省第一个国家投资的口岸通道建设项目——章凤口岸建设完工并投入使用。实施农村公路基础建设项目206个，预计完成投资3.9亿元。麻栗坝水库、龙江水电枢纽、大盈江梯级电站等重大水利水电工程项目以及教育、卫生、文化、环保、危房改造、城市供水管网等一批民生工程建设项目进展顺利。同时，加大了农田水利基础设施建设力度。基础设施的进一步完善为非公有制经济发展准备了较好的基础条件。

第五，发展工业园区，夯实非公有制企业参与新型工业化进程的基础。潞西、瑞丽两个省级重点工业园区和盈江省级后备工业园区建设，德宏把潞西市工业园作为德宏绿色农特产品深加工和生物资源创新产业基地，将瑞丽工业园作为以珠宝加工为主的新型生态工业园来建设，积极申报建设云南畹町边境工业园区，吸引国内外企业入驻园区，大力发展加工贸易，推进各县市工业园区的规划和建设，工业园区的发展为德宏非公有制经济快速发展准备了良好的产业、技术、土地和政策条件。

第六，主动为非公有制企业排忧解难。对非公企业从业人员在征地、税收、户口、子女入学、贷款、水电供给等方面给予特殊优惠待遇；还帮助一些困难的非公有制企业或需要提升规模的非公有制企业协调资金融通。例如，为了促使“勐巴娜西珍奇园”落户潞西市，州、市领导3次召开现场办公会，用优惠的价格解决了建设用地问题。

三、德宏非公有制经济继续发展的经验以及存在的困难和问题

（一）德宏发展非公有制经济的经验

德宏非公有制经济快速发展，在州内生产总值的比重已经达到43.7%，而云南省2009年全省水平不到38%。德宏州非公有制经济快速发展的经验是值得总结的。

第一，思想解放，认识到位。德宏州各级党委、政府与时俱进，解放思想，开拓进取，不断突破对非公有制经济的条条框框限制，确定了德宏州非公有制经济发展思路和战略，也有了一定规划。德宏州各界全面认可了非公有制经济，对非公有制经济在经济发展、劳动就业、税收、社会事业等各方面的作用都有了较好的认识，尤其是对非公有制经济在桥头堡黄金口岸建设、工业园区建设、边境经济合作区建设、农业开发示范区建设和支柱产业发展等方面中的作用有了较为清晰的认识。

第二，各级党委、政府高度重视，积极为非公有制经济营造良好的发展环境。各级党委、政府认真贯彻国务院以及云南省委、省政府有关加快非公有制经济发展的相关文件和规定，制定了较为详细的实施细则。制定和实施了非公有制经济发展规划。2010年州政府工作报告指出，要加快建设中小企业服务体系和政策支撑，积极推动建立多层次、多形式的中小企业融资担保体系机制，加快非公经济发展。

第三，想方设法，下大力气，积极主动改善非公有制经济发展的各种环境。通过努力，政策环境、基础设施条件、法制环境、服务质量、服务水平都大为改观，有的县市（如梁河、盈江）对骨干非公有制企业实行挂牌保护，例如，对梁河县德宏州龙江水电开发有限公司、梁河县高新经贸有限公司、梁河县金华硫精矿经营部木材加工厂、梁河县三禾林业有限公司等非公有制企业予以挂牌保护。

第四，打好产业支撑基础。德宏发展非公有制经济的产业准备和项目储备较为充分。州、县市都准备了不少好的项目，如德宏州生物技术产业方面的具有德宏特色和地方优势的竹子、咖啡、坚果、柠檬、油茶、核桃“六

棵树”和番麻“一棵草”，潞西市和盈江县的奶水牛产业项目，潞西市的咖啡、食用菌、粳米等项目。德宏州2010年的产业发展重点安排比较合理：以种植、养殖为重点的特色生物产业；以水电为依托、以科技为支撑的水能电冶产业；以外贸为依托、经济合作区为平台的进出口贸易；以“一都三城”科学布局的珠宝玉石产业；以休闲度假、康体养生为重点的旅游文化产业；交通、水利、市政工程等基础设施和教育、医疗卫生、文化体育等社会公用事业领域；金融、物流、现代服务业等第三产业。为非公有制企业发展准备了良好的产业基础。

第五，招商引资，筑巢引凤。以口岸、工业园区、保税区、出口加工区、边境经济合作区、现代农业示范区和发展潜力大的产业吸纳本地和外地商人。营造好区内水、电路、气、信息、物流、金融等基础环境，改进公共服务质量，优化投资环境和运营环境。依托大项目，加大招商引资力度，采取以园招商、以项目招商、以商建园、以商兴园的市场化运作方式，鼓励民间资本通过投资、联营、入股等多种方式参与园区建设，实现投资主体多元化，尽可能使非公有制企业成为各类园区的主力军，成为技术改造、技术创新的领头羊，成为推进德宏新型工业化的支柱力量。

（二）德宏非公有制经济继续发展遇到的困难和问题

虽然德宏州非公有制经济有了很大发展，各方面的环境也大为改善，但是还存在很多的困难和问题。

一是个体私营企业本身存在许多问题。（1）企业发展层次低，投资盲目性很大。如产品档次不高，营销方式渠道不畅，把握市场变动信息能力差。（2）由于个体私营企业信誉度低，获得贷款的难度较大，融资较为困难。（3）经营者和从业人员文化素质总体上还是不太令人满意，不能有效保障职工的合法权益。（4）企业经营管理不是很规范，管理水平有待提高。个体私营企业血缘、亲缘和地缘性很突出，家族企业的财务制度和管理制度都不健全，生产经营随意性较大。（5）大多数私营企业规模较小，很多是原国有企业或集体所有制企业改制后发展起来的，而个体工商户势单力薄，抵御风险能力很差。（6）私营企业的技术水平普遍不高，能耗较大的硅矿企业技术水平和环保压力较大。（7）还有极少数个体私营企业违法经营或无证经营。

二是文件政策的执行还有不到位的地方。虽然有中央、省、州的诸多文件力促非公有制经济的发展，但是执法环境的打造不可能一蹴而就。如在市场准入，资源的获取、融资、用地等方面政策的执行，都还存在一定的困难和差距。

三是非公有制经济的法制环境有待强化。对非公有制企业的督促检查是必要的，如防火设施、生产安全、环保、节能减排等，但是不宜过多、过频。当然，挂牌保护某些非公有制企业的做法，虽然有助于非公有制经济较快发展，但是挂牌保护同样有悖于公平、公正、国民待遇、无差别、无歧视原则。

四是服务环境有待进一步改善。如创业、就业培训，投资指导，科技、市场信息服务等方面的服务还可以进一步加大。市场本身信息不对称性，非公有制企业需要更多的阳光措施、阳光服务。

五是招商引资环境、投资环境还有待进一步完善。服务业的服务态度、质量、水平还不尽如人意，信息基础设施等方面也存在一定差距；高速公路收费、航空运输费用对非公有制企业的运营成本和交易成本有逆向影响。

六是非公有制经济的产业支撑体系和产业、创业服务体系还不是很完善。很多产业单一，产业链短，产业配套弱，创业、就业产业服务体系尚未形成。口岸、工业园、现代农业示范区、边境经济合作区、出口加工区、保税区的功能没有很好地发挥出来，从而制约了非公有制经济的快速、健康发展。

四、加快德宏非公有制经济发展之拙见

2010年孟必光州长作的政府工作报告指出，要为非公有制经济营造良好、宽松的环境，以加快德宏州非公有制经济的发展。由于掌握情况有限，时间仓促，敝人只能在此提出一些很不成熟的粗浅看法，也就是，要加快非公有制经济的发展，形成合理的产业结构和产业环境，加快产业升级换代和产业集聚，应该有以下的保障措施：

第一，进一步强化对非公有制经济的作用、地位和意义的认识，制定德宏非公有制经济发展的“十二五”规划。不能只在口头、文件上支持非公有制经济发展，而要真正从心里支持非公有制经济的发展，真抓实干，下大力气，扫清有关非公经济发展的障碍和减少非公有制经济发展的阻力。在已有的思路、战略和初步规划的基础上，制定德宏非公有制经济发展的“十二五”规划和德宏非公有制经济中长期发展规划。

第二，要为非公有制经济营造良好的基础设施环境。目前，口岸、公路、航空（机场）、铁路等基础设施和各类园区的基础设施建设或改进项目正在推进或已经完成，但是基础设施环境的改进要有利于降低企业经营成本，有利于企业的良性发展。基础设施本身也需要进一步改进，如教育、信

息、物流、金融、技术等方面的基础设施还需要进一步发展。各级党委、政府应该加大对德宏师范高等专科学校的投入力度和各方面支持力度，尽快将其发展为对缅甸、印度、孟加拉等国有影响的德宏本科学院。

第三，为非公有制经济创造良好的法制环境。各级执法部门要严格按相关法律法规办事，例行检查必须进行，但是不能过多对企业进行无关的检查或进行刁难。有些非公有制企业本身存在许多缺点和不足，相关执法部门和机构，要本着为企业的健康发展服务的理念，帮助企业改正缺点和不足，帮助他们合法、规范经营。倡导人性化执法和行政，治理向中小企业、非公有制经济乱收费、乱罚款、乱摊派等现象，切实减轻非公有制企业的负担。加强对非公有制企业的环保、消防、安全、劳动、质量、卫生、公安等的相关指导，增强非公有制企业的环保、安全、保障劳动者权益的意识，尽可能减少对企业的直接检查或干预。

第四，积极营造产业环境，形成较好的产业链和产业支撑体系，以利于现有个体私营企业调整经营方向，优化产品结构，吸引更多的企业入驻德宏。桥头堡黄金口岸建设、工业园区建设、边境经济合作区建设、出口加工区建设、保税区建设都要以产业准备和产业储备吸引客商，以各类项目推动非公有制企业发展，转变发展方式，带动全州经济良性发展。其他类别的也要以项目为依托，积极储备潜在产业，选择新的经济增长点。

第五，抓住机遇，利用建设桥头堡黄金口岸的机遇，加大招商引资力度，在工业园区、经济合作区、贸易加工区大力发展非公有制企业，用好用足相关政策，提高工业园区、经济合作区、贸易加工区对德宏州经济的贡献率。让这些园区真正发挥其应有的作用，利用非公有制企业，打造园区内完善的产业发展体系，同时以园区完善的产业体系吸引和推进非公有制企业的发展壮大。德宏要成为云南最发达的地区，各类园区是主战场，非公有制企业是主力军，而德宏经济增长必须以园区为主，以非公有制经济为主。

第六，强化市场预测、投资指导、创业就业培训，提升非公有制企业的素质，增强其抵御风险的防范能力，建立和完善其风险应变机制。

第七，多管齐下，缓解非公有制企业融资难的问题。利用中央政策环境，发展地方商业银行，成立协调多方的政府金融办，发挥好中小企业信用中心和融资担保机构的作用，扩大直接融资的渠道，切实减轻非公有制企业融资难的压力。如规范、扶持信用担保业及典当业；鼓励非公有制企业上市融资；引导金融机构金融创新，开发适合非公有制经济的金融产品；运用好非公有制经济发展专项资金，用好用足政府资金；搭建银企交流平台，积极向银行提供非公有制企业财务状况，强化企业财务和资金管理，推进企业信用建设，强化非公有制经济的金融支持。

第八，积极支持非公有制企业的结构调整，调动企业技术开发和技术创新的积极性，增强企业自主创新能力。重点扶持一批非公有制企业，强化企业研究开发中心的建设，推动企业技术开发和创新，走引进、吸收、消化、国产化、再创新道路，加强非公有制企业信息化建设，培育其核心竞争力，让非公有制企业成为新型工业化的排头兵和主力军。企业要加强自身的科学市场预测、市场开拓和营销体系建设。

第九，全州物流中心的规划和布局应该适合非公有制企业产品的流通和外向发展。一方面要加大招商引资力度，另一方面要积极创造条件，帮助有条件的企业走出去。

第十，要进一步加大对个体工商户的扶持力度，鼓励和支持创业带就业。个体工商户是非公有制经济的主体，个体工商户的发展壮大为私营企业的发展奠定基础。个体工商户在很多方面是弱势群体，所以，为了让他们合法经营，健康发展，增强风险防范能力，保障他们的合法权益，各级党委、政府要为他们创造更好的条件，同时要充分发挥个私协会的作用，加强信息、政策服务。

总之，只有充分发挥非公有制经济的作用，各类园区才能真正成为德宏经济超常规、跨越式发展的增长点，德宏桥头堡黄金口岸才能将其作用发挥得尽善尽美。

参考文献

1. 卜金富：《蓬勃发展的德宏州非公有制经济—德宏州非公有制经济 30 年发展概述》，载《德宏年鉴》（2007），德宏民族出版社 2008 年版。

2. 德宏州工商局：《以科学发展观为指导，突出六项重点抓落实，顺利完成全年各项工作任务》，德宏州工商行政管理局 2009 年工作总结。

3. 赵金：《抢抓机遇，奋勇争先，努力开创德宏科学发展新局面》，中国共产党德宏州委员会，2010。

4. 马玉龙：《云南省经委就重点提案办理工作与政协委员面商》，载《云南日报》，2008 年 6 月 5 日。

5. 肖爱丽：《政协提案促进工业园区建设，云南省围绕 14 个产业优化工业布局》，载《云南日报》，2008 年 7 月 16 日。

6. 德宏州发改委：《德宏州国民经济和社会发展第十一个五年规划纲要》，德宏州人民政府，2006。

7. 孟文祥：《德宏州个体私营经济发展回顾》，德宏州工商行政管理局，2008。

8. 俄吞：《盈江非公经济的崛起之路》，载《企业与市场》2006年第12期。

9. 许晓蕾：《德宏优化环境，助推个私经济》，载《云南日报》，2006年8月16日。

我国欠发达地区经济发展的融资问题研究

——完善德宏州农村金融服务体系的相关建议

者贵昌

云南师范大学经济与管理学院党委书记、教授

本文根据全国、云南省、德宏州2009年经济运行数据的相关分析，在云南省社科专家德宏州调研活动的基础上，对宏观经济形势进行了分析判断，对德宏州“三农”经济、非公经济、边境贸易发展中的优势进行了梳理，对优势产业融资服务支持中面临的现实问题进行了透析，结合德宏州情，就完善德宏州农村金融服务体系提出相关建议。

从经济学的基本原理分析，一个国家或地区的经济发展，靠投资、消费、出口“三驾马车”拉动，但是我国目前面临的现实是：“三驾马车”中主要靠投资拉动，消费和出口都面临着挑战。

我国是世界上高储蓄率的国家，在未来的发展中，如何提高储蓄投资转化率是我们面临的现实课题。特别是全球金融危机以来，我国国民经济的稳定、协调、可持续发展将面临长期而艰难的考验，把希望寄托于国外是一厢情愿的事情，在推动国民经济发展的投资、出口、消费“三驾马车”中，选择投资拉动也仅仅是权宜之计，消费拉动内需是储蓄向投资转化的重要途径。当然，提高储蓄投资转化率并非是单边措施战略，它必须与推进社会保障制度、医疗保障制度、就业制度等多项改革整体配套，协调推进。

一、拉动经济增长的“三驾马车”遇到历史性挑战：欠发达地区——德宏州不能回避的现实问题

（一）全国、云南省、德宏州经济形势的分析与判断

1.2009年全国经济形势

2009年全国实现GDP总值335 353亿元，比上年增长8.7%。主要靠

投资拉动。其中，全年全社会固定资产投资224 846亿元，比上年增长30.1%。全年社会消费品零售总额125 343亿元，比上年增长15.5%。县及县以下消费品零售额40 210亿元，增长15.7%，主要得益于中央政府的产品下乡优惠补贴政策。全年进出口总额22 072亿美元，比上年下降13.9%（其中，出口12 017亿美元，下降16.0%；进口10 056亿美元，下降11.2%）。

2.2009年云南省经济形势

2009年云南省实现GDP总值6 168.23亿元，比上年增长12.1%。主要靠投资拉动。其中，全年全社会固定资产投资规模达到4 527.02亿元，比上年增长31.7%，增幅高于全国水平。全年社会消费品零售总额2 051.06亿元，比上年增长19.3%，高于全国水平。县及县以下实现消费品零售额896.49亿元，增长18.1%。主要得益于中央政府的产品下乡优惠补贴政策。全年外贸进出口总额完成80.19亿美元，比上年下降16.5%（其中，出口45.14亿美元，下降9.7%，进口35.05亿美元，下降23.8%）。进出口降幅明显大于全国的平均水平。

3.2009年德宏州经济形势

2009年德宏州实现GDP总值115.2亿元，比上年增长15%，增幅明显高于全国和全省的平均水平，靠投资拉动经济增长的态势尤为明显。其中，全年固定资产投资总额100.92亿元，比上年增长31.5%。表面上看，水平和全国、全省差不多，但是投资占GDP总值比重截然不同。2009年消费品零售总额46.01亿元，比上年增长20.5%，县以下实现消费品零售额14.46亿元，增长25%，主要得益于中央政府的产品下乡优惠补贴政策。全年完成进出口总额7.63亿美元，比上年增长0.2%（其中，出口5.67亿美元，增长23.5%；进口1.953 5亿美元，下降35.3%）。

2009年全国、云南省、德宏州经济形势对比分析

对比项目	区　域	GDP总值（亿元）	投资总额（亿元）	投资总额占GDP比重（%）
GDP与投资	全　国	335 353.00	224 846.00	67.00
	云南省	6 168.23	4 527.02	74.00
	德宏州	115.20	100.92	88.00
对比项目	区　域	GDP总值（亿元）	消费总额（亿元）	消费总额占GDP比重（%）
GDP与消费	全　国	335 353.00	125 343.00	37.00
	云南省	6 168.23	2 051.06	33.00
	德宏州	115.20	46.01	39.00

续表

对比项目	区　域	GDP 总值（亿元）	外贸总额（亿元）	外贸总额占 GDP 比重（%）
GDP 与外贸	全　国	335 353.00	150 621.33	44.92
	云南省	6 168.23	547.25	8.87
	德宏州	115.20	52.07	45.20

资料来源：①国家统计局、云南省统计局、德宏州统计局发布的《国民经济统计公报》有关数据计算编制；②对外贸易数据按照 2009 年年末的中间汇率 1 美元 =6.824 4 元人民币进行换算。

综上所述，我认为，从全国、云南省、德宏州大趋势看，未来拉动经济增长的“三驾马车”中，投资仍将扮演拉动经济增长的重要角色。但是，在不同的区域靠投资拉动经济增长的压力不同，根据发展程度不同，将处于明显的“马太效应”，社会发育程度越低、经济越落后的地区，靠投资拉动经济增长的压力越大。

（二）基于德宏州州情的两点基本判断

我认为，在近 3 ～ 5 年内，靠投资拉动经济增长基本没有问题，因为德宏州遇上国际大通道、桥头堡、边境黄金口岸建设的历史性机遇，除了中央、省财政的大额投资外，有良好的外部投资机会。但是从长期的发展来看，投资来源是有限的，靠投资拉动经济增长动力将会逐步减弱。因此，未来拉动经济增长的重点是创造条件，发展“三农”经济，扩大居民消费需求，改善基础条件，推进外贸发展。

从 2009 年有关经济数据指标看，德宏州具备经济增长方式转型的良好基础，很多指标具有明显的优势。一是消费拉动 GDP 增长的能力高于全省的平均水平（全省：19.3%，德宏：20.5%）；二是外贸拉动 GDP 增长的能力高于全省的平均水平，由于受全球金融危机的影响，外贸明显受挫，降幅很大，但是德宏州的情况仍然好于全省的平均水平（全省：-16.5%，德宏：0.2%）；三是第三产业拉动 GDP 增长的能力高于全省的平均水平，三次产业结构中第三产业的 GDP 比重较高（全省：17.3∶41.8∶40，德宏：27.9∶30.8∶41.3）；四是实现的 GDP 总值中非公经济占 GDP 比重高于全省的平均水平（全省：39.1%，德宏：43.7%）。

二、经济发展中金融资源配置：欠发达地区——德宏州面临的基本问题

（一）融资渠道单一，我们必须面对的现实

改革开放 30 多年来，我国融资渠道单一的局面有所改善，但是我们仍然面临许多不尽如人意的地方。从全国来看，经济发展中的融资需求高度仍然集中于金融体系贷款。众所周知，银行贷款和通过资本市场发行股票是企业获得融资支持的两条重要的途径。但是，通过对 1991 年到 2008 年运行情况分析发现，除了 2000 年外，通过资本市场发行股票筹集到资金的占比都在 20% 以下，通过金融体系贷款筹集的资金在 80% 以上（见图 1）。

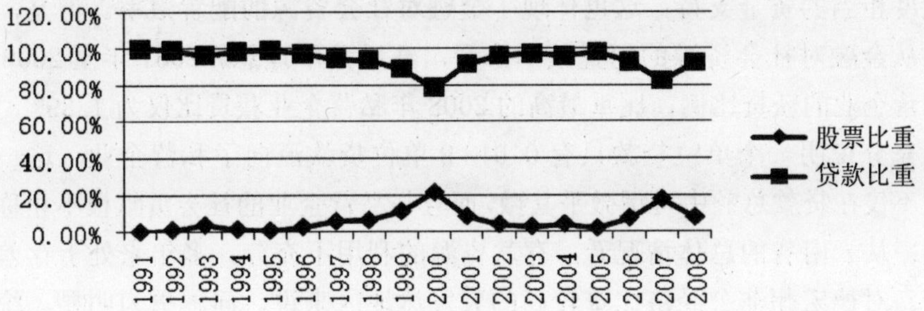

图 1 两种融资方式的比重

资料来源：根据《2009 年中国统计年鉴》有关数据计算编制。

以上数据分析说明，上市公司是获得股票融资支持的前提条件，就一个国家或地区来说，要扩大股票融资比重，获得资本市场的融资支持，必须拥有相当数量的现代企业和上市公司，对没有上市公司的德宏州来说，全部企业融资需求集中在金融体系贷款，那么获得贷款的融资支持概率就会下降，所以“贷款难、融资难”是欠发达地区无法绕开的槛。

（二）我国金融格局的变化，使得银行体系和农村信用社对中小企业和农村居民的小额贷款需求“惜贷”、“恐贷”现象更为严重

（1）在原有的金融格局中存在金融服务需求的错位，银行出于自身利益和风险的考虑，服务对象大多为大公司、大企业，中小企业的金融服务处于空白状态。

（2）金融格局发生明显变化。据银监委公布的最新数据，目前我国的金融体系形成四大格局（四大梯队）：一是工、农、中、建、交五大全国商业银行；二是全国 12 家股份制商业银行；三是全国性城市商业银行（全国 145 家城市商业银行中有 60 多家进行更名，实现全国跨区域经营）；

四是农村信用社，我国农村信用社体制改革后，实际上已成为名义上的块块经营，实际上的垂直管理，特别是四大国有商业银行多数县级支行撤并后，县信用联社被多数金融专家形象地称为最基层的“金融寡头”。中小企业获得融资贷款支持难度进一步加大。

（3）金融资源配置与非公经济的贡献不对称。根据我的研究分析，截至2008年末全国共有工业企业法人单位190.3万个，私营企业145.7万个，占76.6%，在工业企业法人单位从业人员中，私营企业占44.4%。

在社会主义市场经济条件下，市场的调节应该使资金流向效率高的行业和企业。私营企业是活跃的市场主体，运行效率高，因此应该获得与贡献度相当的资金支持，这也体现了金融对社会资源的配置效率。但是，我们从金融对社会资源的配置效率来看，结果并不理想。2001年至2008年私营企业的获贷比例，比重最高的2008年私营企业获贷比仅为1.39%，数据充分说明一个单位贷款只有0.013 9单位贷款流向了私营企业，这一比重不仅在贷款总额中可谓微乎其微，而且与私营企业的社会贡献极不相称。

从云南省的总体情况看，存款资源的利用不充分，多年来处于存差状态。对德宏州非公经济比重较高的欠发达地区来说，问题更为明显。统计数据显示，2009年全省的存贷比例为1.27：1.00，德宏为1.60：1.00。说明我们大量的存款资源被转移划拨到了其他地区使用。数据充分表明欠发达地区处于融资需求“一贷难求”与金融体系存款资源大量剩余被迫转移或上存的双重矛盾。

我根据《2009年中国统计年鉴》的计算分析，在1991年至2008年共18年间，融资率、储蓄投资转化率、存贷比、新增贷款生产率、国民储蓄率的均值分别为20.42%、37.94%、85.66%、102.35%、42.6%（见图2）。

在社科专家德宏行调研活动中反映出的问题是：金融部门放贷难主要原因是贷款风险较大。一是贷款需求者不具备放贷条件，内部管理不规范、负债率高；二是外来经营者多，居所不固定，其中，瑞丽表现比较突出。在我国金融资源配置效率整体下降的情况下，解决融资难问题对欠发达地区的德宏州来说，更为困难。

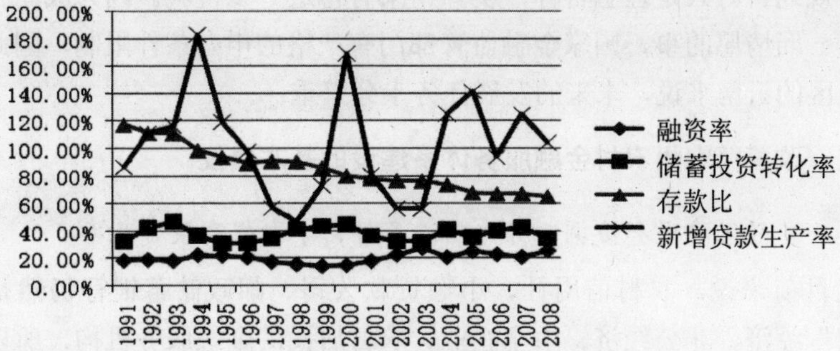

图 2 宏观金融效率

资料来源：根据《2009 年中国统计年鉴》有关数据计算编制。

（三）面对非公经济和农村经济服务的中小金融机构发展严重滞后

面对我国金融格局的变化，国务院就农村金融改革和面对“三农”的金融服务问题作出了重要战略部署，银监委于 2007 年 1 月 22 日颁布了银监发〔2007〕5 号《村镇银行管理暂行规定》，并先后配合中央有关部委制定了《村镇银行申报审批程序》，鼓励地方创办村镇银行。按照“先试点，后推开；先中西部，后内地；先努力解决服务空白问题，后解决竞争不充分问题”的原则和步骤，在总结经验的基础上，完善办法，稳步推开，进一步提升欠发达地区地方金融服务功能。

发达省区村镇银行的发展非常迅速，2009 年底我国已设立面向“三农”服务的村镇银行 148 家。通过对全国村镇银行自身的经济效益和社会效益双重考察，效果非常明显，在很大程度上解决了当地“三农”经济和非公经济发展的资金需求。根据银监委规划，到 2011 年底，我国需发展村镇银行约 1 200 家。从现实和规划看，村镇银行将成为面向地方农村金融新型的机构主体。但是，即使发展到 1 200 家村镇银行，这个数字在全国来说，仅相当于每两个县只能成立一家村镇银行，竞争形势非常严峻。

云南省和全国比较，村镇银行发展非常滞后，截至 2010 年 4 月底，仅成立村镇银行 6 家，玉溪 1 家（红塔区兴和村镇银行）、文山 1 家（民丰村镇银行）、昭通 1 家（昭阳富滇村镇银行）、曲靖 1 家（惠民村镇银行）、楚雄 2 家（禄丰龙城富滇村镇银行、楚雄兴彝村镇银行）。

根据云南省委、省政府关于进一步完善云南省农村金融服务体系的建设的基本精神，云南省银监局对云南省村镇银行的发展非常重视，及时制定并上报了建设发展规划。根据云南省银监局上报银监委“云南省村镇银行的三年发展规划”，到 2011 年末，村镇银行将覆盖云南省全境 129 个县（区、市）。规划暂时只是理想目标，实际结果有待进一步检验。因为成立村镇银行并非一厢情愿的事，国家金融监管部门有严格的申办条件限制，因此对欠发达地区的云南来说，未来的发展任务十分繁重。

三、改善德宏州农村金融服务体系建设的基本建议

（一）强化沟通和协调，努力创造条件，争取提高获贷几率

就目前来说，农村信用社、小额贷款公司、邮政储蓄银行仍然是面对“三农”经济、非公经济、中小企业、农村居民的金融服务机构，所以地方政府要发挥关键的导向作用。一是强化政府的监管职能，督促企业建立有效的内部控制制度，强化内部管理，完善公司治理结构，努力提高中小企业的信用评级水平，争取创造获得地方金融机构支持的信贷条件。二是充分利用国家开展的“三下乡”活动的有利契机，开展农村居民的诚信教育，培育农村居民理财意识、创业意识，获得地方金融机构的融资支持，推进“三农”经济的快速发展。三是加大与金融部门的沟通和协调力度，为当地经济的发展创造良好的金融环境。

（二）有效组织地方金融资源，把建立和发展农村金融服务体系列为一把手工程

地方党政部门要树立全局意识、大局意识和关键意识，把申办村镇银行、小额贷款公司等农村金融服务机构作为地方政府的一把手工程，在中小金融机构发展方面获得有效突破。要及时了解和把握国家的相关政策信息，加大沟通力度，积极配合人民银行、银监会等金融部门开展的支持新型农村金融机构发展工作，同时继续积极争取国家有关货币政策和财税政策支持。

（三）建立地方政府和当地金融部门的联席会议制度，发挥人民银行、国家政策性银行和大型商业银行的引导作用，规范地方中小金融机构的金融服务行为

在村镇银行的建立和运营过程中，争取人民银行给予村镇银行一定的支农再贷款支持，扩大村镇银行的资金实力，减少村镇银行资金运营风险。放松利率管制，允许村镇银行根据当地经济发展水平、资金供求状况、债务人可承受能力自主确立贷款利率。

（四）加快建立农业政策性保险机构步伐，为村镇银行的资金安全提供切实可靠的安全保障

在村镇银行的建立和运行周期内引入保险公司，提供必要的风险补偿机

制，建立村镇银行服务“三农”和支持新农村建设的正向激励机制。

（五）鼓励地方村镇银行开创新金融工具、新金融技术、新金融产品、新金融服务、新金融机制等，满足新农村建设的资金需求

一是完善小额农户贷款和联保贷款管理机制，建立涉农中小企业项目库，将龙头企业与农户、中介机构和担保机构等具有法人地位的利益主体纳入联保贷款范畴。二是探索抵质押品方式，如探索农舍抵押、农机具抵押、门店抵押和商家协会联保等贷款方式，积极推行一次抵押、集中授信、余额控制、循环使用的管理方法。三是探索养殖水面使用权、经营权、经济林权、订单、动产抵押等作为抵押质押的融资条件。四是探索仓单质押贷款、开发支农金融创新产品“信用一证通”。五是开展个人创业投资贷款、个人工资保证贷款、车主融资贷款等创新业务。

（说明：文中使用数据，除特别注明外，其他数据均根据国家统计局、云南省统计局、德宏州统计局发布的《国民经济统计公报》有关数据计算而得。）

德宏州经济发展的若干建议

施本植

云南大学经济学院院长、教授

德宏地理区位特殊，自然资源丰富，对外开放起步早，创新开发潜力大，在开放、开发、创新等方面作出了表率。比如，德宏1985年在我国最早开放边境贸易、2000年最早设立“境内关外”边境贸易区、2003年最早实施边境贸易出口人民币结算退税政策，近年来又最先提出建立中缅瑞丽—木姐跨境经济合作区的构想，为沿边开放作出了积极的探索和重要贡献。改革开放以来，德宏经济发展迅速，变化喜人，特别是近年来，生产总值增速高于全省3个百分点，居全省前列，表明德宏已进入了新的发展时期。但总体来看，和全省一样，德宏经济发展还不够充分，发展还不够平衡，发展质量也还不够高。现代经济社会发展的水平、质量和速度取决于要素的数量、质量和使用效率，德宏有发展要素聚集的许多有利条件，但要素聚集难度大，要素聚集能力较弱。经过几天短暂的调研之后，我有几点不成熟的建议，仅供参考。

一、调整结构、转变方式：走集约高效之路

结构制约发展，方式决定成败。经济结构调整又是经济发展方式转变的前提。金融危机给我国带来的主要危机是我国作为廉价打工仔和货币小国，遭受了传统收益和非传统收益的重大损失。必须通过扩大内需特别是消费实现经济发展方式转变，增强发展的自主性；通过科教和自主创新能力增强核心竞争能力，取得定价权；通过人民币国际化避免被征收美元铸币税。在我国外汇储备突破2万亿美元、持有美元国债超过8 000亿美元的今天，仍然无法改变透支环境、透支资源、透支劳动者健康的增长方式；难以摆脱商品化——证券化——美元化——贫困化的“斯蒂格利茨陷阱”，原因在于我们的经济结构不合理，发展方式不科学。金融危机告诫我们“调结构、转方

式”是当务之急。我们德宏重视农业、工业是对的，但不能忽视服务业，不能忽视农业和工业价值链两端的服务环节。在经济学中有一个非常重要的曲线叫“微笑曲线”，指现代经济中商业利润增值的空间日益向产业价值链两端的服务环节转移。目前在分工发达的制造业中，产品在生产过程停留时间只占5%，而在流通领域时间占95%。产品在制造过程中的增值部分不到产品价格的40%，60%以上的增值发生在服务领域。有一点是肯定的，那就是我们再也不能仅仅在生产和加工环节上使憨力气，而忽视价值链两端的服务环节，这就是“微笑曲线”给我们带来的启示。

到底如何转变经济发展方式？我主张“抓两头带中间”，云南省应当优先发展现代服务业，走“逆向工业化”之路，新型工业化是我国必走的一个路子，中央关于转换经济发展方式的两个坚持中，其中一个就是坚持扩大内需，特别是扩大消费的方针，另一个就是坚持走新型工业化道路的方针。云南省的新型工业化又有其特点，就是要优先发展现代服务业，通过抓“微笑曲线”的两头带中间，通过服务业的发展，促进和提升整个经济的发展水平和质量。德宏应当成为走“逆向工业化”道路的排头兵。根据“微笑曲线”原理，要切实加强研发、设计、营销、物流、金融等两头的工作力度，带动生产环节的创新发展，改变“中间大，两头小”的橄榄形结构，形成哑铃形产业价值结构，要发展高附加值、高加工度的集约性工业。农业中要高度重视产前、产中和产后服务，大力发展精细、无公害的现代农业，要大力扶持和发展各种中介服务组织。在很长一段时期，我们只注重于物质的生产，消耗了很多资源和资本，却忽视了很多的服务业，包括教育、科研、金融、保险等，这是非常错误的。不要认为金融危机发生后服务业、金融业就不重要了。相反，我们要高度重视金融业和服务业的发展。德宏长期重视商贸发展，这方面成绩斐然，但其他服务业和服务环节发展明显滞后，必须引起高度重视。有了好的发展思路，合理的结构和科学的发展方式，是有效集聚发展要素的前提，望德宏在这方面多下工夫。

二、建树品牌、增招人气：增强要素整合能力

德宏经济增长投资依赖的问题仍十分明显，近年来，出口拉动作用减弱，消费增长有限。内需不足的原因很多，其中一个重要原因是人气不足，要进一步加大宣传促销力度。现在产业有了发展，比如有了“六棵树、一棵草”，过去曾有《有一个美丽的地方》这样脍炙人口、极富感染力的歌曲，在一首歌的基础上，应当再有一本书、一部电影等。德宏地广人稀、人均耕地相对较多，加上速生丰产，房价较低，以地引人、以地聚财很有潜力。土地是财富之母，要切实加强土地的规划与管理，做到集约用地，高效用地，加紧地产地、地产林改造，提高土地产出率和经营效益。要善待外来人口，优待外来人口，进一步完善招商、亲商政策。可以考虑创办国际中小学、创设省内移民安置区、发展旅游小镇、出台吸引人才的优惠政策等来聚人口，增人气。德宏具有独特的地理区位条件，地处生态敏感区，所以还要打好资源环境、生态补偿的牌，打好统筹国内经济和国际经济、维护安全的牌（包括传统安全和非传统安全）。建议申请构建跨境生态补偿机制试验区和统筹国内经济和国际经济的改革示范区。从桥头堡建设的战略高度，提出一些支持国家向西南开放战略实施的具体项目，包括基础设施建设，跨境经济合作区、口岸银行等投融资平台建设，争取列入国家和省里的“十二五”规划，加快建设。

三、抢抓机遇、扩大开放：拓展要素整合空间

抓住桥头堡建设契机，提高对外开放的水平和质量。目前主要是要推进中缅跨境经济合作区建设。重点解决为什么建，建什么，怎么建，谁来建等问题。解决与已有的边境贸易区、GMS、中国—东盟自由贸易区如何有效对接与提升的问题，落实双方如何具体合作的事项。加快主要建设项目论证，尤其是产业选择和培育等方面的项目，包括石油管道重点项目、交通项目、资源开发项目等。做好内外部管理协调问题（核心区与工业区协同整合），与缅方的协调整合，不能一厢情愿，搞单相思，对方有小国心态，必须双赢，多从对方角度思考问题，照顾对方利益；提升对方福利，减少贸易逆差等。这是省里督办的20件事之一。中越已形成了框架协议草案，中方专家组已讨论修改。中缅跨境经济合作区条件好，但也有不少问题难以解决：从贸易层面上升到生产层面；从小区域扩展到大区域；国际上无先例；双方中央尚未批准；缺乏有效对话机制；双方规划往往没有好好对接，如何增加互补性，减少竞争性也需认真关注；目前吸引中小企业广泛参与难，吸引大型跨国公司投资参与更难，靠什么吸引外资？靠好的投资环境。德宏在这方面还有许多工作要做。要举借外力、吸引外资参与桥头堡建设。要创新参与国际分工的方式，目前要特别重视发展要素贸易和服务贸易，关注和应对各种投资壁垒和非关税壁垒。在开放的目标市场选择上，要在进一步加强与缅甸的合作与交流的基础上，也不把缅甸作为唯一的目标市场，要积极扩大与其他国家的合作与交流，真正形成全方位、多层次、宽领域的对外开放格局。只有不断拓展要素整合的空间，才能加快发展。

四、先活金融、巧用杠杆：实现经济赶超跨越

现代经济从一定意义上来说是一种金融经济。有人作过研究，金融发展的程度，比如说存贷款的规模、存贷款的增长速度等直接反映了一个国家、一个地区的经济发展水平和增长速度。经济发展与金融服务是高度相关的，金融既是经济的重要组成部分，是经济发展的一个结果，同时又是撬动经济发展的重要杠杆。从一定意义上讲，金融与经济发展互为因果关系，所以人们驾驭现代经济的能力主要反映在驾驭金融的能力上。多年来国际上诺贝尔经济学奖获得者好几位都是搞金融的，这说明金融的地位非常重要，并得到世人的广泛认可。

金融是货币与信用的融合，它是商品交换与市场经济发展到一定阶段的产物。众所周知，货币的出现打破了物物交换中买卖双方在时空上的限制。信用的发展进一步打破了货币与商品交换在时空上的限制。商品流通中独立出了一种商品，即资本，金融开始具有真正的意义。关于金融地位和作用的提法很多，有人说它是“现代经济的核心”，有人说它是“产业之王”，等等，不难想象金融工作有多么重要。区域金融与经济增长是相互依存的统一体，两者相互作用，共同发展。当然现在存在着一系列的问题和矛盾，主要表现在：一是金融政策的统一性与区域发展不平衡性之间的矛盾；二是区域统筹发展与金融发展实践差异之间的矛盾；三是金融创新与金融发展之间的矛盾；等等。

区域金融发展对区域经济发展具有重要促进作用。具体表现在：（1）促进区域资本的形成。一个地区的金融系统越发达，金融服务越便利周到，人们从事金融活动的欲望就越强，一些非生产性的或暂时闲置不用的资金就可以被吸引到生产性用途上来，储蓄率就会提高，资本积累的速度就会加快。健全的金融制度有利于降低信息和交易费用，从而影响储蓄和投资，对区域经济增长起着第一推动力和持续力的作用。（2）促进产业结构调整。一是在资本市场中企业资产可通过证券化形式在不改变所有权的前提下，借助使用权的转让，引导企业资源转向利用率更高的行业和企业，改变资源配置结构，从而实现产业结构的优化和调整。二是以股票、债券等金融工具为主的资本市场，作为一种直接融资机制，可以根据资金的趋利性，吸引国内外的资金更多地投入优势产业、新兴产业，扩大产业结构调整增加资金来源。三是借助资本市场的虚拟化资产具有较高流动性的特点，可以使资金在不同地区、不同所有制、不同行业间流动与组合，加快存量调整的步伐，拓展产业结构调整空间。（3）引导要素流动和聚集。金融是现代经济的核心，是联

系其他部门的纽带，它通过资金这种特殊资源的流动，起着引导和配置其他资源在区域内和区域间的流动，从而获得本地区稀缺的资源的作用。比如，由于物随钱走，伴随着资金在区域内的流动，相应的就会带来技术、信息等要素。同样，劳动力的流动也受经济利益的驱动，哪里有资金、有项目，劳动力就往哪儿流动。

德宏要实现经济赶超和跨越，必须充分地用好“金融”这一杠杆。Peter. L. Rousseau 和 Richard Syua（2001）提出的最优金融体系的标准是：（1）健康的公开融资和公共债务管理。（2）实施稳定的货币政策。（3）不同种类的国内、国际或者国内国际相融合的银行。（4）稳定的国内融资和管理国际金融关系的中央银行。（5）一个良好的证券市场。

对德宏州的几点建议：（1）形成“学金融、懂金融、用金融”的良好氛围。（2）打造地方金融龙头企业。地方应取得金融部门的配合和支持来推动地方经济的发展。云南省昆明、曲靖等地已有自己的地方性金融企业，成立了相应的商业银行，德宏也应创造条件加以扶持发展，可以考虑成立口岸银行。（3）建立地方政府融资平台。省里面建立了一些投资公司，把一些资源有条件地资本化、证券化。德宏州也可以这样做，即便是一些政府投资的项目也可以交给一些投融资平台来做，可以做得更好、更快、更有效率。（4）建立“多层次、广覆盖”的农村金融服务体系。这是我们的薄弱环节，难度非常大。现在省外、国外都有一些很好的做法可以好好借鉴。（5）加大中小企业融资力度。中小企业融资难的问题长期存在，不同的时期和地区表现形式不一样。这一块州里要高度重视。对大企业的关注是对的，但我们对中小企业的关注支持不够，这是一个很大的问题。像江浙一带没有支柱产业，但处处是经济增长点，云南省有条件这样做，百花齐放才是春。（6）利用好创业板。这对云南和德宏都是一个机会。（7）进一步完善区域金融协调体系。包括区域性金融协调机构、区域性金融市场和区域性政策金融三个部分，各部分之间通过相互作用和协调运作来实现区域金融、经济的平衡发展。（8）区域性金融协调机构（金融办）。估计下一步州里面都要成立。（9）区域性金融市场（产品、服务及机制），主要包括区域性证券交易所、区域性场外交易市场。其基本职责是通过市场运行机制促进区域内资源的流动和重组，实现区域产业结构的调整，并结合自身条件，推出更多适合本地经济状况的金融新型产品和服务。（10）区域性政策金融。它是指国家依据宏观经济整体发展方向制定的与区域性经济结构相匹配的宏观金融政策及相关的金融配套措施。其主要职能是通过对区域基础产业、基础设施和支柱产业的金融支持，推动区域经济结构优化和经济发展。推动金融政策发展的关键在于，通过倡导性的投资，开展由政府确定的低息、无息和在资金上必保的贷款业务，引导社会资金流向政策导向的项目。

金融协调过程中有一个目标和绩效评价问题。要健全货币政策区域实施效果评价制度，进一步完善资本市场发展的制度环境，建立高效的金融监管协调机制，鼓励区域民间融资行为的规范发展，加强区域金融法律环境的建设，建立区域信息交流反馈制度，才能真正发挥金融在区域经济发展中的功能和作用，推动区域经济健康、持续、稳定发展。

关于把德宏建设成为我国边疆民族地区跨越式发展和长治久安试验示范区的建议①

马　勇

云南省社会科学院经济研究所副所长、研究员

党中央、国务院历来十分重视我国边疆民族地区的发展和稳定。实现跨越式发展和长治久安，是党中央、国务院在新的历史时期对我国边疆民族地区提出的新要求。德宏不仅具有建设成为我国边疆民族地区跨越式发展和长治久安试验示范区得天独厚的条件（如资源优势得天独厚、地理区位优势明显、最具边疆民族地区发展代表性、具有团结稳定的社会局势和具备跨越式发展和长治久安的基础等），而且把德宏建设成为我国边疆民族地区跨越式发展和长治久安试验示范区也具有重要意义，因而也容易争取国家更多、更大的支持。

一、把德宏建设成为我国边疆民族地区跨越式发展和长治久安试验示范区具有重要意义

（一）把德宏建设成为我国边疆民族地区跨越式发展和长治久安试验示范区有利于维护我国边疆的安全和稳定

处于反渗透前沿的德宏，是我国边疆民族地区的重要组成部分，是一个多民族聚居的欠发达地区，德宏的发展稳定对维护全省乃至我国边疆民族地区发展稳定具有极其重要的战略作用。通过建设试验示范区，可以加快德宏经济社会发展，维护好德宏的团结、稳定，更好地发挥德宏的特殊作用，抵制境外敌对势力的渗透活动，维护我国边疆的安全和稳定。

① 本文主要参考资料来源于“2010年云南社会科学专家德宏行暨百名学者话德宏”基础资料和实地调研搜集到的资料，限于篇幅没有一一标出。

（二）把德宏建设成为我国边疆民族地区跨越式发展和长治久安试验示范区有利于展示我国边疆民族地区发展成果，在国际上树立我国边疆民族地区和谐发展的良好形象

通过建设试验示范区，不仅能充分展示我国边疆民族地区经济社会发展成果以及丰富的自然人文景观、多元文化，还有利于国内外对我国边疆民族地区进行全面、正确的了解，抵制各种歪曲、丑化宣传，在国际上产生良好的宣传效应。

（三）把德宏建设成为我国边疆民族地区跨越式发展和长治久安试验示范区有利于探索我国边疆民族地区发展新模式，适应国际特殊政治形势需求

建设试验示范区，能更好地促进各民族和谐共存，多元文化协调发展。不仅对云南省边疆民族地区，而且对我国其他边疆民族地区也会产生良好的示范效应。

（四）把德宏建设成为我国边疆民族地区跨越式发展和长治久安试验示范区有利于引领我国边疆民族地区加快发展，实现我国区域协调发展

大开发需要与大开放相结合，西部大开发成功与否，取决于我们对周边国家开放与合作的程度。西部大开发如果不与西部的对外开放相结合，其开发将是有局限性的。目前，中国西北地区的大开发和大开放已在逐步结合，西北地区与中亚地区的合作，已经通过“上海合作组织”建立了合作机制。通过建设试验示范区将有利于推进中国西南边疆民族地区与周边邻国的合作，将改变西南边疆民族地区对外开放的格局，同时将为西南边疆民族地区在更大范围、更广领域、更高层次上参与国际经济技术合作与竞争提供平台，有利于充分利用国际国内两个市场，优化资源配置，拓宽发展空间，有利于促进西南边疆地区的发展，实现我国区域协调发展。

（五）把德宏建设成为我国边疆民族地区跨越式发展和长治久安试验示范区有利于德宏转变经济发展方式，促进德宏经济发展、社会稳定

自德宏州成立以来，德宏的经济社会发生了翻天覆地的变化，但由于历史、自然等多方面原因，德宏仍属欠发达地区。基础设施建设欠账较多，产业基础薄弱；贫困人口多，贫困面大，扶贫开发任务艰巨；社会事业发展总体滞后，教育、医疗、社会保障等公共服务严重短缺。通过试验示范区建设，能进一步推动德宏经济社会跨越式发展，维护安定、团结的良好局面，促进德宏与全省乃至全国同步实现小康社会。

（六）把德宏建设成为我国边疆民族地区跨越式发展和长治久安试验示范区有利于发挥德宏独特的区位优势，为促进国家沿边开放积累宝贵经验

党的十七大报告明确提出，我国应全面提高开放水平，拓宽对外开放的广度和深度，深化沿海开放，加快内地开放，提升沿边开放，实现对内对外开放相互促进，形成沿边地区开放和沿海地区开放并进的对外开放新格局，已成为我国对外开放的重要战略目标。进一步探索沿边开放新模式、出台沿边开放新举措就成为未来我国提升沿边开放的必然要求。在德宏建设我国边疆民族地区跨越式发展和长治久安试验示范区将有利于贯彻落实中央提出“加快内地开放，提升沿边开放”的要求，推进沿边地区的开发、开放，提高对外开放的水平，进一步完善我国整体对外开放格局。更重要的是将为我国提升沿边开放水平提供新鲜的经验和模式。

二、德宏具有建设成为我国边疆民族地区跨越式发展和长治久安试验示范区得天独厚的条件

（一）资源优势得天独厚

德宏是一个多民族聚居的地区，民族文化资源丰富多样。州内居住着傣族、景颇族、阿昌族、德昂族、傈僳族等 24 个少数民族，少数民族人口占总人口的 49.7%。民族文化各具特色、和谐相容，底蕴深厚、丰富多彩，是民族文化的大观园。傣族的泼水节、景颇族的目瑙纵歌节、中缅胞波狂欢节已成为传承民族文化、增进民族团结、促进中缅友谊、推动经济发展、展现德宏民族文化的突出亮点。德宏平均海拔 800 ～ 1 300 米，年均气温 18.4℃～ 20.3℃，年降雨量 1 436 ～ 1 709 毫米，年日照时间 2 281 ～ 2 453 小时，冬无严寒、夏无酷暑，属典型的南亚热带季风气候。德宏森林覆盖率达 62.8%，具有良好的生态环境，绿色生物资源丰富多样。

（二）区位优势明显

德宏与缅甸接壤，边境线长 503.8 公里，处于中国、东南亚、南亚三大经济区的交汇点，5 个县市除梁河县外，其他 4 个县市都处在边境线上，有 28 个渡口、64 条通道、9 条公路通往缅甸，有瑞丽、畹町两个国家一类口岸，章凤、盈江两个国家二类口岸。历史上德宏就是古丝绸之路的要冲，是滇缅公路、史迪威公路、中印输油管道的出入口，是我国面向东南亚、南亚的重要陆路口岸和实施南向互利合作战略的重要窗口，是中国陆地连接东南亚、南亚，走向印度洋的最佳结合部和最便捷通道，是中国面向西南开放桥头堡的黄金口岸，处于云南对外开放的前沿。

（三）最具边疆民族地区发展代表性

国家边疆民族地区跨越式发展和长治久安试验示范区必须具备一定的典型性和代表性，而德宏作为欠发达的边疆民族地区，其发展现状、问题和障碍，在当代中国边疆民族地区具有较高的代表性和典型性。一方面，改革开放以来，德宏所处的西南边疆民族地区经济取得了很大发展，但这种发展仍然在较大程度上建立在廉价劳动力或土地资源等其他资源消耗的基础上。随着资源的逐渐消耗，这些地区进入了资源约束阶段，因此西南边疆民族地区经济必须从传统的消耗资源模式转向以创新为基础的经济增长模式上来。实际上，近年来德宏改革探索的一个重要主题，就是转变经济增长方式，提高经济增长质量，着力解决结构不合理、产业层次低、第三产业发展滞后等问题。另一方面，德宏在经济社会发展过程中所遇到的问题，亟须国家重新调整完善边疆政策，通过推动边疆民族地区跨越式发展和长治久安试验示范区建设，为建设中国特色社会主义的边疆民族地区的示范地区，发挥改革开放的“窗口”和“试验田”作用引入新的动力系统和发展空间。

（四）具有团结稳定的社会局势

改革开放以来，德宏始终保持社会安定、民族团结的良好局面。特别是近年来，州委、州政府紧紧围绕跨越式发展和长治久安两件大事，结合德宏实际，通过认真落实治安防范措施，切实加强社会治安治理，以禁毒防艾工作为重点，致力爱国教育、创新管理体制，积累了丰富的促进边疆民族地区发展、维护边疆民族地区稳定的经验。

（五）具备跨越式发展和长治久安的基础

改革开放以来，德宏州委、州政府把国家的改革开放政策同本地的实际结合起来，率先探索沿边开放的路子，成为我国最早开放的沿边地区，是我国沿边地区拥有沿边开放城市和边境经济合作区最多的边疆少数民族州。德宏成功开展了边境贸易、边境经济合作、边境旅游、边贸出口商品人民币结算退税等一系列沿边开放政策的试验示范，从而在20世纪90年代初，一度产生了“全国边贸看云南，云南边贸看德宏”的良好效应。随着改革开放的不断推进，德宏经济社会进入快速发展期，国民经济结构初步由“二、三、一” 改变为“三、二、一”，经济运行质量不断提高，为建设我国边疆民族地区跨越式发展和长治久安试验示范区奠定了良好的基础。

三、德宏跨越式发展和长治久安试验示范区建设的总体构想

（一）指导思想

高举中国特色社会主义伟大旗帜，以邓小平理论和“三个代表”重要思想为指导，深入贯彻落实科学发展观，认真贯彻落实胡锦涛总书记关于把云南建成我国向西南开放的重要桥头堡指示精神，紧紧抓住发展、稳定、民生三件大事，进一步解放思想，开拓创新，坚持改革开放，着力改善民生，着力加强生态建设和环境保护，着力加强基础设施建设，着力推进经济发展方式转变，着力培育壮大特色优势产业，着力促进民族团结和社会稳定，着力推进对外开放，在科学发展、和谐发展、跨越式发展、民族团结、对外开放方面走在全国边疆民族地区前列，努力把德宏建设成为我国边疆民族地区跨越式发展和长治久安示范区，为全国边疆民族地区跨越式发展和长治久安起好示范带头作用。

（二）基本原则

一是以人为本的原则。从解决人民群众切身利益入手，用改革和发展解决德宏的一切困难和问题，保证各族人民充分共享改革发展成果。

二是统筹兼顾的原则。统筹城乡经济，兼顾经济社会、人与自然和谐发展，优化城乡结构、优化生产力布局，转变观念、创新模式、提高质量，实现发展速度、结构、质量和效益相统一。

三是生态优先的原则。把环境保护和生态安全贯穿于德宏经济建设和社会发展的全过程，创新生态建设和环境保护新模式，着力培育绿色支柱产业。

四是突出特色的原则。突出品牌、资源、区位优势，创新资源开发利用模式，着力加快特色产业建设，推动绿色经济发展。

五是自力更生为主的原则。在合理利用中央和省委对德宏政策支持、项目倾斜、资金扶持的同时，要继续发扬自力更生、艰苦创业、勇于创新、敢为人先、事争一流的精神，夯实基础，发展经济，保持稳定。

四、德宏跨越式发展和长治久安试验示范区建设的重点

（一）加强基础设施建设，强化发展保障

一是构建安全、方便、快捷的综合交通运输体系。加快推进一个机场（芒市机场）、一条铁路（大瑞铁路）、三条公路（龙瑞高速公路，腾陇、潞梁二级公路）、四个口岸（瑞丽、畹町国家一类口岸，章凤、盈江国家二

类口岸）建设。

二是加强水利基础设施建设。重点是加强麻栗坝水库、龙江水电枢纽、盈江回龙河水库、瑞丽芒林水库、潞西清塘河水库等 5 个大中型水利水电工程建设。加快实施农村饮水安全工程，基本解决饮水安全问题。

三是加强城镇基础设施建设。根据资源环境承载能力和综合发展条件，科学确定功能分区，优化区域空间布局。加强区域中心城市建设，增强综合服务功能，促进产业和人口集聚，提高城市的综合发展实力和辐射带动能力。按照统筹规划、合理布局、完善功能的原则，着眼城市化的发展趋势，加快提升潞西、瑞丽城市建设发展水平，辐射带动梁河、陇川、盈江城市加快发展。加快推进重点集镇和旅游小镇建设，培育一批特色鲜明的现代农业小镇、手工业小镇、商贸小镇、生态园林小镇和边境口岸小镇。大力改善城镇交通、供排水、垃圾污水处理、通信网络等基础设施和医院、学校、文化、体育等公共设施建设。创新城镇管理手段，开展综合管理试点。

四是加强信息网络设施建设。大力发展高速有线和无线宽带网络，实现有线和无线网络覆盖全州，推进数字德宏建设。积极发展下一代互联网和新一代移动通信，加快网络升级换代。大力整合信息资源和网络资源，积极推进德宏“三网融合”建设。着力建设有线、无线和卫星传输相结合的通信网络，提升应急管理水平和信息服务能力。

（二）推进结构调整和优化升级，加快经济发展方式转变

一是加快结构调整和自主创新。把调整经济结构作为转变经济发展方式的战略重点，按照优化需求结构、供给结构、要素投入结构的方向和基本要求，加快调整城乡结构，加快推进城镇化，加快调整区域经济结构和国土开发空间结构，既着眼于化解过去积累的矛盾和问题，又为经济不断迈上新台阶、长期保持平稳较快发展创造条件。适应需求结构变化趋势，完善现代产业体系，加快推进传统产业技术改造，加快发展服务业，促进三次产业在更高水平上协同发展，全面提升产业技术水平和国际竞争力。紧紧抓住新一轮世界科技革命带来的战略机遇，更加注重自主创新，加快提高自主创新能力，加快科技成果向现实生产力转化，加快科技体制改革，加快建设创新型科技人才队伍，谋求经济长远发展主动权、形成长期竞争优势，努力在优势特色产业领域形成一批具有自主知识产权的核心技术和知名品牌，为加快经济发展方式转变提供强有力的科技支撑。

二是加快农业农村经济发展。按照“稳粮保供给、增收惠民生、改革促统筹、强基增后劲”的基本思路，把建设新农村作为战略任务，把加快城乡

经济社会协调发展作为根本要求，认真落实各项强农惠农政策，千方百计拓宽农业投入渠道。推进优势农产品向规模化、区域化、优质化、规范化、科技化、产业化方向发展。大力实施“兴地睦边”农田整治重大工程，加快推进中低产田改造。继续推进农村综合改革，巩固集体林权制度改革成果，抓好中低产林地改造，推进户籍改革，加快农民变市民、村民变居民的步伐。加快实施“农民收入翻番计划”。

三是着力调整和优化经济结构，加快生物特色产业发展。坚持有所为有所不为的原则，按照发挥优势，科学规划，把握重点，突出特色，打造亮点的思路，在整合巩固提升粮食、蔗糖、茶叶、橡胶、畜牧等传统产业的基础上，大力发展具有德宏特色和比较优势的竹子、咖啡、坚果、柠檬、油茶、核桃“六棵树”和番麻“一棵草”，力争把德宏建成全省最大的竹子基地、全国最大的柠檬和坚果基地、中国咖啡之乡，走出一条规模化、龙头化、现代化、品牌化、市场化的生物特色产业发展路子。

四是着力推进新型工业化进程，加快工业经济发展。大力实施水能电冶工业百亿元工程，重点发展水电矿结合模式的清洁载能工业，进一步巩固提升制糖、建材等传统工业，加快发展农产品加工业，重点发展以优质稻、咖啡、坚果、柠檬等为重点的现代食品加工业，以竹木深加工产品、红木家具为重点的竹木加工业，以傣药、番麻皂素、生物农药为重点的生物制药工业，加快潞西、瑞丽、盈江工业园区建设，努力加快工业经济发展。

五是着力打造绿色生态公园，加快旅游文化产业发展。按照“两城、两江、一环线”建设思路，科学规划德宏旅游产业，整合旅游资源，全力打造潞西、瑞丽两座中国优秀旅游城市，大力开发瑞丽江—大盈江国家级风景名胜区，打造“芒市—畹町—瑞丽—盈江—腾冲”旅游精品环线。不断完善“吃、住、行、游、购、娱”六大要素建设，大力引进国际知名品牌酒店，提升旅游国际化水平。强化品牌宣传，推进区域合作，拓展国内国际旅游市场。

六是加快推进服务产业现代化。加快发展面向生产的服务业，进一步重视金融业发展，促使形成银行、证券、保险业共同发展的格局。鼓励金融机构调整和优化网点布局，完善服务设施。推动开展跨境贸易人民币结算试点，改善结算环境。完善外汇支付环境，开展居民个人本外币兑换特许业务试点。推动建设农村商业银行等地方性金融机构，加强地方金融和农村金融工作，切实防范金融风险。支持符合条件的旅游企业上市融资。鼓励保险机构创新旅游保险产品。探索开展离岸金融业务试点。以边境口岸和重要通道为节点，培育一批现代物流中心和物流企业，加快发展现代物流业。大力发展面向农村的服务业，继续组织实施好“万村千乡”工程，培育大型涉农商贸企业，发展生产生活资料连锁经营，完善产销、科技、信息和金融等农村社会化服务体系，为扩大农村消费创造更好条件。拓展面向民生的服务业，适应群众生活多样化、个性化的需要，努力扩大消费空间，大力发展文化娱乐、体育健身、休闲旅游、教育培训、家政服务等服务业，健全社区服务体系，不断完善社区服务功能。继续落实鼓励家电、摩托车、汽车下乡的各项政策，稳定和促进大宗商品消费。加快公共文化服务体系建设，加快发展经营性文化产业，加快开拓文化市场，促进文化产业与旅游产业良性互动。大力发展文化创意、影视制作、演艺娱乐、文化会展等各类文化产业，积极培育具有地域和民族特色的文化产业群。

（三）加强生态文明建设，切实增强可持续发展能力

一是加快推进生态文明建设。深入实施可持续发展战略，大力推进资源节约型、环境友好型社会建设，加快推进节能减排，加快污染防治，加快建立资源节约型技术体系和生产体系，加快实施生态工程，坚持生产发展、生活富裕、生态良好的文明发展道路。严格实行生态环境保护制度，广泛开展生态文明宣传教育，实行更加严格的生态环保标准。完善生态环境保护责任制和问责制，把生态环境保护纳入经济社会发展综合评价体系和领导干部综合考核评价体系。加大对破坏生态环境行为的惩处力度。

二是加强生态建设。推进“生态德宏”建设，有序开展重点流域保护与开发，有序开发利用土地、森林、矿产、水域等重要资源，提高资源开发利用水平和效益。

三是大力推进节能减排。严格执行环境准入制度，严格主要污染物排放总量控制，严禁高耗能、高耗水、高排放和产能过剩行业发展，加大淘汰高耗能、高耗水、高排放和落后产能的力度。加强清洁生产、节能减排技术和产品的推广应用工作。大力推进各类减排工程设施建设，积极发展农村沼气、畜禽养殖业废弃物综合利用、蔗渣利用、中水回收利用等循环经济。加强环境监管能力建设，完善节能减排统计监测和考核实施办法，强化节能减排目标责任制。加强城镇污水和垃圾处理设施建设，强化对已建成污染治理设施的运行监管。控制农业面源污染。加强农村环境综合整治，继续推行改水改厕，逐步建立村镇生活垃圾收集转运处理体系。完善污水、垃圾处理费征收政策，建立健全治污设施正常运营保障机制。

四是积极发展循环经济和低碳经济。按照减量化、再利用和资源化的原则，创建一批循环经济企业和生态产业园区，进一步建立和完善清洁生产机

制，抓好清洁能源示范县、节水型社会建设试点。进一步优化能源结构，积极开发利用新能源和可再生能源。

（四）推进以改善民生为重点的社会建设，着力打造经济社会协调发展的和谐边疆

一是加强人力资源建设。合理控制人口规模，努力提高人口素质。合理调整中小学校区域布局，促进办学条件标准化，稳步提升办学质量和水平，巩固和提高“普九”成果。全面实施中小学校舍安全工程，加快发展高中阶段教育，全面提高中小学教育质量，推进义务教育均衡发展。大力发展具有地方特色，为面向东南亚、南亚开放服务的高等教育和职业教育。继续加大中等职业教育，进一步推进高等教育改革发展，加强重点学科、科研平台建设。扶持发展民办教育，加快发展学前教育，高度重视特殊教育。加强旅游教育培训，全面提高旅游及相关行业从业人员的文明素质和服务水平。注重各类人才培养，为经济社会发展提供有力支撑。

二是加快公共文化服务体系建设。加快建立覆盖城乡的公共文化服务体系，推进乡镇综合文化站、广播电视“村村通”工程和农家书屋建设，加快建设重大标志性文化设施，进一步完善县级图书馆、文化馆的设施设备条件，大力加强城市及社区公共文化体育设施建设，建立公共文化体育机构正常运行的经费和人才保障机制。加快推进广播电视数字化步伐，提高广播电视覆盖水平。推进世居少数民族传统文化抢救保护工作，加强对文物及非物质文化遗产的保护。

三是完善城乡医疗卫生服务体系。继续深化医药卫生体制改革，加快建立健全城镇职工基本医疗保险、城镇居民基本医疗保险、新型农村合作医疗以及贫困人群医疗救助、基本医疗商业保险“三网两补充”体系，推进基本医疗保障全覆盖、医疗卫生事业大发展、医疗服务水平新提高，切实缓解群众“看病难、看病贵”问题。探索城镇职工、城镇居民、新农合并网互联和“医疗信息网”与“医保信息网”并网互联，推动实现医药卫生“一网通”。争取医疗机构信息共享，实现患者就医“一本通”。逐步建立城镇职工、城镇居民、参合农民异地持卡就医联网结算制度，实施参保人员异地就医“一卡通”工程。继续推进医疗机构建设，支持县医院、乡镇卫生院和村卫生室逐步配齐医疗设备。进一步巩固完善新型农村合作医疗制度，适当扩大报销范围，提高报销比例，稳步提高参合率。实施食品、药品安全专项整治工作。广泛开展全民健身运动，增强全民身体素质。

四是营造文明和谐的社会环境。加强精神文明建设，推进民主法制建

设，高度重视安全生产，维护社会和谐稳定。深入开展群众性精神文明创建活动，加强社会公德、职业道德、家庭美德和个人品德建设，培育讲文明、重礼仪、团结友善、热情好客的社会风尚。广泛开展城乡环境综合治理，全面改善人居环境。努力扩大就业，做好社会保障工作，促进社会和谐。扎实推进平安德宏建设，加强基层基础工作，努力形成多层次、全方位、立体型的社会治安防控格局。牢牢把握各民族共同团结奋斗、共同繁荣发展的民族工作主题，大力推进人口较少民族地区、民族“直过区”、沿边跨境民族地区发展，努力改善边境地区群众的生产生活条件。全面贯彻党的宗教政策，依法加强宗教事务管理，积极引导宗教与社会主义社会相适应。

（五）扩大与西南周边国家的交流合作，推进面向西南周边国家开放

一是加快推进对外经济发展方式转变。坚持对外开放和互利共赢，加快调整出口贸易结构，加快调整进口贸易结构，加快提高利用外资质量和水平，加快实施“走出去”战略，不断提高开放型经济水平。充分利用德宏的区位优势和已经形成的基础条件，发展以缅甸为前沿，面向南亚、东南亚的贸易、物流和出口加工基地。积极拓展面向南亚、东南亚的经济、科技、教育文化合作与交流。加强对外贸易工作，采取新对策、新措施，积极调整进出口商品结构和贸易方式，千方百计扩大对缅贸易，加大地方出口产品扶持力度，进一步搞活口岸物流，以大项目拉动出口，带动劳务输出，深入推进与缅甸农业、矿产、旅游等的合作。

二是进一步扩大对外开放的广度和深度，努力把德宏建成中国面向西南开放的桥头堡的黄金口岸，力争成为云南省沿边开放的先行区。紧紧抓住中国—东盟自由贸易区建成和把云南建成中国面向西南开放重要桥头堡的重大机遇，进一步优化出口商品结构，着力培育新的外贸增长点，提高出口产品附加值，不断拓展对外开放的深度和广度。加快境内综合交通运输体系建设，推进开辟西向贸易通道。配合做好中缅油气管道建设，加快口岸规划和建设，不断提高通关便利化水平。充分发挥各类展会的合作平台作用，深化与东南亚、南亚国家的交流合作，积极开展孟中印缅地区经济合作和大湄公河次区域经济合作。完善和创新招商引资方式，鼓励和支持有条件的企业对外投资，开展境外资源合作开发。

德宏州农业产业化发展模式研究

徐光远

云南大学经济学院教授

德宏傣族景颇族自治州，是全国30个、云南省8个少数民族自治州之一，地处祖国西南边陲，辖潞西、瑞丽两市和梁河、盈江、陇川三县，国土面积11 526平方公里。与缅甸接壤，国境线长达503.8公里。德宏州委、州政府概括德宏的三大显著特点之一，就是德宏州的“绿色生物资源丰富多样”。德宏州位于东经97°31′～98°43′，北纬23°50′～25°20′，属典型的南亚热带季风气候，州内平均海拔800～1 300米，年均气候18.4℃～20.3℃，年降雨量1 436～1 709毫米，年日照时间2 281～2 453小时，冬无严寒，夏无酷暑，花开四季，果结终年。得天独厚的光、热、水、土形成了德宏优异的植物生长环境，生物资源丰富多样。德宏州素有“植物王国”、“物种基因库”之美称。因此，多年来，农业生产始终在德宏经济中占据着非常重要的地位。故在德宏州的经济发展思路中，德宏州委、州政府强调要打好农业、教育、交通三个基础，把发展生物特色产业列为四大产业之首。

一、新型工业与农业产业化

2002年11月，党的十六大报告明确提出了我国的新型化战略。自18世纪的工业革命以来，人类近300年的历史告诉我们，任何一个国家、民族从农耕社会的自给自足经济中走出来，要走向现代化，工业化是不可逾越的特殊的阶段。尽管在近300年的历史中，不同的国家、不同的民族赋予了工业化不同的历史内涵，但从工业化的本质而言，就是不断发展、完善与传统农业不同的工业，其中，首先通过发展轻工业改善人们的生活质量和水平；继而发展重工业中的冶金、能源、材料等基础工业；最后通过发展机械制造业、装备工业，生产出各种先进的机器设备以装备各行各业，提高各行各业的劳动生产率。通过各行业的规模化、集约化生产以及全社会劳动生产率的普遍提高，以创造更多的财富，满足和提高人们不断增长的物质和文化的需要。

那么，德宏作为独具自然地理优势的农业大州，应怎么去实施新型工业化战略呢？经过调研，无论从理论上，或是实践上我们都已经清楚地看到农业的产业化是边疆落后地区实施新型工业化战略的重要前提。

马克思主义认为，人类社会的本源是人类自身，推动社会、经济发展的是人类自身，人类社会经济发展涌流的财富也是为了满足人类自身不断增长的物质文化的需要。推动人类社会进步的动力是人类自身，人类社会发展进步的目的也是为了满足人类不断增长的需要。这就是我们强调的历史唯物主义的“以人为本”的基本原理。正因为这一基本原理，马克思先生在其《资本论》第一卷的结论处愤怒地写道：资本主义这种生产方式的发展，“一端是财富的积累，一端是贫困和愚昧的积累”！所以这种生产方式的丧钟已经敲响。

按照“以人为本”的原理，工业化的核心、本质就是把传统农业的农民打造为现代工人或市民，让他们参加工业化，成为推动工业化的推动者，同时，让他们的收入提高，生活水平、质量得到相应的大幅的提升，让他们享受工业化带来的工业文明和现代都市的各种福利。

正是从这一意义上讲，农业产业化是工业化的重要组成部分，因为农业产业化是推动和实现上述历史转变、历史进步的重要途径。

诺贝尔经济学奖获得者，发展经济学先驱人物之一的美国经济学家刘易斯（Lewis.W.A）提出了一个全世界关注的命题：发展中国家存在着“二元经济结构”的矛盾。即发展中国家由于未能完成工业化，在国民经济中存在着两种不同的经济结构，一端是传统的农业和农民，由于生产条件差、劳动者素质差、生产率低等原因，农业的劳动生产率低、农民的收入少、生存环境差。一端则是现代工业和城市，由于生活环境好，劳动者受教育的程度高、素质高、生产率高，因此，劳动者的收入也相应较高，生活条件、工作条件就更好。

发展经济学的主题就是如何通过工业化来解决发展中国家“二元经济结构”的矛盾，实现经济、社会的进步，劳动者素质的提高、收入的增加和工作环境、生活环境的改善。很显然，人们可以通过工业化把一个传统的农民打造成一名现代企业的工人，同时，在作为农业大国、农业大省的中国、云南，人们亦可以通过农业的产业化，将传统的农民打造成现代的农业工人，实现传统农民向现代工人的进步。

因此，从“以人为本”的马克思历史唯物主义的原理出发，工业化的核心、本质就是实现传统农民向现代工人或市民的进步。从这一意义上讲，在工业化的进程中充分认识因地制宜的农业产业化，是我国新型工业化的重要途径，或说是重要的组成部分。

二、将得天独厚的自然优势转化为涌流的财富

其一，在遴选具有优势、特色的农业产业时，遵照“比较利益”（“两优相较取其重，两劣相较取其轻”）的法则，应从德宏众多的优势生物资源中选择出最具优势的生物资源农业产业。其二，按照核心竞争力理论的差异化原则，遴选的优势生物资源还应具有“不可移动”、他人难以“效仿”的特点，甚至是对某种稀特资源独占或垄断的特征，由此来建立的难以动摇的核心竞争力。其三，还必须形成一定的生产规模。其四，还须考虑被选择的农业产业有相应的产业链或深加工，可以带来更多的工业化生产增加的附加值。

根据上述原则，在多年实践的基础上，德宏州委、州政府提出了“六棵树、一棵草”的战略。在过去6天的考察中，我们看到了德宏州取得的可喜成绩，也发现了一些问题。

（一）蔗糖产业（模式）发展情况

德宏州已有悠久的种植甘蔗的历史，自20世纪60年代德宏建糖厂之后，经过30多年风风雨雨的发展，蔗糖产业已成为德宏州十分重要的支柱产业，在GDP和税收中均占了突出的比重。以2009年计，盈江县得自蔗糖的工农业产值7亿元，占全县工业总产值的30%，农业总产值的40%，全县28%的财政收入来自蔗糖业。陇川县近三分之二的财政收入得自蔗糖产业，陇川已成为全省糖业的一面旗帜，并规划成为云南蔗糖第一大县。

我们看到两县政府都为蔗糖产业的发展作出巨大的努力，例如陇川投资5亿修建了麻栗坝水库等。蔗农在改良品种、增加每亩产量、通过各种套种提高生产技术等方面都付出了辛勤的劳动，得到了长足的进步，取得了可喜的成绩。

然而，在20世纪90年代蔗糖业低迷时，由省政府引导的整合，将德宏的糖厂都卖给了英茂，现今英茂又被光明控了股。因此，我们寄予厚望的德宏蔗糖不过是大公司的原料生产基地。

这样的利益格局让我们看到了喜忧两面。喜的是在大公司的整体运作中，德宏的蔗糖业有了基本的保障。忧的是在全国蔗糖产业因国际市场价格波动带来的利益变动中，蔗农不易得到应有的利益，例如今年因西部大旱受

灾造成糖价大涨：由3 000元/吨涨至6 000～7 000元/吨，糖价上涨一倍，而蔗农的利益几乎没有得到相应的提高。更重要的是，在强调西部大开发，主动承接东部产业转移的今天，农业产业化的重要组成部分的延展产业链的路子被完全阻断了。失去了延展产业链、工业化生产可以带来的新附加值，德宏就失去了农业产业化应该得到的一份利益。久而久之，这种利益格局会影响蔗农的利益，从而影响可持续发展。

建议与上海益民糖果厂联营，在德宏设立生产“大白兔糖”的分厂，内销西南，外销周边邻国。其中，仅运输成本一项即可大幅降低。

实现中国农业产业化，在前述四点的基础上，我们要强调更重要的第五点，即农业产业化的过程中，不论采用何种公司与农户合作、协作的模式，都要通过创新制度，确保随着农业公司规模的扩大，利润不断增长的过程中，农户也有相应的不断增长的利益。其一，遵照“存在决定意识”的历史唯物观，经济利益的和谐是政治和谐、社会和谐的基础。对于蔗农来讲，亦存在着“比较利益”或说“机会成本”，种甘蔗的收入若低于种植其他作物的收入，农民就会改种别的作物。而更重要的是农业产业化作为解决中国二元经济结构矛盾的突破口，从以人为本这一本质特征出发，农业产业化不论采取何种形式，其最终目的是实现传统农民到城市居民的转变，若不能保障农民在农业产业化过程中有不断增长的经济利益如文化素质、劳动技能的提高，是不能推动传统农民实现这一跨历史的进步。

（二）坚果产业

德宏州于1980年引入种植澳洲坚果，历17年后，于1997年推广商业种植，至2008年共推广种植6.5万亩。

澳洲坚果素有“世界坚果之王”的美誉，其富含的17种氨基酸中有10种是人体自身不能合成，必须由食物供给的氨基酸，富含钙、磷、铁等矿物质和B族维生素。果仁含70%以上的多种脂肪酸，易被人体吸收。口感细腻，酥脆可口，是一种高热量、不含胆固醇的健康食品，深受全世界消费者的喜爱。由于得天独厚的自然、地理、土壤、雨量等诸多的综合因素，在多省区的引种中，只有德宏州（特别是盈江县，5.25万亩）引种的效果最好，并形成了一定规模。

目前，德宏州已成为中国种植澳洲坚果面积最大的地区。2008年，去皮干壳果产量达300余吨，实现工农业产值2 600多万元，每亩平均收益达3 000元，坚果树树龄可达40年至50年，即可给林农带来长远持续的利益。按州林业部门规划，拟2015年种植面积达20万亩；2020年达30万亩，实现农业产值6亿元。

在德宏的澳洲坚果产业发展中，特别醒目的是已形成了坚果深加工的生产链，将坚果深加工带来的不菲的附加值留在了德宏，实现了农业产业化深加工增值这重要的一环。目前，德宏自产的鲜果除了极少数为云澳达公司和林农自己销售外，绝大部分由云南德宏盈江注册的云南迪思企业集团坚果有限公司收购、加工、销售。加工已具一定规模，其生产的“迪思云南坚果”已具有相当的市场知名度，以其优越的品质受到广大消费者的青睐，该产品因供不应求，还不时出现脱销。该集团的坚果开发已被列为国家量大规划项目，被评为云南省林业产业升级龙头企业。

（三）竹产业

竹子与德宏各少数民族的生活、生产息息相关，是千百年来装点德宏秀美山川的主要植物之一，在德宏有着极为丰富的资源和悠久的种植历史。在世界木材日益匮乏的今天，竹子以其生长期短、产量大、质地坚硬、可塑性强等诸多特点越来越受到人们的关注。早在1997年，德宏州就开始了对发展竹产业的市场调查和培植本地优质竹品种的工作。自2000年开始大面积地推广种植麻竹。截至2008年，全州依靠退耕还林等造林绿化项目种植竹子20万余亩。至2010年4月，竹子种植面积已达45万亩，按照州委、州政府的规划，2015年竹子的种植面积要达90万亩，2020年种植面积要达120万亩。2020年竹产业的工农业产值达到100亿元。届时，德宏最常见、最具资源优势的竹产业，将成为“将得天独厚的自然资源变成滚滚涌流财富”的典范。

德宏竹产业的迅猛发展的重要原因之一，是成功地引进具综合实力和技术优势的外来厂商。2008年10月以合资为主的云南永利发林业有限公司动工建设年产5万立方米竹质定向结构刨花板项目，2008年12月安装设备，现已投入生产。全国竹地板生产的龙头企业浙江永裕竹业股份有限公司在德宏建立了年产30万平方米竹地板的德宏天圆竹木业开发有限公司，2008年已形成25万平方米的生产能力，实现产值3 000万元，上缴税金50万元，产品全部出口欧美市场。2009年11月德宏州政府与云南永利发林业有限公司签订了发展德宏竹产业项目框架协议，提出全州发展竹板材原料基地120万亩，永利发企业则在2016年前分三期在德宏建设120万立方米的竹质定向结构刨花板生产线，并在2009年新发展竹板材原料基地20万亩的硬性指标的基础上，进一步掀起德宏州发展竹产业的新高潮。

德宏的竹产业既增加了农民的收入，又增加了植被，既发展了工业加工，大幅提升了工业产值，保护了森林，凸显了生态和环保。无疑是人们追捧的绿色产业中的一颗明珠。

（四）后谷咖啡

咖啡在云南的种植，解放初期就由农场引种，但由于出口政策和产品价格多方面的原因，发展缓慢，终未能形成规模。直至 20 世纪 90 年代，德宏州的咖啡产业才得到了较快发展。2008 年德宏州种植咖啡 8 万亩，产果的面积约 3 万亩，鲜果产量 2.4 万吨，咖啡豆产量 5 200 余吨，产量占全省的 19%，全国的 18% 左右。其中，后谷咖啡有限公司按“公司 + 基地 + 农户”的运作模式，自建咖啡基地 3.2 万亩，成为推动德宏咖啡产业发展的主力军。

2008 年后谷咖啡公司销售咖啡豆 4 000 多吨，销售收入 7 000 多万元，利润 700 多万元。加工咖啡粉 500 吨，产值 2 500 万元。2008 年共计上缴国税 30 万余元（含退税 5 万元）。

经过 10 多年的奋斗，今天，后谷咖啡不仅是云南咖啡的品牌，也是中国咖啡的品牌，已经享有很高的知名度，得到了广大消费者的好评。在国内，已成为“雀巢咖啡”强有力的竞争对手。更重要的是已彻底打破了国外咖啡在中国市场上“一统天下”的格局。过去，似乎喝咖啡如此高雅的享受只是洋人的专利，咖啡也只具有国外的品牌，然而，凝聚着中国厚重文化的“后谷咖啡”的崛起，让本就属于中国人民的咖啡，又回到了中国百姓的生活当中。

德宏后谷咖啡有限公司除了在“公司 + 基地 + 农户”的农业产业化运作模式上有诸多的创新，建立了公司与农户更为紧密的合作关系，建立了农业产业化中最关键的农业现代化的规范生产程序，通过实施“一控，二免，三保，四统”生产经营流程，将千家万户的咖啡农户在不同地区的咖啡种植、管理、经营规范化、产业化，迈出了对其他种植业的产业化生产具示范意义的可喜的一步。即控制种植程序和标准；免费提供种苗和全过程的技术服务；保投入，保产量，保价格；统一收购，统一加工，统一销售，统一品牌。确保农户每亩咖啡有 1 500 ～ 2 000 元的收入。

后谷咖啡如今已形成了相当规模的工业生产能力。在农业产业化、深加工、延伸产业链方面取得了突出的成就。后谷咖啡 2008 年 9 月投产了第一条年产 1 000 吨的速溶咖啡纯粉生产线，2010 年 6 月已建成，现正在调试投产第二条年产 2 000 吨的速溶咖啡纯粉生产线。同时，后谷咖啡公司现在又在潞西工业园区开工建设年产 10 000 吨的新生产线。当新线全部投产，后谷咖啡公司的年销售收入将达 8 亿元，年上缴税金可达 4 000 万元。按州委、州政府的规划，全德宏州 2015 年咖啡的种植面积要达 20 万亩；2020 年种植 32 万亩，咖啡的工农业生产总值要达 30 个亿。

农业产业化是解决中国二元经济结构的突破口，如前述，农业产业化的最终目的，从以人为本的本质特征出发，就是要将传统的中国农民打造成现代城市的工人或市民，这是一项伟大的历史的跨越。目前，后谷咖啡公司在州委、州政府的支持、帮助下正在规划建设"后谷小镇"。咖啡小镇的建成，让原来分散的咖啡农户集中居住，不仅是实现"居者有其屋"，更重要的是为咖啡农户，特别是咖啡农户的子女实现向城市工人、市民的转化提供了坚实的物质基础和保障性的制度环境。"咖啡小镇"的建设无疑将成为我国解决"二元经济结构矛盾"的一大壮举。

三、德宏州农业产业化研究的几点体会

（一）特色支柱产业的遴选是农业产业化的关键

云南有"植物王国"的美誉，在各地州的发展战略研究中，奇花异果比比皆是，但能形成规模生产的都很少。在农业产业化中生产的规模化是第一重要的条件，必须有一定面积的土地或说区域，在水、肥、气候、土地都基本相同，才可能形成一定的生产规模。再珍贵的产品，若仅只是凤毛麟角，并不能成为支柱产业。

（二）深加工的龙头企业是推动农业产业化的推进器、发动机

农业产业化有两个基本条件，一是规模化，二是生产过程的标准化和工业化。只有有了提升附加值的龙头企业，能够保证农民的劳动价值一定能实现，蔗农、果农、咖啡农才敢大面积种植，才能实现种植的规模化。只有在龙头企业深加工需求的引导、要求下，传统的分散种植才可能逐步统一生产流程，严格规范各项指标，逐步实现生产过程的标准化，最终实现农业生产的工业化。

（三）经济利益的和谐是可持续发展的物质基础

在农业产业化中，正确处理协调龙头企业与农户的利益，是实现农业产业化、保障现代农业可持续发展的物质基础。从"以人为本"的原理出发，无论是工业化还是农业产业化的核心，均是要实现传统农民向现代工人或市民的进步。因此农业产业化成功与否的重要标准不仅是龙头企业的产值、利润，还是农民收入提高的程度、农民生活水平改善的程度和农民享受社会保障的水平。随着农业产业化的发展，龙头企业产值、利润提升的同时，农民的收入和素质也会有相应的提升，经济利益的和谐才能保障不同模式的"公司＋农户"得到双赢的可持续发展。

让牧童笛声回荡德宏大地

——做强做大德宏奶水牛产业

毛华明

云南农业大学教授、博士

云南省现代农业奶牛产业技术体系首席科学家

2010年5月6日至15日，本人参加了“2010年云南社科专家德宏行暨百名学者话德宏”大型调研活动。通过对德宏5个县市的调研走访，深深被一幅幅森林氧吧、田园风光、牧童笛声、山乡茶歌相映成趣的美丽画面所感染，长期萦绕在头脑中的如何做强做大德宏奶水牛产业的问题也有了一些清晰的想法。

一、发挥德宏农业资源优势，打造绿色农产品生产基地，实现绿色经济强州

近年来发生的一系列食品安全事件，尤其是三鹿奶粉事件震撼了每个中国人的心灵，引起了各级政府的高度重视和广大民众的关注。食品安全事件的发生不是单纯的、偶然的，而是折射了整个食品生产的方式及各个生产环节存在的隐患。要保证食品安全，必须整体上改变食品生产模式，从食品生产的自然环境（无环境污染）、社会环境（崇尚绿色的生活理念、市场上无对安全构成威胁的食品及其食品添加剂存在等）和食品生产的各个环节严格控制才可能实现。如果在一个区域内打造整体绿色食品生产基地，无疑会提升该区域农产品的市场竞争力，有利于打造名牌产品，促进农业的健康持续发展。

德宏有丰富的农业资源：（1）丰富的光、热、水和土地资源。（2）丰富的可支撑农业生产可持续发展的生物资源，如被列入国家级保护的畜禽品种德宏水牛等。（3）良好的生态环境。青山绿水、蓝天白云，各种各样的竹

子和树木纵横交错穿梭于所有农田，构成了一幅幅美丽的田园风光；受工业污染少。（4）农业的生产方式，特别是畜牧业的生产方式仍然处于传统的模式。所有这一切为在全州范围内打造绿色优质农产品生产基地奠定了得天独厚的条件，在全国上下、所有消费者高度关注食品安全的今天无疑是最大的卖点，可极大地提高德宏农产品的市场竞争力。近年来，德宏开发的户撒米、遮放米、水牛奶和牛肉在省内外均有很好的声誉，如遮放米加上绿色、有机标签不仅使价格大幅度上升，市场也得到很好的拓展。

德宏自1997年实施欧盟奶水牛项目以来，奶水牛的杂交改良工作取得了很大的进展。目前全州水牛存栏约11万头，杂交水牛存栏1.5万头，泌乳奶水牛存栏5 000余头。德宏州水牛奶业生产态势良好，在去年建成验收20个“百村万头”奶水牛养殖小区的基础上，2010年州政府继续安排了25个“百村万头”奶水牛工程养殖小区建设，并与“德宏水牛奶”、“德宏水牛肉”地理标志证明商标的登记注册一并纳入2010年州政府重点督查的20项重要工作。水牛奶加工省级重点龙头企业——德宏祥祥乳业有限公司，已建成投产一条日处理20吨的水牛奶加工生产线，生产加工巴氏消毒鲜乳、酸奶和常温奶。龙头企业的辐射带动作用进一步增强，德宏奶水牛的产业化基础基本形成。

奶业是我国的朝阳产业，市场需求潜力巨大。一些高端奶制品如奶酪等基本上依靠进口。德宏如果依靠特有的农业资源优势，在发展高端液态奶的基础上，继续加大扶持和研究开发力度，逐渐以奶酪产品为主，打造高端绿色水牛奶系列奶制品，奶水牛产业可以很快形成德宏一大特色生物产业。

二、围绕中国面向西南开放桥头堡战略的实施，针对东南亚农产品市场需求，调整、培育特色产业

桥头堡战略得到国家层面的认可和支持是德宏实现跨越式发展的良好机遇，德宏不仅要借此机会做好基础设施建设，更要及早规划、建设好相应的支撑产业。云南和东南亚由于气候等原因，农产品市场有极大的互补性，许多农产品在东南亚有很好的市场。如东南亚有很好的消费奶制品的习惯，市场潜力巨大，如果东南亚人均奶制品的消费达到中国的平均水平，则每年需要1 500万吨以上的原料奶。目前，大理蝶泉每年主要通过瑞丽出口到缅甸的奶粉约有1万吨，销售额达2.5亿元左右，欧亚等企业也有一定数量的奶粉销售到泰国、越南等。与此同时，我国人均奶的消费量仅30千克，云南只有10千克，与世界平均100余千克存在巨大差距。德宏水牛存栏达11万头，如果按目前的工作力度，再经过10年的努力，能繁殖杂交母牛数可达

2万头左右，奶水牛产量可达3万吨以上，加上公犊和淘汰母牛，每年可为农民增加收入2亿元以上。如果加工成液态奶产值可达3亿元以上，加工成奶酪或炼乳产值可达7亿元以上。如果加大支持力度，在此基础上还可增加一倍。随着奶水牛产业的发展，产品市场可以借助德宏的地理优势，一翼向东南亚延伸，另一翼向国内大城市的高端市场拓展，潜力巨大，可以形成有特色的可持续发展的大产业。

三、寻求有效途径，发展特色产业，增加农民收入，从根本上解决民生问题

德宏人均农民收入2009年为2 831元，有的县份刚刚超过2 000元，远低于云南的平均水平。一个重要原因就是一些传统产业的产值低，农民获益少。如德宏甘蔗产业在农业中占有重要地位，在陇川，甘蔗产业已经是其支柱产业，但农民种植1亩甘蔗的收入仅2 000元左右。短时间内要大幅度提高种植甘蔗的效益是不可能的，解决的途径一是延长加工链，对白糖和酒精进行深度开发，另一个重要途径是发展互补产业——养牛业。5亩甘蔗的蔗稍可饲养1头牛，如果是养肉牛可增加体重100千克以上，产值增加可达2 000元，亩均甘蔗可增加400元；如果是饲养泌乳奶水牛，可增加收入7 500元以上，亩均甘蔗增加1 500元以上。如果利用农田种植优质饲草养奶牛，2亩地可养1头能繁母牛，收入可达1万元。同时，种植和养殖有机结合，可形成良好的养分循环，有效降低化肥的投入；牛粪用来种植咖啡、姬松茸等，每天每头牛的牛粪可卖到0.8元左右。德宏甘蔗种植面积近100万亩，可以形成一批中小规模的养殖场、专业化家庭牧场。如果一家农户养殖30头至50头水牛，其中10头可以挤奶，年纯收入可达10万元至15万元，可以从根本上解决这些农户的生存和发展问题。

由于德宏有丰富的甘蔗稍、玉米秸、稻草和各种天然饲草资源，奶水牛的饲养成本很低。每头未挤奶的水牛每天的饲养成本仅2～3元，每头挤3～6千克奶的水牛每天的饲养成本仅6～10元。如此之低的饲养成本在云南其他地方是难以做到的。饲养奶水牛即使不挤奶，仅靠出售小牛和当做肉牛出售都可以保证不亏本，并略有盈利。如果每千克奶售价超过5元，饲养奶水牛就会有显著的经济效益。

四、建议将德宏“六棵树、一棵草”的特色产业发展思路调整为“六棵树、一棵草、一头牛”

近年来，为了能让南方人喝到真正的鲜奶，国家高度重视奶水牛的发展。云南水牛存栏260万头，仅次于广西。奶水牛产业自1997年以来快速发展，初步形成规模，得到国家的认可和重视。德宏是云南第一桶水牛奶产生的地方，发展基础好，势头强劲，农民积极性高，是云南主要的奶水牛生产基地。德宏自身要高度重视奶水牛发展。水牛奶无论是在国内，还是在东南亚均具有巨大的市场潜力，而德宏又有极好的发展奶水牛产业的资源优势、饲养成本优势，可以有效快速增加农民收入。加大支持力度，完全可以形成独具特色的一项大的生物产业。将奶水牛列入德宏特色产业之一，有利于引起各级政府的重视，有利于争取国家和省的各类扶持项目，有利于吸引投资。发展奶水牛产业同时有利于实施桥头堡战略支撑产业的形成。德宏近年来提出了“六棵树、一棵草”的特色产业发展思路，应该说很好地总结了德宏种植业的发展优势和很好地把握了今后种植业的发展方向。但是，畜牧业在整个德宏农业中占有十分重要的地位，产值占农业总产值的近四分之一。且随着农业产业结构的调整，随着人们生活水平的不断提高，畜牧业的地位和作用必将逐渐加强和提升。奶水牛产业应该说是一大新兴的特色生物产业，德宏奶水牛产业在云南，乃至全国均占有十分重要的地位，应该纳入德宏重要的特色产业，并加大培育力度。

五、对发展德宏奶水牛产业的建议

德宏奶水牛产业，包括整个云南奶水牛产业的发展目前遇到了特大瓶颈，即水牛奶的产量超过了当地的消费水平，而拓展外地市场，现有的养殖规模又难以支撑。加工带动养殖的产业化发展模式没有形成良好的互动机制。为此建议：（1）采取有力措施加快奶水牛养殖基地建设、加快奶水牛养殖的现代化进程，尽快突破目前饲养规模、原料奶产量的制约因素。（2）采取积极的财政政策，扶持、支持现有的加工企业的发展，切实帮助他们解决目前的困难；合理布局，扶持建立新的加工企业；加大研发力度，开发高端奶制品，提高产品的附加值。（3）制定优惠政策，吸引州外投资进入水牛奶加工和规模化奶水牛养殖。（4）政府引导，加大宣传，普及饮奶知识，推进奶制品在本地的消费。

依托德宏资源优势，做强地方茶叶产业

——关于促进德宏茶产业发展的建议

邵宛芳

云南农业大学龙润普洱茶学院院长、教授

一、德宏州发展茶产业的优势

中国是茶的故乡，云南是世界茶树的起源中心，云南山区、半山区面积占了国土面积的94%，茶产业最能发挥山区优势，是云南区域性传统支柱产业。云南标准化种植茶叶面积已突破400万亩。在全省128县市中，有110余个县生产茶叶，德宏就是其中之一。

云南省德宏傣族景颇族自治州，是一个历史悠久的少数民族聚居区，地处东经97°31′～98°43′，北纬23°50′～25°20′。德宏全境基本属于亚热带季风气候，热区占总面积的52.57%，光照充足，雨量充沛，冬无严寒，夏无酷暑。年平均气温13℃～20℃，年日照量2 218～2 453小时，年降雨量1 400～1 800毫米。德宏州产茶区地处横断山脉南缘以南亚热带为主的低纬山地季风气候区内。这里热量丰富，降水充沛，光照适宜，对茶树生长极为有利，茶树品种资源丰富，拥有发展有机茶、绿色食品茶和无公害茶所必需的得天独厚的优越生态环境。全州有荒山、荒地面积315万亩，大多分布在海拔700～1 600米的南亚热带和中亚热带地区，土壤多为红壤和赤红壤，pH值在4.5至6.5之间，可开垦种茶的面积在50万亩以上。在山区和半山区发展茶叶生产，不与粮、蔗和其他作物争地，有利于充分利用土地资源。茶是德宏州的传统产业。德宏州种植茶树以云南大叶种为主，茶内有效成分十分丰富，尤其是现代科学业已证明的具有良好保健功效的“茶多酚”含量较高，这正是此地所产茶叶茶味浓郁、经久耐泡、回味无穷的原因所在。

长期以来，德宏州各级政府非常重视发展茶叶等山区特色农业，确保优势特色产业稳步发展。2009 年全州共完成茶园新植面积 22 286 亩，为年初计划数的 111.4%，完成低产茶园改造 1 904 亩，全州茶园总面积已达 35.6 万亩，全年茶叶产量预计达 12 000 吨，总产值达 12 000 万元。潞西、梁河、盈江、陇川已被列入全省茶叶优势区域布局。因此，可以说茶既是德宏州的一项支柱产业，也是该地山区农民的主要经济来源，发展茶产业，对带动贫困山区人民脱贫致富具有积极作用。

二、德宏州发展茶产业存在的主要问题

（一）有效投入不足，茶园单产偏低

德宏过去建设的茶园，多为有性系群体茶园，由于茶园建设基础差，有效投入不足，茶园管理粗放，单产普遍偏低，总体效益不高。

（二）品牌产品缺乏，经济效益偏低

经过长期的发展，德宏州的茶产业已成为当地特色产业，却一直没有创造出若干个在云南，乃至全国叫得响的品牌。究其原因，一是德宏生产的品牌茶数量较少，许多茶是以无品牌或以零散的形式销售，这样的经销方式造成了茶叶企业对生产与销售的产品只注重名称及品名，而不需要品牌和商标的概念，从而导致总体效益偏低。

（三）大型企业缺乏，规模效益较差

目前，德宏州茶叶生产企业普遍存在规模小、实力弱、生产水平低、加工质量参差不齐、抗风险能力差等特点，这样不可能搞“高投入”去提高质量，创立品牌，也不可能搞“新技术”的开发和利用，茶叶产品多以初级产品和低附加值产品为主，从而无法实现茶叶的规模效益。

（四）营销队伍缺乏，市场开拓不力

多年来，德宏茶产业经过不断的发展，茶叶生产有了长足的进步，但茶叶经营模式一直处于相对传统的状态。事实上，德宏的茶叶具有很多特色，也有一些品牌，如梁河的回龙牌绿茶就有良好的口感，为当地消费者青睐，但总的来说，由于宣传力度不够，知名度不高，影响不大。此外，在国内几大茶叶专业市场设点营销的德宏人寥寥无几，更不用说在全国范围设有专门的连锁店，这大大限制了德宏茶叶经济的快速增长。

三、促进德宏州茶产业发展的几点建议

（一）夯实基础设施，建设生态茶园

要使本州茶叶在新形势下实现持续发展，必须从基础工作——茶园做起，应以高技术改造传统茶产业，加快发展高产、优质、高效的生态茶园，采取综合技术措施，不断改善茶园生态环境，从源头上把好茶叶质量安全关，包括茶园肥料、农药、覆盖物等，实行源头控制和产区督查相结合，杜绝各类农业禁用品进入茶园，做到加工原料优质安全。

（二）选准目标市场，突出优势产品特色

目标市场是茶产品的定位，在某种意义上讲，也是战略目标。选准目标市场关系一个地区、一个企业经济发展的成败，对目标市场的选择必须着眼于长远，而选择目标市场必须结合本地区的产品特色、资源优势。德宏最有特色的产品包括绿茶、红茶及普洱茶。就目前的生产及市场状况来看，可以绿茶为重心，适当发展滇红茶，伺机发展普洱茶。只有突出产品特点，内外市场并进，拓展国际市场，方能获得长足的发展。

（三）优化产品结构，实施名优茶工程

优化产品结构，要以市场为导向。近年来，随着经济的增长和人民生活水平的提高，人们对名优茶的需求量连年增加，价高货畅，效益显著。事实上，对于茶农或企业而言，大宗茶只能脱贫，名优茶方能致富。应根据市场的需要，生产适销对路的产品。浙江、福建等省茶叶总产值的迅速增长，主要得益于名优茶的生产。故名优茶的生产，也应该是德宏茶叶生产的一个发展方向。并且，在实施名优茶工程的过程中，应立足以机械生产名优茶的原则，才能保证加工质量，扩大生产规模，降低生产成本，增强市场竞争力。

（四）重视品牌建设，加大宣传力度

企业要提高茶叶产品的市场占有率和潜在的附加值就应重视茶叶品牌的建设。茶叶品牌不仅要反映茶叶商品良好的品质，还要有受消费者欢迎的造型，恰到好处的外包装，特别引人注目的品牌标志，最适当的价格，这样才能使茶叶商品成为使用价值、综合形体和附加利益的最佳组合。

当然，实施品牌战略，除了茶叶企业积极推进，政府还应协助企业和主管部门对品牌予以严格的保护，严厉打击制裁假冒名牌商标的侵权行为。这样，才能使德宏名优品牌茶叶真正占领省内、国内市场，打入国际市场。

（五）培育龙头企业，发展规模效益

要提高茶叶市场化水平和现代化水平，必须探索走联合之路，培育龙头企业，发展规模经营。具体方式可为：引导小型分散的加工经营企业，通过联合、入股和兼并等形式，组建“联合舰队”，走集团化经营道路。引导有实力的工商贸企业进入茶叶产业化领域，利用它们在市场、技术和资金上的优势，组建生产、加工、销售一条龙服务的新型产业化集团。只有通过联手开拓市场，扩大市场覆盖面，才能真正占有市场。

（六）加强科学研究，推进科技进步

茶产业是传统产业，随着时代的变迁、科技的发展，一些新的科技成果在茶产业中得到应用，茶叶生产技术和加工产品发生了一些变革和进步。但总的来看，茶产业还是很传统的，现代化水平低，某些方面还处在原始落后的状态。在当今经济全球化，科技日新月异，市场竞争更加激烈的情况下，只有加强科学技术研究，加速推进行业的科技进步，除了发展袋泡茶、速溶茶和茶水饮料外，还应注重茶叶的再加工和深加工方面的研究，包括特色天然药物和功能性茶食品开发。此外，还可以探索一些增加收入的途径，如在茶园间种一些特色作物，提高茶园的利用价值。

相关企业还应着力培养一批懂业务、懂科技、善管理的高素质专业队伍，方能迎接新世纪的挑战。

总之，只要采取切实、有效的措施，加大茶叶产业改革的力度，德宏州茶产业的发展必然会越来越好。

德宏竹产业发展对策研究与建议

杨宇明

西南林业大学副校长、教授

云南省竹藤产业协会会长

竹类植物是植物界中的一个独特的类群。竹子具有生长快、成林成材周期短、无性繁殖能力强、能自我更新、单位面积产量高、材质性能优、笋可供食用等特点；而且竹类植物地上秆枝叶繁茂且常绿，形态优美，是良好的园林绿化植物，同时地下茎根系统十分发达，有着巨大的固土保水和生态防护功能，是植物界中生长最快、经济用途最广和生态效益好的资源植物之一，有着巨大的开发潜力和应用前景。因此，竹类植物的研究和开发利用一直是植物学家和林学家关注的热点领域。

中国被西方称为“竹子文明的国度”。竹子在中华民族光辉灿烂的历史文化发展中立下了不可磨灭的功勋，随着科技的发展又不断地开拓出新的应用领域，当今竹子已经被广泛地应用到家具、建材、食品、竹浆造纸、竹化学、医药、纺织、文化艺术以及改善生态环境等诸多领域，成为满足国民物质和精神文化需求、生产生活需要的重要物质基础之一。

建设绿色经济强省，是云南省实施西部大开发战略和富民兴滇的重大抉择，发展生物资源，开发创新产业，是建设绿色经济强省的重要产业支撑。云南是世界竹类植物的起源地和现代分布中心之一，有“竹类故乡”之誉，发展竹产业是德宏州开发生物资源的重要产业之一。

一、发展竹产业的意义

（一）有利于加快社会主义新农村建设和建立和谐社会

云南省是世界上竹类资源最为丰富的地区之一，有“世界竹类的故乡”之誉，竹产业发展潜力巨大。而且竹类资源大都分布在边远山区和农村，山区群众具有种竹、用竹的传统和习惯，他们的生产生活与竹子结下了不解之缘，衣、食、住、行、用均与竹子息息相关。

德宏州竹类资源较为丰富，通过政府的宏观指导、政策引导和技术推广，进行产业化开发并加强市场开拓，一定能把竹子变成产区群众增收致富的一把“金钥匙”，实现“以竹致富”，加快社会主义新农村建设，创建和平、安定、团结、繁荣的边疆和谐社会。

（二）有利于实施“退耕还林”和保护森林资源

（三）有利于建成“绿色经济”和实现可持续发展

竹子是再生性很强的绿色资源，在当前发展“绿色产业”、“绿色经济”的战略选择中，竹产业是具有明显特色和优势的重要组成部分。它与大多数经济林木或农作物不同，从资源培育到产品生产加工的整个过程都可以以灵活多样的采收时间和产品结构来适应市场。

（四）有利于保护生态环境和建成特色旅游景观

培植竹资源，发展竹产业可建成生态和文化相结合的特色旅游景观。

竹子特别适于在区域间公路沿线、周边林地和田间空地、少数民族村寨的房前屋后、江河沿岸、堤岸箐边广为种植，既保护农业生态环境，又能更好地衬托、点缀和美化亚热带生态文化景观，更有效地推动特色旅游产业开发，同时取得较好的社会效益和经济效益。因此，竹产业既是一项“生态工程”，又是一项“增收工程”，同时也是一项具有巨大潜力的新的“生态文化工程”。

二、德宏竹类资源十分丰富，具备发展竹产业的资源基础

全世界共有木本竹类70余属，1 100多种，主要分布在亚洲、南美洲和非洲的热带、亚热带地区，而以中国最为丰富，有40属，500多种，其中又以云南种类最多，有30属，250余种，属数占世界的40%，占中国的75%，种数占世界的25%，占中国的50%，是中国和世界上竹子种类分布最集中和最丰富的地区。并且多样性十分突出，从热带大型丛生竹、亚热带散生竹到小型的高山寒温性混生竹均有分布，是世界竹类植物种类最多、类型最齐全、地理成分最复杂、多样性最丰富的地区，而且是珍稀古老和特有种分布集中，天然竹林分布最广的地区，2003年世界首例竹类化石在云南发现，进一步证实了云南是世界竹类植物的起源地和现代分布中心之一，是“世界竹类的故乡”。

（一）竹种资源

德宏州属南亚热带气候，热量丰富、气候温和、雨量充沛、土壤肥沃，特别适宜竹类植物生长，竹亚科种质资源十分丰富，分布竹种达 12 属近 50 种，具有产业化开发价值的竹种不下 20 种。如此丰富的种质资源在国内外均首屈一指，被誉为“生态竹乡”、“大型丛生竹之乡”和“民族竹文化之乡”。

德宏州竹类资源明显地表现出“5 个多样性”：珍稀竹种多样性（竹种丰富多彩）、区系成分多样性（区系成分复杂）、竹林景观多样性（景观丰富多彩）、天然群落多样性（竹林丰富多彩）、民族竹文化多样性（民族竹文化丰富多彩）。德宏州竹资源丰富多彩、民族竹文化奇妙无穷，形成了与我国江南地区截然不同的热带竹林景观，竹产业和竹旅游极具特色，开发潜力巨大，前景十分广阔。

表 1 德宏州竹类植物属种数与世界、中国和云南竹属种数的比较

	世界	中国	云南	德宏	占世界 %	占中国 %	占云南 %
属数	70	40	30	18	25.7	45	60
种数	1 100	500	250	64	5.8	12.8	25.6

（二）竹林资源

据统计，德宏州现有竹林面积约 626.98 万亩。按起源分：天然竹林 380.0 万亩，占 60.6%；人工竹林 246.98 万亩，占 39.4%。按秆型分：以中型筇竹、毛竹、金竹和大型中华大节竹为主要竹种的散生竹有 118.7 万亩，占 23.2%；以大型龙竹、沙罗竹、香糯竹为主要竹种以及小型箭竹、中型实心竹的丛生、混生竹林有 393.0 万亩，占 76.8%。云南竹林以大型丛生竹为主，在全国范围独具特色和优势。包括成片竹林、四旁竹林（大型材用竹林和优质笋用竹林）、竹木混交竹林（天然竹林）。

（三）利用型竹林类型

由于德宏州特殊的地理环境，境内地形复杂，气候类型多样。从而天然竹林类型发育齐全，是全省竹类种质资源较多，天然竹林资源较为丰富的地区之一。竹林类型主要包括热性竹林、暖性竹林和温凉性竹林。主要利用型竹林类型有：

1. 大型材用竹林

大型材用树林为大型丛生竹类，其秆高可达 15 ～ 25m，直径可达 10 ～ 15cm。这类竹种秆形高大、材质优良、竹笋适于加工笋产品，是低海拔热区重点发展的竹种。代表性的有龙竹（D. giganteus）、黄竹（D. membranaceus）、缅竹（Ambusa burmanica）和凤尾竹（Bambusa lapidea）等。其分布主要集中在村寨周围，构成了当地重要的特色生态景观。

2. 优质笋用竹林

德宏州分布的竹类中，有多种品质一流的优质笋用竹类。代表性的有黄笋竹（Dendrocalamus semiscandens）、云南甜竹（D. brandisii）、缅甸方竹（Chimonobambusa armata）和流苏香竹（Chimonocalamus fimbriatus）等。其中云南甜竹为热性大型丛生竹类，笋质优良，鲜食脆嫩可口且略具甜味，鲜笋个头大产量高，均为村寨周围栽培竹林。方竹（刺竹）是当地传统的笋用竹，香竹秆节内含有淡黄色芳香油脂，开发价值较高。

3. 多用散生竹林

主要有村寨周围栽培的部分散生金竹林（灰金竹，Phyllostachys nigra var. henosis），其材质优良，竹林景观独特，价值较高。

三、德宏竹产业发展的良好条件

（一）竹类资源丰富，产业发展基础较好

德宏州竹类植物丰富，分布达 18 属 64 种。气候资源条件适宜发展多种竹类，充分利用其生态地理条件，发挥竹类植物的生态适应性和其生长快、周期短、用途广和经济价值极高的特点，可定向培育具有各种用途的优质资源，为竹产业开发创造优势资源基础。

（二）宜竹土地较多，适于规模化种植

德宏州国土总面积 2 987 平方公里，农业用地面积为 349.4 万亩，林业用地面积 308 万亩，耕地面积 54 万亩。在林业用地中，有林地 253 万亩，疏林地 0.5 万亩，灌木林地 24 万亩，未成林造林地 12.8 万亩，无立木林地 4.1 万亩，宜林荒山荒地 12.5 万亩。可规划发展竹子的土地资源 41 万亩（包括疏林地、灌木林地、无立木林地、宜林荒山荒地等）。同时，公路沿线、江河沿岸、山谷箐沟、房前屋后、田边地角都能种植竹子，不需另占耕地和林地仍可大量种植，是一个不需调整用地就可以做大做强的经济和生态产业。

（三）群众基础较好，容易推进产业化

德宏州各族人民种竹、用竹的历史悠久，竹子在各族群众衣、食、住、

行、用中起到了重要的作用。在长期的生产生活实践过程中，当地群众积累了许多竹类利用的方法和经验。广大农户历来有种竹、吃笋、用竹的习惯，对竹产业发展积极响应。当地群众也有加工干笋和竹筷传统，年年有商人坐地收购销往省外。

但也应看到竹产业开发基础还较为薄弱。主要表现在多数处于传统利用阶段，产品单一、质量不高。今后，在竹资源加工方面需实行统一指导和分散加工相结合，提高产品质量，才能在市场上占有一席之地；在竹材制品开发方面，需把发掘传统特色产品与现代科技相结合，升华传统民族产品，发展系列产品。

（四）政府重视，组织保障措施有力

德宏州委、州政府根据当地自然资源、土地资源和丰富的竹类资源特色和优势，作出了发展“六棵树、一棵草”的决定，对竹子资源的开发利用及产业化相当重视，将其竹产业作为当地的支柱产业加以发展和扶持，确立了实施植竹造林工程和做大做强竹产业的规划，竹业在资源培植上已实现了由群众零星栽植到通过育苗开展规模化、基地化造林的转变。全州竹资源培育有较大发展，人工竹林面积比例增至59.4%。建立云南最大的竹子基地，使德宏州竹产业的发展具备一定的资源基础。

（五）竹产品开发利用起步较早，有较好基础

西南林业大学竹藤研究所早在1992年就在陇川和盈江开发了云南省第一袋软包装保鲜笋和酸笋。近年引进国内包括台湾在内的企业，开发生产了竹质胶合板、竹炭、竹笋和竹炭水等系列产品，为竹产业综合开发奠定了一定基础，特别是将竹笋加工和竹集成材、竹浆造纸作为一个重要的产业来发展，目前已粗具规模，在省内乃至国内均属成功范例。

四、德宏州竹产业发展存在的主要问题

（一）处于初级利用阶段，资源利用率低

德宏竹资源丰富，但开发利用水平低，主要为原竹利用或手工编织及笋用，处于不加工或粗加工利用竹子的现状。近年来，竹资源开发利用越来越被人们重视，竹产品加工有了一定发展。竹资源开发利用方向主要为竹浆造纸、竹集装箱、竹地板、竹建材、竹食品、竹炭、竹生活用品、竹旅游工艺品、原竹利用等。

（二）缺乏规模化的优质资源，竹林商品性差

高效原料基地投入严重不足，规模小，竹种多而混杂，集中度低，竹林经营管理粗放，加之尚未形成标准化定向培育的原料林基地，竹笋材的商品性差，资源优势没有转化为商品优势，给加工企业的规模化生产造成了严重的制约。

（三）缺乏龙头加工企业

虽然现有10余家竹加工企业，但没有形成产品关联度高、规模大、精深加工能力强、带动能力强的龙头加工企业，产业化程度仍很低，使德宏州竹产业发展受到严重制约。

（四）缺乏特色品牌产品

德宏长期使用竹的习惯，积淀成了特色民族竹文化。但目前德宏竹加工企业生产的产品单一，且多为原竹利用，缺少附加值高、市场占有率高的品牌产品，制约了产业发展。

（五）第三产业不发育

德宏丰富的竹种质资源，为资源培育奠定了良好的基础，同时也为产品加工提供种类繁多的原料。目前原料流通主要在生产者和消费者之间进行，加工产品流通基本也是在生产厂家和零售商之间进行，缺乏分销商的加入，严重制约产品流通，同时也缩短了产业链，影响产业发展。

（六）科技支撑产业化发展尚有很大差距

对于竹产业化发展来说，从良种选育到原料林定向培育到产品加工到新产品开发等的一整套集成技术研究推广应用滞后，科技支撑竹产业化发展尚有很大差距。

五、德宏竹产业发展的指导思想与对策建议

（一）发展指导思想、原则与目标

发展指导思想；实施科技兴竹，以培植优质资源为基础；开发新兴产业，以带动农户增收为重点；突出生态文化和产业建设两大体系，以现代竹产业建设为核心。

具体地讲，包括以下5个方面：

（1）紧密结合生态环境建设、农业产业结构调整和绿色经济发展，大力发展现代竹产业，把德宏州建为“生态竹乡”，把主干公路和河流沿岸建成以竹林景观为主的绿色生态长廊，突出地区特色，树立竹乡形象，创建文

化景观。

（2）做好竹产业开发的发展与规划，落实竹产业开发的政策与措施，搞好竹产品技术的引进、开发与推广，加强竹产品市场的开拓与创新，提高竹类资源的综合利用水平，充分发挥竹产业的综合效益。

（3）加强政府的导向作用，以市竹业办和市林业局为主导建立优质种苗基地，提供优质竹苗，在全市范围内大力推进竹产业发展，政府扶持、全民动员，鼓励各行各业参与，形成全社会和农村千家万户开展竹林培育和竹产业开发的新局面。

（4）依靠科技进步，推广科技成果，实施科技兴竹，把德宏州新兴竹产业建成从资源培育到产品开发全程科学化、规范化、规模化的现代化新兴产业。

（5）建立相应的组织机构，切实加强领导，并根据发展竹产业所必须完成的工作任务，把责任划分到相关部门，做到目标具体，责任明确，全面完成发展竹产业的目标和任务。

根据这一发展指导思想，要以加快山区经济发展，促进山区群众增收致富和创建和谐社会为中心，以优质、高效、丰产资源培育为基础，以先进科技为依托，以市场需求为导向，以产品开发为龙头，以提高综合效益为目标，努力开拓国内外市场，促进竹类科研和生产相结合、技术与经济相结合、开发与市场相结合，逐步建成适应社会发展和国内外市场需求的竹工贸一体化、产供销一条龙的现代竹产业体系。

（二）开发原则

1. 坚持统一规划与分类指导相结合的原则

德宏州地处边疆、地域辽阔、条件各异，发展竹产业要依据社会的需要和各地具体情况，既要统一规划、科学布局，又要因地制宜、分类指导，既积极又稳妥地向前推进，统筹安排好资源培育、加工利用与市场开拓，这是发展现代竹产业的基本要求。

2. 坚持集中成片与零星发展相结合的原则

德宏州重点发展的竹种以丛生竹为主，适宜在田边地角、房前屋后、堤岸箐边广泛零星种植，而且由于德宏州坝区以农业和热区作物为主，山区地形复杂，集中连片大面积发展人工竹林困难，因此应坚持集中连片建立人工竹林基地和发动群众千家万户发展竹种植相结合的原则，统一规划布局、统一技术规范，谁种植、谁管护、谁受益。

3. 坚持科技兴竹和提高经营水平相结合的原则

在竹业发展过程中，相对其他用材林、防护林而言，竹业科技含量高、科技成果转化率高，群众对“科技兴竹”的呼声也高。要因势利导，着力抓好科技知识普及、现有科技成果推广和难点重点技术的专项试验。要狠抓竹业科技服务、咨询和技术推广，努力提高竹业生产的科学化、集约化水平。面向广大乡镇尽快举办和有针对性地定期组织竹子技术培训班。目前最迫切的是开展竹子育苗技术的培训推广工作。

4. 坚持开发利用与保护发展相结合的原则

也就是坚持可持续发展原则，既要发展经济，又要保护生态环境，既要开发利用，又要保证竹林面积的大幅度增长和质量的大幅度提高，做到良性循环，永续利用。德宏州自然生态条件较好，开发竹产业一定要注意保护生态环境，必须尊重客观自然规律，科学经营管理，坚决制止杀鸡取卵式的盲目开采。

5. 坚持综合利用和提高竹林效益相结合的原则

抓好笋材工业化利用，提高综合利用水平，提高竹林经济效益。开发技术含量高、产品附加值高的竹产品，实现全竹综合利用，使之形成良性循环的产业链，是竹产业综合开发的关键所在，也是实现从粗放经营到集约化经营转变的重要内容。以竹浆原料基地建设作为规模化开发的起步，最终走向产业化综合利用。

（三）发展目标

以资源培育为基础，以竹材开发为龙头，以先进技术为依托，以经济效益为中心，以生态文化建设为特色，以促进社会主义新农村建设为关键，全面依靠科技进步，把竹产业建成德宏州绿色经济新的增长点，把德宏州建成“中国生态竹乡”。

以竹建材和竹笋加工为主导，可以根据企业引进或招商情况选择竹集装箱板、竹集成材、竹地板、竹家具生产，带动少数民族新型竹建筑民居开发；以竹炭医药、保健品为补充，综合开发竹系列产品；结合坚果、普洱茶产业的开发，发展竹材料包装装饰；以竹文化旅游为引导，以优质竹笋深加工为突破口，带动竹食品、竹藤旅游工艺品、竹文化旅游及其艺术品的全面发展。

六、目前竹产品市场分析

（一）竹集装箱市场容量巨大

根据CI-online（Container International-online）的数据，2006年

全球新增集装箱订单量接近300万TUE，较上年增长超过20%。我国已成为世界集装箱的主要生产国，其产量占全球的80%以上。从供求关系和资源性产业的特征来预测，其需求量和价格还有上升的空间。

（二）竹建材市场前景广阔

每年我国城镇新建住宅对地板的年平均需求量约为1.6亿平方米，这将释放地板市场需求的巨大潜力。

目前，我国竹地板产量已经达到了2 000多万平方米，且花色品种多样，市场份额也在不断扩大，竹地板生产进入了高速发展阶段。虽然竹地板的产量在国内每年以30%的速度增长，但是国内的消费者对竹地板认知程度低，国内消费量还不大，竹地板总产量的60%以上出口欧美等国家和地区，市场潜力巨大。随着中国房地产业的兴起和发展，竹地板及竹装饰板具有强度高、韧性好、硬度大等特点，逐步得到消费者认同，国内外市场需求将出现大幅增长。

（三）竹笋食品市场尚有潜力

竹笋是非常好的绿色无公害保健食品。目前，我国年生产鲜笋约170万吨，年国内市场需求量大约在200万吨～300万吨，国外市场年需求量约在50万吨以上，竹笋的市场供应有较大的缺口。云南省产量只有0.94万吨，并且大量竹笋产品均在省内销售，出省、出口很少，这与丰富的竹笋资源优势不相称。德宏竹笋资源丰富，品种多、笋质优良、产量大、分布广，四季均产笋，且大多数是全国特有的著名鲜竹笋，优质鲜笋开发无疑是德宏州具有最大优势和前景的项目，加大竹笋加工，开拓市场，使竹笋在国内外市场中占有较大的份额是完全可能的。

七、德宏州竹产业发展建议

（一）竹种选择和布局

本地原产竹种中可作笋用的竹种约15种，可作材用的竹种近20种，篾性较好的种类有10余种，观赏价值较高的有20余种，良好的造纸用竹有4种，另有多种可作其他用途。其中德宏甜龙竹（又称马来甜龙竹）为加工干笋及保鲜笋最好的竹子。实心梨藤竹竹秆完全实心，是盈江铜壁关地区特产竹种，可代藤编制高档家具。但作为产业化发展，选择竹种不宜太多。重点发展竹种选择的基本原则是：（1）适应当地生态环境、气候和立地条件；（2）笋材两用，经济价值较高；（3）适应集约经营要求，笋材产量较高；（4）具有大批量种苗，适应规模化推广和造林；（5）适应加工工艺需要，具有较好的市场前景。

根据这些原则，德宏州发展竹产业，要以发展当地优良乡土竹种和引进优良品种相结合，笋用、材用、观赏竹种相结合。

选择确定重点发展的竹种是：

（1）造纸竹林，以小叶龙竹和云南龙竹为代表的大型丛生竹种；（2）笋用竹林，以云南甜龙竹和德宏甜龙竹为代表的优质笋用竹种；（3）材用竹林，以龙竹和巨龙竹为代表的特大型竹种；（4）景观竹林，以泰竹和黄金间碧玉竹为代表的特色观赏竹种。

（二）建立种苗基地，培育优质竹苗

解决大量竹苗需求的措施和计划包括两个方面，一是建立种苗基地，二是大量培育优质竹苗，二者是完成竹林基地建设的关键。

表 2 德宏州竹林基地建设年度竹苗需求预测表

造林年度	2010	2011	2012	小计	2011—2015	合计
需苗量（万株）	66	99	165	330	660	990

采用无性繁殖和“移苗育苗”相结合、本地采集和外地调进相结合的办法保证种苗需要。育苗包括分蔸法、埋节／埋竿法、主枝扦插法、空中诱根法等。建立苗圃基地，市里扶持一点，乡镇村筹集一点，农户承担一点，企业投入一点，形成多方筹资的育苗方法。林业部门负责技术指导，选育当地优良竹种，尽量做到就地育苗，就近供应种植。

举办培训班，推广竹子育苗技术。拟由县市林业局和龙头企业联合，负责组织举办竹子育苗技术培训班，面向各有关乡（镇）林业站、农科站技术人员，或直接面向广大竹农，现场培训推广竹子无性繁殖育苗技术。通过此项措施主要解决千家万户广泛发展竹产业的种苗需要。

（三）培植优质资源是竹业产业化的基本前提

具备规模化集约化的人工竹林资源，是竹业产业化的基本前提和基础。目前，竹产业发展的关键制约因素是：现有竹林资源多而分散，且多数是生长较差的老竹林或天然竹林，不具备工业化生产条件。因此，依靠科技进步、选择优良竹种、加快培植大规模的优质、高效、丰产人工竹林资源，是当前的首要任务。

（四）新型竹建筑替代民居，带动竹业产业化

竹楼，是滇南广大少数民族地区具有文化特色和建筑审美价值的典范，是宝贵的民族文化遗产，更是一项独特的民族文化旅游资源。

新型竹楼的开发和推广，对传统竹楼的改造和升华，是一项发掘、抢救、保护、发展珍贵民族文化遗产的巨大工程，也是发展特色旅游资源、促进社会生态经济可持续发展的必由之路。开发和推广“组装式民用竹建筑”替代民居，也是云南竹业产业化的特殊切入点。

由于竹类资源开发起步较晚，从资源培育、技术开发、市场开拓和利用水平上都不能与内地竹产业发达地区相比，必须根据当地特点走出自己的产业化道路。通过试验示范推广组装式民用竹建筑在少数民族地区替代民居，可以尽快带动竹业产业化，并从一个重要方面较好地解决该地区保护生态环境、促进增收致富和保护民族文化的“三大问题”。

因此，建成民族竹文化试验示范村寨（傣寨和景颇寨），以此带动沿线少数民族村寨推广新型竹建筑，恢复发展民族文化景观，是新兴竹产业建设的重要内容。

（五）保护竹类多样性、弘扬民族竹文化、打造竹文化旅游新品牌，促进德宏州旅游发展

拥有丰富的珍稀竹类和多彩的民族竹文化资源，是德宏州竹产业发展的特殊物质基础，其特殊性和重要性表现在“4 个多样性”： 珍稀特有竹种多样性、热带竹林景观多样性，天然竹林群落多样性、民族竹文化多样性。能否切实保护和发展利用这些“多样性”，是云南竹产业能否实现可持续发展的关键环节、特殊基础和重要标志。

因此，保护竹类多样性、扩大竹文化旅游开发、打造竹文化旅游产业新品牌，是新兴竹产业建设的重要内容。德宏州具有瑰丽多姿的少数民族竹文化、丰富多彩的竹类多样性，与我国江南地区截然不同的热带竹林景观，具有巨大的开发潜力。抓住机遇，加大力度发掘保护民族竹文化资源、推进竹文化旅游，形成一项具有云南特色的新兴旅游产业。

规划筹建以民族竹文化和热带大型丛生竹景观为特色的“世界竹博园”，广泛收集保存竹藤种质资源，扩大珍稀竹种的繁育和推广，申办“中国竹文化节”，吸引众多中外嘉宾前来探寻“世界竹类故乡”的奥秘、一睹彩云之南“大型丛生竹之乡”和“民族竹文化之乡”的迷人风采。

（六）创地方特色竹用品市场

竹工艺品是我国传统出口创汇商品，深受国际市场欢迎，在东南亚、欧洲的工艺品市场以及国内的旅游市场需求潜力巨大。但目前德宏还没有形成具有德宏州民族特色的品牌产品，也不具备大规模开发高档竹工艺品的群众性工艺基础。在市场需求的拉动下，提高竹用品生产规模的同时，融入更

多的民族特色文化，依靠旅游业的带动作用，竹用品市场必将会有较大的发展。同时，由于国家为保护环境实行“禁塑”以后，与购物相关的菜篮子对竹用品的需求也将会有较大增长。

理论和实践都证明：大力培植竹资源、切实开发竹产业，将为企业带来巨大的经济效益，同时很好地带动山区绿色经济可持续发展，成为德宏州又一项具有社会、生态、经济三大效益的新兴产业。

德宏州具有较好的竹类资源基础，广泛分布着巨龙竹、龙竹、甜龙竹等大型丛生竹。广大群众对竹子的栽培和利用历史悠久，发展竹产业具有较好的群众基础和较大的开发潜力。但由于竹产业起步较晚，尚未形成规模，产业基础薄弱，必须根据当地的竹种资源和气候特点，因地制宜，全面依靠科技进步，走出自己的独特道路。

附 录

一、德宏州主要竹种名录

根据初步调查，德宏州分布竹种有16属52种。名录如下：

碟环竹：Ampelocalamus patellaris

车筒竹：Bambusa sinospinosa

凤尾竹，mai-piu（傣语），油勒竹：Bambusa lapidea

佛肚竹：Bambusa ventricosa

大佛肚竹：Bambusa vulgaris cv.wamin

黄金间碧玉：Bambusa vulgaris cv.vittata

大薄竹：Bambusa pallida

缅竹，mai-ka（傣），wu-re（景颇）：Bambusa burmanica

观音竹：Bambusa multiplex

缅甸方竹：Chimonobambusa armata

云南方竹：Chimonobambusa yunnanensis

流苏香竹：Chimonocalamus fimbriatus

山香竹：Chimonocalamus montanus

香糯竹：埋毫勐（傣语）：Cephalostachyum pergracile

空竹：Cephalostachyum fuschianum

小空竹：Cephalostachyum pallidum

金毛空竹，埋当哈（傣），响箭（景颇）：C.irgatum

针麻竹：Cephalostachyum scandens

龙竹，埋波（傣语），大竹：Dendrocalamus giganteus

黄笋竹，山黄竹，野龙竹：Dendrocalamus semiscandens
黄竹，灰埋桑（傣），山金竹：D.membranaceus
流苏黄竹：D.membranaceus f.fimbriligulatus
花秆黄竹（变型）：D.membranaceus f.striatus
麻竹：Dendrcalamus latiflorus（引种）
美穗龙竹：Dendrocalamus calostachyus
云南甜竹，埋弯（傣语）：Dendrocalamus brandisii
马来甜竹：Dendrocalamus asper
缅甸龙竹，nie-nai（景颇）：D.birmanicus
锡金龙竹：Dendrocalamus sikkimensis
黑埋桑：Dendrocalamus aff.hamiltonii
黑毛龙竹，mai-huo（傣语）：Dendrocalamus nigrus f.nov.
坦笆竹，tan-nie（景颇）：D.aff.semiscandens
巨龙竹：Dendrocalamus sinicus（引种）
金平龙竹：Dendrocalamus peculiaris（引种）
大黑竹：Dendrocalamus fugongensis
金丝巨竹：Gigantocloa vittata sp.nov.
酒竹（近年引种）
梨藤竹：Melocalamus compactiflorus
新小竹，挂金竹（腾冲）：Neomicrocalamus prainii
泡竹：Pseudostachyum polymorphum
紫竹，黑金竹：Phyllostacys nigra
灰金竹，金竹：Phyllostachys nigra var.henonois
美竹，mai-zhu（傣语）：Phyllostachys decora
人面竹：Phyllostachys aurea
雷竹：Ph.praecox cv.prevernalis（近年引种）
斑苦竹：Arundinaria chinensis（Pleioblastus oleosus）
慈竹：Neosinocalamus affinis
沙罗竹，大泡竹：Schizostachyum funghomii
泰竹，mai-huo（傣语）：Thyrsostachys siamensis
光亮玉山竹，实竹：Yushania levigota
粉竹：Yushania falcatiaurita
盈江玉山竹：Yushania glandulosa

二、主要竹种介绍

1. 云南龙竹（Dendrocalamus yunnanensis）

产于云南南部，为热性大型丛生竹。秆形高大，景观优美，形态特征近似麻竹，造纸性能优于麻竹，竹材产量高于龙竹，是云南省南部特产的优良经济竹种，也是我国南方推广价值较高的优良经济竹种。竹材为优质造纸原料，产量高，可达 3～5 吨；鲜笋产量大、笋期长，品质略次于甜龙竹，但优于龙竹，属于品质较好的鲜食及加工竹种。除作为造纸原料外，竹材用于建筑和加工各种竹质人造板。竹苗适于分株扩繁，是发展优质高效竹浆原料基地的最佳选择之一。

2. 云南甜竹（Dendrocalamus brandisii）

云南甜竹主要分布在滇西、滇南地区，秆形高大，是牡竹属大型丛生竹类，秆高达 15～20m，直径达 10～18cm 以上。其鲜笋品质优秀，盛夏发笋，鲜食无苦味，香甜可口，肉质细嫩，笋体肥壮，产量较高，是国内外品质一流的特种优质笋用竹种，无论炖炒都是宴上佳品，也是制作保鲜笋和调味笋产品的最佳原料。既是优质笋用竹，又是优良的材用竹种。

3. 巨龙竹（Dendrocalamus sinicus）

云南省特产珍稀竹种巨龙竹，是世界上最大的竹子，其秆高可达 30 多米，径粗可达 30cm 以上，堪称“竹中极品，世界之最”。秆形高大，是极好的建筑用材和造纸原料，产量可达毛竹的 5～8 倍，但目前资源量极少。世界性的森林资源危机和木材紧缺，“以竹代木”呼声日益高涨，以巨龙竹整竹用做组装式民用竹建筑、郊野别墅、旅游度假区特色建筑等受到国内外关注，市场潜力巨大。

4. 龙竹（Dendrocalamus giganteus）

大型笋材两用竹种，秆高达 20～25m，径粗 15～25cm，是良好的建筑用材。其笋味苦不宜鲜食，适于漂洗蒸煮后作笋干和笋丝。用途广泛，经济价值较高。牡竹属中多种秆形高大、生物学特性相似的竹种，亦可作为材用竹林发展。

5. 泰竹（Thyrsostachys siamensis）

本种秆丛密集，秆稍直立，分枝纤细，叶片细柔，外形极其优美，被称为“竹中少女”，因此是最具特色的优秀园林园艺观赏竹种。其秆节间近于实心，产区群众直接用于做椽子，经久耐用。本种最大特点是成活率极高，适于用做建立生态经济型防护竹林体系。

6. 黄金间碧玉（Bambusa vlgaris cv.vitlata）

秆金黄色，并具绿色条纹，外观优美，是著名的园艺观赏竹种。

参考文献

1. 耿伯介、王正平主编：《中国植物志》（第九卷第一分册），科学出版社 1996 年版。

2. 徐永椿主编：《云南树木图志（下）》，云南科技出版社 1991 年版。

3. 朱石麟等编：《中国竹类植物图志》，中国林业出版社 1994 年版。

4. 薛纪如、杨宇明、辉朝茂主编：《云南竹类资源及其开发利用》，云南科技出版社 1995 年版。

5. 杨宇明、薛纪如：《云南大围山地区天然竹林的初步研究》，载《西南林学院学报》1999 年第 10 卷第 1 期。

6. 杨宇明、辉朝茂、薛嘉榕：《云南竹类植物地理分布区划研究》，载《竹子研究汇刊》1999 年第 18 卷第 2 期。

7. 辉朝茂、杨宇明、杜凡：《云南竹亚科植物区系及其研究进展》，载《竹子研究汇刊》1999 年第 18 卷第 2 期。

德宏果树产业发展对策研究

施洪

德宏师范高等专科学校科研处处长、研究员、教授

农业是国民经济的基础，也是实现现代化的基础，果树产业是农业的重要组成部分，果树产业是技术密集型和劳动密集型相结合的产业，是集产、供、销为一体的产业。随着经济结构及农业产业结构的调整，果树产业以较大的社会经济生态效益和较深远的产业开发前景，以及社会需求、人民生活不可替代的特性，成为农业经济增长、新农村建设和农民增收致富的重要支柱产业。德宏州果树产业经过几十年的发展、建设、调整、提高，已成为德宏农业的特色产业，为德宏农村经济发展和农民致富起到了积极的促进作用。本文从德宏实际出发，阐述了德宏果树产业发展的依据、自然资源、果树种植的历史和生长现状、果树发展的特点，论述了德宏州果树产业存在的问题，德宏果树产业发展的指导思想、规划原则及保障措施，提出了德宏果树产业发展的主要对策。

作为农村经济发展重要支柱的果树产业，解决新形势下如何加快发展的问题迫在眉睫。一是面对国内外市场竞争和特殊的区位优势，基于德宏州的自然资源和果树产业现状，德宏州果树产业发展如何定位、如何形成特色、如何布局；二是根据农产品产、供、销一体化的要求，如何解决德宏州果树产业发展中的重点问题和薄弱环节，促进德宏州果树产业的升级；三是结合德宏州城乡一体化建设、生态环境建设以及退耕还林工程的实施，如何使果树产业与德宏环境建设实现完美结合，以突出果树产业在边疆民族文化建设和环境建设以及提高人民生活水平方面的作用；四是根据德宏州果业发展现状，如何解决农民“种什么，怎么种，卖给谁”的问题，真正体现德宏州农民致富的要求和特色产业的作用。

因此，在全国进行农业种植业结构调整，各地都对果树产业大做文章，各地都在想方设法提高果品产量及扩张市场并调整种植业结构的时候，研究以市场化为核心的德宏果树产业发展，既符合以市场促进果树产业发展、以调整适

应市场的必要性，也符合稳妥、可持续地发展果树产业、积极主动应对国内外市场竞争的紧迫性。同时，紧紧围绕社会主义新农村建设的要求和州委、州政府提出的“生态立州、产业富州”的战略目标，将德宏建设成为“花果乡村、幸福家园”，成为德宏州果树产业现代化的现实要求。

一、德宏州果树产业发展的依据

（一）市场背景

1. 国际市场

加入WTO后，我国的农产品市场面临双重考验，一是果品的出口面临更为严格的产品选择，质量和技术壁垒“门槛”更高；二是从其他国家，特别是从果品强国的进口幅度增大，使得“洋”水果直接冲击国产水果市场。我国水果产量从1993年以来居世界第一，2002年总产已达6 400万吨，占全球果品产量的12.8%，形成“买方市场”。虽然加入WTO后使其他国家，尤其是发达国家对我国农产品出口的关税壁垒大幅下降，但同时也加强了对我国农产品的卫生检疫、安全检测。对德宏州农业而言，包括果品在内的农产品，如果不能严格执行清洁、绿色、安全生产的国际标准或国家标准，产品将在国内外销售中受阻，并会影响果品的竞争力。德宏州与缅甸毗邻，拥有瑞丽、畹町两个国家一类口岸和章凤、盈江两个国家二类口岸，有64条通道、28个渡口通往缅甸，每年进口芒果、菠萝、榴莲、腰果、香蕉、西瓜等热带水果3万多吨，出口苹果、梨、柑橘等近万吨，形成了国内国外两个基地、两个市场。

2. 国内市场

我国是一个果树种植大国，随着我国农业产业结构的调整，国内果品市场竞争加剧。各果树生产大省在对果品市场开发方面，几乎把市场作为开发主体，尤其是德宏州周边地区都把市场开发放在极其重要的地位。较大的规模化生产、低价的劳动力和相对较低的生产资料投入，使其形成价格低廉、独具地区特色的果产品及加工品，在市场上形成了占优势的竞争力。尽管德宏州果树产业几经调整，但由于规模相对较小、成本较高，来自国内外的果品进入德宏市场，给德宏州果树产业带来了极大的压力。目前，德宏销往国内的果树产品主要有西瓜、甜瓜、柠檬、菠萝、柚子、澳洲坚果、核桃、香蕉等，调入的主要有苹果、梨、桃、柚子、山竹、红毛丹、荔枝、猕猴桃等。

3. 德宏州市场

德宏州的果树产业，其规模、产量、成本、价格都不具有优势。德宏州自产果品占州内果品市场的份额不足40%，而且各种果品的市场比例参差不齐。针对目前的市场销售状况，急需对德宏果树产业进行产品结构调整，形成产品品牌，生产高档优质产品。

（二）社会背景

1. 果树产业的生态效益

果树产业具有持续改良环境和促进农民增收的双重作用，果树除产品的经济价值很大外，在生态环境建设中，对于保持水土，涵养水分，维护生态平衡，提高可持续发展能力，具有重要的作用。

2. 果树产业的社会效益

以绿色生态为标志、以人与自然和谐为特征的现代农业产业，为果树产业的发展指明了方向。果树产业以其独具魅力的文化内涵、丰富的色彩、较高的营养价值和食疗功效，为旅游业、餐饮业、文化教育等行业注入新的活力；以高品位、高效益带动包装、运输等行业进一步发展；以安全性、高质量引导农业生产资料等行业向高层次迈进，对推动区域经济发展、吸纳农村剩余劳动力起到积极的促进作用。果树产业作为德宏州农业的主导产业之一，对德宏州农民的增收有明显的促进作用。果树产业的人文和社会效益将会发挥越来越大的作用。

（三）产业背景

1. 果树产业升级的需求

2009 年德宏州果园面积已发展到 47.30 万亩，果品产量达 15.9 万吨，产值达 11 亿元。果树产业已逐步成为农村经济的主导产业和农民致富的重要收入来源。果树产业化发展和升级是摆在我们面前的重大课题。提高市场营销水平、加强产后商品化处理、突出德宏州果品的区域优势，促使果树产业从数量扩张型向质量效益型转变，是德宏州果树产业发展的重中之重。

2. 果农增加收入的要求

全面建设小康社会，重点在农村，难点在农民。到 2010 年底，德宏州果树从业农户将接近 10 万户，涉及约 30 万人。在 2000 年至 2010 年的果树产业发展过程中，果品营销、产后处理及相关产业增加了近万个就业岗位。所以，政府扶持、政策引导、科技创新，以农民增收为切入点，急需将果树产业建设成为高效益的现代化富民产业，促进德宏州经济的持续快速发展。

二、德宏州自然资源

（一）气象资源

德宏州地处青藏高原、高黎贡山以西，受孟加拉湾暖湿气候的影响，全年平均气温在 18.4℃～20.4℃，月平均气温最低 1 月为 11.0℃～12.6℃，最高6月为22.4℃～24.4℃，绝对最高气温36℃，绝对最低气温 -2.8℃，年平均相对湿度79%～81%，年降雨量1 300～1 800毫米，年蒸发量1 200～1 370毫米，年降水主要集中于5月至10月，占全年降水量的86%～90%，年平均日照2 400小时，年平均霜期0.9～38天，年有效积温（≥10℃）为7 420℃，一些地域存在逆温效应，全年气候冬春干旱，夏秋雨多，是典型的南亚热带气候。

（二）土地资源

全州有土地1 678.05万亩，其中：未利用的荒山荒地318.23万亩，宜农地135万亩，宜林地160万亩。低热层海拔1 400～2 500米，面积829.69万亩，占全州总面积的49.44%；高寒层海拔2 500～3 404米，面积3.75万亩，占全州总面积的0.22%。

（三）果树资源

全州果树种类品种比较丰富，初步调查，全州果树分属于43个科84个属142个种1 000多个品种。主要有菠萝、香蕉、芒果、番木瓜、菠萝蜜、黄皮、番荔枝、油梨、白糖果、毛叶枣等热带水果，以及柑橘、柚子、柠檬、荔枝、龙眼、番石榴、西番莲、杨桃、胡秃子等亚热带水果，还有许多野生、半野生果树。

三、德宏州果树种植历史与生产现状

（一）德宏州果树种植历史

德宏州果树种植历史悠久，据唐代樊绰著《云南志》（公元863年）中记载有“哀牢山地区植物产出较多”，其中提到果树有菠萝蜜、荔枝、橘等；当时的哀牢山地区包括现在的德宏。明朝谢肇淛著的《滇略》中记载有荔枝、橄榄、黄柑（橘）、菠萝蜜、猛果（芒果）等。芒果栽培的历史有600多年，菠萝蜜有300多年，在潞西市有百年生柑橘，梁河有300多年生的核桃。

（二）德宏州果树产业的现状

德宏州果树产业几十年来取得了长足的进步，面积、产量、产值大幅度提高，区域主导产业优势逐渐显现，果树产品呈现特色，市场化建设开始起步，科技创新能力快速增强，基础设施配套步伐加快，基地的特色化、规模化、标准化、优质化、产业化生产逐步形成，组织化程度日趋提高，对环境建设的贡献率大大提高。德宏州的果树产业具有良好的发展基础和空间。

1. 果树生产面积、产量、效益明显提高，区域主导产业初步成形

2009年，德宏州果园面积达47.30万亩，比1990年的9.6万亩增加37.7万亩，增长393%。其中：西甜瓜面积9.75万亩，柠檬5.06万亩，澳洲坚果6.5万亩，核桃18.5万亩，板栗3.31万亩，柚子1.1万亩，枇杷0.8万亩，菠萝0.5万亩，香蕉0.8万亩。德宏州果品产量已达15.89万吨，比1990年增长218%，其中：西甜瓜11.03万吨，澳洲坚果0.1万吨，柚子0.7万吨，核桃0.4万吨，板栗0.2万吨，香蕉0.4万吨，菠萝0.2万吨。果树产品产值达11亿多元。

根据全州果品生产区域化的要求，各县市根据自然气候条件、果树资源分布、果树生产水平，确定自己的主导产业，力求“全州统筹，一县一品”。全州果树产业区域化布局初步形成。如：瑞丽以柠檬、柚子为主导产业，盈江以澳洲坚果为主导产业，潞西以核桃为主导产业，陇川以枇杷为主导产业。从“九五”开始实施，柠檬面积由1990年的2 300多亩扩大到5.06万亩，初步形成柠檬产、加、销为一体的产业化格局；盈江澳洲坚果，近年来发展速度加快，面积达6.5万亩，果树产业的主导地位越来越突出。

2. 发挥德宏州科技优势，加强科技支撑，走科技兴果之路

（1）调整果树品种结构，加快品种更新换代，培育、引进和发展名、特、优、新、稀品种。德宏州近年引进国内外果树葡萄、李、台湾青枣、枇杷、西瓜、番木瓜、莲雾、甜瓜、澳洲坚果、龙眼、桃、樱桃、杨梅、火龙果、荔枝、柠檬、核桃、柚子、香蕉、柑橘等品种293个，新发展鲜果优种率达100%，既丰富了德宏州地区的果树资源，优化了品种结构，又丰富了果品市场。

（2）推广标准化生产，大力发展无公害安全果品。德宏州已制定完成了柠檬、澳洲坚果无公害生产技术标准，使德宏州的果树标准化栽培技术水平有了明显的提高；加快了规模化果树基地建设，建立了多个高标准示范园。

（3）加大实用技术的推广力度。①在生产上推广优新品种的同时，强化种苗生产。②大力推广整形修剪技术，如盈江澳洲坚果的整形修剪、陇川枇杷的自然开心树形。③改变栽培方式，采用壁雨栽培模式，如葡萄种植、夏西瓜种植等。④大面积推行果实套袋。全州每年在葡萄、柠檬、香蕉、枇杷等水果种植上推广果实套袋技术，套袋柠檬平均增值3倍，高的达8倍以上。⑤ 加强苗木检疫，做好病虫害防治。针对柠檬、香蕉等果树的病害，香蕉采用组培苗，柠檬采用脱毒苗，西瓜采用嫁接技术。⑥针对核桃种植严重干旱，采用生根粉沾根、覆盖地膜、早春定植等技术，大大提高了苗木栽植成活率。⑦进行果园覆膜、覆草，果园间作、套种，使用果树复合肥、微肥、根外追肥，人工

授粉，疏花疏果，果树修剪，果树病虫害防治等实用技术的推广。通过技术创新与技术推广，使德宏州果树生产的整体水平有了较大提高。

（4）积极建立技术推广队伍，做好果农的培训工作。面对市场经济，果树从业人员不仅需要栽培管理技术，不断寻求技术的改造与创新，追求优质高效栽培，更重要的是要开拓思路，面向市场。近年来，德宏州加大对专业技术人员的培训和指导，及时提供有关新技术和信息，并通过组织到果树产业化水平较高的地区参观学习、举办州内外专家讲座等方式，转变观念，不断提高栽培管理技术水平。对果农的培训，除召开现场会、培训会，以会带训，还利用广播、电视、报纸、宣传资料做好常规培训，将培训重点转向果树专业户、示范户，培训内容由笼统的指导培训转向针对果树专业户、示范户，分树种品种，按不同季节、不同技术进行讲授指导，并组织果农外出参观学习，做到技术普及与提高相结合。

（5）抓好示范区、示范户建设，推动实用技术的普及。近年来，德宏州实施了现有果园基础设施配套及完善、优新品种的引进推广、果树栽培管理技术的普及等。围绕果品生产的提质增效，抓重点项目、抓示范区示范户、以点带面推动整体水平的提高，取得了明显的科技示范效果。

3. 结合经营理念创新，实现生产方式转变

德宏州把建设现代化农业作为切入点。各县市积极制定发展方案，办样板、抓典型，对德宏州果树生产整体水平的提高和农民快速致富起到了积极的促进作用。

优良果树种苗是果树优质高效栽培的基本保证。近年来，德宏州将优良果树种苗繁育工作作为一项重要工作来抓，各县市注重优良品种的繁育工作，逐步做到果树苗木自育、自繁、自用，初步改变了果苗靠外调的观念。如澳洲坚果、柠檬苗做到了自给有余，并外调其他地区。

4. 农业合作组织应运而生，果品销售市场形式多样

面对果品生产的快速发展和果品流通市场由卖方市场转向买方市场，各级政府、科协及果农为实现小生产与大市场接轨，制定积极扶持果农合作经济组织的政策和措施，提高组织化程度。2008 年以来各地纷纷成立了果树产业协会、专业技术协会和农产品营销协会，2009 年底，德宏州现有专业技术协会 13 个，营销协会 5 个，共吸纳果农 1.6 万户，带动德宏州果农 4.2 万户。

（三）德宏州果树产业发展呈现的特点

德宏州改革开放以来，随着技术的发展、市场需求的提高、贸易的扩

大，果树生产也随之发生了变化。

（1）经营规模从无到有，由小变大，从自给制商品生产，果树生产零星分散种植，向商品生产基地发展，种植区域扩大，发展速度加快。过去潞西三台山乡很少种植水果，近几年来，随着商品经济意识的增强，成片种植香蕉、澳洲坚果、板栗等果树近5 000亩。

（2）由普遍发展各种水果转向发展市场上急需的热带亚热带名、特、珍、稀水果。近年来西瓜、甜瓜、柠檬、澳洲坚果、核桃、香蕉、菠萝、荔枝、枇杷、柚子种植发展比较快，初步形成了德宏州大宗商品性水果。

（3）商品经济的发展、市场的活跃，促进了水果生产的发展，消费创造了新的生产需要和社会需求，成为发展生产的强大动力。德宏州西瓜生产的发展，主要是通过加强市场的流通，促进市场容量，刺激生产来实现的。

（4）果品产后处理有了较大发展，进一步挖掘了水果的潜在经济价值，为市场增添了花色品种。德宏先后引进了国际先进的柠檬油、柠檬汁加工设备，澳洲坚果油和果干加工设备。将澳洲坚果加工成油、果干，将余甘子、木瓜加工成果脯，将芒果加工成饮料，将柠檬加工成干片、果汁、果油，等等。

（5）科学普及加强，技术推广力度加大，果品质量提高。全州以提高果品质量为主要目的的水果套袋技术，近几年来得到了推广应用，在枇杷、柠檬、毛叶枣、西瓜、柚子上普遍推广应用了人工授粉、疏花疏果、嫁接等技术，提高了果品质量。

（6）水果生产向适宜区集中，初步形成区域优势明显、地方特色突出的新格局。近几年全州果树产业结构调整的结果显示，不同类型的果树逐步向适宜区集中，初步形成了瑞丽、潞西、陇川柠檬主产区，瑞丽柚子主产区，盈江、潞西澳洲坚果主产区，潞西、瑞丽菠萝主产区，潞西、瑞丽香蕉主产区，陇川枇杷主产区，梁河柑橘主产区，潞西、盈江、瑞丽西瓜主产区的格局。各区的果品生产优势日益突出，地方特色趋向明显，国内外市场知名度不断提高。

（7）内部调整力度加大，树种品种结构趋向合理。各地在果树产业结构调整中，主要压缩了梨的面积比例，提高了柠檬、澳洲坚果、核桃等水果的比例。在品种结构调整中，通过劣质果园改造，减少了劣质低效品种，扩大了市场需求量大的优质高效品种，开发了地方名、特、优、稀品种，如柠檬种植方面，淘汰了印度大果柠檬，大力推广了尤力克柠檬。

四、德宏州果树产业存在的主要问题

（一）缺乏知名品牌，果品营销体系不健全

目前德宏州果品市场不成体系，缺少较大规模销售德宏特色果品的市场营销中心，缺乏现代化的营销理念和手段。同时，品种杂乱，自成体系；宣传力度不够，没有“德宏”品牌的影响与效应；出口市场、批发市场、农贸市场、零售市场、产地市场分散，比例不当，竞争力弱；营销体系组织化程度不高，营销信息平台缺乏，严重制约果树产业的发展和产业化水平的提高。

（二）果品商品化处理严重滞后

国内外市场对于果品的要求越来越严格，技术壁垒越来越高。目前德宏州果品商品化处理程度仍很低，尚未建立产后分选、清洗、包装的专业机构，产后处理主要依靠人工。德宏州果品的贮藏量不到果品总产量的1%，果品冷链运输还是空白，加工企业和生产基地缺乏有机联系，果品加工量仅占全州果品总产量的5.8%，许多加工设备闲置，如柠檬油、柠檬汁的加工设备。

（三）品种结构需要进一步调整，资源优势需要进一步挖掘

德宏州地处边疆，面向缅甸，市场需求多样。近年来德宏州曾先后从国内外引进了许多优良品种，在生产中发挥了极大的作用。但是，一方面，对德宏州自身特色品种的选育与恢复发展不足，如瑞丽红心柚、畹町番荔枝等。另一方面，有些果树长期沿用老品种，一些良好的变异没有得到收集、开发，更没有进行品种认定。德宏州历史上原有许多品质好、特色突出的水果品种濒临灭绝。此外，还存在三个方面的问题。一是品种结构不合理。如柑橘现有11 985亩，椪柑占柑橘面积的96.4%，其他甜橙等水果占3.6%。二是熟期不合理。如枇杷有8 000多亩，解放钟品种占86%，成熟期集中，不利于上市销售。三是品种布局不成规模。尤其是农户庭园果树，品种多、乱、杂，零星种植，效益较低。

（四）品质较低，市场竞争力不强

随着人们生活水平的不断提高，果树面积迅速扩大，产品不断丰富，人们对果品品质的要求越来越高。虽然全州果树面积有所发展，但是，传统品种、老品种较多，退化严重，名、特、优、稀品种比较少。同时，果农生产管理粗放，生产的果品中劣果、次果比例较大，影响果品价格，如柑橘中的“小、麻、酸”果多，影响果实品质，市场竞争力不强。

（五）产后服务滞后

由于果树生产周期较长，丰产稳产性不强（大小年现象），市场价格波动较大，不易储运（时鲜水果），加上企业的生产、加工能力限制和市场品牌的影响，企业不愿承担市场投资风险，订单种植比例较小，就地加工转化量少。德宏水果的运作方式多是坐地收购、等货主上门，仅限于产后服务，货一销完，市场就散，没有形成产前、产中、产后一条龙的服务体系。时鲜水果的销售主要靠果农上市销售。采后商品化处理和贮藏加工能力弱，尚未摆脱“重产中、轻产后，重鲜食、轻加工”的影响。采后商品处理和储运手段落后，果品不仅上不了档次，而且腐烂损耗严重，达不到季产年销和远距离销售的要求。由于加工能力薄弱和加工品种匮乏，加工品同样存在着质量差而价格高的问题，始终不能形成市场竞争力。

（六）水果消费方式单一

水果鲜食一直是德宏果品传统的消费方式，德宏多数水果种类用于鲜食，而国外的果品消费则是鲜食兼加工，两个商品市场互补。

五、德宏州果树产业发展的指导思想、规划原则及保障措施

（一）指导思想

以“三个代表”重要思想为指导，以基本实现现代化为目标，以富裕农民为目的，以推进城乡统筹发展、全面建设小康社会为动力，将德宏州果树产业建设成为经济、生态、社会三个效益相统一，生产、生活、生态三个功能为一体，特色化、区域化、规模化、良种化、标准化、信息化的现代高效农业产业。

（二）规划原则

（1）统一规划，分步实施，分类指导。

（2）果树生产要以市场为导向，以农民增收为出发点，实现产销对接。

（3）加强果树专业协会建设，提高从业人员的组织化程度。

（4）充分发挥市场和资源双重优势，创造唯一性产品，满足个性化需求，突出德宏特色，形成具有德宏特色的果树产业。

（5）充分发挥科技优势，实施精品战略，以优质、精品、安全为主导，果树产业实现由“数量扩张型”向“质量效益型”转化。

（三）建设德宏州特色果品名、特、优基地

德宏州悠久的历史和地势多样、热带亚热带的气候，造就了德宏州果树

在内的物种多样性。随着生活水平的提高，人们对果品品种多样化的要求提高，发展德宏名、特、优果品势在必行。

（1）建设以瑞丽市为主，陇川县、潞西市为辅的柠檬基地，现有种植面积 5.5 万亩，到 2018 年种植发展到 30 万亩，其中，瑞丽市 15 万亩，陇川县 10 万亩，潞西市 5 万亩。

（2）建设以盈江县为主，潞西市、陇川县为辅的澳洲坚果基地，现有种植面积 6.5 万亩，到 2020 年发展到 30 万亩，其中，盈江县 15 万亩，潞西市 10 万亩，陇川县 5 万亩。

（3）建设以盈江县、潞西市、陇川县为主，梁河县、瑞丽市为辅的核桃种植基地，现有种植面积 18.5 万亩，规划发展到 100 万亩，其中：盈江县 40 万亩，潞西市 25 万亩，陇川县 20 万亩，梁河县 10 万亩，瑞丽市 5 万亩。

（4）建设以潞西市、盈江县为主，瑞丽市、陇川县为辅的西甜瓜基地，现有种植面积 9.75 万亩，规划发展到 15 万亩。其中，潞西市 5 万亩，盈江县 5 万亩，瑞丽市 3 万亩，陇川县 2 万亩。

（5）建设以瑞丽市为主，潞西市为辅的柚子基地，现有种植面积近 1.1 万亩，规划发展到 3 万亩，其中，瑞丽市 2 万亩，潞西市 1 万亩。

（6）建设以陇川县为主，盈江县为辅的枇杷基地，现有种植面积 0.8 万亩，规划发展到 2 万亩，其中，陇川县 1.5 万亩，盈江县 0.5 万亩。

（四）德宏州果树产业发展保障措施

1. 技术支撑

果树产业是一个从良种繁育、采前管理、采后处理到流通消费等链条式关联的整体互动的产业，任何一个环节都影响果树产业的效益。经过多年的发展和积累，德宏州的果树生产已有良好的基础，果树产业已显雏形。当前，正面临品种优化、技术升级和产业成型大发展的关键时期。因此，实施德宏果树产业应以技术整合集成和科技创新作为动力，既是促进德宏果树产业高速发展的关键和技术保障，也是德宏果树产业走上良性发展和可持续增长道路的基础。

2. 人才资源

科技创新和产业化的主体是科技人员、企业家及农民技术人员。德宏州拥有较强的果树产业发展的技术力量和人才队伍。德宏州大中专院校和科研站所在很大程度上为德宏州果树产业的发展提供了智力支撑。德宏果树产业的腾飞，需要采取以下措施：（1）政府主管部门及各县市继续强化“科技是第一生产力”和“人才资源为第一资源”的意识，坚持“以人为本”的理念，并以“求贤若渴”的思想制定“不求所有，但求所用”的德宏州果树产业发展的人才吸引和使用政策。（2）在政府主管部门和县市指导下，使涉及果树产业的技术力量互有分工，协作攻关。（3）制定相应政策和激励机制，使为德宏州果树产业发展而投身于生产经营第一线的科技人员劳有所得，让他们为德宏州果树产业的发展出谋献策、贡献力量。（4）企业是市场运营的主力军，企业家对市场最敏感。政府及各县市应用最优惠的政策、最优质的服务，吸收或扶持所属地以果树产业为主营业务的企业和企业家，使其壮大发展，并加大对龙头企业的扶持。（5）德宏州应加大力度、加快速度、提高质量，加快德宏州果树产业人才的培养。

3. 建立果树产业现代技术推广体系

果树产业的升级，需要现代果品市场营销技术、产后商品化处理技术和现代果品生产基地综合配套技术作为后盾，需要市场网络的建立、形成、启动与维护。要加强果树产业协会及各级专业协会的建设与管理，加强对农民合作经济组织的支持与引导，加强果树产业信息咨询系统的建设，加强现代果品生产技术培训体系的建设，使果树产业信息以最快捷的方式到达基层果品生产者、营销者及经营者手中。

4. 果园基础设施建设

果树是一个前期投入较高的经济作物。德宏州山区面积大、立地条件相对较差、自然灾害较频繁，因此，为保证果树产业持续的高效益及果农的收益，果园基础设施的前期投入非常重要和必要。（1）各级政府应制定具体的政策，按照现代果树生产的要求，设立专项资金保证新建果园水利、道路等基础设施的配套。（2）对提高果园大规模生产效率的农机机具，或减轻劳动强度、提高生产效率的小型、户用的果园机械、机具，政府应从资金上予以补贴和扶持。（3）对规划区内主导产业果种，应给予扶持。

5. 果品采后处理和营销基础设施的建设

果品采后处理（含贮藏和加工）和流通，既是果品增加附加值的主要手段，又是调节果品，尤其是大宗果品供应量相对过剩的重要途径。（1）政府应制定相应的政策，鼓励和引导涉果企业或果品加工企业进驻德宏，在可能的范围内，予以土地、税费等方面的优惠和支持。（2）采后处理和流通业应该是最适宜市场化运作的领域，德宏州果品采后处理和流通业尚处于起步阶段，没有或很少有专业人员涉足该领域。因此，应尽快使其走向市场化。各县市应根据区域性主导产业发展的要求，按规划目标，扶持建立一定数量的高标准、现代化、具有一定规模的果品分级包装设备，果品贮藏库，运输设备和干果果品加工厂，使德宏州果品采后商品化处理总量得到明显提高。

6. 资金投入保障

改革开放以来的实践证明，中国产业经济的发展和壮大，“一靠政策，二靠科技，三靠投入”。随着社会主义市场经济的深入发展，投入的保障及其高效使用，对经济发展的重要性越来越大。因此，无论是基地、果园基本设施、采后贮藏设施的建设等生产性投入，还是新品种引选、关键技术研发、信息平台和专业化经营体系建立等技术性投入，还是德宏州果树产业发展规划的实现、果树产业跨越式的升级以及可持续发展，无疑在很大程度上将有赖于资金的投入与保障。

7. 积极支持与鼓励科技创新

科技创新是果树产业化的动力。德宏州要在省内外果品市场上占有一席之地，必须持续不断地进行科技创新。德宏州要充分发挥德宏州大中专院校和科研站所的科技与人才优势，积极支持与鼓励科技创新。一方面，要加强德宏州各县市主导果树产业优势的科技创新。另一方面，要突出重点、突出特色、集中资金，认真做好果树产业化项目研发的整合，以德宏州果树产业为科技创新中心，大力推进德宏州果树产业现代化的进程。

8. 技术服务体系的改革与创新

随着果树产业的发展和果树产业科学技术的进步，传统的果树生产技术手段已不适应现代果树产业化的要求。面对高新技术及其产品的日新月异，建立完善的果树技术推广体系迫在眉睫。为了提高德宏州的果树产业化水平，要积极做到以下几点：（1）从组织管理形式上，健全完善果树生产技术推广网络体系。在果树种植区以乡镇为单位，村村建立技术普及点。（2）建立各级果树产业协会，积极培植农民合作组织，加强生产管理技术服务、市场营销服务与引导、果品产前产后服务等果树产业链的各个环节。（3）创新性地改革技术服务体系。鉴于德宏州现有的人才、技术资源优势，每1万亩果园应配备技术员1名。（4）强化果树专业学会，尤其是果树产业协会的技术服务功能，使其名副其实，真正成为服务于果树产业发展，服务于果农和涉果企业的“高参”、“知音”和“员工”。

六、德宏州果树产业发展主要对策

（一）遵循市场规律，不断调整优化品种结构

随着经济的发展和人民生活水平的提高，国内外市场对水果品种、质量需求不断变化，果树产业结构的调整应该是动态的。一是要稳定现有果园面积，并有所发展。通过采用先进科技和新优品种，按市场需求调整早、中、

晚熟品种比例。二是各地要因地制宜，突出特色，充分发挥区域优势，开拓果品生产的新路子，防止树种品种结构雷同。三是加强地方名、特、优、稀果品的开发，在原有种质资源的基础上，进行提纯复壮，选育品种，扩大生产规模，改进栽培技术，提高质量，尽快形成地方特色，突出名、特、优、稀果品生产基地。四是要根据果品加工业的发展需求，确定发展品种和生产规模，走订单农业的路子。加工企业应与农民联合投资兴建原料生产基地。五是加快新、优品种的引进和选育，为不断调整优化结构、增加果树产业生产后劲提供和准备资源。六是提高果品贮藏加工能力，增加果品生产附加值。七是建立健全信息体系，引导市场消费，扩大国内外市场份额，提高德宏果品的声誉。

（二）研究制定果树发展区划，引导实现果树产业资源的合理配置和优化

为尽快形成特色果树产业，提高市场竞争力，必须本着不同种类的果树、品种向适宜区和最适宜区集中发展的原则，认真研究制定果树生产发展区划。果树发展区划的制定是一项庞大的工程，需要政府的政策引导和扶持，教学、科研、推广单位联合，主管部门牵头，组织较多的果树科技人员，对不同地区的果树生产条件、生态因子、果实品质、区位优势，国内外市场行情，发展趋势及开发潜力等问题作全面的调查研究，进行综合分析。在制定果树发展区划的同时，根据市场需求变化制定出相配套的果品贮藏、加工发展区划和合理的市场布局及规模。通过区划的制定和实施，实现资源的合理配置和优化，进一步提高果树产业的区域特色化、生产专业化、市场规模化、经营产业化水平。

（三）研究制定优惠政策，调动生产经营者加快果树产业结构调整的积极性

各级行政主管部门，要深入农村和企业调查研究，制定出有利于促进产业结构调整的政策和措施，技术业务部门要为农民提供优良品种，进行技术指导、技术培训、技术咨询，及时搞好品种、市场、技术、信息等服务。

（四）加快相关标准的修订和制定工作，实现果树产业生产标准化

标准化是实现果品生产优质高效和与国际接轨的必要前提。只有标准化生产，才能使果园管理技术统一，果品质量一致，才能提高德宏果品在国内外市场的竞争力。目前，德宏州果品生产的标准化尚处于起始阶段，对一些相关的标准需进一步修订和完善，同时，还有与国际市场接轨的一些标准急需研究制定。由于德宏州果树的树种、品种较多，与果树相关的

系列标准的修订、制定任务繁重，要切实加大工作力度，抓紧抓好果树标准化措施的落实。

（五）健全质量的认证、监督、管理体系，促进无公害果品生产

发展无公害果品是食品质量安全的重要内容，是提高果品生产效益的有效措施。为促进无公害果品的快速发展，着力抓好两个方面的工作：一是完善法规。对现有涉及农产品质量安全管理的相关法律法规进行认真梳理，加快《农产品质量安全条例》的贯彻落实，使无公害果品的生产、销售有规可循。二是健全体系。建立果品质量安全标准体系，努力实现按标准组织果品生产；健全果品质量安全监督检测体系，实行农药残留和有毒有害物质的检测，提高检测能力和技术水平；建立果品质量安全认证体系，全面推行果品生产过程质量安全控制，对产地环境、农用生产资料、果品质量安全情况进行认证，实行认证标志和标识管理；健全果品生产技术推广体系，加强对生产者的技术指导、技术培训；建设榜样示范基地，引导农民按标准化要求组织生产；建立果品质量安全执法体系和信息体系，确保果品质量安全。

（六）发展贮藏加工业，促进果品转化增值

果品贮藏加工业是带动果树产业优质高效发展的关键。德宏果品生产要保持领先地位，贮藏加工业必须有一个大的发展。一是要研究适合德宏果品生产、营销形式的贮藏和保鲜技术，大力发展贮藏，以延长优质高档果品的供应期，满足国内外客户不同时期的供货需求。二是要研究改进果品加工的工艺和技术，针对市场需求充分利用现有资源，开发系列果品加工品，增加花色品种，改进产品质量，提高果品附加值。三是要加大对果品产销龙头企业的政策引导和扶持力度，带动德宏果品生产向产业化、国际化发展。

德宏州经济社会跨越式发展的信心和决心战略研究

和跃宁

中共德宏州委党校办公室主任、副教授

经济社会跨越式发展是特指一定历史条件下落后者对先进者走过的某个发展阶段超常规的赶超行为。德宏州州情已具备经济社会跨越式发展的条件；中央和云南省南向战略桥头堡建设给德宏州经济社会跨越式发展创造了千载难逢的机遇；德宏州委桥头堡黄金口岸建设战略图谋，为经济社会跨越式发展增强了信心和决心。从战略高度研究德宏州经济社会跨越式发展不仅是理论问题，更是重要的社会实践问题。

一个地方经济社会跨越式发展，条件和机遇是核心，它是人们树立信心，坚定决心的基石。德宏州经济社会跨越式发展的条件和机遇既为全州各族人民提供了信心和决心，也为州委依法决策、民主决策、科学决策奠定了基础。增强德宏州各族人民为实现经济跨越式发展的信心和决心，在理论和实践层面比过去任何时候都更为繁重和紧迫。本文仅对德宏州经济社会跨越式发展的信心和决心战略高度，谈点粗浅认识。

一、德宏州经济社会跨越式发展的信心就是立足州情

信心，从理论层面来说是理想信念问题。德宏经济社会跨越式发展，必须有坚定的理想和信念支撑；从具体实践上看，经济社会跨越式发展离不开州情，德宏州最大的州情是“边境、民族、欠发达”。德宏是边疆少数民族自治州，国土面积 11 526 平方公里，国境线长 503.8 公里，总人口 119.4 万人。2009 年底生产总值和固定资产投资双双突破百亿元大关，生产总值实现 15 亿元，同比增长 15%；完成固定资产投资总额 100.9 亿元，同比增长 31.5%；实现财政总收入 17.23 亿元，同比增长 17.3%；完成外贸进口总

额 7.63 亿美元，同比增长 0.2%；城镇居民人均可支配收入达 12 558 元，同比增长 9.7%；农民人均纯收入达 2 831 元，同比增长 16.1%。这些都是经济社会跨越式发展的根基。同时也凸现了经济社会跨越式发展的条件，这些条件就是德宏实现经济社会跨越式发展的信心源泉。

（一）德宏州已有经济社会跨越式发展的经历

德宏州民族“直过区”经济社会发展的经历，实质就是经济社会跨越式发展的经历。据有关史料记载，新中国成立初期，德宏州大部分地区处于边疆开展社会主义民主改革的“直接过渡区”，简称“直过区”。这些地方因行政区划及其建制沿革的不断变化，“涉及州内 3 县 2 市，46 个乡镇，171 个村委会，1 207 个村民小组，分别占全州乡镇、村委会、村民小组总数的 71.88%、47.63% 和 32.01%”。其中处于原始社会末期的景颇族、德昂族和傈僳族以及处于封建社会初期和中期的阿昌族、傣族和汉族，社会生产力极度落后，历史遗留民族矛盾尖锐，境外敌对势力威胁，等等，这些地区各族人民没有经历资本主义发展阶段，在云南省边委帮助下，经云南省委报中央批准后，不进行专门的土地改革运动，以“团结、生产、进步”为长期的工作方针，开展互助合作，发展生产，直接过渡到社会主义。德宏州“直过区”各族人民跨越到社会主义新阶段后，尽管经济发展同内地有一定的差距，但社会生产力获得解放，各民族群众进行社会主义革命和建设的积极性高涨，在社会主义民族大家庭里，“共同团结奋斗，共同繁荣发展”，为边疆稳定、经济社会跨越式发展开创先河。德宏州“直过区”的经历，不仅仅是历史的经验和启示，而且为全州经济社会跨越式发展奠定了雄厚基础。

（二）德宏州已有经济社会跨越式发展的实践

德宏州边境贸易超常规发展的实践，实质就是经济社会跨越式发展的实践。众所周知，1985 年德宏州全州实行对外开放后，德宏州边境贸易发展迅猛，特别是 1986 年、1987 年、1989 年，取得了骄人的成就。据国家有关部门统计，德宏州边境贸易最好时期占全省边境贸易的 80%，全国边境贸易的 40%，一度形成了“全国边贸看云南，云南边贸看德宏”的发展态势。德宏州边境贸易的超常规发展，真正做到了一业兴、百业旺，瑞丽市也因边境贸易名扬天下，中外客商云集。德宏州边境贸易超常规发展，既从人、财、物践行跨越式发展，又在思想观念增强跨越式发展的信心和决心；一方面它积累一定的物质基础，另一方面又提供具体实践的场所，使经济社会跨越式发展不再是理论界的争论，而是实际操作。值得一提的是，德宏州发展边境贸易的思维方式，一定会在经济社会跨越式发展中发挥传承和创新的作用。

（三）德宏州改革开放30年的成就已积累经济社会跨越式发展的经验教训

德宏州改革开放30年，民族团结，经济发展，边疆稳定，社会进步，各方面成效显著，突出表现在经济实现快速增长，综合实力显著增强；农业基础条件改善，农村经济全面发展；工业生产稳步发展，经济效益明显提高；基础设施得到加强，市场繁荣，城乡居民生活水平显著提高，财政收入增长快，金融运行良好；旅游业较快发展，对外开放成就辉煌；社会事业全面发展，党的建设和基层组织建设明显加强。但是，由于历史的原因和特殊的州情，德宏州经济社会发展与全国、全省还存在一定差距。德宏州改革开放30年取得的成就，一方面是全州各族人民总结“直过区”经济社会发展经验取得的；另一方面是州委、州政府不断反思德宏州边境贸易超常规发展得出的。德宏州实现经济社会跨越式发展，由于有改革开放30年的经验教训，不论是理论层面，还是社会实践层面，都具备跨越式发展的条件，我们一定要在解放思想中统一思想，统一行动，“实现促进科学发展、维护边疆安宁、增强民族团结、构建和谐德宏的目标”。

二、德宏州经济社会跨越式发展的决心就是真抓实干

思路决定出路，从信心到决定的核心是真抓实干。德宏州实现经济社会跨越式发展的决心取决于社会环境。良好的社会环境是经济发展方式转变、发挥区位优势和社会制度的有力保障。

（一）德宏州经济社会跨越式发展的良好社会环境是机遇和挑战并存

根据“世情”、“国情”和“省情”，德宏州经济社会跨越式发展最大的机遇是西部大开发、中国—东盟自由贸易区建设、中国面向西南开放桥头堡建设和云南兴边富民工程行动计划深入。德宏州委基于上述机遇，从德宏处于中国经济区、东南亚经济区、南亚经济区的交流点，是中国陆地连接东南亚、南亚，走向印度洋的最佳结合部和最便捷通道出发，提出桥头堡黄金口岸建设战略图谋。但是，我们应清醒认识到，机遇和挑战并存，德宏经济社会跨越式发展最大的挑战来自经济社会发展困难重重，可预测和不可预测的不稳定因素增加；经济社会发展滞后，欠发达是最大困扰；干部和群众素质总体偏低，转变经济发展方式还存在许多体制和机制障碍。

（二）德宏州经济社会跨越式发展的最佳路径是转变经济发展方式

德宏州委为了适应经济发展方式转变，2009年初确定经济社会发展思路，重点实施“生态立州、科技兴州、产业富州、开放强州、和谐稳州”五大战略。从加大固定资产投入和基础设施建设、发展农业产业、推进新型工业化、大力打造绿色生态城市、加快旅游文化产业发展，积极推进桥头堡黄金口岸建设，深化全州对外开放，确保社会事业发展，稳步推进民主政治建设、禁毒防艾长效机制建设和党的建设等方面的开展，既促进经济社会跨越式发展，又在经济社会发展过程中逐步转变经济发展方式，从而坚定全州各族人民实现经济社会跨越式发展的决心。

这里值得一提的是，德宏州委最近提出，要紧紧围绕把德宏建设成为中国面向西南开放桥头堡的黄金口岸这一目标，强化农业稳基础，建设生态转方式，突出特色调结构，改革开放增活力，团结固边保稳定，改善民生建和谐，抓好党建强保障，继续把促进经济平稳较快发展作为首要任务，把加强基础设施建设作为重中之重，把发展特色产业作为主攻方向，把招商引资作为重要手段，把改革创新作为强大动力，把维护稳定作为基本要求，把禁毒防艾作为攻坚目标，把改善民生作为根本目的，把党的建设作为坚强保障，在发展中促转变，在转变中谋发展，全力推动全州经济社会又好又快发展。然而，经济社会跨越式发展是一个系统工程，我们要正确看待，分阶段、分层次、有序推进，使资源优势转变为经济优势，在实现德宏州经济社会跨越式发展的整个历史进程中，始终做到高起点、大谋划、稳推进、获实效。

（三）德宏州经济社会跨越式发展的核心是抢抓机遇、发挥区位优势、加快发展

胡锦涛总书记2009年7月视察云南时指出：“要充分发挥云南作为我国通往东南亚、南亚重要通道的优势，深化同东南亚、南亚和大湄公河次区域的交流合作，不断提升沿边对外开放质量和水平，使云南成为我国面向西南开放的重要桥头堡。”中央提出南向战略以后，云南省根据中央要求及时提出实施南向桥头堡战略。德宏州从实际出发，根据中央、省委规定，提出并实施桥头堡黄金口岸建设，通过“一个节点、三个基地、三个平台、三个窗口”（即把德宏州建设成桥头堡黄金口岸的重要交通节点；生物特色产业基地、进出口装配加工基地、物流仓储基地；对外开放的金融服务平台，信息服务平台，文化交流平台以及中国通往东南亚、南亚的经济窗口，文化窗口，友谊窗口）建设，谋求经济社会跨越式发展的最佳途径。

德宏州区位优势是历史和现实形成的。就历史而言，德宏就是南方古丝绸之路的要冲，是滇缅公路、史迪威公路、中印输油管道三大通道的出入口；就现实而言，德宏已有两个国家一类口岸，两个国家二类口岸，28个渡口，64条通道，9条公路通往缅甸，并初步形成一定规模的口岸经济，这就是我们下决心的基石。这里值得一提的是，德宏州瑞丽市已被国家确定为经济社会跨越式发展的全国4个城市之一，德宏州已初步形成以国家一类口岸为核心、国家二类口岸为辅助、省级通道为补充的口岸体系。

当然，桥头堡黄金口岸建设不仅仅是一个口岸经济建设，应该包括政治（主要是国家安全、边疆稳定、民族团结）、文化（主要是国家文化安全、民族文化传承与创新）、社会（主要是民生及沿边境一线少数民族生产生活困难）和生态（主要是国家生态安全、人与自然和谐发展）建设等方方面面，我们要从战略高度充分认识桥头堡黄金口岸建设任务的艰巨性、复杂性和繁重性。目前，德宏州委正举全州之力，着力推进桥头堡黄金口岸建设，既夯实机遇意识和区位意识，又进一步凝聚人心，形成合力，给深化改革、扩大对外开放、实现经济社会跨越式发展创造条件。我们要在此基础上，深化认识，解放思想，立足“州情”，真正从体制和机制上确保经济社会跨越式发展。

（四）德宏州经济社会跨越式发展的制度保障是党的建设，特别是基层党组织建设

经济社会跨越式发展，除了条件和机遇以外，必须有制度支撑，否则难以确保一个战略图谋的实现。边疆民族地区基层党组织建设，是民族团结、边疆稳定、经济社会又好又快发展的根基。为了确保德宏州经济社会跨越式发展，德宏州委制定党建思路，以“一个强化、两个建设、四个围绕和五大工程”（即德宏州党的建设必须强化中国特色社会主义理论体系，武装干部头脑；加强干部队伍和党风廉政建设；围绕经济发展抓党建、围绕民族团结抓党建、围绕边疆稳定抓党建、围绕改善民生抓党建；实施农村党员发展工程、农村党员素质提高工程、农村带头人培养工程、农民服务站建设工程、红旗飘飘工程）推进科学发展，构建和谐德宏。这里值得一提的是，全州正在开展“自力更生、勤劳致富、感恩思进”主题教育活动，“民族团结”教育活动，“软环境建设”教育活动和“创先争优”教育活动，既夯实党的执政基础，又进一步凝聚人心、统一思想，形成全力、战斗力，营造全州各族人民“共同团结奋斗，共同繁荣发展”的社会氛围，为全面实施桥头堡黄金

口岸建设奠定基础；为实现经济社会跨越式发展注入生机活力，从制度上保障德宏州经济社会跨越式发展的信心和决心，在理论层面和社会实践层面更加健全完善。

总之，德宏经济社会跨越式发展的信心和决心的认识在不断深化，“只要思想不滑坡，解决问题的谋略总比困难多”。我们要从州情出发，真抓实干，德宏经济社会跨越式发展一定会从理论变成现实，“富裕开放、和谐安宁的社会主义新边疆”必然会出现。

加大招商引资工作力度，实现德宏经济跨越式发展

高延芳

德宏州委党校培训部副主任、副教授

招商引资是优化资产和资金配置的重要活动，是拉动一个地区经济超常规发展、跨越式前进的有力“引擎”，特别是对经济欠发达地区更显重要、更为紧迫。从德宏的州情来看，必须走以资产换资金、以资源换资金、以土地换资金、以市场换资金的路子，深层次地开发资源，变资源优势为经济优势，变经济优势为财政优势。

地方经济的振兴和发展，离不开资金的供给和投入。从资金供给来源看，主要有两种形式，一是以本地经济滚动积累为基础，二是以外来资金为基础。后者的来源又有两个渠道，一个是纵向的上级财政投入，另一个是横向的民间资本流入，民间资本包括外资和内资。相比较而言，落后地区自身经济滚动发展的积累速度慢，规模扩张小，在市场分割和封闭的状态下有一定的作用，在统一开放的市场体系下，落后地区依靠本地经济积累实现经济的跨越式发展，缩小与发达地区差距的可能性很小。随着国家投资体制的改革，纵向的上级财政投入数量有限，而且要求地方政府提供相应的配套资金，对于经济发展落后、财政自给能力低的地区而言，以上级财政资金为杠杆撬动区域经济发展的难度在加大。与此同时，横向的民间资本规模大且流动更加活跃，充分利用招商引资这一灵活机制，为地方经济发展寻求资金供给，解决因资金稀缺而带来的瓶颈制约问题，以此振兴地方经济，实现落后地区经济的跨越式发展。

一、德宏招商引资工作现状

招商引资被称为地区经济发展的提速工程，是加快德宏经济发展的有效途径。全州 250 万千瓦水电开发，梁河龙潭公园房地产开发，盈江房地产

开发，陇川稀土矿开发，陇川三星级宾馆和国际商贸城建设，瑞丽姐告月亮岛、华丰商贸城和水上娱乐园建设，芒市三棵树风情街开发，芒市花园、芒市宾馆建设，芒市勐巴娜西风情园建设，芒市华丰商贸城和10万吨金属硅等一大批项目的实施都是招商引资的结果。这些项目的建设拉动了德宏经济的快速发展，形成了新的经济增长点。

在州委、州政府的正确引领下，各级招商部门始终围绕大项目招大商，把招大商、招强商作为工作的重中之重，依托地理优势、气候优势、生物资源优势、土地和劳动力资源优势、水利资源优势，积极挖掘项目，有针对性地包装和推介了一批大项目，强化了对外合作平台，有力地促进了德宏州固定资产投资增长，不断夯实了全州经济可持续发展的基础。招商引资已经成为促进德宏经济和社会发展的助推器。

为加快德宏州招商引资步伐，2004年州人民政府组建了州招商局。组建招商机构以后，全州各级招商引资部门认真履职，创新思路，主动拓展引资思路，积极“走出去”，借助多边、双边合作机制搭建的平台和沟通渠道，开展招商引资，取得了显著成效。据不完全统计，2004—2008年，全州共实施国内合作项目518项，协议总投资356.78亿元，实际引进国内资金81.41亿元；引进外资8 009.48万美元。招商引资到德宏的资金成为推动经济发展的巨大动力（见表）1。

表1 德宏2005—2008年招商情况

项目	2005年	2006年	2007年	2008年
社会总投资	34.68亿元	41.34亿元	59.64亿元	76.74亿元
招商投资（国内）	13.73亿元	13.69亿元	16.11亿元	22.76亿元
招商投资（国外，按7元汇率折算）	0.63亿元	0.58亿元	2.46亿元	1.72亿元
招商投资占社会总投资比	41.4%	34.5%	31.1%	31.6%
修正系数（扣除非固定投资）	1.2%	1.2%	1.2%	1.2%
修正后占比	40.2%	33.3%	29.9%	30.4%

上述资料表明，招商引资成为德宏社会固定资产总投资的重要组成部分，产生了直接和间接的经济效益。据不完全统计，2008年国内招商项目实现营业收入1.54亿元，纳税总额为1 087万元，解决就业人数3 361人，当年新增就业岗位1 356个；外资企业实现营业收入11.34亿元，纳税总额1.035亿元，解决就业人数3 980人。内外投资企业的就业人数占全州就业

人数的8.6%。间接看：一是招商项目改善了城市、农村、山区的水、电、路、学校、通信等基础设施状况。大大提高了农村、山区的通行能力，改善了农民的生产生活条件。二是通过招商项目建设，引进了发达地区的人才、技术、管理经验和先进思想，经过与德宏州传统落后的经营思想碰撞后，提高了我们对资源、产业、企业、项目、市场的认知能力和管理能力，逐渐走出粗放经营、粗放管理的误区。三是通过招商引资引入了竞争机制，改变了本土企业一统天下的格局。给本土企业带来压力的同时，增强了应对竞争的意识和能力，产生了“鲶鱼效应”，提升了本土企业的合作意识和竞争力。

经过多年努力，德宏州招商引资工作取得了巨大成绩，全州多层次、宽领域、全方位的招商引资格局正在形成。投资环境不断得到优化，招商引资合力正在形成，项目储备的数量和质量日益提高，招商引资方式不断创新。但与德宏经济发展对招商引资工作的需求、与周边地区相比德宏招商引资工作还存在差距，招商引资工作面临严峻的挑战。

二、德宏招商引资工作存在的问题

（一）优惠政策没有完全兑现，影响了政府的信誉和政策的可信度

根据改革开放和招商引资的需要，德宏州先后颁布实施了《中共德宏州委州人民政府关于进一步扩大开放的若干意见》（德发〔2006〕6号文）、《德宏州人民政府鼓励投资办法》（德宏州人民政府第12号公告）、《德宏州人民政府关于加快电力开发建设的实施意见》（德政发〔2003〕193号）等文件，明确了给予投资商税收、土地使用费、相关办证、咨询、管理等费用的减免。但由于受财政困难的约束，相当一部分政策没有完全兑现，例如，根据《德宏州人民政府关于加快电力开发建设的实施意见》（德政发〔2003〕193号）精神，对水电开发的土地使用费实行先征后返。届时当企业以正式报告向政府申请返还土地使用费，政府以“财政困难，暂不返还”作回答，凡涉及先征后返的费用基本上没有返还，致使政策的可信度和政府的信誉度双下降，影响了招商的政策环境。再如：《德宏州人民政府鼓励投资办法》（2006年）第三十到第三十五条规定了招商引资奖励办法，但实际工作中并没有兑现奖励政策，影响了相关部门招商的积极性和创造性，也构成全民招商难以推行的重要原因。

（二）投资环境有待改善

投资环境是一个地区为了有目的地吸引外来生产要素，并能够动员和可创造条件的有机总和，投资环境具有整体性。也就是说，组成投资环境的主

要因素，应当具有一定的数量和品质，必须满足基本的要求，否则就会严重影响投资环境的好坏。投资环境具有很强的针对性，一个地方投资不是什么都可以的。因此，衡量一个地方投资环境，应具有几个鲜明标准：要素的完备性产业的和谐性（相对的）优势、社会的诚信、可进可退的市场化条件以及规范的操作。

改革开放 30 多年来，德宏抓住对外开放、西部大开发等机遇，在道路、交通、基础设施、能源建设等方面取得了巨大成就。形成了较完善的公路运输环线和空运航线，特别是芒市机场扩建后即将成为航空港，将开通省内、国内的多个航线和到曼德勒、仰光的国际航线，大大改善了德宏招商的基础条件。但与发达地区和周边地州相比，德宏州全文替换为州招商的硬环境和软环境都有很大的差距。

从硬环境看，一方面，德宏的交通条件落后，没有铁路和港口，大体积、大数量的运输成本高，运达能力低，增加了企业的生产成本。另一方面，德宏的口岸基础设施落后，仓储能力弱，通关慢，物流、信息流经常发生梗塞，影响进出口贸易和贸易加工业的良性发展。

从软环境看，一是没有与招商政策相配套的具体措施，政策缺乏可操作性，政策滞后，有的政策与国家现行法律法规有抵触，有政策难落实或不落实的情况普遍，影响了政府的信誉，挫伤了投资商的积极性。二是依法行政的统一性和透明度不高。有些部门缺位、错位现象时有发生，有的部门行政不作为，有的部门行政违法。不该管的去管，该管的管不好，为收费和罚款而执法的问题依然存在。变罚款为“自愿赞助”，规避违法风险，让企业吃哑巴亏。三是讲了多年的服务前移问题尚未得到有效解决，涉及招商引资的相关部门工作模式陈旧，仍是等企业上门办事，对企业的监督、服务仍停留在事后处置上。技术指导缺乏超前性、前瞻性，例如硅厂所需的环保设备，在安装前相关部门不作技术上的指导和要求，待企业安装好后又以不达标、不符合要求要企业重新购置和安装，某硅厂为此多出了 168 万元。有的部门公布的所谓技术、质量要求指标不具体，甚至缺乏可操作性，检验的技术手段不公开透明，用各种专业术语糊弄企业主。四是部分项目周边社会治安环境偏差。随着乡镇行政、财政体制改革的深入，乡镇及其以下组织事权在不断扩大，财权在不断萎缩，使得乡镇及其以下组织的建设偏弱，乡镇及其以下组织工作人员的工作热情偏低。

（三）重外资，轻内资

经过 20 多年的发展，德宏经济落后、内源性财力不足的问题有了一定程度的缓解。居民储蓄存款呈逐年上升趋势，见表 2。

表 2 德宏金融机构存款余额

项　目	2005 年	2006 年	2007 年	2008 年	2009年(截至3月)
金融机构存款余额（亿元）	107.72	127.50	141.40	161.83	177.66
城乡居民储蓄存款余额（亿元）	71.78	85.27	89.56	106.17	121.9

资料表明德宏具有一定潜力的州内资金可开发利用。但在多年的招商工作中，我们把精力、资源都集中在州外资金上，甚至给予外来投资者以超州民待遇。德宏内资没有很好地参与到德宏资源开发利用和增值收益中来，德宏丰富的民资、民情、民智尚未有效发挥作用。内资作用难以发挥，德宏资源效益大量外流，外来投资者在德宏享受超州民待遇的一系列问题值得深思。

（四）重招商，轻选商

德宏经济发展水平落后，内生性财源有限。大力发展经济，改善基础设施建设，提高资源利用效益，提升地方实力必须依靠外来资金的注入。各级党委政府高度重视招商引资工作，大招商、快招商的做法在一定时期发挥了积极作用，招商对经济助跑效应非常明显。但招商而不选商带来的负面效应也很大。表现一：少数投资商在圈德宏的地、圈德宏的资源、圈德宏银行和政府的钱。例如有的投资商注入少量资金，建立一个仅有外壳的企业，以此套国家、省、州的资金和政策，对地方没有相应的财政贡献、就业贡献和经济贡献。表现二：部分没有投资实力的投资商后续投资乏力，资金链断裂，“占”着德宏的稀有资源，如已签协议并获审批的电站中有 50 多座没有开工建设；招商整合的糖业由于整合商资金链的问题，出现技术改造投入不足，对蔗农扶持力度减弱，欠蔗款、运输款数额巨大，变卖资产等行为；招商项目中的竹企业、柠檬企业投资基地建设的动力和实力不足，原料基地建设成为企业之痛，也成为政府之难；10 亿元以上的投资项目，两年多到位资金不到 10%。造成上述问题的关键是我们没有深入细致地了解投资者的投资目的、实力和运作模式，只招商，而没有很好地选商。

三、加大招商引资工作力度的对策

当前，招商引资竞争空前激烈，区域竞争趋于白热化，世界各国、全国各地都在利用各种方式进行大规模的招商引资，比环境、比服务，“抢”客商、“争”项目。金融危机在给资本市场、实体经济带来巨大冲击的同时，也带来产业结构升级、资本投向转移、政策支持力度加大等机遇。地处边疆地区的德宏州，要想在新一轮市场竞争中占据主动，抢占先机，实现招商引资新突破，必须进一步创新招商引资理念、机制、政策和方式方法，狠抓招商引资工作各项举措的落实。

（一）提高招商意识，创新招商理念

招商引资是德宏经济工作的重要组成部分，在很大程度上决定着德宏经济发展的快慢。德宏财政困难，内源性投入不足，要保持各产业的协调发展并提高效益，必须抢抓机遇，因势而变，顺势而行，主动走出去，请进来，引导更多的生产要素向德宏聚集和流动，加大招商引资力度，广泛而有效地开展区域经济合作。为此，要引导干部群众自觉摒弃一切不利于跨越式超常规发展的陈旧观念，破除一切与先进生产力不相适应的条条框框，以开放的视角和科学的态度，迎接新的挑战，以全新的思维和超人的胆略，创造性地开展招商引资工作。一要强化责任、危机和紧迫意识；二要牢固树立“着眼长远、放眼未来”的战略意识；三要牢固树立“利彼利己、共同发展”的双赢意识；四要牢固树立“客商至尊、服务至上”的环境意识。

（二）优化招商引资软环境

环境是生产力，是竞争力，是区域经济发展的“生命线”，是招商引资最可利用的潜在实力。如今招商引资的竞争不仅仅是政策优惠的竞争，还是综合环境的竞争，哪里的环境最好、服务最优、力度最大，谁就会赢得发展的主动权。一个地区是否利用外资，利用的外资数量多少和质量高低，涉外企业能否顺利建立并有效地运行，都取决于利用外资的东道主国家和地区的投资环境优劣。投资环境是一个综合的大系统，涉及的因素不仅有国内的，还有国际的；不仅有经济上的，更有政治上的，还有文化上的。一个地区发展的快慢，决定因素不在资源，不在基础，而在于是否创造了良好的开放环境，环境是对外开放、招商引资的第一竞争点。良好的环境是集聚资本的“磁力场”，促进招商的“助推器”。为此，要在优化政策环境、服务环境、法制环境、舆论环境、人文环境、信用环境等方面做实工作。

（三）创新招商引资方法，拓宽招商引资渠道

当前，在招商与投资的相互磨合、相互促进中，出现多种招商形式。如专业招商、存量招商、园区招商、以商招商、县（市）政府及企业招商等方式，州、县（市）政府要继续发挥长处，拓展招商途径，扩大招商成果。一是要更加注重中介招商。中外之间因思维方式、文化传统、管理经验、交流习惯不同，存在着无形的“隔离墙”，需要中介来沟通；即使是国内的一些长线投资，离开专业中介也很难成功。要积极借助国内外各类投资促进机构、行业协会及商会的桥梁纽带作用，加快日常性招商的商业化营运步伐。

政府要成立开发公司和投资担保公司，同时还要鼓励成立有权威性的民间商会和民营招商公司，以市场机制应对市场变化。二是要更加注重网上招商。国内外的大多数人了解德宏，往往从网上开始，因此，德宏州必须整合网络资源，建立招商引资网站，并要树立“快干不争论，发展作结论，务实不张扬，环境作保证”的工作理念，系统地向全国、全世界推介，便于客商掌握资料，开展网上咨询、网上洽谈、网上审批等电子政务。三是要更加注重产业链招商。根据德宏两个市场和两种资源的特点，结合德宏产业链，以现有优势企业、优质品牌为依托，引进前延后伸项目和配套企业，尝试把产业整体打包招商，实现项目群体综合开发。

（四）建立内资与外资并重的招商机制

据统计，2008年底德宏的金融机构存款余额为161.83亿元，较同期增长14.5%，其中城乡居民储蓄存款余额为106.17亿元，较同期增长18.6%；2009年3月金融机构存款余额为177.66亿元，较同期增9.8%，其中城乡居民储蓄存款余额为121.9亿元，较同期增14.8%，资料显示，德宏有一定数量的内资在寻求投资。因此，招商引资要内资与外资并重，给内资与外资同等待遇、同等优惠。开创有效利用内资的通道，提供内资进入的项目，抓大不放小。资源与资金的连接是资本增值的条件，也是地方实现内生性资本积累的必然选择。宏天咖啡公司、景成集团的本土化良性发展充分说明了这点。内资存在量大、分散的特点，为此，要建立集资、筹资、投资、理财、回报等相应机制，确保内资的合法正确使用。

参考文献

1.[美国]曼昆著：《经济学原理》(上下册)，机械工业出版社2007年版。

2.[美国]威廉萨缪尔森著：《宏观经济学》，人民邮电出版社2008年版。

3.胡鞍钢著：《国情与发展》，清华大学出版社2007年版。

4.胡鞍钢著：《全球化挑战中国》，北京大学出版社2004年版。

5谭崇台主编：《发展经济学概论》，武汉大学出版社2006年版。

6.德宏州发展和改革委员会编制：《德宏州产业发展专项规划》（2008—2015）。

7.伏润民等著：《中国—东盟自由贸易区建设与西部外向型经济发展研究—云南案例》，中国社会科学出版社2006年版。

8.德宏州委政策研究室编：《建设美好家园—德宏傣族景颇族自治州新世纪发展战略与决策》，云南民族出版社2008年版。

9.《中共德宏州委州人民政府关于进一步扩大开放的若干意见》（德发〔2006〕6号文）。

10.《德宏州人民政府鼓励投资办法》（德宏州人民政府第12号公告）。

11.《德宏州人民政府关于加快电力开发建设的实施意见》（德政发〔2003〕193号文）。

12.孟必光：《坚定信心　攻坚克难　确保全州经济平稳较快发展—2009年上半年全州经济发展情况通报》。

13.《赵金书记在全州2009年上半年经济工作会议上的讲话》。

14.柳五三：《大力发展沿边特色的开放型经济》。

科学开发德宏食用昆虫资源，开辟山区农村家庭经济持续增长的新途径

郭云胶

云南省德宏师范高等专科学校科研处食用昆虫研究所所长、副教授

竹虫、蚂蚁蛋、蜂蛹等昆虫食品，越来越受人们的喜爱，价格越来越高，供不应求，食用昆虫经济初见端倪。科学合理开发食用昆虫资源，将成为边疆德宏山区农村家庭经济持续增长的新亮点，反之则会使这些昆虫资源因人们的取食而快速枯绝。

德宏州地处祖国的西南边疆，群山茂林中丰富的昆虫资源是居住在山高坡陡、交通不便山区的老百姓世世代代取之不尽、用之不竭的天然食物，多年以来，这些自生自灭的食用昆虫资源，满足了边疆山区老百姓生长发育所需要的蛋白质。近几年来由于价格特高，山区老百姓舍不得自己吃，纷纷将竹虫、蜂蛹、蚂蚁蛋等纯天然美味山珍拿到市场上出售，获得了可观的收入，发现了一条促进家庭经济收入增加的新途径。

一、德宏食用昆虫的种类

德宏州食用昆虫的种类主要有竹虫、蚂蚁蛋、蜂幼虫、蜂蛹、沙虫、缅甸沙虫（大金龟子）、牛屎蛆（屎壳郎类幼虫）、柴蛆（天牛类、蛾类幼虫）等近30种。

二、德宏食用昆虫的现状

（一）价格状况

德宏州主要食用昆虫的市场价格逐年升高，同一种昆虫，在一年中随月份而有所波动，表1是2009年德宏州潞西市主要食用昆虫的平均市场零售价格。

表 1 2009 年潞西市主要食用昆虫平均价格（元／市斤）

名称	价格	名称	价格	名称	价格
竹虫	30	缅甸沙虫	30	土蜂蛹、幼虫	70
蚂蚁蛋	40	牛屎蛆	30	黄腰蜂蛹、幼虫	50
酸蚂蚁蛋	35	蝉	30	葫芦蜂蛹、幼虫	40
沙虫	30	柴蛆	20	夜食蜂蛹、幼虫	30
蜜蜂蛹	20	竹象幼虫	30	香蜂蛹、幼虫	20

注：表中各种食用昆虫的名称都是德宏老百姓叫的俗名。

（二）市场销售量情况

德宏主要食用昆虫的市场销售量逐年增多，主要原因是近几年来昆虫蛋白食品备受人们的喜爱，昆虫食品逐渐从山区农村老百姓家的厨房走向城市宾馆酒店的餐桌，成为宴请宾客的珍稀品之一。消费理念决定消费市场，消费市场刺激消费品的商品化产生和流通。随着食用昆虫市场价格逐年升高，2005 年以来德宏山区农村老百姓消费食用昆虫的理念发生了变化，2005 年以前，老百姓烧的蜂幼虫、蜂蛹，挖的蚂蚁蛋，砍到的竹虫等食用昆虫 90% 的都是自己和朋友食用，2005 年以后老百姓自己都舍不得吃了，90% 的昆虫都拿到市场上出售。表 2 是 2008 年和 2009 两年潞西市主要食用昆虫的销售量。

表 2 2008 年、2009 年潞西市主要食用昆虫销售量（市斤）

昆虫名称	年销售量		昆虫名称	年销售量		昆虫名称	年销售量	
	2008 年	2009 年		2008 年	2009 年		2008 年	2009 年
竹虫	4 000	6 000	缅甸沙虫	200	300	土蜂蛹	6 000	4 000
蚂蚁蛋	1 000	2 000	牛屎蛆	100	100	黄腰蜂蛹	2 000	3 000
酸蚂蚁蛋	100	400	蝉	700	800	葫芦蜂蛹	4 000	6 000
沙虫	600	1 000	柴蛆	50	100	夜食蜂蛹	2 000	2 000
蜜蜂蛹	2 000	3 000	竹象幼虫	0	50	香蜂蛹	200	300

注：缅甸沙虫、牛屎蛆、竹象幼虫老百姓不论斤卖，而是 2 ～ 3 元一个出售。

（三）获取食用昆虫的情况及存在的隐患

德宏州市场上出售的食用昆虫，都是老百姓用烧蜂子、挖蚂蚁蛋、砍竹虫等传统的方法，一次性毁灭性地获取自然界中自生自灭的野生昆虫。以土蜂为例，2007 年以来，人们争先恐后地到山林间烧取市场价格最高的土蜂，基本上是发现一窝，就烧取一窝（利用昆虫的趋光性在夜晚用火毁灭性地烧死所有职蜂，然后挖开地面下泥土中的蜂巢获取蜂幼虫和蜂蛹）。这样无任何约束的烧蜂子行为，使许多土蜂种群还没有发育到繁殖季节，还没有进行婚飞（一般是每年的11月中旬左右），就整窝被烧死了，自然界中下一年的蜂王越来越少，土蜂种源越来越少，产量开始减少，表2中2009年土蜂销售量减少就是这个原因。据喜欢玩蜂子的老百姓推测，再这样发展下去，德宏优良的土蜂品种将会绝灭。如果德宏的土蜂、蚂蚁蛋等食用昆虫灭绝，那么初见端倪的以食用昆虫资源为基础的山区农村家庭经济将失去资源基础。

（四）人工养殖食用昆虫情况及前景

表2中葫芦蜂产量增加的原因主要是许多老百姓有意识地进行了人工养殖试验，并且取得了初步效果。潞西市的每个乡镇都有20多个特别喜欢玩蜂子的人，他们中的80%只烧蜂子，不做养殖蜂子的试验，20%的人进行了初步的养殖蜂子的试验，他们将葫芦蜂20～50窝、黄腰蜂10～30窝成规模地养殖，获得了可喜的经济效益。2009年德宏师范高等专科学校成立食用昆虫研究所，指导老百姓进行竹虫、土蜂等食用昆虫的人工养殖试验，其中，竹虫养殖试验取得初步成功，参与试验的老百姓实现了竹林、竹虫的双丰收。在土蜂养殖的系列试验中，土蜂蜂王越冬、筑第一饼巢、产第一批卵、育第一批职蜂等的试验没有成功，但经过2009年的试验我们有效解决了土蜂捕食蜜蜂、葫芦蜂的矛盾，解决了将土蜂从泥土中移到大树筒中养殖的技术难题。发扬锲而不舍的科学探索精神，继续做相关试验，解决养殖食用昆虫的种源问题，德宏山区农村人工家庭养殖食用昆虫的技术在不远的将来肯定会取得突破性成功。

三、食用昆虫的加工和食用方法

在德宏州的餐馆酒店及老百姓家，食用昆虫的加工和食用方法主要有油炸竹虫、蜂蛹、蜂幼虫；酸笋煮竹虫、蜂蛹、蜂幼虫；竹虫撒、蜂撒；凉拌蚂蚁蛋；炭烤竹虫、蜂蛹、蜂幼虫；鲜活竹虫、蜂蛹、蜂幼虫汤；等等，多种多样、丰富多彩。详细情况见《人文社科论坛》杂志2010年第5期《德宏美食之最——野生竹虫、蜂幼虫、蜂蛹》。

四、食用昆虫与德宏山区农村家庭经济的关系

（一）德宏山区农村可以利用的自然资源状况

（1）原生用材林基本被用完，崇山峻岭中都是次生林、杂木林和灌木林，木材经济接近尾声。（2）野生果、野生菜、野生菌类等资源，从2000

年开始商品化批量进入市场，目前已经处于开发极限和利用饱和状况。

（3）食用昆虫资源从2005年开始，逐渐以商品的角色批量进入市场，老百姓争先恐后地去获取，正处于杀鸡取卵的毁灭性利用阶段。

（二）德宏山区农村的居住、交通及经济状况

德宏山区农村的老百姓居住在山高坡陡、交通不便的山谷、山坡中，这些区域的老百姓解放前以种大烟、包谷为生；解放后很长一段时间以伐木、政府指导种植的经济作物为收入基础，山区农村和坝区农村的经济差别不明显。2005年以后，支撑山区农村老百姓家庭经济的深山老林中的原生木材资源用完了，同时灵活的市场经济和农业科技新技术、新品种在坝区农村的推广，使德宏山区老百姓祖祖辈辈播种的老品种包谷的劳动强度、经济效益等指标远远落后于德宏的坝区农村，山区农村与坝区农村的有效经济收入差距逐渐加大。寻找新的适合德宏山区农村资源和交通特点，能使山区农村老百姓持续增收的新途径，成为研究德宏山区农村经济和新农村建设的重要内容之一。

（三）食用昆虫资源——开辟德宏山区农村家庭经济持续增收的新途径

食用昆虫资源是德宏山区农村最后一类正在被开发的最丰富的自然资源，是山区农村发展家庭经济最有效、劳动强度最低的产业，是最适合山区老百姓居住环境、交通状况的产业。依托德宏山多、树林多，生物多样性丰富的资源特色，指导山区老百姓，以家庭为单位，科学发展食用昆虫养殖业务是继木材、茶叶、野菜野果等自然资源利用后的新的经济途径。下面是几种主要食用昆虫与山区农村家庭经济关系的分析论证。

1. 竹虫资源

竹虫是昆虫纲鳞翅目、螟蛾科、笋蠹螟昆虫的五龄幼虫，以嫩竹笋壁肉为食。德宏州漫山遍野都是竹林，山区老百姓家房前屋后、田边地角都是竹林，可以用于养殖竹虫。但由于竹林分散在山坡、山谷等环境中，并且是以不同家庭为产权所有者的资源，所以只适合用于发展家庭养殖业务。两个人到竹林中砍取100斤竹虫后，用摩托很容易带到农贸市场出售，获得3 000元左右的收入，老百姓到竹林中砍竹笋或者竹材出售，获得3 000元收入的劳动强度绝对不是两个人用摩托就可以完成的。人工养殖竹虫的详细技术见《现代农业科学》杂志2009年第11期《野外竹林人工养殖竹虫试验》。

2. 蜂幼虫、蜂蛹资源

蜂幼虫、蜂蛹是昆虫纲膜翅目胡蜂科金环虎头蜂、金黄胡蜂、黑胡蜂、黄腰胡蜂、葫芦蜂、七里蜂、夜食蜂等10多种蜂类的幼虫和蛹，这些大型

胡蜂以捕食蝗虫、蟋蟀等农业、林业害虫为主，每年的 4 ～ 11 月是德宏农业、林业害虫的高发期，也是这些胡蜂的大量繁殖期。鼓励和指导山区农村老百姓科学养殖这些胡蜂，既控制了农业林业害虫的爆发性危害，又使山区老百姓有了一项新的收入来源。德宏师范高等专科学校食用昆虫研究所从 2009 年开始指导老百姓开展土蜂和葫芦蜂养殖试验，迈出了人工养殖研究的第一步。

3. 蚂蚁蛋资源

蚂蚁蛋是昆虫纲膜翅目蚁科一种切叶蚁（雌虫体长 2 ～ 3 厘米、有翅、体色金黄色、胸腹肥大）的化蛹前幼虫，蚁巢建在向阳光的地面下的泥土中，种群数量多，蚁王可以存活 3 年左右。在德宏州的坝区和山区，这种昆虫资源都比较丰富，是山区老百姓发展家庭式食用昆虫养殖的好材料。2010 年德宏师范高等专科学校食用昆虫研究所，开始有计划地指导老百姓在挖取蚂蚁蛋时，做好保护蚁王，留作下一年种源的工作。

4. 德宏山区农村食用昆虫经济效益及劳动强度分析表（表 3 ～表 5）

表 3 2009 年老百姓出售竹材和用竹林养殖竹虫经济效益和劳动强度比较表

名称	数量	收入	资源占用	劳动强度
出售竹虫	100 斤	3 000 元	200 棵竹笋	两人一天时间砍开 200 棵竹腔取竹虫，用摩托送到需要的市场或者餐馆，纯收入 3 000。家庭经济。
出售竹材	15 吨	3 000 元	300 棵竹笋	多人砍倒竹，肩扛到路边，装车，运到造纸厂、硅厂，从售竹款中扣除运费等，实际收入 2 000。合作经济。

表 4 2009 年老百姓养殖一窝不同种类胡蜂收入情况统计表

名称	平均产量	收入	资源占用	劳动强度
土蜂	60 斤	4 200 元	7 平方公里	穿透气性防土蜂服，一人可以轻松完成
黄腰蜂	20 斤	1 000 元	3 平方公里	穿透气性防土蜂服，一人可以轻松完成
葫芦蜂	15 斤	600 元	2 平方公里	穿透气性防土蜂服，一人可以轻松完成

表 5 2009 年潞西市芒市镇农贸市场王师傅出售其他食用昆虫情况统计表

名称	每年销量	收入	需资源	劳动强度
蚂蚁蛋	400 斤	16 000 元	100 窝蚂蚁	两人多天完成
酸蚂蚁蛋	100 斤	3 500 元	30 窝蚂蚁	两人多天完成
沙虫	500 斤	15 000 元	10 公里河床	两人多天完成

五、发展以食用昆虫为基础的家庭经济的指导思想

（一）合理布局，科学开发食用昆虫资源

1. 土蜂等胡蜂科食用昆虫养殖布局

土蜂捕食能力强、生性凶猛，不同窝的土蜂在浆塘、捕食区域、飞行路线上相遇时会撕咬打架，最终两败俱伤。德宏师范高等专科学校食用昆虫研究所 2009 年调查表明，10 平方公里地表山林表面积，只可养殖一窝蜂幼虫产量 60 斤左右的土蜂。德宏州总面积 11 526 平方公里，理论上养殖土蜂的极限数量为 1 000 窝，以每窝土蜂平均产 60 斤蜂蛹、5 000 个职蜂计算，理论产值为 60×70×1 000+4 000×1 000 ≈ 800 万元。

德宏有 50 个乡镇，364 个村委会，在 200 个山区村委会中，每个村委会选 5 户喜欢玩蜂子的老百姓，每户养殖一窝土蜂，每户平均收入为 60×70+4 000=8 200 元。养殖土蜂的老百姓，可以同时养殖 10 窝黄腰蜂（产值 10×20×50=1 万元），20 窝葫芦蜂（产值 20×15×40=1.2 万元），20 窝蜜蜂（产值 20×100=2 000 元）。这样开展综合养殖胡蜂业务的山区老百姓每户每年可以有 3 万元左右的收入。

2. 竹虫养殖布局

房前屋后、田边地角有竹林的老百姓家都可以养殖竹虫，在每个村委会选竹林最多的 5 户老百姓作养殖示范户，产值与老百姓家竹林数量和种类有关。

3. 蚂蚁蛋养殖布局

产蚂蚁蛋的蚂蚁生活在泥土中，食物是落叶和其他小昆虫，每个村委会选 5 户喜欢挖蚂蚁蛋的老百姓做养殖试验示范户，每户老百姓养殖 50 窝蚂蚁蛋，每窝平均 4 斤，共 200 斤（产值 200×40=8 000 元）。

4. 沙虫养殖布局

选住在德宏州三江四河及其支流附近喜欢挖沙虫的老百姓 100 户，每户在 2 公里的河床上作养殖试验示范。

（二）建优良土蜂种源繁育基地，为老百姓提供优良土蜂种源

优良品种决定养殖业的经济效益，德宏州有四种产卵量、繁殖力、捕食能力、筑巢能力等习性不尽相同的土蜂品种，2009 年德宏师范高等专科学校食用昆虫研究所指导老百姓做了筛选优良土蜂品种的试验，筛选出了蜂蛹、蜂幼虫产量最高的品种是小独顶土蜂，单窝最高产量可达 150 斤，其次是花土蜂、黑土蜂，最差的是懒土甲土蜂。目前德宏喜欢玩蜂子的老百姓都是在每年的 5 月至 6 月应用自己的经验，到山林中找自然状况下越冬成活的

土蜂蜂王（老百姓叫瞄蜂子），找到什么品种的土蜂就接什么品种到自己家附近养殖，品种好的养殖效益好，品种差的养殖效益差。所以建立优良土蜂种源繁育研究基地，为老百姓开展家庭养殖土蜂业务提供优良种源，可以大幅度提高德宏老百姓养殖土蜂的经济效益。2010 年 5 月至 6 月德宏师范高等专科学校食用昆虫研究所在盈江、潞西、龙陵等地指导 10 个点的老百姓做小独顶土蜂优良品种养殖试验。

（三）建立食用昆虫养殖技术研究中心，为老百姓提供科学的养殖技术

目前，喜欢玩蜂子（瞄蜂子、接蜂子、烧蜂子）、喜欢到竹林中砍开竹腔取竹虫、喜欢到山坡泥土中挖蚂蚁蛋、喜欢到河床边找沙虫的老百姓，在实践中都各自总结出了一些独特的养殖技术，但都没有找到如何科学有效地控制下一年所需各类食用昆虫种源的技术，都还停留在靠经验和运气到自然环境中去找种源的传统行为上。建立食用昆虫养殖技术研究中心，重点解决种源问题，为老百姓家庭养殖食用昆虫提供所需要的种源和科学的养殖技术，成为德宏食用昆虫经济又好又快发展的当务之急。2009 年德宏师范高等专科学校食用昆虫研究所指导老百姓做了控制竹虫种源和土蜂蜂王越冬的试验，取得初步成果。

以下是部分养殖经验：

（1）竹虫以竹笋为食，人工养殖竹虫的产量主要决定于竹虫寄生的竹种和直径，竹笋直径越大可以养殖竹虫的量越多、性价比越高，所以由食用昆虫养殖技术研究中心，指导老百姓逐渐将自己家的竹林改换成竹笋直径在 13 ～ 20 厘米的麻竹、甜龙竹、大龙竹等竹种，将会使家庭养殖竹虫的产量大幅度提高。

（2）蚂蚁蛋是切叶蚁类中有待明确其成虫学名的一种大型蚁类化蛹前的卵，每年四五月婚飞后的雌蚁，寻找到合适的泥土环境，挖洞穴筑巢，成为新蚁群的蚁后。利用这一习性和昆虫的趋光性，很容易进行人工扩繁养殖，但有关技术细节需进一步研究。

（3）沙虫是膜翅目中华大龄蛾的幼虫，每年 4 月、5 月、6 月在沙石缝中羽化的成虫，交配后将卵产在河水中，卵附着在河中石块等物体上，孵化后成为沙虫幼体，取食水中食物长大。利用昆虫趋光性，可以诱导成虫在指定河段交配产卵，相关技术细节需进一步研究。

六、加强宣传，形成良好的资源观

（一）运用村规民约阻止乱烧蜂子、乱砍竹虫的行为

由于传统的习惯，德宏州老百姓都认为，所有食用昆虫都是大自然恩赐给所有居民的礼物，任何人都可以随意烧取山林中的土蜂、黄腰蜂、葫芦蜂，任何人都可以到竹林中砍开竹腔、取走竹虫，任何人都可以到山坡上挖蚂蚁，等等，这些不科学的资源观和坏习惯，影响了养殖食用昆虫的积极性，阻碍了家庭昆虫经济又好又快发展。以养殖竹虫为例，2008 年、2009 年我们在潞西市轩岗乡坝竹河温泉后山 2 000 亩竹林中做养殖竹虫试验，80% 的竹虫被周围四乡八岭的老百姓成群结队地偷砍、抢砍了，因为他们以前一直在这片竹林中砍竹虫。

针对这些情况，2009—2010 年德宏师范高等专科学校食用昆虫研究所在动员和指导老百姓开展食用昆虫养殖试验时，深入潞西市的 40 多个村寨开展科学、合理、合法利用食用昆虫资源的宣传教育活动，并且指导各村寨的老百姓制定了相应的保护养殖食用昆虫积极性的村规民约。

（二）运用科学技术实施食用昆虫的组合养殖

土蜂个体大、攻击性强，尤其是小独顶土蜂，德宏山区农村老百姓之间，历来存在养殖土蜂与养殖葫芦蜂、蜜蜂的矛盾。因土蜂捕食葫芦蜂、蜜蜂，养殖葫芦蜂、蜜蜂的老百姓要么把土蜂打死，来一个打死一个；要么在蜜蜂蜂箱边，将土蜂夹住放在酒瓶中泡酒；要么在土蜂的身上带一个浸泡了农药的棉团（老百姓称之为“带白”），土蜂进蜜蜂箱捕食蜜蜂幼虫后带着棉团和农药飞回蜂巢，使整窝土蜂被毒死。

2009 年德宏师范高等专科学校食用昆虫研究所指导老百姓做了将蜜蜂蜂箱进出口改小，只可让蜜蜂进出，土蜂不能进入的蜜蜂蜂巢，有效解决了土蜂捕食蜜蜂的矛盾；利用昆虫的应激性，将几个土蜂关在小蜂笼中，然后将小蜂笼放在葫芦蜂巢边、蜜蜂箱边，人为刺激小蜂笼中的土蜂，让它们发出这里有危险的信号，阻止其他土蜂来攻击葫芦蜂、蜜蜂，也取得良好效果，但养殖葫芦蜂、蜜蜂的老百姓因心态等多方面的因素，多数不愿意这样做。

在 2009 年试验的基础上，德宏师范高等专科学校食用昆虫研究所计划于 2010 年 7 月在盈江县铜壁关乡，潞西市中山乡、江东乡，龙陵县河头村等地区各指导一户老百姓做养殖一窝土蜂、10 窝黄腰蜂、20 窝葫芦蜂、20 窝蜜蜂的组合养殖实验。

七、发展食用昆虫经济的综合社会价值

（一）创造农村劳动力自主就业的机会

2009年德宏师范高等专科学校食用昆虫研究所对德宏潞西市以食用昆虫为主要收入的老百姓进行了调查，结果表明每个乡镇平均都有50个喜欢到野外竹林砍竹虫、20个喜欢瞄蜂子（接蜂子、烧蜂子）、5个喜欢挖蚂蚁蛋的老百姓，这些老百姓将食用昆虫带到农贸市场或直接送到餐馆出售，获得可观的经济收入。在2009年的基础上，2010年5月德宏师范高等专科学校食用昆虫研究所联络了包含景颇族、傈僳族、傣族、汉族等30多个最贫困的山区农村老百姓实施科学化养殖土蜂的试验，计划到2012年在德宏州发展1 000户以养殖食用昆虫为主要经济来源的示范户。

（二）激活山区老百姓的商品意识

自古以来日出而作，日落而息，自给自足的传统行为根深蒂固地在德宏山区农村老百姓中沿袭，人们的商品意识淡薄，缺少商品交易活动。治穷先治愚，2009年参与德宏师范高等专科学校食用昆虫研究所做竹虫、蜂蛹养殖试验的老百姓，出售竹虫、蜂蛹、蚂蚁蛋等食用昆虫获得较大经济收入的事实，激活了所在村寨的其他老百姓以家庭为单位开展食用昆虫商品化养殖的意识，提高山区老百姓参与家庭科学养殖食用昆虫试验的积极性和自觉性。养殖和销售竹虫、蜂蛹等食用昆虫的全过程可以由老百姓家庭直接完成，利润直接体现给养殖户，不需要中间环节，奠定了山区农村家庭式食用昆虫经济的基础。

（三）促进边疆地区特色旅游美食经济的发展

据德宏师范高等专科学校食用昆虫研究所调查，2009年潞西市出售竹虫、蜂蛹等食用昆虫的老百姓共向市场提供大约8 000斤蜂幼虫蜂蛹、6 000斤竹虫、1 000斤蚂蚁蛋等食用昆虫。这些食用昆虫进入餐馆酒店后，一般每斤可以加工成3份出售，每份50～80元，其中的油炸蜂蛹、油炸竹虫、蜂撒、竹虫撒、鲜蜂汤、蜂毒酒成为宴请宾客的压桌菜，成为最具地方特色的潜在旅游美食资源。德宏的餐馆、酒店在每年的2月至5月争先收购来自山林的野生蚂蚁蛋，每年的9月至11月争先收购来自山林的野生竹虫、蜂幼虫蜂蛹。在这些时期，人们广邀朋友，争先恐后地去餐馆饭店品尝色香味美的昆虫美食，以蜂幼虫、蜂蛹、蚂蚁蛋为基础的昆虫特色旅游美食经济逐渐形成。

青岛、大连等沿海地区的农村，依托贝类、虾类、鱼类等海洋食用动

物资源，形成了丰富多彩的惠及海边农村老百姓的食用海洋动物旅游特色经济。德宏山区农村经济持续增长是社会主义新农村建设的主要内容之一，每个山区农村家庭经济收入的增加是山区农村经济持续增长的基础。德宏山多、树林多、生物多样性丰富，科学合理地开发食用昆虫资源是使德宏山区农村家庭收入持续增加的有效途径之一，研究人工养殖食用昆虫的技术应当成为政府立项的众多科技扶贫项目之一。

◎ 德宏社会事业发展研究

德宏各城镇傣族传统建筑符号的提炼需要再下工夫

章建刚

中国社会科学院文化研究中心副主任、研究员

我于2010年5月参加了云南省委宣传部、云南省社科联组织的“社会科学专家德宏行”活动，在30年后再次来到德宏，从芒市到梁河、盈江、陇川、瑞丽等地走了一圈，看到德宏各地经济社会的巨大变化，也深切感受到德宏州委州政府近两年来抓住国家应对国际重大经济危机、充分加大财政投入的机遇，使地方经济与财政双双高速增长、社会消费品零售总额和城乡居民实际收入双双较高攀升的良好态势。当前，德宏州委、州政府并不满足于已经取得的各项成就，还要以胡锦涛总书记提出的建设“面向西南开放桥头堡”的指示为新的目标和动力，积极推动自身经济结构的调整和产业升级，希望使德宏的工作迈上新的台阶。这样的努力应该得到充分肯定。

与30年前相比，这次德宏行也有一个明显的感受，就是德宏各县市尤其是各城区里民族风情不够浓郁了：年轻人不再穿着民族服装，以前随处可见的傣家竹楼几乎不见了；走在瑞丽街头，感觉城市风貌与中国南方比如广东的某些县城没有明显的区别。这对我是一种极大的遗憾。它促使我去思考，城市面貌的地方性究竟意味着什么；为什么经济社会快速发展进而融入全球化的时代，一个城市更应该追求地方性的卓越表达；作为中国一个少数民族地区德宏为什么有必要尽力保护并弘扬这些少数民族地方文化特色？

并不是说德宏在少数民族文化传承保护方面没有做工作。在傣戏的发源地盈江，我看到一批中老年傣族妇女非常执著地排演傣戏；州府以及基层地方也都有民族歌舞的仪仗表演；地方政府的民族干部身着民族服装；德宏民族出版社也在积极出版各类民族语言文字的图书；州傣剧团还在创作新编傣

剧……我认为，随着中国经济社会的现代化，傣族地区的居民也完全应该选择自身文化的发展方向，文化总是发展着的，变化本身不是问题。

那么，问题出在哪里呢？我认为，德宏发展的不平衡，民族文化创新动机不足，文化创新的制度环境难以形成，导致精致民族文化景观未能形成，值得我们认真研究并推动其迅速改变。

当前 GDP 对各级领导来说还是一个相当重要的政绩指标，地方政府在很大程度上还像企业，这两年在国际金融危机影响下，公共项目投入增多，各级政府更像是在计划经济时代里抓建设。对于德宏的一些县市来说，发展工业的可能性不大，因此主要是打农业转向经济作物增收的主意。这么做也许不错，而且已经创造了不少机遇，但发展方式仍然有些陈旧。我认为经济发展方式转变首先要从对发展的资源、需求的认识转变开始。直观地来说，德宏已经知道腾冲旅游声望在提高，旅客数量逐年迅速增加。但如何让这些已经走到家门口的游客进来转一圈，似乎还在是观望状态。具体地说，地方经济发展部门、旅游接待部门似乎没有对游客数量进行统计、分析尤其是预测；也没有真正关心未来的游客到德宏来应该让他们看什么的问题。说得更直接一点，未来德宏发展的重大资源不是本地的，而是外地的，也就是那些口袋里装着较多货币的国内外游客，而能够通过民族风情吸引游客实现跨越式发展的在中国非云南莫属，德宏可能就是云南下一个旅游热点地区。2009 年我国国内旅游人数已经达到 3 亿人次，且还会较快增长。云南是我国重要的旅游目的地省份。目前德宏的游客接待数字（400 多万）大约占到全省（7 800 万）的 5%，以德宏经济在全省第十和地处滇缅公路南端的位势来说，应该还有较大增长可能。那么要不要认真细致地研究未来的趋势，要不要为此及早准备？

在这种情况下，除了对游客数进行预测，还需要更多地考虑德宏各县市与保山、腾冲等地的旅游景观要有什么样的差别，要营造怎样的特色旅游景观的问题。一般来说，保山地区的文化已有较多汉文化特征，而德宏傣族、景颇族文化最具特色；傣族文化与西双版纳的傣族有一些区别，另外还有几个世居民族文化也风格别具。① 而现在整个旅游环线（芒市、梁河、盈江、陇川、瑞丽、畹町）公路两侧都看不到这些民族的特色建筑，各县县城也已经基本完成现代化更新。虽然各县市都打造了一些所谓民族文化旅游景点，但这些景点一是内容的真确性相当可疑；二是粗制滥造现象严重。如路边偶尔可见的新建傣族奘房（缅寺），大量使用蓝漆洋铁皮屋顶与外墙，显得相当淡薄而不够庄重。

---

① 三台山乡现存德昂族传统建筑，它的木雕栏杆等就说明其历史上有过更加辉煌的时期。

县城及州府芒市更应该是特色景观着力打造的重镇，州里也有打造“两城”（即潞西、瑞丽两座中国优秀旅游城市）的计划。这里的重点显然是城市的重新规划和旧城改造。但目前看，规划设计力度仍然偏低，城市整体景观较差（如飞机降落前从芒市上空掠过，看到的是很凌乱的街道和大量蓝铁皮的简易屋顶）。政府推行的“穿衣戴帽”工程执行显得很随意，那些装饰部位的处理方案未经深入推敲，未提出必要的算数比和各种屋角度数的规范。我们知道傣族建筑的精品通常是奘房，它通常是单体建筑，其平面一般具有一种十字结构，这一结构影响到屋顶的形状与观感。我们可以看到芒市市内菩提寺是一个优秀的案例。但目前的“穿衣戴帽”工程针对的是大批五六层住宅楼的临街立面，特别是它们的楼顶边缘。一个高高在上的狭长屋檐加上几个简单的十字结构装饰构件，看上去很不协调，谈不上美观。与此相关，各村寨新村建设或震后重建也存在同类问题。其实从审美的角度说，任何民族建筑的杰出范例都必然隐藏着特定的算数比。忽略了这些比例，建筑的民族特色就会似是而非，显示一种“殖民地风格”。这样的装饰有还不如没有，需要引起重视和尽可能避免。[①] 应该承认，潞西市政府大楼的装饰是一个成功的案例。

这里当然有个做事认真的问题。政府并不直接介入设计或创作工作，它委托生产并提供创作的制度环境。同时它也需要有眼光，要对委托的工程有严格的检查验收，因此它要有懂行的公务人员。芒市会堂是州府新建的重要公共建筑，外观也说得过去。但大厅内分置左右的两幅大型浮雕就难以恭维了。我们不对浮雕作品的内容进行挑剔，只想说说它们的制作。由于未能在设计完成后进行必要的放样修正，一个很小的样品一下子放大到十来米高的成品，画面必然显得缺少细节。同时，由于体量增大，在小样上看不到的许多转折处理现在变得十分明显。必须巧妙应用人物形象正面的圆雕与侧面的高浮雕或浅浮雕的合理转换技术，否则就会像像素很低的照片一下放大若干倍，不仅整体形象会变得模糊，而且细节都会成为一颗颗大粒的墨点。现在的浮雕就有一些侧面人像的鼻梁成为厚厚的平板切面，显得过于粗糙。放在芒市会堂里的艺术品代表了芒市的艺术水准和审美水准，这个要求恐怕不算过分，而现在的作品还达不到这样的标准。事实上，“穿衣戴帽”的各项工程也有一个检查验收的问题，而首先就是对其具体应用方案进行审查。

“穿衣戴帽”不是简单的样子工程，不是应付上级的政绩工程。[②] 作为

① 相对地说，丽江的“穿衣戴帽”工程做得要漂亮得多，城市景观也更有魅力。显然任何事情都不能简单地、大而化之地一概而论。

② 应该说目前国内的“穿衣戴帽”工程不少，却鲜有成功的典范，包括北京市在奥运会前对重要道路两侧住宅楼进行的粉刷和装饰，也不算成功。

旅游城市，它一要给居民具体的实惠；二要营造出总体市容景观。真能达到这两项标准的确要花不少的钱。首先，相信德宏州的领导不会以财政紧张作为托词，因为景观建设具有公共性，就是政府的责任。其次，无论有多少，公共财政都必然是稀缺的。因此我们要考虑的仅仅是如何使公共服务能有高效率。国内公共投入普遍存在的问题是低标准普遍用力，结果是低质量的重复建设，事倍功半。很多百年大计的工程偷工减料，最后成了“豆腐渣”。除了可能存在的腐败问题，我认为这里更多应该强调政府投入的综合效益管理。现在的建设经费通常是多头申请下来的，因此功能都是单一的，新农村建设、灾后重建、穿衣戴帽、高等级公路建设，各是各。如果能够在农村住房改造时同时考虑景观问题；在公路建设过程中同时进行观景台设计，一石双鸟，也许同样的钱就可以办更多的事。科学发展观要求这样的施政实践。

中央从国家大局出发为云南制定了“面向东南亚、南亚开放桥头堡”的发展战略。当前德宏的领导也在积极抢抓桥头堡建设的重大机遇。我认为现在抓机遇首先就要在发展标准上有更多的前瞻性，以避免低水平重复建设、重复投入造成的浪费。现在说的桥头堡毕竟是用于进一步大规模开放的桥头堡！

我认为，开放的桥头堡在功能上首先不是拒斥和封闭，而是迎接与吸纳！这时它应该表现为一种较高的位势、一个可以操控局面的制高点。这样的制高点如果是可持续的就只能是文化的。它是一种具有高度兼容性或者丰富多样性的伦理观或价值观。一个已经有大量外国人长期居住的城市，比如瑞丽，以及未来的潞西和盈江，一定会有多种文化的交流、碰撞，那么什么是能在其中成为先导并保持着自身独特性的商谈伦理及其言语表达呢？其次，桥头堡与此前“大通道”的比喻相比，它不是简单的物流或信息流，或人们戏称的“大过道”；桥头堡具有一种目的性的要求。如同大浪淘沙，在滚滚的潮流一波波涌过之后，总有些许闪光的东西留下。我认为，这些作为目的留下的就是文化——那些因具有高质量唯一性而可能沉淀下来的精致文化表达。蕴涵了它，普普通通的一个个日子就被提升为一种宜人的生活方式。桥头堡也是一种不动产，因此它还是一个城市的暗喻。人们为了安全而把房屋紧紧地聚拢在一起形成了最初的城市，而今天人们又希望把它的格局疏朗开来，以容纳更多的希望。在这里，优越的生活方式应能通过多种语言、艺术和城市景观呈现出来。我们国家正在进入快速城市化的历史时期，从遥远地方飞来的班机甚至要求芒市的街道也为它的游客提供快速闪过的最初印象。所有这一切都要求德宏在城市景观方面再下工夫、再上一层楼！

云南经济发展在全国的水平、德宏经济发展在全省的水平都不是很高，传统上依赖重工业、依赖自然资源的发展道路在今天这个全球都在强调低碳的时代，显然已没有多少前行空间。反之，在旅游成为全球持续时尚的今天，景观成为一种重要资源，高质量唯一性的旅游吸引物是游客趋之若骛的对象；而民族地区规模不太大、具有统一民族建筑风格、弥漫浓郁民族生活情调的城市更是游客们争相深入体验的地区。想想2008年北京奥运会和今天上海世博会的场面，中国旅游业的前景应可在各地“十二五”发展规划中占更大的比重，也应尽早为此做好准备。

我认为当前德宏有必要专门立项，组织专家团队对城市景观问题进行现状评估，作出进一步优化的方案。具体地说，要研究一下傣族经典建筑的十字形屋顶结构如何可以更合理地予以提炼，使之成为公共建筑尤其是公共文化建筑或城市住宅的装饰符号；那些重叠的屋顶及其夹角作为装饰符号又应该如何规范；新农村建设中使用现代建筑材料的民居如何保持传统民族建筑风格；等等。德宏有关部门还有必要进一步研究一下进行城市景观建设的财政安排问题。这里的意思是公共财政和企业或私人的投入能否有一个合理的分配。城市毕竟不都是公共建筑，商用建筑的装饰也应该尊重业主的意愿。可以借鉴杭州市西湖区对龙井等景中村的改造经验。西湖区对景区农村新建住房有统一的立面外观要求，为此也向村民提供相应补贴。这样，两个积极性一起发挥，农民改善了居住条件，景区美化了环境，并且各方都节约了开支，取得了“双赢”的结果。我想这里不仅是个精明不精明的问题，而且也有科学发展观念转变的问题。

用我们对于民族传统文化遗产保护的基本观点作为结语：不仅是建筑特色，也包括服饰、饮食、语言和艺术等等，重要的不是它们面对现代化发生的改变，而是其弥足珍贵的价值是否经过创新，被它们的主人亲身带入新的时代！

德宏传统民族民间文化的保护和利用研究

施惟达

云南大学国家文化产业研究中心主任、研究员

一、保护和利用民族文化遗产对地区经济社会的发展有重要意义

传统的民族民间文化经过了漫长历史的发展，积淀下了深厚的民族文化遗产。无论是以建筑、村寨、历史遗迹遗址等为代表的物质文化遗产，或者是以技艺、节庆习俗和文化空间为代表的非物质文化遗产，都不仅是重要的文化资源和社会生活的宝贵财富，而且是构成民族地区在现代社会环境中打造地方文化形象、提升文化软实力和实现跨越式发展的重要基础。

文化遗产是人类在长期的历史发展中所创造的那些文化要素不断发展、碰撞、创新和积淀的优秀成果。对一个地区来说，文化遗产是地区文化历史发展、社会经济进步的见证和记录者，像故宫、昆曲分别作为世界级的物质和非物质文化遗产，记录的是中国历史文化和表演艺术的最高境界，是中国传统文化的显著标识。它们代表了中国在世界上不可取代的文化地位，形成了中国文化的品牌。丰富多样的少数民族文化遗产，则是云南的文化标志和文化品牌，正是这些色彩纷呈的传统民族文化，构成了云南最具特色和竞争力的文化资源，使云南在现代社会区域竞争的格局中保持自身独特的文化影响力，促进社会经济较快发展。

对于民族自身的发展来说，文化遗产是民族在长期的历史过程中所创造和积累下来的优秀和核心的部分，其中饱含着地区民族对自己文化的认识和归属感，因此民族文化遗产在民族认同上发挥着重要的感情维系作用。尤其是在云南这种众多民族在长期的历史发展中相互交流、融合，民族文化丰富多元的地区，各民族的传统文化遗产在民族的自我认同上起着区别作用，形成了民族对自己文化更为深入的认识和主动的关注。在对自己民族优秀传统文化充分肯定的基础上，民族自信力和凝聚力得到了增强。

文化是不断变迁和发展着的。新的文化总是在传统文化的基础上吸取精粹和营养，结合不同文化对话交流中相互影响、促进的作用，形成了文化的创新发展。在现代社会条件下，经济全球化和文化边界的急剧突破，让传统的民族社会从“乡土一隅”迅速跨入高度开放的世界性文化交流环境中，传统的民族文化势必在碰撞中发生迅速的变迁和新的发展，但这些变迁和发展都建立在传统文化要素的基础上。云南鹤庆新华村的银器制作如今已适应消费市场的需求，创新了诸多传统生活中没有的装饰品、器具产品，甚至银质艺术品等，但其精湛的手工技艺却是创新的基础，正是由于其技艺被较好地传承和利用，才形成了新华村银器在现代消费市场中经济效益和社会效益双赢的局面。

作为地区的文化标识和品牌，文化遗产的保护和利用可以产生直接和间接的经济效益。通过发展旅游业开发物质文化遗产为像英国、意大利和法国这类拥有丰富历史建筑遗产的国家带来了巨大的经济效益。在我国众多文化遗产拥有地，也有诸多的文化遗产被开发为旅游景点，形成了庞大的旅游消费市场。云南很多少数民族的节庆活动，也形成了现代社会重要的旅游吸引物，带动了旅游消费。更为重要的是，有的文化遗产并不能够直接转化为文化产品，但是它的存在却构成了一个地区或民族文化竞争力的内核和动力，它可以通过发挥品牌影响力，带动文化产业和其他产业的发展，形成文化消费的氛围和市场，促进地区经济和社会的发展，形成间接的经济效益。

二、德宏民族文化遗产资源保护和利用的现状及问题

德宏州拥有丰富的民族文化遗产，就非物质文化遗产来说，就有阿昌族户撒刀锻制工艺、傣族泼水节、傣族孔雀舞、傣族剪纸、傣剧《娥并与桑洛》、景颇族“目瑙纵歌”、阿昌族史诗《遮帕麻与遮米麻》、德昂族浇花节、德昂族史诗《达古达楞格莱标》等都列入了国家级非物质文化遗产保护名录。列入省级名录的更有梁河县葫芦丝之乡、瑞丽市孔雀舞之乡、陇川县目瑙纵歌之乡等民族民间传统文化之乡，三台山德昂族、大等喊村傣族、户撒乡新寨贺姐村阿昌族等传统文化保护区，以及阿昌族舞蹈、傣族象脚鼓舞、傣族制陶、景颇族刀舞等民族非物质文化遗产。一方面，这些传统文化在被列入不同级别的文化遗产名录之后，引起了地方政府和民族自身的重视，加大了保护的力度，作出了很多成绩。以瑞丽市对孔雀舞的保护传承为例，市里先后建立了喊沙村、弄恩村、大等喊村、芒约村、芒艾村 5 个孔雀舞的传承基地。我们到喊沙村作过考察，孔雀舞的传承人约相办起了孔雀舞培训班，每年利用学生的寒暑假定期招收中小学生传授孔雀舞，受到了

学生及家长的欢迎，对孔雀舞的保护传承推广起到了非常积极的作用；瑞丽市还命名了44名孔雀舞传承人，颁发了证书及传承补助费，并在2006年和2010年的傣历新年举办了瑞丽市孔雀舞比赛。这些都对孔雀舞的保护传承起到了很好的作用。又如潞西市在三台山德昂自治乡建起了德昂族历史文化博物馆。特别是德宏州对传统民族节庆的开发和打造，如傣族泼水节、景颇族目瑙纵歌节、德昂族浇花节、傈僳族阔时节、阿昌族阿露窝罗节，以及大型的中缅胞波狂欢节、勐巴娜西风情节、葫芦丝文化节、珠宝文化节等，都举办得有声有色，受到广大民族群众的欢迎，同时对外具有很好的影响力。

但另一方面毋庸讳言，这些遗产资源的保护和利用都面临着一些问题，主要是对民族传统文化的保护还处于非常表浅的阶段，对民族文化遗产的开发利用严重不足。

传统民族文化的生存和发展与地区民族的生产生活密切相关，文化遗产的认定一方面可以引起人们对传统文化的高度重视，但可能会给某些人在观念上造成文化事象和文化空间之间的割裂。德宏珍贵丰富的传统民族文化不仅仅是某个民族的某个舞蹈可以代表的，而是包括建筑、服饰、语言、传统风俗、宗教信仰等在内的一个完整的文化系统。而现在在德宏，传统的傣族代表性建筑竹楼大部分已经被现代的砖瓦房所取代，傣族的民族服装也往往只有在传统节庆聚会中、在偏远的村寨中和民族服饰店里面才可以见到为数不多的一部分。全国有3个阿昌族自治乡，一个在陇川，梁河有两个，即曩宋和九保。我们到了九保的永和村，各级政府投资近300万元在这里建了一个规模不小的梁河县阿昌族阿露窝罗文化中心，但在村寨中能够使用阿昌族语言的只有那些上了年纪的老人，90%以上的年轻人都不会讲阿昌语，甚至连听懂都存在困难。语言的流失，对阿昌族传承国家级非物质文化遗产史诗《遮帕麻与遮米麻》构成了严重的威胁。对于传统民族文化的保护，处于表浅的层面，往往只注重事象的记录和保存，但忽略了对文化生存环境、传承方法的保护。

又如姐相乡大等喊傣族村传统文化保护区的保护情况。这个与缅甸山水相连、田畴相依的傣族村寨，因其优美的景色、著名的奘寺、特色的竹楼而先后被批准为省级文物保护单位、全国工农业旅游示范点、省级民族民间传统文化保护单位。该地区曾经在瑞丽的旅游热潮中成为一个傣寨农家乐的景点，傣族老乡组织了若干支傣族歌舞表演队，开办了多家傣族风味餐馆，瑞丽市旅游局投资了100多万元在奘寺对面建盖了一个非常漂亮的歌舞表演大厅，但是随着旅游业的衰退，一切都显得空寂下来。就连村寨自已筹措资金新建的一幢近600平方米的一个科技文化活动中心，也因为缺乏后续资金而濒于闲置，只能作为偶尔召开的村民大会的场所。

以发展的方式对民族文化遗产进行动态的保护，已经成为现代社会人们如何传承民族文化的一大共识。德宏不仅具有丰富的民族文化遗产资源，并且拥有边境口岸、贸易枢纽的优越地理位置，优良的自然生态环境也构成了德宏独特的地区优势。但是就目前的情况来看，德宏并没有充分地利用环境的优势，对民族文化遗产进行较好的开发利用。傣族的剪纸、傣戏等传统民族文化具有鲜明的地区和民族标识、品牌作用，但是在旅游消费市场和边境贸易中，却难见它们与市场有效结合的身影。而诸多的传统民族文化保护区，也仍然处于纯粹保护的状态，主要的资金来源也局限于财政投入，没有与现代文化消费市场的需求相对接，没有形成利用民族文化遗产获得经济、社会效益来反哺传统文化保护的良性机制。

对民族文化的保护要注重民族大众的文化需求，只要是适合大众文化需求的，其实并不需要投入多少资金就能收到好的效果。例如对傣剧的保护。我们到德宏州傣剧团调研，团里的同志反映现在他们的生存都遇到很大困难，缺经费、缺人才，没有演出条件，人才流失严重，等等，傣剧的生存与发展面临很大危机。但我们在傣剧的兴起地盈江新寨调研时发现，这里民间傣族老百姓有好多傣剧队，她们利用农闲时间根据传统的剧本自导自演傣剧，所有的服装、道具等都是大家凑钱购置的。据乡文化站的同志反映，乡里缺乏文化活动经费来扶持这些群众自发的活动。在我看来，这就是傣剧生存和发展的最大的条件和基础，如能有一定的扶持和指导，民间傣剧的发展一定更加兴盛，只是这兴盛不一定就能或就必须表现在傣剧的专业艺术院团。

三、德宏的民族文化遗产的保护与利用大有空间

民族文化遗产是整个民族文化的精髓。民族是其文化的创造和传承的主体，民族的特色的生产生活方式是孕育、产生和发展民族文化的土壤，如果与民族的生产生活方式相割裂，民族的文化只会成为“无源之水”、“无本之木”，难以承继，更不可能有创新发展。因此对于民族文化遗产的保护和利用，都要与民族的生产生活相结合，让民族自身认识到文化传承与自己的生活休戚相关，以此引起民族对于自己文化的切身感受和认同，提高民族对自己文化传承和保护的自觉性。

民族文化遗产的保护和利用必然无法脱离社会主义现代化进程的影响，因此传统文化的保护和传承要与地区社会经济的发展达成有效的平衡，才能够真正获得稳固的地位，体现传统文化的重要价值。德宏民族文化遗产的保

护和利用要充分结合地区特色和优势产业，要将民族文化有效地渗透到旅游业、农业、生态产业等业态中，形成不同产业之间的关联、互动发展。在德宏州委、州政府提出的大力发展具有德宏特色和比较优势的竹子、咖啡、坚果、柠檬、油茶、核桃“六棵树”和番麻“一棵草”的特色产业中，如何进行适当的加工，使其产品具有鲜明的地方民族特色，从而提高其附加价值而不是简单地卖原料。再如德宏州独有的少数民族之一的德昂族拥有悠久的制茶历史和优良的茶叶资源，还有优美的“以茶为祖”的神话，作为国家级的非物质文化遗产的德昂族史诗《达古达楞格莱标》就讲了德昂族的茶祖神话，但是在我们的茶产品中却看不到这样的民族文化元素。我们到梁河县大厂乡参观的回龙茶种植基地，打的仍是生态牌。生态固然是适应现代消费潮流的一个重要元素，但仅仅是生态并不能把你的产品与其他众多的生态产品相区别，这样你的产品品牌也就很难打出去。应当开发以德昂族文化为主题的系列茶产品，借云南茶产业已经形成的品牌影响力拓展市场；而傣族传承了几百年的傣药、傣医不仅可以用于治疗疾病，更应该通过合理的规划和开发，形成能够满足现代人康体、休闲、健身、理疗等消费需求的特色民族文化产品和服务，这不仅可以与旅游业发展中把德宏打造成现代的康体休闲度假胜地的目标相结合，提升其特色和内涵，产品还可以开拓国内外市场。与旅游业的发展结合的开发实际内容很多，又如傣剧，这也是国家级非物质文化遗产，是很能反映傣族人民的情感、性格和特色的艺术形式，能否选择经典剧目加以提炼和精致化，做成一个较为有层次的演艺产品，区别于一般化的如《丽水金沙》那样的大众化产品，使游客觉得到德宏欣赏傣剧是一种品位和身份的象征，也区别于参加泼水节那样的大众活动。反之，像陇川户撒的阿昌刀，除传统长刀和匕首之外，能否开发现代生活的常用刀具，既作为一种旅游纪念品又有实用性是会有较大市场的。

政府在地区民族文化遗产的保护和利用中有着非常重要的作用，一方面政府对文化遗产的保护和开发利用起着监管作用，要严格把关、科学规划，最大限度上避免民族珍贵的文化遗产在开发中被滥用甚至毁坏；另一方面政府有力量为民族文化遗产转化为文化资源，形成文化产品，进入市场搭建有效的平台。因此，地方政府要通过制定相应的法律法规和政策，通过一定程度的资金引导，加强对市场的监管力度，激发社会、民族群众对文化遗产保护和利用的自觉性、积极性，形成民族文化遗产有效的保护和合理的开发利用，促进地区的经济和社会发展。

德宏是“一个美丽的地方”，傣族人民在这里生长，密密的寨子紧紧相连，弯弯的河水绿波荡漾。德宏的典型景观是凤尾竹掩映着竹楼，江边有婀娜的傣族小卜哨，但是这样的景观已越来越难寻觅。如何保持德宏典型的景观特征，傣家的竹楼已简单地被汉式砖瓦房取代，身着傣装（包括其他民族服装）的婀娜身姿仍随处可见，不能只靠群众在现代化的浪潮中自己去坚守，在我们这样一个政府掌控着大量资源的体制下，需要政府去引导、去采取一些鼓励政策，如设计一些既保持传统民族风格，与环境相协调，又在功能上能满足群众新的生活需求的民居建筑推广。尤其在新农村建设时不能不分哪个民族，何种自然条件，搞简单的统一式样一刀切。

对民族文化的历史资源利用同样大有文章可做。例如刀安仁这位历史人物。刀安仁是傣族历史上一个非常有特点、有功绩的人物，参加过同盟会，留过洋，以家产资助过同盟会，受孙中山欣赏；抗击过英国侵略者；多次出国到缅甸和东南亚各国及印度考察，从马来西亚引进橡胶，并在本地办火柴制造、印刷、纺织等实业；设“新成银庄”，发行银票；创办学校，启迪民智。同时亦是诗人，喜爱傣戏，曾对傣戏唱腔、道白、服装、配乐等方面进行改革，亲自编写过傣戏《阿銮相勐》，曾把数十出滇剧、京剧改编为傣剧上演，将《水浒》、《三国演义》、《西游记》等译为傣文，并有过浪漫的爱情故事。孙中山为其写挽联曰：“边塞伟男，辛亥举义冠遇春；中华精英，癸丑同恸悲屈子。”可见其评价之高。总之，这是一位少数民族中非常有吸引力的一位人物，就其英雄曲折的人生阅历及与外部世界的交往，不仅在云南的少数民族中少见，就在整个中华民族来看也可算得上一位豪杰。但过去鲜为人知，应加以充分的宣传。如能据此创作一部电视剧，有其国内外的经历，再突出边疆民族风情，应该说具备了大片的基本要素。以这样一部电视剧来宣传德宏，其效果不可小觑。这也是对传统民族文化保护与利用的一种方式。

又如南甸宣抚司署，保存较为完好，是国家4A级旅游景区，但是对其开发利用还显不够，陈设内容较为单一，如能以此为基础，建成一个民族历史文化博物馆，展馆同时也可展示出售有特色和收藏价值的民族手工艺品，相信会比现在更有吸引力。顺便说一句，德宏（具体到梁河）作为中国葫芦丝之乡，在葫芦丝已然形成一个大市场时，它却没有得到它应有的份额！昆明销售的葫芦丝大多来自湖南。在如何开发和保护民族文化产品方面，这也是一个值得汲取的经验教训。

德宏现在要大力发展珠宝（翡翠）加工贸易，甚至要建设中国“玉”都①，与此相关联，就应该在立足地方民族文化特色的基础上，大力构建新

① 田大余：《旅游的社会功能与德宏旅游文化产业发展构想》，见《纪念新中国成立60周年暨德宏经济社会跨越式发展研讨文集》第37页。

的珠宝文化。珠宝文化包括对珠宝的观念与意识，对珠宝的欣赏与收藏，翡翠的设计加工工艺，以及翡翠的流通贸易等。通过翡翠文化的构建，既突出翡翠的民族地方特色，提高翡翠的文化内涵和经济价值，既强调其天然品质的自然价值，也突出设计琢磨的文化价值。同时营造良好的交易环境，使消费者懂得欣赏，乐于收藏，放心购买。

德宏州转变旅游经济发展方式的若干思考

许南垣

云南财经大学旅游学院院长、教授

党的十七大报告指出，实现未来经济发展目标，关键要在转变经济发展方式、完善社会主义市场经济体制方面取得重大新进展。转变经济发展方式，是落实科学发展观的必然要求，是促进经济又好又快发展的重要基础，也是构建社会主义和谐社会的前提和保障。

对于德宏州迅速发展的旅游业来说，切实转变当地旅游产业经济发展方式是提高旅游产业素质、推动旅游产业转型升级乃至于实现旅游业可持续发展这一根本目标的重要保障。借此次参加“2010 年云南社会科学专家德宏行暨百名学者话德宏”大型调研活动之际，对德宏州转变旅游经济发展方式，实现新跨越，谈谈几点看法。

一、加快转变德宏州旅游经济发展方式，实现新跨越的意义

首先，中共云南省委八届八次全会明确指出，要把云南建设成为“绿色经济强省、民族文化强省和中国面向西南开放的桥头堡”。“两强一堡”的战略目标，既为德宏确定发展定位指明方向，也为德宏旅游业更好地融入全省旅游产业综合改革，在“二次创业”新的发展起点上实现跨越提供了宝贵的战略机遇。

其次，国家已确定把旅游业定位为国民经济的战略性支柱产业，云南省被国家发改委确定为全国第一个旅游产业综合改革试点省，为全面推进德宏旅游经济的创新，谋求沿边开放与发展中的先发效应，集中力量破解德宏旅游经济发展战略性的重大问题，探寻和走出一条既能融入国际化区域化发展，又能充分体现本土化、特色化的德宏旅游经济发展道路，提供了绝好的国家发展战略平台和机遇。

最后，德宏州开展国际区域旅游合作的实践要求，必须加快旅游经济发

展方式的转变。近 20 年来，德宏州在发展国际区域旅游合作中曾经产生过一定的示范效应，但合作进度迟缓，成效不明显，在全省乃至全国旅游经济发展中，有被边缘化的危险，特别是随着国内外形势的变化，云南省对缅甸开放中面临的尴尬局面，大通道建设面临的危机，等等，都要求德宏州乃至云南省需要加快转变旅游经济发展方式，谋求国际化区域旅游合作实现新的突破。

二、德宏州加快转变旅游经济发展方式的基本要求

首先，德宏州转变经济旅游发展方式，必须充分认识到以下背景条件：德宏州旅游经济发展面临双重挑战，即在本身旅游经济发展质量不高，旅游经济结构调整压力巨大和传统发展方式与增长方式滞后于发展需要的背景下，同时面临既要转变旅游经济增长方式，又要转变旅游经济发展方式的难题。

其次，必须强调五个更加注重：一是更加注重提高旅游经济增长质量和效益。二是更加注重推进旅游经济发展方式转变和旅游经济结构调整。三是更加注重推进旅游产业综合改革、开放和自主创新，增强旅游经济增长活力和动力。四是更加注重通过旅游经济发展改善民生，保持社会、经济、生态和谐发展。五是更加注重统筹城乡一体化，统筹国际国内旅游的两个大局，实现旅游经济平稳较快发展。

三、加快转变德宏州旅游经济发展方式的几点思考

（一）深度思考州委、州政府确定的旅游经济发展思路，上下统一认识，坚持创新，寻求突破

1. 发展定位（定性、定量）的分析

2009 年德宏州游客总量达到 413 万人次，旅游总收入 38 亿多。2010 年，游客量预测为 557 万人次，旅游收入 65 亿元，成为云南省旅游“二次创业”典型综合示范区；2015 年，游客量预测为 770 万人次，旅游收入 100 亿元，成为滇西最具魅力的旅游集散中心、中国—东盟旅游合作区的游客集散中心，确立德宏州国民经济重要支柱产业地位。2020 年，游客量预测为 1 000 万人次，旅游收入 140 亿元，成功从观光型旅游目的地向集散型旅游度假地转变，成为全球候鸟式绿色生态度假公园。

德宏州委、州政府对于游客量和旅游收入的这种预测，必须深入研究到底有无可能实现，当地旅游业的支柱产业地位能否确立，并且对“典型综合示范区”和“全球候鸟式绿色生态度假公园”的内涵和特征进行探索，以摆正德宏旅游经济发展的思路，推动旅游业的创新发展。

2. 形象定位

依托德宏神奇美丽的自然景观、多姿多彩的民族文化以及宜居的生态环境，德宏州总体形象定位为："美丽德宏、养生天堂"，其五县市定位分别为：芒市——养生之城、南国佛都；瑞丽——东方珠宝城，精彩瑞丽、富贵之都；畹町——万里边关第一镇；陇川——目瑙纵歌之乡；盈江——中国翡翠毛料第一城、生态文化城、傣族文化之乡；梁河——葫芦丝之乡。

对于这样的形象定位，德宏州必须进一步体现出自身的唯一性、不可复制性和资源稀缺性，以区别于国内其他地区养生天堂的形象定位。德宏州五县市的形象定位同样从自身的旅游资源、区位条件以及文化特色等方面出发，进一步凸现当地旅游个性特色，强调与当地其他地区的异质性，塑造出可操作性强、理念鲜明以及具有较强视觉冲击力的形象定位。

3. 功能分区定位

目前德宏州旅游产业发展形成了"总体构思"和"三大旅游功能区"的空间布局。"总体构思"就是打造一个中心（芒市），一个龙头（瑞丽），一个腹地（盈江），两条驱动轴（瑞丽江、大盈江）和两个文化园（陇川景颇文化园、梁河中国土司文化园）。"三大旅游功能区"就是要建设南部边境风情旅游区（芒市、瑞丽）、中部边地文化体验旅游区（梁河、陇川）和北部绿色水乡生态旅游区（盈江）。

德宏州旅游产业发展的空间布局应该不仅仅拘泥于已有的思路模式，还必须做到优化配置旅游资源，完善旅游空间布局，结合德宏区域经济主体功能区以及总体产业布局，从而做到旅游空间布局与区域总体产业布局思路相结合，做到良好互动、共同发展。

4. 市场定位

目前德宏旅游业市场定位为立足省内客源市场，占据国内市场，放眼国际市场，紧抓珠宝商务旅游、民族文化遗产旅游、自驾车旅游等机会市场。但是这种思路在一定程度上还是有局限性的，并未充分考虑到当地各种特色旅游资源（比如边境旅游风光），因此必须从全局出发，统筹把握，从而形成旅游发展的大市场，进一步带动德宏旅游的蓬勃发展。

（二）坚持一个提升，寻求六个突破，统筹五个协调

1. 坚持一个提升

德宏州必须抓住机遇，把德宏旅游经济发展提升到省和国家发展战略策略，融入桥头堡，建设桥头堡，发展桥头堡，即"入主流、争高端"，作好"十二五"规划。

2. 寻求六个突破

寻求六个突破，即在加快旅游产业综合改革的体制与机制突破的前提下，重点解决六个方面的政策突破：

一是创新旅游产业发展政策，重点开发符合国家鼓励发展并与国际接轨的休闲、度假、康体等高端旅游产品和新兴旅游产品；努力探索与旅游产业高端化、国际化、现代化带动新型服务业全面发展的新路子。

二是创新旅游开发用地政策，优先安排旅游开发建设用地指标，实行用地跟着产业走的政策，纳入省、州、县年度计划统筹安排，优先安排旅游用地的审批。

三是创新旅游企业发展政策，积极鼓励和支持重大重点旅游项目的开发建设，对旅游企业使用水、电、气等，实行与工业企业基本相同价格。

四是创新旅游投融资政策，鼓励和引导各类商业银行和农村信用合作社加大对旅游产业改革的基础设施、景区景点开发项目和配套服务设施建设的资金信贷投入，有计划、有步骤地鼓励金融部门采用门票收费权抵押贷款、信用贷款等形式优先给予贷款支持，支持符合条件的旅游企业，通过发行股票、企业债券、项目融资、产权置换等多种方式筹措资金。

五是创新旅游边境管理政策，在中国—东盟自由贸易区建设和中国—南亚合作框架下，高规格地打造一批口岸边境旅游贸易区，争取免签证政策，争取航权开放政策，增开国际航线。

六是创新旅游财政税收优惠政策，要积极争取各种专项建设资金的支持，从不同角度解决旅游发展与相关基础设施建设资金的制约；要建立积极的财政激励机制，优选建设项目，健全项目管理，强化监督管理，进一步优化招商引资的外部环境，争取更多的社会资金投入；要积极向国家争取西部大开发、民族自治地方的税收政策支持，积极争取境外游客消费退税，建立旅游资源补偿机制等政策。

3. 统筹五个协调

德宏州要实现旅游经济发展方式的转变，必须深入贯彻落实科学发展观，必须树立以统筹协调发展推动构建和谐社会和全面建设小康社会的观念，主要包括五个方面：

一是统筹城乡旅游协调发展。通过以旅促农、以城带乡，统筹城乡旅游协调发展，在积极推进城市旅游业发展的同时，进一步加快发展农村旅游业，不断扩大城乡之间的旅游交流，使旅游发展在解决“三农”问题，促进德宏州经济社会发展中作出更大贡献。

二是统筹区域旅游协调发展。打破行政地域，积极推进与周边国家和周边地区的区域旅游合作，促进区域旅游资源开发和旅游产品的建设，进一步扩大德宏州的旅游发展规模，不断提高旅游产业的质量、发展水平和市场竞争力。

三是统筹国内外旅游协调发展。坚持立足于国际化、全球一体化谋求发展，实现内外发展协调互动，统筹利用好国际国内两个市场、两种资源，进一步推进旅游业的对内搞活和对外开放，在积极引进国际上知名旅游企业的同时，积极鼓励国内旅游企业"走出去"，促进德宏旅游产业的全面协调发展。

四是统筹旅游与经济社会协调发展。进一步提高对发展旅游业的认识，在重视发挥旅游产业的经济功能的同时，更加重视发挥旅游业在促进社会就业、提高人民生活质量、弘扬民族文化、建设社会主义精神文明等方面的综合作用，实现统筹旅游与经济社会协调发展的要求。

五是统筹旅游促进人与自然和谐发展。切实提高社会各方面对发展旅游业促进环境保护、生态保护、实现资源可持续利用的认识，进一步加强环境保护与旅游开发的协调发展，把旅游业发展成国民经济新的增长点，与坚持环境保护的基本国策更加紧密地结合起来，实现以保护促进旅游发展，以旅游发展促进保护，统筹人与自然和谐发展的新格局。

（三）德宏州旅游经济发展方式的转变，必须走生态建设与旅游产业综合改革相结合的道路

1. 深入落实产业发展生态化与生态建设产业化有机结合、互动发展的科学发展思路

紧紧围绕着建设资源节约型和环境友好型社会、构建社会主义和谐社会的行业响应要求，依托目前旅游产业发展的生态化趋势和旅游可持续发展的要求，努力实现旅游产业发展生态化与生态建设产业化的有机结合、互动发展。坚持把生态建设作为旅游经济发展的立足点，统筹经济发展、资源利用和环境保护，努力把生态优势转化为经济优势，把生态价值转化为经济效益，呈现出经济增长、社会进步、环境改善的和谐发展局面。

首先，要以生态化的理念进行产业培植。德宏州要围绕调整产业布局，积极培植发展生态环保型产业，实现旅游经济发展和生态建设的良性互动；严格环保审批程序，提升环境准入门槛，对所有的旅游项目全部实施环保审批，拒批污染项目和不符合国家产业政策的项目。

其次，用产业化的思维开展生态建设。德宏州要围绕改善城市生态环境，依托境内自然景观，关注生态旅游产品的设计推广、能源综合节约利用

和新能源应用、物资循环使用和回收再利用。

2. 在保护好生态的前提下，努力创建低碳的旅游生产方式、流通方式与消费方式

为推进《国务院关于加快发展旅游业的意见》和国家旅游局2010年全国旅游工作会议的精神要求，实现德宏旅游经济发展方式的转变，有必要在保护好生态环境的前提下，努力推进低碳旅游的发展，创建低碳的旅游生产方式、流通方式和消费方式。

首先，必须重视旅游景区节能减排和低碳发展，创建低碳旅游景区，即严格遵循循环经济“减量化、再利用、再循环”的原则，运用生态学规律指导旅游开发活动，在旅游资源开发和旅游活动中实现“资源—产品—再生资源”的循环过程，把旅游景区清洁生产、旅游资源综合利用、旅游产品的生态设计和旅游者的可持续消费融为一体。

其次，紧抓环境监管。严格执行环境影响评价制度，认真落实环境保护目标责任制，大力实施生态文明建设，努力改善旅游景区内空气、噪声以及水资源的质量。

最后，政府要运用各种媒介进行宣传，在市民中普及“低碳游”的理念，使“低碳”的观念深入人心。为提高旅游者降碳、节能减排的意识和能力，可收集、整理国内外低碳旅游小窍门和实用方法，按旅游六要素分门别类总结，形成便于旅游者携带和操作的《低碳旅游手册》，从而提高旅游者降碳、节能减排的积极性。

3. 进一步凝练资源特色，进一步凸现产业特色，进一步打造品牌特色

根据旅游产品创新理论，德宏州要在产品开发上突破传统模式的限制，充分发挥想象力和创造力，抓住市场需求，进一步凝练资源特色、凸现产业特色、打造品牌特色，将特色转化为亮点，进而成为卖点，实现德宏州旅游产业经济发展方式的合理转变。

关键是以重点旅游产品开发带动旅游产品结构升级，创新并大力发展温泉保健为重点的康体疗养旅游产品；以精品旅游项目建设形成区域旅游亮点，扩大知名度，提升德宏旅游形象和影响力；加强区际旅游产品开发的互动和对接，提升整体旅游产品竞争力，实现德宏旅游空间结构的广域拓展。

4. 以产业融合、扩大消费为重点，充分做好口岸经济合作区的开发建设工作，着力培育和打造以旅游业为先导的现代服务业

大力发展商务会展等生产性旅游服务业，提升休闲度假等消费性旅游服务业发展水平；把旅游文化、旅游地产、旅游会展、旅游创意策划、旅游信息服务、旅游专业服务等旅游新兴业态作为重点发展领域，优化旅游产品

结构，拓展旅游产业发展的空间和领域，延伸旅游产业链；实现旅游产业链的整合与兼容化，在旅游业内部各部门之间形成竞争、合作、共赢的新型关系，加强旅游产业链跟相关产业链之间的兼容关系。

德宏州委、州政府确定了把德宏建成中国面向西南开放桥头堡的黄金口岸的目标，这与国家大力发展旅游业为先导的现代服务业的思路应该是吻合的。因此，抓住机遇，下决心调整产业结构，超前谋划，才能在实现跨越式发展中取得实质性的效果。

抓住机遇促进德宏旅游产业跨越式发展

窦志萍

昆明学院旅游系主任、旅游研究所所长、教授

一、德宏州旅游产业发展面临的新机遇

（一）桥头堡战略的实施

2009年7月，胡锦涛总书记来云南考察时指出，“要充分发挥云南作为我国通往东南亚、南亚重要陆上通道的优势，深化同东南亚、南亚和大湄公河次区域的交流合作，不断提升沿边开放质量和水平，使云南成为我国向西南开放的重要桥头堡”，为云南省对外开放工作指明了新的发展方向，提出了更高的要求。

2009年12月，中共云南省委八届八次全会明确将建设桥头堡上升到云南经济社会发展新三大战略目标之一。“紧紧围绕建设绿色经济强省、民族文化强省和中国面向西南开放的桥头堡”的表述，写在了中共云南省委八届八次全会工作报告中，成为云南省经济社会发展新的奋斗目标。2010年“两会”上，秦光荣省长在作《政府工作报告》时表示，云南要抓紧完善规划方案，加强汇报衔接，争取把桥头堡建设纳入国家发展规划并尽早启动实施。

构建铁路、公路、航空、水运、能源联通内外的立体交通网络，是建设桥头堡的基础。众所周知，旅游活动的“旅”就是旅行，交通条件的改善、立体交通网的建成将为云南旅游产业的发展提供有利的条件，国内外游客的旅游方式越来越显多样化，交通的便捷在一定程度上意味着旅游者在旅游目的地停留的时间将会延长，旅游目的地的旅游经济、社会效益也将提高。

面向西南开放首次被提上国家的战略高度，国家明确要深化同东南亚、南亚和大湄公河次区域的交流合作，将云南省由对外开放的末端一下推到对外开放的前沿。德宏以其得天独厚的区位条件，自然成为桥头堡建设的先锋。德宏提出“建设黄金口岸的重要交通节点”的目标，为德宏旅游的二次

创业提供了极佳的条件和机遇。

（二）国家把旅游产业提升到了战略性产业的地位

《国务院关于加快发展旅游的意见》（国发〔2009〕41号）明确指出："旅游业是战略性产业，资源消耗低、带动系数大、就业机会多、综合效益好。""意见"中提出了中国旅游发展的目标：力争到2020年我国旅游产业规模、质量、效益基本达到世界旅游强国水平。并提出了十项具体任务：

（1）深化旅游业改革开放。放宽旅游市场准入，打破行业、地区壁垒，简化审批手续，鼓励社会资本公平参与旅游业发展，鼓励各种所有制企业依法投资旅游产业。

（2）优化旅游消费环境。逐步建立以游客评价为主的旅游目的地评价机制。

（3）倡导文明健康的旅游方式。在全社会大力倡导健康旅游、文明旅游、绿色旅游，使城乡居民在旅游活动中增长知识、开阔视野、陶冶情操。

（4）加快旅游基础设施建设。重点建设旅游道路、景区停车场、游客服务中心、旅游安全以及资源环境保护等基础设施。

（5）推动旅游产品多样化发展。实施乡村旅游富民工程，开展各具特色的农业观光和体验性旅游活动。

（6）培育新的旅游消费热点。大力推进旅游与文化、体育、农业、工业、林业、商业、水利、地质、海洋、环保、气象等相关产业和行业的融合发展。支持有条件的地区发展生态旅游、森林旅游、商务旅游、体育旅游、工业旅游、医疗健康旅游、邮轮游艇旅游。

（7）提高旅游服务水平。以游客满意度为基准，全面实施《旅游服务质量提升纲要》。以人性化服务为方向，提升从业人员服务意识和服务水平。以品牌化为导向，鼓励专业化旅游管理公司推进品牌连锁，促进旅游服务创新。以标准化为手段，健全旅游标准体系，抓紧制定并实施旅游环境卫生、旅游安全、节能环保等标准，重点保障餐饮、住宿、厕所的卫生质量。以信息化为主要途径，提高旅游服务效率。积极开展旅游在线服务、网络营销、网络预订和网上支付，充分利用社会资源构建旅游数据中心、呼叫中心，全面提升旅游企业、景区和重点旅游城市的旅游信息化服务水平。

（8）丰富旅游文化内涵。把提升文化内涵贯穿到吃、住、行、游、购、娱各环节和旅游业发展全过程。旅游开发建设要加强自然文化遗产保护，深挖文化内涵，普及科学知识。

（9）推进节能环保。实施旅游节能节水减排工程，倡导低碳旅游方式。

（10）促进区域旅游协调发展。

（三）云南被列为旅游发展改革试点省，出台了《云南省旅游产业发展改革规划纲要》

《纲要》中提出了把云南建设成中国乃至世界的旅游胜地和旅游目的地，中国面向东南亚、南亚的国际旅游集散地，实现旅游资源大省向旅游经济强省的跨越，为云南经济社会的发展作出更大的贡献的总目标。具体而言就是要在全国率先建立符合旅游经济规律的政府管理引导、行业协调自律、企业自主经营的新型管理体制和运行机制，旅游发展方式得到显著转变，旅游产业转型升级和提质增效取得突破性进展，形成旅游产品特色化、旅游服务国际化、游客进出便利化、生态环境优质化的旅游发展新格局。构建特色旅游产业带动全省产业结构优化、城乡统筹、生态建设、对外开放、民生改善和就业增长的新机制。成为国家旅游产业发展和改革的试验基地，以旅促农、以旅脱贫、以城带乡的典范，以繁荣旅游经济，促进沿边开放、建设和谐边疆的先行样板，和谐平安旅游的示范窗口。

二、德宏旅游产业发展优势及现状分析

（一）德宏旅游产业发展的优势

1. 独特的区位、便捷的交通

德宏傣族景颇族自治州位于云南西部边陲，辖2市3县，国境线长503.8公里，拥有瑞丽、畹町两个国家级一类口岸，盈江、章凤两个国家级二类口岸，州府驻地潞西市，陆路距昆明649公里，航空距离427公里。从昆明经大（大理）保（保山）、保（保山）龙（龙陵）高速可达德宏，州内连接县市公路为二、三级油路。从大理到瑞丽的铁路，目前已开工建设。德宏机场已开通了昆明至德宏的航线，平均每天起降5.6个航班。

2. 丰富的旅游资源

德宏，傣语意为怒江下游。秀丽的江河，迷人的南亚热带自然风光、丰富的物产资源、多姿多彩的民族风情闻名遐迩，被誉为“孔雀之乡”、“葫芦丝之乡”、“歌舞之乡”，是西南边疆一块神奇、美丽而又充满希望的沃土，是令人神往的地方。

在德宏11 526平方公里的土地上，山川秀美，民族众多，旅游资源丰富而独特。德宏大部分地区海拔约为800～2 000米，最高海拔3 400.46米在盈江县的大娘山，最低海拔210米在盈江县那邦镇。大盈江、瑞丽江贯穿全境，全州森林覆盖率达62%，属亚热带季风气候，年平均气温

18.4℃～20℃，年降雨量1 400～1 800毫米。冬无严寒，夏无酷暑，旱季、湿季分明。傣、景颇、阿昌、德昂、傈僳及汉族等民族世居于此。

若按照国家旅游局旅游资源分类标准分类，德宏除了海域、海岛、雪山、沙漠外，其他旅游资源都有分布：这里有瑞丽江—大盈江国家重点风景名胜区，有神奇美丽的勐巴娜西珍奇园，有遮天蔽日的热带原始森林莫里热带雨林景区，有独树成林的华夏榕树王，有天然公园大等喊全国农业旅游示范点傣族村，有热情奔放的广山景颇园，有“傣族故宫”南甸宣抚司署，有“鬼斧神工”的树包塔，有中国的橡胶母树，有让你淘不尽的南姑河红宝石，有一寨两国、一街两国、一院两国、一井两国、一江两国的边境奇观，有多姿多彩的民族风情，有绿荫掩映的竹楼，有金光闪闪的座座佛塔……

德宏旅游资源的特色可归纳为“边、情、绿、宝”。

边：德宏州与缅甸接壤，有503.8公里国境线。中缅边境是全国有名的和平边境、商贸边境、奇特边境。有中国唯一实施“海关特殊监管”政策的瑞丽姐告边境贸易区，可以体验“一地两国三城”等奇特的边境奇观和边寨风情。

情：德宏州居住着傣族、景颇族、阿昌族、傈僳族、德昂族等20多个少数民族。民族文化丰富多彩，有世界上最大的景颇族群舞“目瑙纵歌”；是傣族的发源地，拥有至今保存最完整、规模最大的“傣族故宫”——南甸宣抚司署。有中缅人民深厚的胞波情、丰富的民族情、独特的宗教情、秀丽的山水情。

绿：德宏州森林覆盖率达62%以上，瑞丽江大盈江国家级风景名胜区横贯全州，亚热带迷人的气候，使德宏终年树木茂盛、瓜果飘香。只要来到德宏，就能呼吸绿色空气、品尝绿色食品、享受绿色心情，在大自然中体验德宏的绿。

宝：德宏紧邻世界著名宝玉石产地缅甸，各种红、蓝宝石，翡翠，玛瑙，特别是亿万年的树化石、树化玉等稀世珍宝唯德宏特有。东方珠宝城——瑞丽已成为国内最大的珠宝交易市场。珠宝将给您带来无限商机和万般遐想。

3. 旅游产业发展基础良好，旅游市场开发粗具规模

德宏州是云南开发较早的民族地区，由于趣味独特、资源丰富，德宏也成为云南省旅游产业发展较早的地区之一，与旅游相关产业发展业较早。

由于具有丰富而独特的旅游资源，这里很早就被旅游者关注，德宏在边贸旅游、民族旅游、寻宝旅游、自驾车旅游等方面较有影响，形成了一定的市场。

（二）德宏旅游产业发展的现状

1. 旅游资源丰富，但核心资源不明确，开发方向与途径不明

德宏州所属各县市都有丰富的旅游资源，每到一地人们都能说出一些令当地人自豪的景观资源，如潞西市的勐巴娜西珍奇园、勐焕大金塔、芒市广场（中缅友谊馆）、树包塔、菩提寺、五云寺、佛光寺、孔雀湖风景区、法帕尖山温泉度假区、三仙洞等；瑞丽市的边关名镇——畹町、畹町桥、中缅友好纪念馆、南洋华侨机工回国抗战纪念碑、畹町生态园、莫里热带雨林景区、独树成林、姐勒金塔、一寨两国、大等喊傣寨旅游区、宝石谷、天涯地角姐告、东方珠宝城；陇川县的云南景颇园、抗英英雄穆然早诺东、玉兔塔等；盈江县的大盈江风光旅游区、允燕山、凯邦亚湖、华夏榕树王、香额湖、中国橡胶母树等；梁河县的南甸宣抚司署、李根源故居；等等。各地还有丰富的民族风俗风情、美食、特色商品。

在调研中我们发现，从数量上看德宏的旅游资源确实很丰富，但德宏的旅游业的经济效益并不高，还没有成为云南的热点旅游区。

分析原因，从旅游资源角度分析，笔者认为主要原因有三个：

第一，旅游资源丰富，但核心资源不明确。

旅游者出游的时间是有限的，旅游动机是明确的，旅游目的地的核心资源对旅游者的出游动机影响较大，区域旅游要发展必须要明确核心资源。而核心旅游资源应该是不可替代的，具有观赏性、时尚性、地域性和民族性等特点。

第二，旅游资源开发与旅游市场有些脱节，开发深度不够，未能充分反映出德宏的特色。

旅游在一定意义上讲是人的一种消费行为，而消费是讲究时尚的，是分类别的。实践证明：旅游资源不等于旅游业！研究者对旅游资源的理论研究已取得了很多成果，但就现实来说，区域旅游产业发展的前提是要有资源，而旅游资源只有通过开发建设才能为旅游产业服务，如果资源不能开发利用，资源是不会产生经济和社会效益的。旅游业是为人服务的，旅游资源的开发不能想当然，不能为开发而开发；旅游资源的开发要与旅游市场对接，要与现阶段或未来一定时期旅游者的消费趋向吻合，这样开发出来的资源才会具有吸引力。

德宏旅游资源开发要走注意突出德宏特色，切忌照搬照套，要充分挖掘资源的文化内涵，根据市场的需要学会“小题大做、无中生有”。

2. 旅游产品有特色，但未成体系，旅游产品设计缺乏时代感

旅游需求是讲究时尚的，旅游产品的开发与组合，在充分挖掘自身资源特别是文化内行的过程中也要跟上时尚潮流。

由于旅游者的组成是随机多样的，德宏旅游产业的整体发展应该有成系列的旅游产品，以吸引有不同需求与喜好的旅游者。

目前旅游者的需求已不再是单一的观光游览，人们外出的需求呈现多元化趋势，因此，德宏旅游产品开发也要在突出核心产品的基础上走多元化的道路。具体来说就是在不放弃观光游览型产品的同时，综合开发生态观光旅游、民族文化体验、休闲度假、康体运动、会展商务、科考探险、跨境旅游、自驾车旅游等系列产品。

3. 旅游产业地位高，但建设投入不足，没有形成产业组合的产业集群

德宏州及各县市都极为重视旅游产业的发展，都把旅游（商贸旅游、民族旅游等）列为县域经济发展的重点。但由于各方面原因，目前仍存在旅游基础设施建设及人才培养投入不足的现象，而且地区差异加大。即使在旅游业较为发达的瑞丽、潞西两市的旅游公共系统仍不健全，缺乏旅游电子商务系统，其他县几乎还没有旅游公共服务体系，而旅游公共服务体系是衡量一个地方旅游业发展水平的重要标志。

现代旅游产业是一个“大旅游、大产业”的概念，这种大旅游、大产业已经超越了传统经济学的产业的“产业”概念——它实际上并不是一个传统意义上的“独立产业”，而是一个“产业集群”，这个产业集群是以旅游活动为核心形成的旅游供给体系。

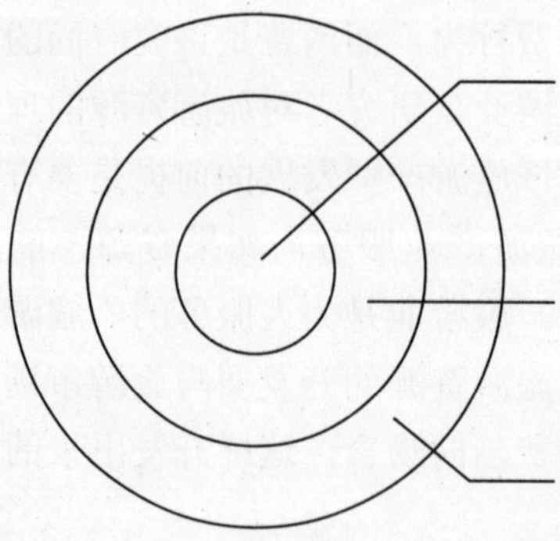

旅游产业群的构成图

德宏州旅游产业的发展应该在认真分析德宏社会经济现状的基础上，根

据区域经济发展的需要，结合“桥头堡”黄金节点建设的需要，综合分析自治州产业发展的趋势，以上图为借鉴，实施旅游产业与其他产业的结合，以创新的理念及思路发展德宏的现代旅游产业。

4. 发展基础好，但区域内发展不平衡，没有形全州域合力

德宏州是云南省旅游开发建设较早的地区，“有一个美丽的地方”早已唱遍全国。但目前德宏旅游业与昆明、丽江、大理、西双版纳，甚至保山、腾冲相比还有差距，且全州各县市旅游发展极不平衡。

30 余年的发展，为德宏各地旅游业奠定了一定基础。由于自然与社会等因素，各县（区、市）旅游发展是极端不平衡的。产业发展的互补性没有发挥，没有整体旅游形象和整体合力。

5. 注重旅游宣传，但宣传内容不太具体，没有形成完整的德宏旅游业形象识别系统和有效互补的宣传主题词

笔者在调研中看到了“游德宏的十大理由”：可以免费浏览德宏 11 526 平方公里的天然大花园；可以轻松出国游，费用低，手续简；可以体验原汁原味的少数民族风光风情；可以尽享民族美食，这里是美食家的天堂；可以参加世界上最大的万人群舞；可以购买各种梦幻迷离的天然珠宝玉石；可以在此越冬避暑，还可到国外过百元消费高尔夫的瘾；可以来此朝拜宗教圣地，获得心灵的皈依；可以来此进行社会学、人类学、民族学等方面的科研考察；可以来此投资发展，这里是投资者理想的乐园。如果作为一个旅游者看了这样的宣传，因内容太丰富反而会感到无从选择，不知到德宏最该干的是什么？最该去的景区是哪个……

三、德宏旅游产业跨越式发展战略选择

（一）政府主导战略

旅游产业的特性和当前德宏旅游产业发展面临的机遇和现状共同决定了德宏旅游产业要实现跨越式发展，必须坚持政府主导战略。政府主导战略就是按照德宏旅游产业自身的特点，在市场为基础配置资源的基础上，充分发挥政府的主导作用，争取德宏旅游产业的跨越式发展。

政府主导以宏观调控和科学决策为主，通过有效的服务管理和监督管理，把旅游产业放在至关重要的战略位置，为旅游产业创造良好的生存和发展环境提供有力的保障。政府主导的具体途径可以通过主导旅游规划、主导旅游基础设施建设、扶持建设精品旅游景区、主导市场开拓宣传（政府做形象、企业做市场）、主导旅游发展环境等方面为旅游产业搭建平台。

德宏旅游产业发展的政府主导战略要根据市场经济的要求，借鉴州内外

经验，依照德宏各县市旅游产业发展阶段有重点地调整和完善现行的政府主导战略。具体建议如下：

（1）在德宏旅游产业发展中，政府要树立旅游产业发展综合性目标体系，明确发展方向，不断完善旅游政策、旅游产业发展指导以及促进全民参与旅游产业事项。

（2）在旅游人才方面给予良好的政策支持，积极引进国内外优秀人才（组建智囊团）。加强旅游设施建设的投入，或政府直接斥资投入，或政府制定政策支持以扶持民间资本投入。

（3）开发福利性旅游项目，宏观调控部分旅游产品的发展。

（4）重视并加强旅游市场监管，努力提升旅游服务质量。

（二）创新驱动战略

在经济学范畴中，创新特指人们在科技和经济活动方面技术创意的首次商业化，其中包含一系列科学的、技术的、组织的、财务的和商业的活动。旅游产业创新驱动战略是指通过市场交易和实施内部创新战略生成旅游产业核心竞争力。通过加大对旅游内涵的挖掘和深度利用，增加旅游产业的科技含量，对旅游资源进行深度利用和保护，实现深度消费。通过产品创新、制度创新、技术创新、服务创新、业态创新等内容，创造旅游产业发展的新优势。

德宏旅游产业的创新，可以分步骤实施，在创新的初期通过模仿或购买，缩短德宏与竞争对手的差距；在学习模仿的基础上，善于对别人的成功经验和先进技术进行消化、改良、综合与吸收，对自身的不足进行改革与创新；依靠生产要素的科学合理配置、科技进步和提高劳动者素质，提高旅游产出效率。具体建议如下：

（1）旅游产品创新。资源依托型产品创新——走精品道路；市场依托型产品创新——新、奇、特、优。

（2）制度创新。政府、市场、旅游企业三方各自发挥不的作用，共同推动制度创新；扩大交流与合作，学习借鉴国外先进经验，总结经验，通过实验及实验运用，增强制度创新的合理性和科学性；有机协调入境旅游和出境旅游的制度安排和结构管理创新；大力支持旅行社、旅游饭店、景区等旅游企业做大做强；加强人才培养；加强组织更新。

（3）服务创新。包括旅行社服务创新；旅游饭店服务创新；景区服务创新。

（三）品牌营销战略

在传统意义上，品牌是一个企业或行业给自己的产品所规定的名称和标志，而现代市场竞争中，品牌越来越向无形资产的方向发展，成为一个行业是否有核心竞争力的象征。德宏旅游产业发展应重视品牌建设与品牌营销，以品牌营销来扩大德宏的社会影响，提升市场形象，实现旅游产业社会、经济效益的最大化。具体建议如下：

（1）树立品牌意识，加强品牌建设。

（2）重视市场调研，注意顾客的需求动态，进行精准的品牌定位。

（3）确定促销对象——不同人有不同的需求，宣传重点也应有所区别。在营销中可供使用的营销方式有：直接营销、口碑传播营销、品牌营销、社区营销、事件营销（如制造节庆等）、合作营销（旅行社、工会等）、网络营销、体验营销（如发优惠券等）、整合营销、公益营销、学术营销等。

（4）突出重点，以精品项目带动旅游发展，构建旅游产品层级，实现旅游产品由粗放型向集约型转变，丰富文化内涵，培育旅游品牌。

（四）耦合战略

耦合是物理学的一个基本概念，是指两个或两个以上的系统或运动方式之间通过各种相互作用而彼此影响以致联合起来的现象，是在各子系统间的良性互动下，相互依赖、相互协调、相互促进的动态关联关系。

旅游活动的广泛性和特有的关联特征，使旅游供给体系延伸到了许多社会相关领域，这些领域中能够提供旅游供给的部分有些是原已存在的，有些则是为适应旅游发展而新增加的，他们围绕旅游进行“旅游供给”而重新组合，并因此而形成一个新的产业领域——“集群”。

考虑到德宏旅游产业发展的现实，在实施耦合战略中应重点注意以下几个方面：

（1）赋予传统产业［如农业、工业（水、电）、矿业等］新的内容，从而生成新的旅游产业业态。

（2）旅游业与新兴产业融合，为传统旅游产业注入时尚与现代的元素，从而产生新兴的旅游业态。如深化珠宝产业与旅游产业的有机结合——珠宝养生旅游等。

调动社会资源发展旅游，推进社会旅游产品的开发，整合社会公共资源并把它转化为旅游产品

（五）区域合作战略

区域合作是提升旅游综合竞争力的重要举措，是实现互惠互利、促进共

赢的有效形式，也是打破地区界限，建立统一旅游大市场的重要途径。

德宏旅游产业的发展要积极应对和参与云南乃至东南亚旅游一体化，搞好资源整合，优化产业布局，完善统一市场，实现优势互补。在具体操作中建议：

(1) 加强国际合作。加强与缅甸等东南亚国家的合作，扩大国际客源市场，可考虑建立友好城市，加强优势互补。

(2) 加强国内合作。与周边省区合作，与主要客源省市合作。

(3) 加强省内合作。与旅游热点及周边州市合作，扩展旅游线路，形成跨片区发展格局。

(4) 加强州内各县市合作。形成统一整体，提升旅游产业优势竞争力。

(六) 文化兴旅战略

旅游产业发展到今天，旅游与文化呈现出互动发展的关系，文化正在成为世界各地新一轮角逐的竞争力。德宏旅游产业的发展，最大优势就在于文化旅游资源的利用。具体建议：提升传统品牌，如打造地域性、高品质翡翠品牌；深化传统民族工艺品等；创造新亮点；开发新产品。

(七) 可持续发展与"旅游产业全覆盖"战略

德宏旅游产业要充分发展旅游循环经济，鼓励低碳旅游。为此需要完善旅游企业管理体制，加强政府的宏观指导，加强地方性旅游法规建设，提高当地居民的旅游与服务意识，建立动态系统管理。

德宏旅游产业发展应覆盖全州各县市，条件好的地方可建立市、县（区）、乡三级旅游产业框架。

落实胡锦涛总书记指示，从战略高度重视德宏生态环境保护

——德宏保护生态环境实现可持续发展研究

侯明明

昆明理工大学环境科学院教授

这次赴德宏调研，以生态安全问题和产业安全问题为切入点，分析中央发展战略已从“追求效率”，向“追求公平”转变的态势。在“保护生态环境”的前提下，提出“以开放促发展”的建议和对策。

我是从事环境保护研究的学者，通过反思，利用人类现在掌握的先进技术对人类过去的行为进行“后评估”，总结经验教训后，向决策者提出警示，因此，环境科学是为决策服务的。我深知，保护生态环境是要付出成本的，做保护生态环境的事就要牺牲很多发展机会。在目前我国的现实政治氛围中，在“发展才是硬道理”，“环境无价，资源低价，产品高价” 的价值观下，干部中普遍存在“保护是把双刃剑”的认识，作为“2010 年云南社科专家德宏行暨百名学者话德宏”的专家，我所提的“生态环境保护”问题可能是最不受决策者欢迎的，但为了国家和民族未来的发展，不能只顾眼前，要看长远，要说经得住历史检验的话。这次“2010 年云南社科专家德宏行暨百名学者话德宏”我还是把主题定在“生态环境可持续发展”上，但也有与上几次专家行不同的方面，一方面是，这次是在边疆民族地区谈，可以把资源环境和中国的民族问题合在一起来研究，从非传统安全这个层面展开。另一方面是，党中央开始认真考虑发展方式转变问题，中国社会正在从“追求效率”向“追求公平”转变，可以提出利于生态保护的咨询建议。

德宏州是我的知青故乡，40 年前的经历，让我一生受益匪浅。特别对以后我从事非传统安全的研究打下了基础。

一、从非传统安全层面看生态环境对人类可持续发展的重要性

作为一位从事自然科学的学者，受国家派遣先后到28个国家和地区就国家安全、全球生态安全作调查，禁毒策略作调查，在全国是少有的。当年我对包括生态安全在内的“非传统安全”问题提出了以下观点：谋求国家发展的同时，必须谋划国家安全。不仅从社会科学角度，而且要从自然科学角度开展非传统安全研究。我的研究有两大特色：

（一）很少有学者把一个国家的国家安全和这个国家某一地区区域经济发展联系起来，但我认为，在全球化的进程中，某些敏感地区区域经济的发展、民族问题的解决，深刻地影响着整个国家的安全[①]

1. 生物多样性敏感地区区域经济的发展对国家安全的影响

历时五千年的中华农业文明，由于单一文化在黄河流域、长江流域和中原广大地区稳固传承，形成了我国以农牧业为主的农耕文明生产方式和生活方式。经过几千年的毁林开荒，屯田修城，形成大片荒漠和今天贫瘠的黄土高原。水土流失严重，人口不断增加，森林却不断减少，生物多样性大量丧失，形成了以粮食作物，树作物，牲畜和家禽为主的品种单一、规模巨大的比较单调的生物结构，随时面临着粮食作物病虫害和禽流感、口蹄疫、猪瘟病、缺水干旱等的威胁。

农耕文明把中国黄河、长江中下流的生物多样性资源向中国西部山地挤压，中国西部“地球生物多样性黄金十字带”成为珍稀生物的最后栖息地。

图1 农耕文明对生物多样性的挤压

① 侯明明：《云南建设绿色经济强省与全球化进程中的中国国家安全》，载《创造》2001年第8期。

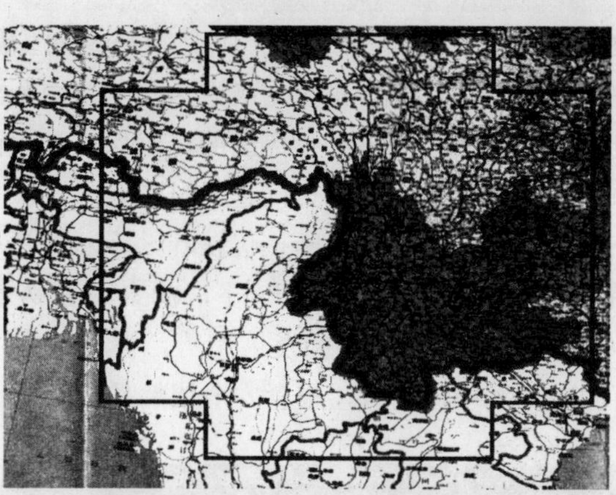

图 2 “地球生物多样性黄金十字带”

而在近 60 年，中国的工业经济发展呈现先东后西、先沿海后内地的特点。出现了东部地区工业化进程中大批高耗能企业和高污染企业被淘汰出局，逐步向西部地区转移的格局，西部地区把此称为“积极承接东部的产业转移”。就出现了中国特色的工业化进程中资源、能源由西向东，污染企业由东向西的局面。

但中国地形是西高东低，西部地区是大江大河的发源地，是中华民族的根。生物多样性向西部转移也就是向大江大河的源头转移。而在西部横断山水电资源富集区，同时又是矿藏资源富集区，“矿电”、“矿冶”结合的重化工产业本身又是对江河水体、大地、大气重污染的产业，这些被挤压到横断山地区的生物多样性资源在水电开发和矿藏开发的盲动中受到严重威胁，面临灭顶之灾。①

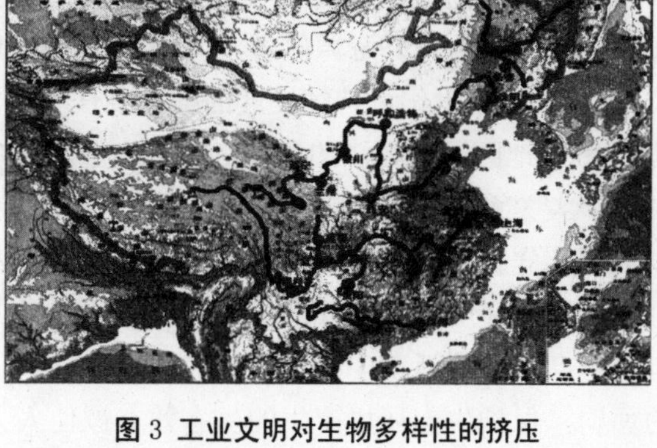

图 3 工业文明对生物多样性的挤压

① 侯明明：《地球生物多样性黄金十字带》，载人民网强国论坛，2008 年 1 月 8 日；侯明明：《“地球生物多样性黄金十字带”的提出与分析》，载《昆明理工大学学报》2006 年第 2 期。

为维护粮食安全，国家确定了“严守18亿亩耕地面积红线”的刚性约束指标。但正如2006年2月24日我在北京大学图书馆南配殿举行的“云南生物多样性黄金十字带探秘”的讲座上提出的，仅保住种植面积，不注意保护野生种质资源，仍可能存在粮食安全问题。虽然袁隆平教授培育了杂交水稻，但杂交稻产量高，退化快，要不断扶优扶壮，不断改进种植品种，这必须有野生稻种资源的保障。我们计算了一下，60年以后人类人口数量将逼近100亿。但60年以后，根据中国的发展态势，被挤压在中国西部地区的野生稻种，很可能在开发中被消灭，粮食安全依然是个问题。

图4 2009年5月10日笔者在瑞丽市勐休植物园考察野生稻

为了维护国家生态安全，我认为：必须建立刚性约束指标，把涉及国家核心竞争力的自然资源和文化资源的基础部分保存下来，特别是保持生态服务功能，为后代的可持续利用作好资源储备。生物多样性的保育、管理与恢复重建已成为人类社会在21世纪可持续发展的最主要任务之一。①

2. 民族问题的敏感地区区域经济的发展对国家安全的影响

毛泽东在《论十大关系》中说：汉族人口众多，少数民族地大物博。中国一亿人口的少数民族守护着祖国64%的国土面积。但是，为了追求效率，资源开发造成生态环境破坏所形成的外部成本与生态环境保护所产生的外部效益两者，没有在生产或经营活动中得到很好的体现，导致了破坏生态环境没有得到应有的惩罚，保护生态环境产生的生态效益被他人无偿享用。出现了“环境无价，资源低价，产品高价”的现状！使得生态效益及相关的经济

① 侯明明：《把云南建成中国的绿色经济大省》，载《创造》1999年第5期。

效益在保护者与受益者、破坏者与受害者之间的分配不公平，导致了受益者无偿占有生态效益，保护者得不到应有的经济激励；破坏者未能承担破坏生态的责任和成本，受害者得不到应有的经济赔偿。这种生态保护与经济利益关系的扭曲，不仅使中国的生态保护面临很大困难，而且也影响了地区之间以及利益相关者之间的和谐，因为东、西部地区出现的不公平，在民族间会被认为是不平等！

（二）我认为：在全球化进程中，“国家安全”已不是生存意义上的概念，而是发展意义上的概念。发展利益就是一个国家的核心利益，对国家核心利益的威胁，便是对国家安全的主要威胁

在理论方面，我提出：农业文明，生存意义的“国家安全”争夺的是土地，“大意失荆州”丢掉的是城池；工业文明，发展意义的“国家安全”争夺的是资源和通道，“大意失荆州”丢掉的是资源！

全球经济发展过程中，各国在争夺人才资源、矿藏资源和野生生物种质资源，发达国家已在争夺人才资源和矿产资源方面占了上风，我国是人口大国，资源贫国，文明古国的资源开发已达临界点，后劲不足。我国仅在野生生物种质资源的种数多样性方面有一点优势，但存有量并不多。这一优势是一个国家的核心利益。未来资源的争夺必然转向生物基因的争夺。从国家可持续发展和国家经济安全的角度来讲，没有资源支撑，别人随时可以卡你的脖子，“发展才是硬道理”的国策就难以实施。①

云南气候多样性造就的生物多样性形成了一个巨大的野生生物种质资源库，其中有价值的基因可以创造上万亿元的财富。从保护国家基础资源和核心竞争力的角度来看，自然保护区有着重要战略意义。②

野生生物种质资源是中国 21 世纪抗衡强权政治，维护国家安全利益的最大筹码和最后本钱，我国国家和民族的核心竞争力，是现存中国基础资源中最精华的部分。③

我曾作为禁毒委专家赴中越、中老、老泰，中缅、缅泰“金三角”地区对替代种植项目作了调研，发表了《云南建设绿色经济强省与全球化进程中的中国国家安全》，指出云南虽然在经济总量上在全国所占比重不大，但具有极其重要的战略地位，要把云南社会经济发展放在国际政治斗争、国际军

---

① 侯明明：《把云南建成中国绿色经济大省的思考》，载《生态经济》 总第 83 期，1999 年第 4 期。

② 和湛：《社科专家丽江行，丽江发展专家论坛咨询建议》2009 年 10 月。

③ 侯明明：《在自然保护区周围搞生物资源开发要适度得法》，载中共中央政策研究室《学习与研究》2005 年第 4 期；侯明明：《水资源开发产业应作为云南可持续发展的新支柱产业》，载《昆明日报》 1998 年 5 月 20 日。

事斗争和国际经济全球一体化的大格局中来规划和布局，并提出“关于把云南省对外工作的重点集中在缅甸的建议”，受到了各有关方面的重视。[①]

基于以上认识，我从国家安全和生态安全角度提出对策。我建议：云南产业结构应从自然资源依赖型向人力依赖型以及智力依赖型转化；保护非再生资源，加大再生资源的开发和利用力度。同时也提出了对开发的柔性约束建议。我认为，云南珍藏着人类最宝贵的资源：一是生物多样性资源，二是民族多样性资源，三是稀有金属资源。应在保护的前提下开发。云南的开发模式应从资源开发型向政策促进型转变，建议中央给予云南特殊的开放政策。例如，将云南设为低关税区，只要关税下降5个百分点，大量物流、人流、资金流就可以从云南这个大通道流向东南亚、南亚，就可以延长云南的资源开发期50年，就可以在最低资源消耗的条件下，实现社会经济可持续发展。[②]

我认为云南的生态安全在国家安全中具有极其重要的地位。

云南省有涉及我国21世纪发展利益和国家安全的资源，又是冷战后的热点地区，在中国有举足轻重的地位，是超级大国、民族分裂主义、宗教极端主义，贩毒分子关注的地区。搞得好，云南举起保护的大旗，政治上变被动为主动，将成为中国西部大开发的排头兵，中国向东南亚、南亚开拓市场、发展经济的桥头堡。搞不好，美国为首的一些西方国家将以禁毒反恐、保护生态为由，介入缅北事务，从战略上形成对我的包围。[③]

技术强国以色列的一位高官曾对一位中国访问者说，“只要给我们一杯水，一碗种子，我们就能生存”。说明技术大国很重视资源，特别是越来越少的种质资源在生物科技中的价值。袁隆平教授若找不到野生稻种，就不可能培育出杂交水稻。资源，特别是野生生物种质资源的丧失正在制约着生物经济的发展。发展生物经济仅靠技术创新是不够的，没有种质资源的支撑，生物经济不可能有突破性进展。我期望能唤起人们的危机意识，呼唤有能体现国家和民族意志的力量，果断决策，保护生物多样性，以可持续的方式利用生物多样性！[④]

---

① 侯明明：《西部发展模式应以资源升发向政策促进转变，建议将中国西部作为特殊地区给予特殊政策》，2005年2月20日

② 侯明明：《解放思想　转变观念　重新确立云南支柱产业》，载中共云南省委办公厅信访处《信访简报》第10期（省委领导批示摘登1）。

③ 侯明明：《关于把云南省对外工作的重点集中到缅甸的建议》（内部报告）；侯明明：《对云南省境外替代发展的几点政策建议》，云南境外禁毒替代发展研讨会论文，2001年11月28日。

④ 侯明明：《用可持续发展观评价云南支柱产业》，载中共中央政策研究室、国务院研究室《学习研究　参考》1998年第4期。

二、在中央发展战略从“追求效率”向“追求公平”转变态势下，向德宏州提出的对策建议

我们的先辈为共和国的建立付出了巨大的牺牲，为了“坐稳江山，做大蛋糕，分好蛋糕”的问题，走过了从“追求理想”到“追求效率”，再到“追求公平”的发展阶段，德宏州社会经济发展以之对应，走过了“政治边防”、“以开发促发展的经济边防”和“目前以开放促发展的桥头堡建设”三个阶段。

2005年胡锦涛总书记在视察云南时指出：“云南有良好的生态环境和自然禀赋，这是云南宝贵的发展条件，一定要倍加珍惜，要以对国家、对人民、对子孙后代高度负责的精神，自觉承担起生态环境保护和建设的责任。”要紧跟以胡锦涛为首的党中央，要以对国家、对人民、对子孙后代高度负责的精神，自觉承担起生态环境保护和建设的责任。我们必须全面了解我党决策层的决策思路如何从“追求效率”向“追求公平”转变。

（一）邓小平主政中国期间发展思路的总结：我党决策层的决策思路如何从“追求效率”向“追求公平”转变

对邓小平主政期间发展思路的总结，可以从“发展才是硬道理”口号的提出，到“富裕起来后财富怎样分配”也是“大问题”警示的提出得到启发。

邓小平一直认为，党要想获得全国人民的支持和拥护，必须从物质财富极度匮乏的局面中走出来。经济建设搞好了，就能牵住解决中国一切问题的牛鼻子，提出“发展才是硬道理”。但是，1993年9月，他对其弟邓垦讲：“现在看，发展起来以后的问题不比不发展时少”，收入差距“发展下去总有一天会出问题”。他进一步认识到：“富裕起来后财富怎样分配”也是“大问题”，“分配的问题大得很”。这表明，邓小平晚年的认识有了新的飞跃。邓小平强调：“这个问题要解决。”虽然“解决这个问题比解决发展起来的问题还困难”，但是一定“要利用各种手段、各种方法、各种方案解决这些问题”。否则，“发展下去总有一天会出问题”。20世纪90年代以来中国发展的实践表明，分配问题，确实是一个与发展经济问题一样关乎国家健康发展的重大问题。收入差距“发展下去总有一天会出问题”，这是邓小平对未来中国发展之路的深刻洞察。洞察到什么？情况变了，“现在看，发展起来以后的问题不比不发展时少”。邓小平对后人提出了10点警告，特别警告：如果改革导致两极分化，改革就算失败了。[①] 着眼于避免出现邓

① 侯明明：《实作生物，虚作矿——云南产业结构调整的战略选择》，2000年5月19日（内部报告）。

小平担心的问题，根据多年的实践探索，必须根据中国社会已经走出温饱阶段的实际，在继续发展经济以满足人民不断增长的物质生活需要的同时，进一步发展政治和文化，满足人民群众不断增长的政治和文化生活的需要，从根本上解决收入差距拉大的问题。

基于以上认识，以胡锦涛为核心的中央提出在“科学发展观”的指导下建设“和谐社会”和“环境友好型社会”的发展目标。要实现这一目标就必须从“追求效率”转向“追求公平”。从不均衡发展走向社会全面的、均衡的发展。

（二）从“追求效率”向“追求公平”转变

勤劳忠诚的德宏州各族人民，跟着毛主席为核心的第一代中央“追求理想”、建设“政治边防”，30年期间中央对边疆发展建设高度关注，中央财政一盘棋中边疆地区享受较高工资类别的优惠，内地大批知识青年、农民、工人、干部投身边疆农垦建设，与东部地区差别不大。改革开放30年，跟着邓小平为核心的第二代党中央和以江泽民为核心的第三代党中央“追求效率”，践行“发展才是硬道理”，“以开发促发展”，德宏州各族人民大力发展边贸，大胆设立姐告“境内关外”区，发展势头很好，但有几个小折腾很值得反思。特别是中央财政和地方财政分灶后，出现财权和事权不分的情况，如何在这种情况下保护地方资源、发展地方经济考验着地方决策者的智慧。

科学发展的公平要素有两个，一是代内公平，必须维护当代人之间公平，在不同群体和不同区域之间实现资源利用和环境保护两者的成本与收益的公平负担的分配。另一个是代际公平，我们不是在继承祖先的地球，而是在租用子孙的地球。人类每一代人都是后代人类的受托人，在后代人的委托之下，当代人有责任保护地球环境并将它完好地交给后代人。

代际公平中的“托管”的三项基本原则：

一是“保存选择原则”。每一代人应该为后代人保存自然和文化资源的多样性，使后代人有和前代人相似的可供选择的多样性。

二是“保存质量原则”。每一代人都应该保证地球的质量，在交给下一代时，地球没有在这一代人手里受到破坏。

三是“保存接触和使用原则”。每代人应该对其成员提供平行接触和使用前代人的遗产的权利，对于前代人留下的东西，应该使当代人都有权利来了解和受益，也应该继续保存，使下一代人也能接触到隔代遗留下来的东西。

我们的子女，还有我们的子孙，他们企盼我们中国唯一的执政党把一个完好的地球交给他们，我们党作为“中国唯一执政党”的同时承担着最大的生态责任！

我们吃子孙后代的饭，要对子孙后代负责任，很多关心国家健康发展、关注生态环境的知识分子积极向党建言献策，希望以较小的社会成本、生态成本，引导执政党作生态化转轨。

三、在转变态势下，向德宏州提出保护生态环境实现可持续发展的对策建议

（一）休养生息，恢复生态，增加自然的生产

向中央要政策，新疆有的，云南也要有！中央要在边疆发展中突出体现国家意志，加大国家投入，要组织专家认真研究民族问题、边疆稳定问题与社会公平和民族平等问题的关系。生态问题并非简单的资源和环境保护问题，还具有人文的伦理价值。事实上，自然地理环境决定一个民族文化发展的类型和方向，生物资源的存在和利用决定文化形成的内涵，云南多样性特质鲜明，生物多样性是根，民族文化多元性是魂，是直接关系到中华民族生存和文明发展的基础性问题。我国在以较大生态环境代价发展经济数十年之后发现，当生态系统不能持续提供资源、能源和清洁的空气、水等环境要素时，我们的物质文明的持续发展就失去了载体和基础，精神文明和政治文明的内涵也就无法全面、持续发展。

德宏州境内生物多样性与民族文化多样性紧密结合，传统文化与生物多样性是相互依存、协同进化发展的统一整体，生物多样性保护还具有人文的伦理价值，保护具有重要的社会意义。传统文化中包含了保护利用生物多样性的传统知识，因此在很大程度上保护了传统文化也就保护了生物多样性，保护了生物多样性也就保护了传统文化。德宏州境内自然保护区是“人与自然”和谐发展的结晶，她的存在为当地世居民族留下美好的回忆，她的消失牵动着当地各民族的感情，直接影响社会稳定和民族团结！作为备受关注的生物多样性热点地区和几大国际河流的上游，德宏州在政治上和外交上也具有积极的意义。德宏州生态环境作为一项珍贵的、不可替代的、不可再生的自然资源，在维护生态平衡、促进经济发展、发展对外关系等方面发挥着重要作用。

我们必须从国家及云南省发展战略的高度，全面系统地决策与行动。必须认识到：生态环境的保护与利用问题，既是生态环境问题，同时也是经济问题、社会问题和政治问题。特别要关注云南，让云南在经历八年抗战，

三十年“追求理想”，三十年“追求效率”后，有个休养生息的时期，恢复生态，增加“自然的生产”[①]，勿丧失云南多样性优势，犯“大意失云南”的历史错误！

（二）加大德宏州境内高黎贡山自然保护区和铜壁关自然保护区的生物多样性保护力度

在所剩为数不多的生物资源中，在德宏州境内高黎贡山自然保护区和铜壁关自然保护区幸运地保留了一块堪称“世界生物资源宝库”的地区，随着全球经济政治和社会发展新的需要，这一地区的战略价值日益凸现，并已成为全球关注乃至争夺的热点地区。这里的野生生物种质资源几乎占了全球的10%，是当今中国现存基础资源中最精华的部分。作为蕴藏巨大野生生物种质的资源库，其中有价值的基因可以创造上万亿元的财富。这样一笔宝贵财富，不仅是云南经济社会发展的希望所在，更是支撑国家发展的基础资源、潜在的核心竞争力和安全保障。因此，保护德宏州境内的生物多样性，就是保护我们未来发展的基础，就是国家的未来安全，就是维护国家的核心利益，具有极其重要的战略意义。

（三）充分利用保护区的“限制开发和禁止开发主体功能区”地位，争取生态补偿和财政转移支付经费

为了保护这些支撑国家发展的基础资源、潜在的核心竞争力和安全保障，我国《国民经济和社会发展第十一个五年规划纲要》明确提出：“根据资源环境承载能力、现有开发密度和发展潜力，统筹考虑未来我国人口分布、经济布局、国土利用和城镇化格局，将国土空间划分为优化开发、重点开发、限制开发和禁止开发四类主体功能区。”重点生态功能保护区属于限制开发区。在此格局中，德宏州境内自然保护区作为具有支撑国家发展潜在的核心竞争力和安全保障的“自维持性资源”，是亟待保护的关键地区之一。德宏州境内高黎贡山自然保护区和铜壁关自然保护区在“全国主体功能区”具有自己鲜明的定位，是一个禁止和限制开发，以生态环境和生物多样性保护为首要任务的主体功能区域。

另一方面，我国实行国税和地税分税制，目前，国家实行的中央和地方财政“分灶吃饭”的机制，使云南省将最好的税种给了“国税”，一般税种属“地税”。按理说，“国事”应由“国税”担负，“地事”由“地税”担负，但很多内地省份不负担的“国事”，在边疆地区却由“地税”担负。

① 新的生产观：生产活动包括“自然的生产”、“社会的生产”和“人类本身的生产”。保护生态就是保护和发展“自然的生产”。以大力发展“自然的生产”来支持中国东部地区“社会的生产”。

取消“农特税”后，“地税”来源减少。中央收回了财权，但是没有收回事权，现行的五级财政分配机制，使处于县、乡一级财政级别的生态保护区在获得财政经费时被边缘化，使其地处边防一线，处于经济循环体的末端，享受不到公共财政的阳光。为了担任保护任务，有树不能砍，有矿不能开，国家安排的大型投资项目也很少，造成政策性致贫。因此，国家应建立生态补偿机制，以便调整相关利益各方生态及其经济利益的分配关系，促进城乡间、地区间和群体间的公平性和社会的协调发展。州委、州政府应花精力，组织专门班子，争取生态补偿和财政转移支付经费。

（四）希望当地领导高度重视“产业安全”，慎提“工业立县”、“产业立县”之类口号

改革开放以来，中国走了一条不均衡发展的道路，西部大开发以来，大大促进了西部资源开发型产业的发展，在光热条件丰富、水量充沛的德宏，热区作物种植已成为支柱产业。我认为，产业发展是很充分的，人民生活水平是有提高的，边疆稳定，民族团结，这是主流。但是，我要告诉家乡的同志们，从全球经济发展态势看，高的贸易依存度、较高的资本形成依存度以及较低的自主创新率决定了我国经济的脆弱性，容易受到外部的各种冲击；决定了中国这个发展中的经济大国在未来必将面临十分严峻的产业安全问题。“产业安全”态势十分严峻！

在激烈竞争的当今时代，“优势”是什么？“优势”不是天然禀赋，而是竞争的结局，只有生存下来了，发展起来了，才叫优势！金融危机后，人们猛醒，认识到“资源优势”导致了四大劣势的形成，第一：经济结构单一。第二，人的观念落后，只知道动山动水，搞硬开发，拼资源，不搞科技创新。第三：过度开发，造成生态环境的破坏，出现矿竭城衰，把问题留给政府，把污染留给后代！如云南东川市。第四：资源依赖型产业具有成本递增，效益递减的特点，甚至出现产量逐年递增，GDP和人均收入逐年递减的情况。不仅如此，不少学者还指出，中东地区石油输出国可以暂时富国，但不能最终强国。这些国家的经济地位正在受到动摇，新经济时代的一个重要标志就是先天自然资源的作用下降，后天获得性资源对经济的贡献率越来越大，很多性能优于自然资源或自然界根本就没有的新材料在推动经济向前发展。资源依赖型产业和资源依赖型经济面临的困境已显而易见，甚至出现资源丰富程度与经济发达程度成反比的现象，很值得人们深思。“资源优势”通过开发这一种方式并不能转变为“经济优势”，而由于过度开发，致使中国西部出现“开而不发，开而不富”的局面，并出现“西部开，东部发”这

种重经济效益、轻社会公平和生态效益的开发模式，值得人们深刻反省。应该另辟蹊径，降低天然资源开发强度，保护天然资源，多利用政策，走以开放促开发，以开发促发展的可持续发展的道路。

（五）“经济搭台，文化唱戏”

地方政府提出“文化搭台，经济唱戏”，行为的主体是地方政府。“经济搭台，文化唱戏”的主体是国家，国家制定特殊政策，发展特殊产业。“以开放促开发”，使三面临缅甸的瑞丽市形成“境内关外”的地区，鼓励代表国家意志的利益集团，在“境内关外”地区投资，促进地方区域经济发展，使瑞丽市在成为商务旅游中心后，进一步成为一个环境优美、文化包容、服务一流、消费上流的国际政治中心，成为国际情报中心、禁毒防毒的桥头堡，起到香港、曼谷、迪拜在国际政治、经济、外交中所起的作用。唱一场别开生面的大戏！

附 录

一、新的生产观

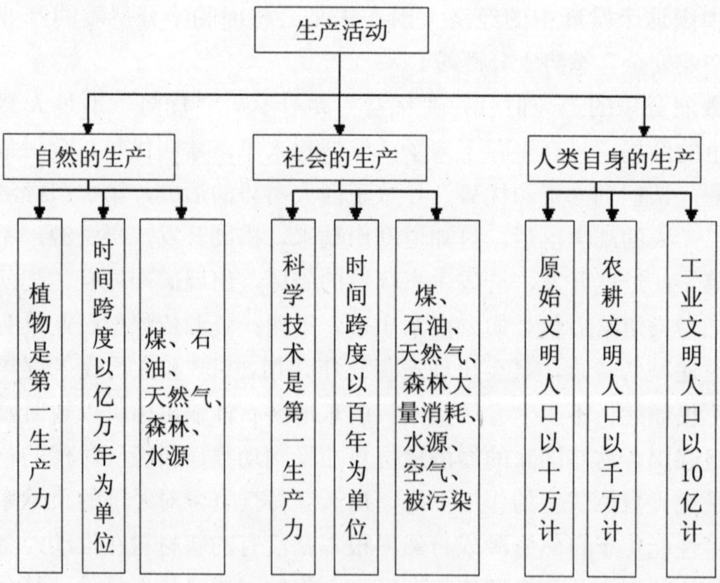

二、新的价值观

工业经济形成初期，传统经济学家认为，只有劳动才能创造价值。因此认为天然的森林、空气和水没有人类劳动的赋予是没有价值的，也就不能作为经济运行的要素。而人们在工业文明的后期，发现没有人类劳动赋予的天然的森林、空气和水有生态服务功能，是有价值的，应作为“生态资本”，成为经济运行的要素。地球的生命是靠水圈、岩石圈、土壤圈、大气圈、生物圈五大圈层进行能量、物质和信息交换来维持的，其中，生物圈起着至关重要的作用：捕捉和储存太阳能。而完成这一使命的是植物。因此，科学家把绿色植物称为生态系统的第一生产力。这样人们提出了“绿色经济模型”。这个模型实际是承认：“良好的生态环境也是生产力”，保护生态就是发展生产力!

三、新的自然资源观

工业文明时代的传统资源认为资源有“可再生”与“不可再生”之分，而新的自然资源观认为资源有“生产性”和“维持性”之分，并把资源分成两大类，一类是生产性资源，另一类是维持性资源。把“可再生资源”与“不可再生资源”中很大一部分划为“维持性资源”，并且指出：以旅游开发为主的“舒适性资源”是“生产性资源”，要防止盲目开发“物质性资源”，因为这种盲动可能破坏“维持性资源”，可能破坏“舒适性资源”。

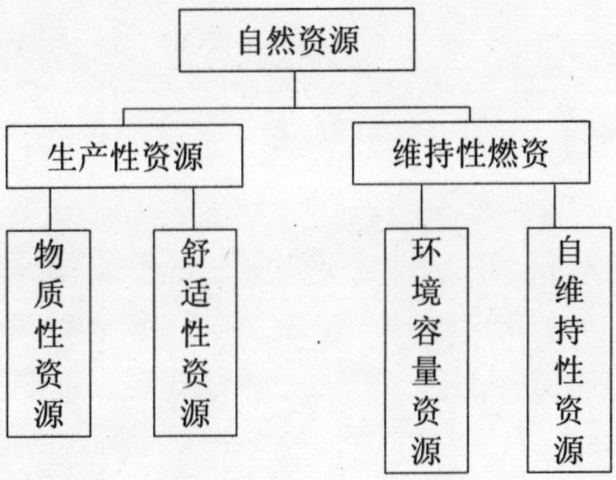

自然资源分类图（Natrual Rcsources Syslcm）

四、邓小平对后人的10点警告（来源：中国共产党新闻网）

警告一 国民收入分配要使所有的人都得益。

警告二 如果搞两极分化，中国就会发生闹革命的问题。

警告三 如果改革导致两极分化，改革就算失败了。

警告四 20世纪末，就应突出解决两极分化的问题。

警告五 城市搞得再漂亮，没有农村这一稳定的基础是不行的。

警告六 思想文化教育卫生部门，都要以社会效益为一切活动的唯一准则。

警告七 如果教育问题解决不好，就会误大事，应要负历史责任。

警告八 中国要出问题，还是出在共产党内部。

警告九 所有的改革最终能不能成功，还是决定于政治体制的改革。

警告十 政治体制改革会触及许多人的利益，会遇到很多障碍。

候鸟式生态公园城市建设中德宏湿地资源保护与利用途径思考

——在大盈江建立国家湿地公园的建议

田 昆

国家高原湿地研究中心副主任

西南林业大学环境科学与工程学院教授

一、湿地公园的内涵及性质

湿地公园作为我国湿地保护管理体系的重要组成部分，是新形势下解决湿地保护和开发利用矛盾的重要手段，因此，积极进行湿地公园的建设对我国湿地保护事业具有重要推动作用。

湿地公园是具有显著或特殊生态、文化、美学和生物多样性价值景观，以保护湿地生态系统完整性、维护湿地生态过程和生态服务功能为前提，充分发挥湿地多种功能效益、开展湿地合理利用为宗旨，供公众游览、休闲或进行科学、文化和教育活动的特定湿地区域，与湿地自然保护区、湿地自然保护小区、湿地野生动植物保护栖息地以及湿地多用途管理区等共同构成了湿地保护管理体系。

二、国家湿地公园建设的必要性与意义

大盈江是我国重要的河流湿地类型，全长204.5公里，盈江县境内长145.5公里，是国际河流伊洛瓦底江的上游河段。大盈江上游奔流于崇山峻岭之间，两岸森林茂密，江水汹涌；中游江面宽阔，最宽处近1公里，遥遥数十里，碧水蓝天，沿江两岸，远山隐约，江畔有湖，堤岸翠竹掩映，风光绮丽；下游河床坡度陡增，水势飞湍而下，由于急流强烈下切，河道变窄，最窄处仅7.5米，滔滔江水飞泻而下落入落水洞，极为独特，也极为壮观，

是价值较高的旅游资源，也是许多珍贵水鸟和珍稀鱼类的重要生境，有着丰富的生物多样性，具有特殊的生态保护价值和经济利用价值。但近年来，由于人为活动的加剧，大盈江所受到的干扰日益严重，沿大小支流而建的水电站超过百余所，致使河流径流量减少、生态环境改变、生物多样性受到威胁。另外，粗放的矿产资源开发导致矿渣排入江中，硅矿冶炼中大量砍伐树木，致使水土流失加剧，泥沙淤塞河道、电站与湖泊，影响生态环境质量和当地经济的可持续发展。

如何使德宏州湿地的生物多样性与生态环境资源得到有效保护，同时又使这些资源环境在促进德宏经济产业发展中发挥重要作用，是当前从政府、科学家到社会各界都在高度关注和认真研究的重大问题。在生物多样性保护呼声日益高涨和经济、社会发展进程不断加快的形势下，这一地区正在承受着前所未有的既要实施有效保护，又要促进经济发展的双重压力。由于资源环境的开发利用仍然是今后相当长时间内这一地区谋求发展的重要条件，如何解决保护与利用的矛盾自然而然就成为当地政府和各级保护部门以及生物多样性保护工作者面临的巨大挑战和必须承担的前所未有的历史使命和重大责任，这正是建立大盈江国家湿地公园的意义和关键所在。

湿地是地球三大生态系统之一，蕴藏着丰富的生物多样性。从 20 世纪 80 年代开始，面对日益恶化的生态环境，人们逐步认识到保护生态系统和生物物种资源对持续发展的重要性，世界各国相继建立了以保护生物多样性为主要对象的自然保护区，特别是像我国这样的许多发展中国家，有着丰富的生物资源，同时又面临着资源过度利用和严重破坏的威胁，建立自然保护区因而成为国家保护生物多样性的重要举措。德宏州各级政府也一直致力于自然保护区的建设，以寻求国家和国际组织更多的支持。保护区对保护生态系统及生物物种发挥了重要的作用，有利于对生态环境的恢复和生物多样性的保护与可持续发展。遗憾的是几乎所有的自然保护区都存在着一个共同的问题，那就是生物多样性资源保护与当地社区发展之间的冲突问题，确切地说就是保护区的保护在很大程度上限制了当地社区的发展，由于当地居民的利益得不到保证，这一地区环境保护与社会发展的矛盾日益加剧，另一方面，社区的无序发展又大大削弱了保护区的管理，使保护的目标难于实现。

究竟怎样做才能有效地保护生物多样性资源，又能解决好利用与保护的矛盾冲突呢？显然，单纯封闭式的保护模式，或与保护目标脱节的发展模式都是不可取的，只有寻找一条路子或一种模式，使生物多样性保护与当地社区发展紧密联系起来，坚持综合保护与发展的理念和方法，才能为当地社区和各级保护组织所接受，解决各方利益群体的需求，保证德宏地区经济社会的可持续发展。国家湿地公园正是这样一种模式，既有利于调动全社会力量参与自然资源保护与可持续利用，又有利于充分发挥生物多样性的多种功能与效益，以适应经济社会发展要求和公众需求，有效保护生物多样性与生态环境，促进区域经济社会可持续发展。可见建立国家湿地公园是经济社会可持续发展的需要，是解决各方利益群体需求的有效途径，同时也是协调保护与发展的战略途径，是引导该区地理、生物、人类社会复合系统走向互利共存，走向可持续发展的关键一步，对实现该地区生态安全、经济繁荣、社会和谐与进步的目标具有十分重要的意义。

三、湿地公园建设的预期效益分析

（一）生态效益

1. 提供优质水源

以大盈江为主的大小河流有 43 条，水资源总量 104.35 亿立方米，是重要的战略资源，也是实施生态补偿计算的基础。按潜在水价 0.1 元 / 吨计算，大盈江每年提供优质水源的潜在价值超过 100 亿元。

2. 生物多样性保护价值

大盈江的自然生态环境为各种生物提供了良好的栖息生境，是许多珍稀濒危鸟类、鱼类及其他野生动物的重要栖息繁殖地，采用谢高地的生物多样性保护价值系数初步估算得出，大盈江国家湿地公园建成后，其生物多样性保护价值为 18 亿元 / 年。

3. 气体调节价值

大盈江湿地公园的气体调节价值主要表现为吸收 CO_2 和放出 O_2, 维持大气中 CO_2 含量的平衡，减缓温室效应。采用谢高地的气体调节价值系数初步估算得出，大盈江生态系统的气体调节价值为 36 亿元 / 年。

4. 气候调节价值

大盈江湿地公园的气候调节价值主要为水面蒸发和植物蒸腾，使得水体和大气之间不断进行能量和物质交换，一方面降低周围大气的温度，另一方面持续不断地向大气输送水汽，改变了当地温度、云量和降雨，增加了水循环，对当地气候调节具有明显作用。采用谢高地的气体调节价值系数初步估算得出，大盈江湿地公园建成后，其生态系统的气候调节价值为 12 亿元 / 年。

5. 营养循环价值

大盈江湿地公园的营养循环价值主要为水体中生物生长不断地从环境中

吸收营养物质，形成自身有机体。按谢高地的研究成果推算，大盈江湿地公园建成后，其生态系统的营养循环价值为20亿元/年。

6. 休闲娱乐、文化科研价值

大盈江国家湿地公园的建设，将极大提高其所具有的美学欣赏、娱乐、旅游、野趣条件，并对其丰富的生物多样性，包括文化多样性进行了有效保护。按谢高地的研究成果推算，大盈江湿地公园建成后，其生态价值超过10亿元/年。

（二）社会效益

1. 丰富了德宏旅游品牌，提升了大盈江知名度

大盈江和瑞丽江同属国家级风景名胜区，但作为国家湿地公园建设使其成为国家保护体系兼顾湿地资源利用这样一种形式，大盈江将得到国内、国际社会的更多关注，使这一国际河流的有效保护与合理利用模式真正上升到国家和国际社会层面，极大地提升大盈江的知名度。

2. 维护国际河流水生态安全及国际形象

大盈江发源于我国高黎贡山南麓，属于从我国由北向南流入缅甸的国际河流伊洛瓦底江水系，是云南省西南部的重要水源和生态屏障。因此，保护大盈江，保护大盈江流域的水生态安全，不但对保障以大盈江为重要生产、生活水源的盈江县的社会经济发展及城乡居民生活的可持续健康发展，具有非常重要的现实意义与示范意义；而且对保障国际河流伊洛瓦底江的水生态安全，履行《国际湿地公约》，维护中国政府的国际形象及在东南亚国家的国际地位，也具有非常重要的国际政治意义。

3. 加强了公众保护湿地环境的意识

通过湿地公园的建设，周边群众、公众、各级政府领导将会认识到公园建设的好坏与自身利益息息相关，达到变被动保护为主动保护的目的；树立起"保护盈江、爱我盈江"的意识，为保护大盈江湿地提供坚实的思想保障，推动保护事业的发展。

4. 为云南省乃至我国河流湿地生态系统的保护和利用树立示范

通过湿地公园建设，将积累河流湿地生态系统有效保护与合理利用的建设与管理经验，为我国河流湿地生态系统的科学管理和保护与利用提供理论与技术支持和示范。

5. 构建秀美盈江，和谐德宏

将大盈江湿地以"国家湿地公园"的形式纳入国家保护管理范畴，通过

提出新的管理体制和措施，加强大盈江湿地的保护管理，实现资源可持续利用，是把资源完整地留给子孙后代，让他们共享这些资源最直接和最科学的管理手段。

湿地保护是一项重要的公益事业，通过国家湿地公园的建设，对沿岸环境进行整治，使农村卫生状况变好，消除蚊、蝇等疾病传播媒质的滋生环境；同时通过植被保护、实施有机农业、恢复河滩生境、维持生态流量等措施，大盈江及其周边的生态环境将得到明显改善，昔日美丽的大盈江将更具魅力。人们来到大盈江，呼吸着新鲜的空气，欣赏和体验大自然的美景，陶冶情操，对提高人们的健康水平，改变人们的精神面貌具有重要意义，有利于构建和谐社会，对维护边疆地区民族团结和社会稳定起到很好的促进作用。

（三）经济效益

大盈江国家湿地公园的建设，在取得显著生态效益和社会效益的同时，也会产生极大的经济效益。经测算，到大盈江湿地公园的游客人数将在现在的基础上翻两番，每年游客人数将达到 300 万人次，旅游收入接近 9 亿元。

上述折算的综合效益超过 200 亿元，其中直接经济效益不低于矿产冶炼和电力产生的效益。随着生态建设和国家生态补偿进程的推进，湿地公园建设所产生的综合效益将远远超过全县工业总产值。

以上仅是部分举例的初步估算，由于国家目前缺乏相应标准，效益定量计算仅作为一种探索，数据仅作价值意义参考，通过深入研究后的科学计算，其价值可能远远超过这一数值。

四、结 论

通过上述分析及对湿地公园的内涵和性质的阐述，以及对大盈江国家湿地公园建设预期效益，尤其是社会效益、经济效益和生态效益的初步量化估算，指出了建立大盈江国家湿地公园的必要性。

（1）建立大盈江国家湿地公园是德宏经济社会可持续发展的需要，是解决各方利益群体需求的有效途径，同时也是协调保护与发展的战略途径，是引导区域地理、生物、人类社会复合系统走向互利共存，走向可持续发展的关键一步，对实现区域生态安全、经济繁荣、社会和谐与进步的目标具有十分重要的意义。

（2）大盈江具备建设国家湿地公园的条件。大盈江具有显著和特殊的生态、文化、美学和生物多样性价值的湿地景观，湿地生态特征显著；大盈江以湿地景观为主体，融合了湿地景观和人文景观，并具有生态、科学、教育、其他自然景观及多民族文化和历史文化价值；大盈江地处国际河流伊洛瓦底江上游，是云南省西南部的重要水源和生态屏障，有着许多特有种和丰富的生物多样性，在保护湿地野生动植物方面发挥着重要作用，是同类型河流湿地公园的典型代表。

建设阳光政府，推动政府自身建设

任新民

云南大学马克思主义研究院教授

一、政府体制改革的历史发展

改革开放以来，中国行政管理体制的改革主要沿袭“机构改革”和“职能转变”两条途径。前一种改革的基本思路，是力图解决好计划经济下的万能政府的机构臃肿、官僚主义严重和办事效率低下等问题；后一种改革思路反映出我国由计划经济体制向市场经济体制转变后，政府根据市场经济发展要求，建立服务政府和责任法治政府的要求，力图构建新的政府体制。

长时期以来，我国政府体制改革的主要内容，一方面是以结构调整为主线的机构改革，重点是减少政府人员编制、精简机构、调整政府工作部门，包括内设机构。另一方面，是以功能改变为主线的政府职能转变，重点是适应经济体制改革，解决好政府与企业、政府与社会、政府与其他组织之间的职责划分问题。这就是系统论中强调的“结构—功能”分析理论在中国行政管理体制改革中的具体实践应用。这种二元论的改革模式由于忽视了对政府组织内部运行机制的关注，因此，在改革初期起到一定的积极作用的同时，也必然会导致行政管理体制改革的粗放式和远程式特征。

中国加入WTO以后，政府自身建设、政府管理效率的问题要求政府首先管好自己，只有管好自己，才能做好自己的事，才能管好他人。正所谓，正人先正己，其身正，不令而行，其身不正，虽令不从。2000年，国务院政府工作报告中首次出现“从严治政，加强政府自身建设”的章节，提出要“全面推进依法行政，从严治政，建设廉洁、勤政、务实、高效政府”。2005年政府工作报告提出“加强行政能力建设和政风建设”，明确提出“建设一个行为规范、公正透明、勤政高效、清正廉洁的政府，建设一个人民群众满意的政府”的目标。2008年政府工作报告提出了“要着力转变职能、理顺关系、优化结构、提高效能，形成权责一致、分工合理、决策科学、执行顺畅、监督有力的行政管理体制”的总体要求。

从国家行政体制改革的要求来看，政府体制改革不仅仅关注“做什么”、“谁来做”，而且更应关注“怎么做”的问题，越是具体部门或基层组织这一特点越是明显。

二、当前政府自身建设中存在的主要问题

尽管各级政府和社会各界越来越关注政府自身建设，许多地方也采取了很多有效的措施，但是，从完善政府自身建设的长效机制来看，政府自身建设客观上有一个科学化、规范化和制度化的内在需求。在这方面，当前的政府自身建设实践仍有许多问题需要解决。

一是概念口号多，办法少、落地少。一些地方政府的自身建设更热衷于创造一些新的概念和口号，如决策中想当然，主观主义严重，“念起来上口，喊起来有力，听起来深刻”，但做起来无从下手。口号喊出去了，“做什么”、“谁来做”却不明确。如听证会、征求意见会、重大工作通报制度等，从操作和执行层面上具体“怎么做”，往往缺乏后续跟进的手段，从而使改革措施难以落地，有时甚至出现用老办法推进新理念的做法。

二是受领导个人意志影响大，存在着“人走，措施办法跟着走”的现象。目前的地方政府自身建设，很大程度上取决于主要领导人的想法。由于出台的相应措施和办法带有很强的个人色彩，而且多数是通过一般性的红头文件颁布的，缺乏刚性的制度制约，因此在领导者离任时，这些措施和办法经常被束之高阁或者不了了之。

三是改革措施往往零敲碎打，缺乏系统性的方案设计和整体推进，存在着“重业务、轻管理，重结果、轻过程，重评比、轻诊断，重奖惩、轻改进”的倾向。在实际工作中，由于我们往往是针对某些具体问题而采取一些相关办法，具有很强的“问题导向性”，这对于解决当前主要矛盾显然是有益的，但从长远角度看，这种“头痛医头，脚痛医脚”的做法不利于形成政府自身建设的长效机制，不利于政府自身建设的科学化、规范化和制度化。

四是过分强调中国特色或者地方特色，而忽视了政府管理应当遵循的普适性原理、方法和评价标准等。中央政府提出的“政府自身建设”概念本身其实就具有很强的中国特色，而在多数地方政府的实践中又往往“创造性”地提出一些新名词、新口号，从而导致在政府自身建设领域经常“同一内涵，各自表述”，缺乏统一的概念界定和规范标准。

上述问题表明，对政府自身建设的探索仍处于实践摸索阶段，理论界研

究深度不够，实践界目前还缺乏统一的认同标准。

三、建设阳光政府是推动当代政府自身建设的重要方式

建设阳光政府是我国社会主义社会的性质所决定的，是由我们党的性质所决定的。恩格斯当年曾经对官员与民众的关系用了两个最深刻的词——“公仆”与“主人”。这两者之间的关系毛泽东用了一句话，作了最贴切的概括——全心全意为人民服务。阳光政府就是这一执政理念的实践。

现代政府管理改革的基本趋势是服务型政府理论及主张所强调的是政府为公民所有，政府官员及公务员是公共权力的信托者，政府的基本职能和目标是为公众提供服务，提供更多更好的服务，因此，这一服务型政府理论的基本精神和取向，对当前我们在认真贯彻落实“三个代表”重要思想的精神、执政为民的理念，从根本上改革我国由于多种原因存在着命令行政、人情行政、经验行政、多层行政、身份行政和受控行政的传统和现实，实现政府管理从权力行政向服务行政的转型，无疑具有重要的启发和借鉴意义？

政府自身建设本质更关注政府组织的绩效管理问题。如何加强政府自身建设，我们应该回到对一些基本问题的回答上来，比如，“什么是一个好政府？”“一个好政府的衡量标准是什么？”再进一步讲，政府说到底是一个组织，那么一个组织的管理，是否应该遵循世界公认的一些科学管理原则和方法。

所谓阳光，就是透明公开，所谓阳光政府，就是把政府工作公开透明，把政府的工作置于广大人民群众的监督之下，让群众来监督政府工作，从而保障政府工作为人民服务的目标和价值追求。建设阳光政府符合当代行政法治的发展潮流。第一，有利于实现和保障人民群众的知情权、参与权和监督权。第二，便于从制度上、源头上遏制和预防腐败。第三，能够促进行政机关工作作风的转变。推行政府信息公开，能够促进行政机关和公务人员以人为本、行政为民、依法办事、廉洁奉公，不断提高行政水平和工作效率。第四，有利于推进和统一全国的政府信息公开工作。在《中华人民共和国政府信息公开条例》（下简称《公开条例》）出台之前，许多地方推行了政务公开的试点，也对此作出一些具体规定。《公开条例》出台以后，各地政府信息公开工作按《公开条例》统一规范，再上台阶。

四、云南省建设阳光政府的四项制度

为了促进政府决策的科学化、民主化，增强政府行政行为的透明度，畅通政务信息的渠道，扩大公众对政府工作的监督范围，不断提高政府管理工作的效能，云南省政府于2009年制定出台了建设阳光政府的四项制度。

（一）重大决策听证制度

重大决策听证制度旨在加快政府决策民主化、科学化进程。涉及公共利益、群众切身利益以及社会公众普遍关注的重大决策事项，对当地经济社会发展具有重大影响的决策事项，在决策前都要采取面向社会公开的方式进行听证。

（二）重要事项公示制度

重要事项公示制度旨在使政府工作更加广泛地接受人民群众的监督。对于关系到经济社会发展的重要事项，涉及公共利益、群众切身利益和社会普遍关注的重要事项，在实施前向社会公示，听取民众的意见和建议。

（三）重点工作通报制度

重点工作通报制度旨在推动工作落实，提高政府执政力。各级行政机关对同级政府确定的重点工作，在执行过程中和工作完成后，及时向社会通报，包括涉及重大公共利益和群众切身利益的工作进展情况及其成交、重点建设项目的进展情况，公众关注及其他应向群众通报的重要事项等四个方面。

（四）政务信息查询制度

政务信息查询制度旨在及时、高效地满足社会公众对政府信息的多样化需求。通过“96128”政务查询电话专线、政府网站、行政服务中心、档案馆、信函和来访方式，为公众查询政府信息提供优质服务。

五、有效引导公众关注和参与政府自身建设是建设阳光政府的重要保障

公众参与是加快行政体制改革，进一步转变政府职能，提高行政效能，努力建设人民满意的政府的必然要求。所谓公众参与是指公民、法人或其他组织通过各种方式直接或间接参加到政府行政行为的过程中，以达到监督行政权力和保护自身权利的一种制度。公众参与既是现代民主政治的基石，又是加强社会建设和管理，推进社会管理体制创新的重要内容。公众的广泛参与对于加强政府自身建设，构建服务型政府具有重大意义。

（一）公众参与是服务政府、责任政府和法治政府建设的必然要求

1. 服务公众、充分体现公众的需求是服务政府、责任政府和法治政府建设的根本目标取向

政府是以能有效地履行公共服务职能为存在前提的，否则，这个政府的合法性、合理性都将受到公众的怀疑。“全心全意为人民服务”是我们党

的宗旨，立党为公、执政为民是我们的政治制度的本质属性，因此，服务公众、满足公众的需求一直是人民政府存在、发展的根本目标取向，实现公众参与是政府工作、政府建设价值目标的政治要求。

2. 公众参与是建设效能政府的必然要求

在现代民主政治高度发展的背景下，政府行为与满足公共利益更具有直接的相关性，它决定了政府效能建设的根本目的在于为公众提供有效的公共服务。我们建设效能政府，并不是为“效能”而“效能”，而是希望通过这一建设活动，使各级政府能在降低行政成本的同时提高行政效率，以满足人民群众日益增长的物质文化需求，实现全心全意为人民服务的根本宗旨。如果离开了公众需求这一根本目标，效能政府建设就没有了方向，就失去了支撑，也就没有了意义。

3. 公众参与是解决错综复杂的社会矛盾和实现社会稳定发展的关键举措

改革开放以来，随着社会主义市场经济体制的建立，利益格局的根本改变，社会利益的不断分化，社会矛盾日臻突出，利益的协调集中体现在政治体制，尤其是政府的法治服务等方面的工作中。只有发展社会主义民主，不断扩大公众参与，保证政府决策、职能履行、服务过程等透明公开，并动员公众参与监督，才能有效地缓解利益矛盾，构建和谐社会。

4. 公众参与是扩大政府的公共服务职能，适应全社会公共需求的变化，提供高质量政府服务的重要条件

改革开放以来，我国政府建设取得了一系列的成绩，公共服务的内容无论在数量上还是在质量上都取得了长足进步和明显改善。但在新的历史条件下，随着生产力的发展，公众的物质和精神需求日益向高品位、多样化、扩大化、个性化方向发展，对政府的公共服务能力提出了更高的要求。面对公共需求急剧扩张的现实，公共服务供给和人民群众需求之间的差距正在不断显现：公共产品与人民群众的要求不相适应、公共资源配置不合理、公共服务效率和效益低下、服务作风欠佳以及公共服务投入不足等已经成为当前社会矛盾的一个突出方面。造成我国公共供给不足的原因是多方面的，但政府在执行效能方面的不足无疑是其中的一个重要原因。如何在有限的资源内，提供政府的公共服务水平和服务质量，就需要有效地动员公众参与。

（二）公众的有效参与是政府自身建设的基本动力

1. 政治参与为公众表达心声、伸张权利提供了途径

公众有效参与政府的效能建设是满足自身需要的基本途径。在现代民主国家，虽然满足民众的需要、提供公共服务已经成为各国政府的施政共识，

也是我国政府一直努力实现的目标，但公众的需求并不能自发地为政府所了解。所以公众对公共服务的要求必须通过一定的途径表达出来，为施政者所知，而政治参与又恰为公众表达心声、伸张权利提供了途径。只有通过积极的广泛的政治参与，公众对公共服务的需求才能得到最全面充分的表达，政府也才能对公众的需求有详尽的了解。政府各项工作的改进，决策制度的完善，政风的廉洁，效率的提高，都依赖于人民群众的广泛参与，尤其是人民群众的有效监督。任何一种制度，若没有制度外因素的持续推动，都有可能产生“制度惰性”。因此，只有公众积极地参与到政府效能建设活动中，才能对政府的行为有更为全面的了解，才能对政府行为提出更进一步的要求，才能督促政府不断地完善自身建设。

2. 人民群众是公共服务享受者，是对政府是否具备效能进行评价的评价主体

积极引导民众参与政府的效能建设，既能加速政府建设的进程，也可以为政府是否具有效能提供衡量标尺。效能政府是经济而有效率的政府，但政府的经济性、效率性必须有个评价主体。政府不能作为评价自身的主体，只有作为公共服务享受者的人民群众才能成为政府是否具备效能的评价主体。只有公众有效参与到效能政府建设过程中来，并把满足人民群众的要求作为效能政府建设的根本目标，把人民群众满意不满意作为评价效能政府的根本标尺，效能政府建设才能落到实处，找到动力。

3. 公众参与是实现政府决策科学化和合理化的重要保障

效能政府的一个基点是决策的科学性，不能做到科学决策的政府肯定不是有效能的政府。让公众参与到政府活动中，可以使公共政策变得更加科学。公众参与政治的一个直接作用通常就是影响公共决策和公共生活，迫使决策者倾听公众的意见，并且按照公众的意见来制定有关政策，从而使制定政策者能集思广益，相关的政策就会更加符合民众的利益。公众通过对决策过程的参与，还可以及时发现政策制定和运行过程中的失误和偏差，通过科学的反馈机制及时纠正决策失误，从而使决策更加科学和合理。因此，公众参与政治活动既是提高公共政策和公共生活质量、保护和增进公民权益的重要手段，也是提高政府效能的重要途径，更是效能政府建设的基本动力和衡量标尺。

4. 公众参与机制是实现对政府效能监督的有效手段

目前，政府是公共管理领域里的唯一主体，而经济的飞速发展使社会管理对象的分化越来越严重，管理领域也在不断膨胀，这就造成一个两难选择：经济体制的改革和发展，要求政府职能进行转变与精简；而管理对象的

扩大，又要求政府职能行使范围扩大，避免缺位、不到位现象。由于政府机制存在本质上的缺陷，造成“政府失灵”，即无法使资源配置效率达到最佳的情形。一般认为，“政府失灵”与“市场失灵”能够互相补充，形成了公益靠政府、私益靠市场的共识。但是，在市场经济发展的过程中，又出现了对公共物品的多元需求和社会收入与经济安全方面的需求等，这些需求无论是政府还是市场，都是无法有效提供的，这就是政府与市场的“双重失灵”。因此，构建服务型政府需要寻求新兴力量的介入来解决政府与市场的“双重失灵”问题。于是，建立公众参与机制来扩大社会公共管理的主体、实现部分权力的转移成为必然。

（三）有效引导公众关注和参与政府自身建设

1. 推动公众参与政府效能建设，需要进一步培育公众的参与意识、提高参与技巧

由于中国历史上经历了长期的封建集权统治，造成民主的制度和精神土壤非常贫瘠，导致我国公众目前的民主意识、参与意识尚处在生长、发育的初级阶段。这就要求我们必须适应时代发展的趋势，积极培育公众民主参与的主体意识。培育公众的参与意识要加强新闻舆论的引导作用，通过新闻舆论的引导，使公众正确认识自己的权利和责任，塑造独立完善的政治人格，形成广泛参与而不是被动接受的政治文化氛围。在培育公众参与意识的同时，还要提高公众政治参与的技能。“人天生是政治动物”，但只有充分认识到参与政治对于维护自身合法权益的极端重要性，能够在参与过程中坚持合法性、合理性和有序性，并具备参与技巧的公众才是一个符合时代要求的“政治动物”。

2. 逐步拓宽公众参与领域和参与渠道，调动公众参与政治的积极性

改革开放以来，在坚持和完善人民代表大会制度和政治协商制度的基础上，我国公众参与政治的领域在逐渐变宽，途径也日益多元，诸如信息公开制度、公民参与立法制度、公民批评制度、公民建议制度、社情民意反映制度，以及与公民利益密切相关的重大事项的社会公示制度、社会听证制度等各项制度的逐步建立和完善，在一定程度上保证了我国公众对社会政治生活的有序参与。但公众参与政治生活的组织机构和渠道单一、领域狭窄，仍然是制约公众有效参与政治的主要障碍。因此，各级政府要高度认识提高公众参与度对本地区经济社会发展的积极意义，逐步拓宽公众参与领域和参与渠道，调动公众参与政治的积极性。

3. 应当加强公众参与的制度建设，探索公众参与的新形式

公众参与应该加强法制建设，政府要抓紧落实有关公民权利的立法和其他有利于扩大公众政治参与的立法，使人民群众在法律的保护和引导下参与公共事务；要坚持和完善人民代表大会制度，进一步提高人民代表的广泛性、代表性和参与性，保证人民代表大会及其常务委员会依法履行职能，保证立法与决策更好地体现人民意志；要坚持和完善共产党领导下的多党合作和政治协商制度，保证人民政协在政治协商、民主监督和参政议政方面的作用；要健全党委领导、政府负责、社会协同、公众参与的社会管理格局，进一步扩大基层民主，健全基层自治组织和民主管理制度，使人民群众能以合适的方式参与社会管理；要建立更加开放的公共决策机制，通过包括举行听证会、政务公开、民主恳谈、民主协商、民意调查等有效形式扩大公众有序的政治参与，并探索符合中国国情和时代要求的民主参与途径；要积极探索在信息网络时代下引导公众有序参与的途径和方式，在公众参与政府决策、评议政府官员、举报违法行为、管理公共事务等方面充分发挥网络方便快捷的积极作用，防止其消极影响。

德宏引领性建设新时期社会主义新边疆的发展思考

周智生

云南师范大学历史系主任、教授

维护边疆稳定和民族发展，在我国始终是一件大事，关系着我国发展与稳定的大局。伴随着我国对外开放程度的不断深入，民族地区的境内外人口流动更加频繁，少数民族群众的民族和宗教意识普遍增强，国内外敌对势力利用民族地区的民族和宗教问题搞渗透和分裂活动趋于活跃，直接影响到了社会稳定和边疆巩固。与此同时，我国民族地区经济社会发展步伐的不断加快和社会转型程度的不断加深，促使利益主体日趋多元，统筹协调各方面利益的难度加大，各种突发公共事件呈增多趋势，对民族地区经济社会全面协调发展提出了新的要求，更具复杂性和艰巨性。

自古以来，云南作为中国西南边疆的重要组成部分，对于中国边疆稳定和发展有着十分突出的重要影响。近年来，在维护边疆稳定与发展的进程中，云南也涌现出了一些新的问题，这些问题的滋生和发展在云南有着特殊的发展轨迹，问题的表现和扩散也颇具隐蔽性和迷惑性，而这些问题的持续发酵已经对边疆稳定发展形成了新的压力和冲击。维护边疆稳定与发展的严峻形势在云南依然突出，亟待各方进一步予以关注和着力解决。在国家进一步推进西部大开发战略，深化对外开放水平，对西部边疆省区的支持力度不断加大的发展背景下，各边疆地区如何抓住发展机遇，建设富裕开放、团结稳定、和谐安宁的社会主义新边疆，已经成为一个现实而迫切的主要发展目标。

德宏州作为云南省面向西南开放桥头堡战略实施建设的重要口岸地区，在新时期西南边疆稳定与发展的战略格局中占据着不可替代的重要地位，有着举足轻重的影响。围绕德宏如何在全省、全国范围内成为新时期社会主义新边疆建设的排头兵，我们谨提出几点不成熟的建议。

一、德宏不仅要构建绿色德宏，而且要大力发掘和保护历史上各民族反侵略、保边疆的历史遗迹，大力弘扬和宣传各民族的爱国传统和光辉业绩，推出“红色边疆德宏”这张文化名片，提升德宏的历史文化底蕴，进一步增强各民族的爱国凝聚力和向心力

明代后期以来，德宏地区因其特殊而重要的地理区位，屡屡遭受缅、英、日等国家的入侵。在反侵略、保边疆的过程中，德宏各民族人民同仇敌忾，不屈服于任何内外压力，饱含“宁死不让寸土，做鬼也做中国人”的爱国精神，用原始落后的武器与入侵者展开了前仆后继、不屈不挠的殊死斗争，各民族兄弟姐妹肩并肩、手拉手用自己的血肉之躯在祖国的西南边疆筑起了一道道让侵略者永远不可逾越的万里长城，为保卫边疆、维护祖国领土作出了重大贡献。在长期的抗击外敌的过程中，“一寸山河一寸血，十万边胞十万军”，留下了许多英雄史诗般伟大壮举，谱写了一曲曲抗敌御辱的壮丽诗歌，是各族人民世世代代值得珍惜和继承的历史记忆遗产。

近年来，跨界民族与所在国其他民族之间的文化差异和利益差异被外部力量所利用，在外部政治、宗教势力的刺激下，内部的民族意识被重新唤起和重塑，民族认同被强化。基于民族整体性的群体性利益诉求不断被强化，特别是当前我国跨境民族与周边国家边民之间的经济社会发展程度和生活水平差距逐渐被缩小，基于共同贫困、渴望共同努力寻求改变的民族聚合力被激化，导致一些跨境民族的国家认同与民族认同间固有边界逐渐模糊，民族利益诉求高于国家利益的情绪和心理渐渐抬头。

因此，开发运用这些珍贵而厚重的红色资源，发挥其独特的政治文化优势，不仅对德宏各民族人民历史文化价值观教育有突出的意义和价值，而且对德宏历史文化品牌的塑造和提升具有本源性的特殊作用。在加强对外宣传的同时，德宏要及时地将历史上各民族反侵略、保边疆的光辉业绩和历史英烈故事编入乡土教材和民族语教材当中去，让各族青少年从小明白“红色边疆德宏”的历史意蕴和教育意义。其具体路径包括：一是开发与统筹红色资源，形成优质的德育成果，进行动态立体的开发。二是提炼与“再生性”构造相结合，把各民族人民爱祖国、保边疆的历史传统与社会主义核心价值观建设有机整合起来，探索其历史联系，精选优质内容，创造性地提炼提升红色文化资源内涵，实现本土性和先进性的统一。三是推广和应用红色资源成果，在德宏州实施实践性的教育基地建设。

二、德宏州社会经济的跨越式发展，亟待进一步重视对文化资源创新性开发继承与区域发展路径创新之间相并举

面对云南省大力建设面向西南开放的桥头堡这一历史契机，德宏州的开放前沿优势将会进一步得以凸现，将迎来社会经济快速发展的新时期。在这个发展进程中，德宏的历史文化和民族文化资源的创新性开发继承就极为重要，将在德宏社会主义新边疆建设的“两翼战略”（开放富裕的边疆与幸福和谐的边疆）中扮演重要角色，成为两翼腾飞并举之一翼。

基于此次社会科学专家德宏行的经历与心得，针对部分县市的发展实际，我们认为可以有以下一些发展路径进行优选：

——梁河县南甸宣抚司署，是德宏州唯一独有的国家级文物保护单位，也是中国目前保存最完整的土司衙署。如何打响“南甸宣抚司署”这一张历史文化牌，是梁河县文化旅游产业跨越式发展的重要平台和基础。梁河县可以通过召开“土司制度与边疆问题治理国际学术讨论会”来进一步推出梁河县的“南甸宣抚司署”这张文化名片，以寻求突破旅游屏蔽。或者邀请一些有文化创意的知名人士通过一段时间的体验与感受，通过整理发掘和创新整合优质文化资源，撰写一些与南甸宣抚司相关的文学艺术作品、影视作品和动漫产品等来宣传梁河，扩大梁河县的知名度和文化旅游竞争力。

——盈江县区位优势得天独厚。县境西、西北、西南三面与缅甸接壤，是德宏州国境线最长的县，有214.6公里国境线，自古就是南方“丝绸之路”出口通关的重要通道，秦代“蜀身毒道”的主要出口之一，是内地通往缅、印、巴各国的主要商道。得天独厚的区位条件和波澜起伏的历史发展进程，使盈江县因势蓄积了丰富的历史文化资源。但是通过调研了解到，目前盈江县的历史文化资源开发与保护工作，亟待进一步加以重视和扶持。因此，盈江县一方面要借助辛亥革命胜利一百周年这个机遇，通过举办“刀安仁与云南辛亥革命胜利一百周年国际学术讨论会”来提升盈江县的历史文化底蕴；另一方面，盈江要加强旅游文化的常态化建设，具体路径是“唱响一支歌，树起一个人（刀安仁），恢复一个关（铜壁关），建好一个馆（盈江各族人民反侵略、保边疆纪念馆），雕好一群像（各族爱国英雄纪念雕像）”。

——素有“滇西边陲第一镇”之称的潞西，是历代皇宫贡米“遮放米”的故乡和中国咖啡之乡，也是全州政治、经济、文化中心和交通、通信枢纽。在面向西南开放的桥头堡建设战略实施过程中，不仅要把潞西的地缘优势转变为经济优势，而且也应该转化为文化优势，提升城市软环境竞争力；

桥头堡不仅是经济合作、开放的桥头堡，同时也应该是文化合作、发展、共赢的桥头堡。对此，我们建议潞西市应开发建设“东南亚、南亚与中国民族手工艺品国际博览会”，建设“东南亚、南亚与中国民族传统歌剧艺术节”，组织“东盟与中国国际电影艺术节”，合作设立“东盟与中国动漫产业合作发展中心”，拓展经济文化的产业链，提升潞西乃至德宏文化产业的竞争力。

三、边疆资源开发过程中应该重视各民族社区的参与能力建设，避免山区或坝区少数民族的经济发展“被边缘化”

德宏州民族众多，文化多样性现象比较突出。在文化多样性的背后，其实更多隐藏着民族间资源利用方式的差异性。而在区域一体化发展进程中，必须要重视德宏作为西南边疆多民族聚居区与内地在资源利用方式等方面潜在的文化价值观冲突，既要考虑到国家深入实施西部大开发战略对加快西部资源开发的必要性和迫切性，以生物资源、水电资源、旅游资源开发为载体的德宏州与内地和周边国家区域经济开放合作的重要性，同时也不能忽视区域内各民族在桥头堡建设背景下对这些主导产业资源利用方式及其比较发展优势的理解和认同，应积极培育各民族对区域经济一体化进程的参与意识和民族社区参与能力。

经济的发展最终是为了人民生活水平的提高，在德宏这一多民族聚居的边境地区，经济的发展更关系到国家的稳定发展和民族间的团结发展。因此，在德宏新一轮的经济建设高潮即将到来之前，各领导干部非常有必要在边疆资源开发与提升少数民族参与能力建设和致富带动这个问题上提升认识。经济社会的发展最终还是要以区域内各民族人民生活水平是否提高、文化生活是否丰富来评价和衡量。所以，引进一个项目、建设一个工程，都应该反复思考和评估，如何与各民族经济社会参与能力建设相衔接，如何让各民族群众更好地分享德宏经济社会发展的新成果和新贡献，更好地实现各民族的共同富裕和共同发展。

四、以山、坝区民族之间一对一互助帮扶为纽带，构建互惠共生、共同进步、共同富裕的新型边疆民族关系

因云南山多平地少的地貌特征，在云南大地上呈现出群山中镶嵌着无数平坝的地貌类型，一块平坝及其所辐射的四周山区构成了一个相对独立的地理单元、一个小自然生态系统和一个相对自给自足的小型社区。历史上德宏地区各民族反侵略、保边疆的一大历史动力，就是坝区民族和山区民族之间相互存在着一定的生存发展的依赖关系，形成了相帮互助的历史传统，结成了许多“牛亲家”、“干亲家”，并以通婚、贸易、文化传播、资源开发等为纽带形成了网络状共生关系，构成了山、坝区之间利益攸关、彼此依赖、共同发展的多民族和谐共生格局。所以各民族都十分珍视和珍惜这个来之不易的发展格局，面对分裂和侵略势力都能够自觉自愿展开斗争和反抗。而今，通过山区和坝区之间以乡、村、农户这三级单位之间一对一的帮扶关系和新型互助组织的构建，进一步实现山、坝区之间人员往来、经济联动、交流通畅、互信互帮的新型民族关系，建设边疆民族地方内部自生发展的帮扶新机制。

五、大力加强德宏州乡村公共文化产品的供给能力建设

新时期的社会主义新边疆，不仅是经济社会发展繁荣的边疆，同时也应该是各民族文化生活丰富多彩的边疆。而德宏州各民族文化生活水平的提高，目前来看关键问题是如何加强乡村公共文化产品供给，更好地满足不同地域、不同身份群体的公共文化产品消费需求。

乡村公共文化产品品质的优劣直接关系当地农民群众的文化生活水平，是当前新农村文化建设的关键所在。然而，目前的乡村公共文化产品供给在客观上受制于服务对象的多样性和评价过程的复杂性，特别是各民族农民群众的公共文化产品需求特性。因此，对于德宏地区而言，区域人文特殊性决定了其有别于全国其他地区的新农村公共文化产品供给模式。具体而言，德宏乡村公共文化产品供给既要考虑一般性公共文化产品的供给和各运行机制间的有效衔接，又需兼顾自身作为边疆民族地区在特殊地域文化和民族文化背景下的多元公共文化需求，将以汉文化一般性传播为主的新农村文化建设与民族地区的特殊公共文化需求相结合，将新时期社会主义文化建设与乡村本土性文化发展需求相结合，切实为当地农民群众提供符合其需求意愿和当代乡村公共文化建设要求的公共文化产品，切实改善民族地区农民群众的文化生活，促进良好社会风尚的形成，为进一步繁荣乡村文化，推进社会主义新边疆的全面建设服务。

六、外籍流动人口管理与外籍流动人口的区域认同培养相并重

由于改革开放和广泛的包容性与吸纳性，目前瑞丽市已有外籍流动人口2万多人，如此众多的外籍流动人口在当地能够与各民族和谐相处，共同为瑞丽区域经济社会发展作贡献，这本身就是一个奇迹。说明瑞丽在外籍流动人口管理上独具特色的“瑞丽管理模式”，本身就是国家实施开放战略，构建和谐边疆、安宁边疆最好的城市名片和城市竞争力的直接体现。

瑞丽在全国边境城市外籍流动人口管理上要继续作出引领性的创新实践，把瑞丽建设成为新时期我国沿边城市外籍流动人口管理的创新实验区或者是示范城，特别是在面向南亚、东南亚的发展战略中，瑞丽要把进一步做好外籍流动人口管理作为一个重要抓手，对外籍流动人口的管理要与流动人口的区域认同的培养并重，为全国摸索出在新形势下搞好外籍流动人口管理的经验，以更好地激发外籍流动人口的工作积极性，激发他们为瑞丽改革服务的热情，让全世界人民知道，开放的瑞丽不仅风光美丽，而且人文社会环境也是和谐美丽的。

如何把外籍流动人口管理作为重要抓手，我们认为：一是要进一步实现外籍流动人口聚居社区的人性化管理，增强外籍流动人口的区域认同。对外籍流动人口聚居的社区实行人性化管理，从他们的发展背景和需要出发，站在他们的角度为他们考虑如何把管理工作搞好，让他们感受到瑞丽人民对他们来为瑞丽的改革开放和经济社会发展作贡献是有诚意的。二是外籍优秀人士及外籍流动人口代表人物的信息库建设。利用外籍优秀人士及外籍流动人口代表人物在群众和社区的威信和影响力，着手进行外籍优秀人士和外籍流动人口代表人物的信息库建设，及时掌握他们的动态，建立良性互动的沟通机制。三是定期举行外籍优秀市民贡献奖遴选工程。启动并且优化外籍优秀市民贡献奖工程，对已工作生活了一段时间，对瑞丽改革开放和经济社会发展及社会稳定作出杰出贡献的外籍优秀市民，给予一定的奖励或者授予“荣誉市民”称号，定期举行外籍优秀市民贡献奖遴选，通过这种方式，增强外籍流动人口对瑞丽市的认同感，让他们感到来到瑞丽是被重视的，以激发他们更好地融入整个经济社会发展的格局中。

七、继续加强少数民族优秀人才的培养和使用，特别是要及时启动少数民族代表人物信息库的动态建设

在一些边疆民族地区群体性事件和民族内外部纠纷的处理过程中，少数民族社区内部的代表人物通常具有特殊的影响力。当前，少数民族群众的民族和宗教意识普遍增强，与此同时，德宏经济社会发展步伐的不断加快和社会转型程度的不断加深，促使利益主体日趋多元，各种突发公共事件将呈上升趋势，统筹协调各方面利益的难度加大，对民族地区经济社会全面协调发展提出了新的要求，更具复杂性和艰巨性。在这种背景下，希望德宏尽快启动各少数民族代表人物的信息库建设，一方面摸清现有代表人物的分布状况、生存状况和影响力，主动关心和保护这些老人家；同时要加快培养新时期政治立场坚定、群众威信高、善于与群众沟通的少数民族代表人物。

健全和完善德宏州社会保障机制的思考

毕天云

云南师范大学哲学与政法学院教授

2010年5月6日至15日，笔者有幸应邀参加“云南社会科学专家德宏行”调研活动，并承担“边疆民族地区社会保障机制研究”专题的调研任务。通过在德宏州5个县市的实地考察、汇报交流、现场参观、专题座谈、查阅资料和深度访谈，增进和加深了对德宏州社会保障体系建设状况的了解，并在健全和完善德宏州社会保障机制方面形成了一些粗浅思考。现整理成文，与关注和关心该问题的政府主管部门、党政干部和专家学者共同分享，敬请批评指正。

一、德宏州社会保障体系建设的总体状况

与全国的社会保障体系相同，德宏州的社会保障体系也具有典型的城乡二元化特征，总体上可分为农村社会保障体系和城镇社会保障体系两个子系统。

（一）农村社会保障体系

1. 社会救助制度

一是最低生活保障制度。截至2009年末，全州农村低保人数为131 561人，占农村总人口的16.46%；2009年投入低保资金9 401万元，其中省级财政下达8 957万元，州财政配套130万元，县级财政配套314万元；低保对象的补助标准由原来的50元提高为60元，2009年累计发放低保金8 706.31万元。二是五保供养制度。全州目前共有农村五保供养对象10 568人，占农业人口的1.32%，其中，集中供养1 470人，分散供养9 098人。目前全州共有10所敬老院，总床位1 270个，集中供养率由原来的1.3%增长到14.6%。从2008年1月开始，德宏州实现了农村五保供养对象每人每年不低于960元的补助标准，五保供养对象的基本生活权益得到有效维护。

三是农村医疗救助。对农村五保供养对象每人每年给予20元的参合补助，对尚未参加新农合的农村困难家庭也给予适当救助，已将边境一线以行政村为单位的村民纳入了资助参合范围。截至2009年末，累计支出救助资金1 326.93万元，救助46.44万人次，其中资助新农合人数46.073万人次，资助新农合资金支出921.61万元。四是孤残救助。德宏州将16岁以下的农村艾滋病致孤儿童纳入五保供养和农村低保范围，目前已有1 111名艾滋病致孤儿童领取了五保供养金或低保金，607名致孤儿童在校生享受免费上学。2009年投入救助资金84万元，共有280名孤儿受益，小学生每人每月补助100元，中学生每人每月补助130元。五是失地农民生活补助制度。德宏州于2007年出台《德宏州城市规划区域内被征地农民基本养老保险和基本生活补助的实施意见的通知》，为完全失去和基本失去土地的农民提供了制度化的生活补助。

2. 新型农村合作医疗制度

2009年末，全州共有850 606名农村居民参加“新农合”，参合率为97.09%。2009年全州共筹集资金8 506.06万元，其中，国家和省分别补助3 402.41万元、个人缴纳1 701.24万元；2009年全州共补偿就医参合农民1 784 338人次，补偿资金8 282.10万元，基金使用率为97.37%。其中：住院补偿66 577人次，补偿6 225.03万元；门诊补偿1 709 700人次，补偿1 734.68万元；住院正常分娩补偿8 061人次，补偿322.39万元。

3. 社会养老保险制度

一是传统农村社会养老保险制度（即“旧农保”）有所发展。截至2009年10月底，全州共有5个县市50个乡镇242个村开展传统农村社会养老保险工作，参保人数9 171人，基金滚存结余3 170万元，领取养老金284人，2009年支付养老金72万元。其中2009年新参保1 042人，新征收保费913万元（被征地农民752人，金额812万元）。二是启动新型农村社会养老保险（以下简称“新农保”）试点。根据《国务院关于开展新型农村社会养老保险试点的指导意见》（国发〔2009〕32号）和《云南省人民政府关于印发云南省新型农村社会养老保险试点实施办法（试行）的通知》（云政发〔2009〕193号），德宏州选择潞西市进行新型农村社会养老保险试点。2009年12月25日，潞西市人民政府办公室印发《潞西市新型农村社会养老保险试点实施方案》（潞政办发〔2009〕172号），试点工作正式启动。截至2010年5月10日，全市缴费参加“新农保”的人数为26 845人，占2010年任务总数（113 100人）的23.7%，个人缴费金额累计516.74万元。

4. 住房保障工程

一是农村民居地震安全工程。2009 年省政府下达德宏州加固改造和拆除重建农村民居共 10 240 户（其中加固改造 6 180 户、拆除重建 4 060 户）、补助资金 5 296 万元（按加固改造每户补助 2 000 元、拆除重建每户补助 10 000 元），其中 280 户残疾人除省补资金外，由地方增加补助 28 万元（1 000 元 / 户）。二是农村危房改造工程。为改善农村居民居住状况，2009 年 10 月省政府下达德宏州农村危房改造计划 3 500 户，2009 年内已完成投资 2 000 万元。

（二）城镇社会保障体系

1. 社会救助制度

一是最低生活保障制度。截至 2009 年末，全州城市居民最低生活保障对象共有 21 659 户 45 625 人，占城镇总人口的 11.56%，低保标准由原来的 178 元、182 元统一提高到 200 元，人均补差 138.3 元。2009 年投入城市低保资金 7 760.44 万元，其中省级财政 7 548.44 万元，州财政配套 70 万元，县级财政配套 142 万元。二是城市医疗救助制度。2009 年共投入城市医疗救助金 478 万元，其中省财政下拨 453 万元，州级财政安排预算 25 万元；截至 2009 年 12 月，累计支出医疗救助资金 456.04 万元，救助 3.23 万人次。三是城市流浪乞讨人员救助制度。2009 年，全州救助管理站共救助城市流浪乞讨人员 1 349 人次。

2. 社会保险制度

社会保险制度是城镇社会保障体系的核心，包括五种社会保险制度：一是养老保险制度。截至 2009 年 10 月底，全州共有 44 168 人参加了城镇职工基本养老保险，共征收养老保险费 10 264 万元，确保了全州 9 925 名离退休职工养老金按时足额发放。二是医疗保险制度。（1）城镇职工基本医疗保险制度。截至 2009 年 10 月底，全州共有 103 633 人参加城镇职工基本医疗保险；全州医疗保险基金收入 11 320 万元，医疗保险基金支出 8 009 万元，累计结余 15 151 万元。（2）城镇居民基本医疗保险制度。德宏州于 2008 年 5 月正式启动城镇居民基本医疗保险，截至 2009 年 10 月底，全州参保的城镇居民为 74 109 人，城镇居民基本医疗保险费收入 400 万元，支付城镇居民基本医疗保险费 641 万元，累计结余 328 万元。（3）离休干部医疗保障统筹。截至 2009 年 10 月底，全州共有 430 名离休干部参加医疗保障统筹，共收缴离休干部医疗保障统筹费 833 万元，支付离休干部医疗费 732 万元，离休干部医疗费结余 101 万元。三是失业保险制度。截至 2009 年 10 月底，全州参加失业保险人数为 47 648 人，全年共征收失业保险金 1 265.2 万元，为符合享受失业保险金待遇的 1 976 人发放失业保险金 687.35 万元。四是工伤保险制度。截至 2009 年 10 月底，全州共有 55 063 人参加工伤保险，其中农民工参保 3 422 人，全州共收缴工伤保险费 340.74 万元，有 137 人享受工伤保险待遇，支付工伤费用 126.47 万元，累计结余 876.91 万元。五是生育保险制度。截至 2009 年 10 月底，全州共有 53 064 人参加生育保险，共收缴生育保险费 294 万元，有 160 人享受生育保险待遇，支付生育医疗费用 73 万元，累计结余 691.91 万元。

3. 住房保障制度

2009 年，全州建设保障性的廉租房 1 776 套，建设面积 89 482 平方米。2009 年内，通过发放租赁补贴对 1 322 户最低收入住房困难家庭进行住房保障，共发放租赁补贴资金 248.20 万元。

综上所述，通过多年建设，德宏州初步建立起与地方经济社会发展基本适应的城乡社会保障体系，为全州城乡居民提供了多方面的保障，为改善全州各族人民的生活状况和促进边疆稳定作出了重要贡献。

二、健全和完善德宏州社会保障机制的建议

建立和健全社会保障体系是世界各国现代化过程中的必然趋势和共同选择，是中国全面建设小康社会的重要目标，是建设富裕开放、团结稳定、和谐安宁的社会主义新边疆的时代要求。随着德宏州工业化和城市化水平的不断提高，家庭核心化和人口老龄化的日益加快，以及经济社会发展中不断出现的弱势群体（如吸毒人群、艾滋病患者、失业人群、失地农民、农民工、留守儿童、留守老人、留守妇女等），社会保障制度将面临越来越大的压力，建设社会保障体系的任务将更加繁重。

根据国内外社会保障体系建设的经验，社会保障机制建设在社会保障体系建设中极为关键，社会保障机制健全与否直接关系到社会保障制度的成败。德宏州在建设城乡统筹的社会保障体系过程中，需要进一步健全和完善八种社会保障机制，以充分发挥社会保障制度的作用，更好地实现社会保障制度的目标。

（一）协同机制

所谓协同机制，就是不能孤立地规划和设计社会保障体系，要把社会保障体系建设放在全州经济社会发展的总体布局中加以综合筹划和整体考量，正确认识和全面处理好四个重大关系。一是社会保障体系建设与经济建设的关系。一方面，经济发展水平是社会保障的物质基础，社会保障水平要

与经济发展水平相适应；另一方面，社会保障制度具有生产性功能，健全社会保障体系是加快经济发展的助推器。二是社会保障体系建设与政治建设的关系。社会保障是社会运行的稳定器，要把社会保障制度建设与服务型政府建设、基层民主政治建设有机结合起来，在社会保障体系建设中实现“立党为公，执政为民”。三是社会保障体系建设与文化建设的关系。扩大社会保障覆盖面，提高社会保障水平是增进社会团结、形成社会认同的“民心工程”，通过社会保障体系建设推进社会主义核心价值体系建设。四是社会保障体系建设与生态建设的关系。要处理好自然资源开发与保障人民生活的关系，实现资源开发、生态保护和民生改善的综合平衡。

（二）责任机制

所谓责任机制，就是要明确与合理划分政府和社会在社会保障体系建设中的职责。在责任机制中，最重要的有两点：一是要强调政府的首要责任，坚持政府的主导地位。现代社会保障制度是政府主导的社会制度，这是全世界的通例。政府的首要责任包括执行社会保障法规、制定社会保障政策、投入社会保障资金、兴办社会福利设施等。强调政府的首要责任，就要预防、减少和避免社会保障体系建设中的政府缺位、政府失位和政府越位等错位现象。二是坚持责任共担，实现责任主体的多元化。社会保障不等于政府保障（国家保障），也不同于家庭保障和单位保障，在坚持政府首责的前提下，企业和事业单位、慈善组织（志愿组织）、社区组织、家庭和个人也要承担起相应的责任。对于有劳动能力的个人而言，特别要强调权责对应，坚持“无责任即无权利”的原则。

（三）底线机制

所谓底线机制，就是要打牢社会保障体系的基石，优先建设底线保障制度，满足各族人民的底线保障需求。社会成员的社会保障需求具有层次性，有的属于底线需求（如最低生活保障、基本医疗保障、义务教育保障和基本养老保障等），有的属于非底线需求；底线需求具有一致性，体现“底线公平”理念；非底线需求具有差异性和选择性，体现效率原则。在建设社会保障体系过程中，要优先建立“底线保障制度”（如城乡最低生活保障制度、义务教育保障制度、基本医疗保障制度等），首先满足和保障广大人民群众的底线需求，这是政府和社会不可推卸的政治责任和道德责任。

（四）调节机制

所谓调节机制，就是在处理社会保障的供给与需求时，坚持原则性与灵活性相结合，做到刚柔相济。一是刚性机制。刚性机制主要针对社会成员的底线保障需求，这是必须满足的，不能含糊的，因而是刚性的。“底线”以下部分不是市场机制发挥作用的领域，而是公共财政确保的领域。“底线”是政府责任的“底线”，刚性机制是一种政府责任机制。二是柔性机制。柔性机制主要针对底线以上的保障需求，可以通过动员社会资源、个人缴费甚至市场机制来解决，所以是柔性的。在底线以上的部分，企业负企业的责任，个人和家庭以及慈善组织等也要各负其责，政府的责任主要是监督和宏观控制。柔性机制既可以减轻政府在社会保障供给上的负担，防止和避免完全由政府承担社会保障的弊端，同时也为市场和慈善组织发挥作用留下了足够的空间。坚持刚柔相济的调节机制，要特别注意防范两种倾向：一是刚性机制柔性化，二是柔性机制刚性化。

（五）整合机制

所谓整合机制，就是要减少社会保障体系建设中的“碎片化”，实现社会保障体系的有机化。一是城乡整合。随着工业化和城镇化水平的提高，农村人口将越来越少，城镇人口将越来越多，建立城乡统筹的社会保障体系是大势所趋，要超前考虑城乡社会保障体系衔接的条件、时间、途径和方法。二是机构整合。现行社会保障制度的构建不是以社会成员的基本保障需求为中心，而是以主管部门的分工为基础，同一保障制度被分割在不同的主管部门。如医疗保障制度中的城镇职工基本医疗保险和城镇居民基本医疗保险由劳动与社会保障部门主管，新型农村合作医疗制度由卫生部门主管，城乡医疗救助由民政部门主管。机构整合不是机构合并，而是要以满足社会成员的同一保障需求为基础，在不同的政府主管部门之间建立高效运行的沟通、协调与联动机制。三是功能整合。现行的社会保障项目是以社会成员的不同保障需求为基础设置的，但在现实生活中，同一个人可能同时需要多种保障，例如又穷又病的老人，同时需要最低生活保障、医疗保障和养老保障，促进不同社会保障项目之间的功能整合，可以有效地降低保障对象获得社会保障支持的各种成本，提高社会保障的效率。

（六）认同机制

所谓认同机制，就是要通过多种形式的宣传教育，在广大干部群众中培育和形成建设社会保障体系所要求的思想观念和社会心理基础。在经济社会发展相对滞后的边疆民族地区建立现代社会保障制度，特别需要提高各族干部群众对现代社会保障的认识和了解；只有认识到位，思想统一，才能真正建立现代社会保障体系。为此，需要进一步转变自然经济时代形成的家庭保障观念和计划经济条件下形成的单位保障观念，树立适应社会主义市场经济和“风险社会”时代的“大保障”观念。另外，在制定和实施新的社会保障政策时，要尽可能在干部、专家、民众三者之间达成更多的“重叠共识”，减少社会保障政策执行过程中的思想阻力，加快社会保障政策推行的速度，提高社会保障政策实施的效率。

（七）激励机制

所谓激励机制，就是要通过利益杠杆充分调动各族群众参加社会保障的积极性和主动性，充分发挥社会保障工作人员的能动性和创造性，不断加快社会保障体系的建设进程。一是激励社会保障对象。在制定和实施各项社会保障政策的过程中，要充分考虑效率和效益原则，关心参保人员的成本收益，合理确定社会统筹和个人账户（家庭账户）的比例，采取切实可行的奖励性和鼓励性措施，增强社会保障制度的吸引力，扩大社会保障的覆盖面。二是激励社会保障工作人员。鼓励社会保障部门、机构及其工作人员创造性地开展社会保障工作，在贯彻执行国家社会保障政策的过程中，要立足边疆民族地区的实际，深入研究边疆民族地区的特点，努力探索边疆民族地区社会保障体系建设的新思路和新办法。

（八）惩罚机制

所谓惩罚机制，就是要全方位地监控社会保障的运行过程，提前预防、及时发现、有效惩处社会保障制度运行过程中的各种违规行为，维护社会保障制度的公平公正。实践表明，在社会保障领域同样存在着违规行为甚至违法犯罪行为，违规主体既有个人也有单位，违规行为各种各样（如贪污挪用社会保障基金，弄虚作假“骗取”保费，等等），违规程度轻重不一，违规后果有害无益。各种违规行为严重侵害了广大人民群众的社会保障权益，危及社会保障制度的正常运行，必须予以坚决查处和惩罚。在我国加快发展社会保障事业的形势下，边疆民族地区特别要进一步完善社会保障管理制度，及时弥补和减少各种“制度漏洞”；要构建严密有效的预防体系，降低各种违规行为的发生率；要综合运用教育手段、经济手段、行政手段甚至法律手段，综合治理各种违规行为，促进社会保障事业的健康发展。

总之，在德宏州的社会保障事业发展过程中，社会保障机制建设举足轻重，我们期待着一个机制健全和运行灵活的边疆民族地区社会保障体系的诞生。

德宏州新型农村合作组织建设研究

杨培森

云南省政府研究室原副巡视员、研究员

一、农村新型合作组织建设研究必须适应现代农业发展的战略转变

（一）农业生产从以传统技术为主向以现代技术为主

推进现代农业建设，调整农业产业结构，必须大力提高农业科技创新和转化能力。这些年德宏蔗糖的发展没有从“甜蜜的事业”变为“苦涩的事业”，单产、糖分和出糖率大幅度提高，吨糖耗蔗率降低，套种面积和套种品种增加，这些都主要得益于农业科技水平的提高和推广。

（二）要从以自给自足农业为主转向以市场化农业为主

这是传统农业与现代农业的重要区别。发展现代农业，就要充分发挥市场而不是政府在配置资源中的基础性作用。“围绕增收调结构”，实际上是围绕市场调结构，结构是手段，增收是目的，市场是达到目的和实施手段的有效形式。市场既是农产品实现价值的交易平台，又是调整农产品结构的风向标，既是供求关系的晴雨表，又是盈利亏损的打擂台。农民种什么不种什么，要由市场决定，政府引导更应符合市场规律，千万不能个别领导拍脑袋、乱指挥，这些年农民吃够了“某书记要种、某书记要砍”的苦头。

（三）要从以资源消耗为主转向生产要素优化配置可持续发展为主

经济发展不仅是量的增长，更应注重质的提高，是质和量的统一。经济发展方式转变就是要把粗放式经济增长转变为集约式经济增长；把盲目地单纯追求“GDP”量的扩张转变到更加注重提高经济效益和质量上来，把见物不见人的陈旧理念转变到以人为本、注重不断提高人民群众根本利益的新的发展理念上来。

（四）从农业支援工业、城乡分割的体制转向工业支援农业、城乡统筹

发展的体制

从“两个趋势”的重要判断认识体制创新和机制转变。农业是自然再生和经济再生的特殊产业，始终面临自然风险和市场风险的双重考验，体制机制转变要健全市场导向机制，强化政府补贴机制，完善投入增长机制，形成产业延伸机制，建立产销合作机制，构建农民权益保障机制。

（五）从封闭型农业向开放型农业转变

云南省提出的“两强一堡”发展战略，德宏作为大西南各省（区、市）面向南亚、东南亚、印巴次大陆开放的重要枢纽，农业作为经济合作的首选，应在发挥“两个市场，两种资源”作用上加大力度，彰显作用。

（六）农业产业化发展载体实现农户为主体向新型合作组织为主体的转变

什么是市场经济体制？就是建立政府调控市场，市场引导企业的管理体制。毋庸置疑，相当时期内，必须尊重和承认农户的市场主体地位，但不排除和必须培育龙头企业、专业合作社、市场中介组织、家庭农场、农业公司等成为市场主体。美国有农场主没有农民，而我国有农民却没有或很少有农场主，现代农业的发展方向是培育大量新型农业合作组织使其成为新的农场主。

二、新型农村合作组织建设遵循的基本原则和主要组织形式

（一）新型农村合作组织建设遵循的基本原则

回顾历史，必须把握生产关系调整一定要适应生产力发展要求这一基本规律。新中国成立初期，我国的初级合作社是一种土地分红和劳动分红相结合的带有资产性质的经营体制。这种体制促进了当时生产力的发展，使我国农村和农业发展出现从未有过的生机和活力。后来发展的高级合作社取消了土地分红，以至于急于求成发展起来的政社合一和一大二公的人民公社，再一次剥夺了农民的土地所有权和经营权，加上1958年以后国际国内的各种政治经济因素和自然因素，直至“文化大革命”灾难性的十年，我国农业生产力的发展始终没有走出低谷。以1978年党的十一届三中全会为标志的改革开放新时期，首先在农村实行家庭联产责任制，后来发展起来的乡镇企业，农业个体经营户，各种专业合作社，借鉴城市企业改革发展起来的现代企业制度——以法人财产权为基础，有限责任为特征，法人治理结构为核心，也逐步被导入农业领域，成为发展现代农业的载体。这种生产关系的变革有利于农业实行生产专业化、布局区域化、经营一体化、服务社会化、管

理企业化。党的十六大报告指出："坚持党在农村的基本政策，长期稳定并不断完善以家庭承包经营为基础，统分结合的双层经营体制。有条件的地方可以按照依法、自愿、有偿的原则进行土地承包经营权的流转，逐步发展规模经营，推动农村经营体制创新。"总结回顾历史，新型农村经济合作组织建设必须遵循以下几个基本原则：

第一，坚持以家庭承包经营为基础，不改变农户的土地承包经营权和农民的财产所有权。

第二，坚持民主自愿，做到"民办、民管、民受益"。

第三，坚持多种形式，因地制宜。可以入股或入会，也可以单项技术、信息、加工流通组成实体；可以是本地、本专业、跨地域、跨所有制成立合作联合体，也可以由能人或农村集体经济组织组成，还可以是龙头企业，各种协会、基层、站所、科研院所等各类组织和个人。

第四，坚持典型示范，正确引导。不能拔苗助长，急于求成，也不能求全责备，坐失良机。坚持边发展、边规范，以规范促发展的思路。

（二）新型农村合作组织的主要组织形成

推进农村经济组织形式创新，建设新型农村经济合作组织，核心是培育企业型的农业市场主体。其主要组织形式有以下几种：

1. 农民专业合作社

《中华人民共和国农民专业合作社法》（全国人大常委会 2006 年 10 月 31 日通过，2007 年 7 月 1 日起施行）。这是继《公司法》和《合伙企业法》、《个人独资企业法》之后又一部维护市场主体地位的法律。其定义为在农村家庭承包经营基础上，同类农产品的生产经营者或者同类农业生产经营服务的提供者、利用者，自愿联合、民主管理的互助性经济组织。其特点是：合作成员中农民的比例不低于 80%；施行一人一票制。20 人以下可以有一个企业、事业单位或社会团体成员；超过 20 人以上单位不得超过成员总数的 5%。这部法律为合作社今后发展留有足够的法律空间，具有明显的阶段性特点。明确登记机关为工商行政管理局，涉及纳税。法律规定的其财务核算细则由财政部规定，扶持条例由国务院发布等这些细则尚未出台。

2. 农业产业化龙头企业

这种龙头企业可分为五种类型。一是加工企业；二是流通组织；三是专业市场；四是专业大户；五是中介组织。这些组织我们通常称之为"公司 + 基地 + 农户"或者是"公司 + 基地"，也可以是"公司 + 农户"，或者是由乡镇企业改制形成的多种组织形式。

3. 家庭农场

在农业产业化发展较为发达的沿海地区和平原地区，已经出现了多种形式的家庭农场，从生产关系调整的角度看，体制已经破题。而在我们山区农业经济地区，这种家庭农场很少出现。我曾经形象地说过："什么时期蔗农、胶农成为糖厂、胶厂的股东了，我们的体制就可以破题了。"家庭农场无外乎是独资、合资、股份制，其发展方向是现代企业制度，必须做到产权清晰、权责明确、政企分开、管理科学。只不过其产权不是土地所有权，而是土地承包经营权。

4. 市场中介组织

这种新型农村经济合作组织情况比较复杂，介于事业和企业之间，也介于经营性和公益性质之间，游离于政府和市场之间，要具体情况具体分析，切忌一概而论、草率行事。

5. 企业集团

这是现代农业发展的较高新型合作组织形式。我国尚无企业集团法，有时难以界定其经营活动。但企业集团不是企业法人组织，而是法人组织联合体。其运作依据是集团章程和有关的行政规范制度。比较规范的运作应建立母子公司体制，内部组织形式分为全资、控股、参股和协作四个层次。其特点是规模化经营、集团化发展，可以进行大规模的资本、生产、科技、营销等多元化运作，从而带动农业的现代化发展。

三、新型农村合作组织建设的保障措施

农村新型经济合作组织建设问题，实际上是一个新形势下如何组织农民实现现代化的问题。研究这个问题，面对的不仅是本文第一个问题中阐述的传统农业向现代农业的六个战略性转变，还要面对我国计划经济向市场经济的体制转变；不仅涉及我国经济体制改革，还会涉及我国的政治体制改革和社会管理体制改革；不仅要面对国内转方式、调结构的经济格局，而且要面对国际抗危机、保环境的经济格局。组织农民进行农业产业化发展、区域化布局、规模化经营是一个长期艰苦和复杂的历史进程。我们既不可能实行20世纪50年代组织互助组、初级社、高级社、人民公社那种"大跃进"，也不可能靠一部法律、一个模式或一个指令解决问题。我试从研究探索的角度，提出"五个要"供大家参考。

（一）认识要清醒

中央多次强调，我国正处于并将长期处于社会主义初级阶段，云南省处于初级阶段的低层次，省委、省政府判断的省情是"边疆、民族、贫困、

山区”。20世纪50年代初，云南作为全国少数民族最多的省份（居全国第二）（独有民族15个，其中10万人以下的7个），以“直过区”或“和改区”分别从原始社会末期、奴隶社会、封建社会等各类社会形态直接进入社会主义社会。德宏作为边疆民族地区，同样集“四位一体”，生产水平较低，劳动者素质较差，加之其他各方面原因，导致农业组织化程度较低。用2009年统计数据分析德宏几个主要经济指标：人均GDP、人均财政收入、城镇居民收入、农民人均纯收入、贫困人数，这些情况说明，在建设和发展农村新型经济合作组织工作上，头脑一定要清醒。

（二）思路要创新

新型农村经济合作组织建设核心是要解决外与市场接轨，内与农户联结，即解决小生产和大市场的矛盾，使合作组织成为市场与农户之间、生产与流通之间的金色桥梁。围绕这一核心问题，合作组织建设和发展，必须创新思路，积极探索农村资产资本化管理的载体，即使农村生产的各种要素实行资本化，用现代企业制度这一市场主体进行运作和实施，有效率的经济组织成为聚集生产要素、配置经济资源、独立组织生产经营、主动参与市场竞争的法人实体，整个社会的经济效益和生产力必将大大提高。

为完善土地制度，农民承包的土地实行永包制，土地使用权可以转让、出租、抵押、担保和继承。废除国家用于经营性土地的征购制度，允许农民承包土地的使用权进入一级市场。鼓励农民承包土地使用权流动，形成土地的经营大户（农场主）。鼓励土地资产进入农业产业化经营链，实行股份制或股份合作制，使农户成为企业的股东，增强其凝聚力。农民宅基地应归农民所有，允许出租经营房地产业。

（三）城乡要统筹

发展农村经济合作组织，要破除城乡二元结构障碍。20世纪80年代德宏边贸大发展，我总结了一句话，“穷人的孩子早当家（没有国家投入），无娘的娃娃本事大（无主管婆婆）”。后来搞归大堆，硬将边贸、国贸拼在一块儿，造成大滑坡。发展农村个体户，曾经出现过十八顶大盖帽管一顶烂草帽，形势发展了，但深层的矛盾和体制障碍并未解决。云南省作为农业大户，50%以上财税和工业原料直接间接来自农业。

城乡统筹不是一句空话，改革的道路相当漫长。

（四）资源要整合

（1）行政资源：管理上有农业、供销社、科委科协、妇联等；登记上有工商、民政等。对于这些应该怎么整合，党委政府应有个统筹考虑。

（2）资金项目：几乎绝大部分政府甚至党委部门都有名目繁多的资金和项目。整合原则，一是以县为单位，二是以财政部〔2006〕36号文件为依据，构建项目或载体平台（龙头企业等）。

（3）政策措施：中央连续几个1号文件及部门和地方实施细则，都要把扶持和发展农村新型经济合作组织考虑进去，认真研究和实施。

（4）供销社要创新方式开展合作、提供服务，商务部门要搞好规划，扶持重点（万村千乡、东桑西移、双百工程等），大力培育自然人、企业法人或社团法人发起的小额信贷组织，引导农户发展资金互助组织。

（五）方法要灵活

发展农村新型经济合作组织，认识上要清醒，思路上要创新，方法上要灵活。千万不能定指标、下任务，要从实际出发，因地因时制宜，分类指导，灵活掌握。政府行政部门要从资金项目中解脱出来，深入调查研究，认真对照有关法律法规，该属于哪一种类型，现在以何种形式出现，发展会出现什么问题，要从哪几个方面进行规范和引导，一定要做到心中有数。发展经济合作组织还要发挥理论工作者和实践探索者结合的作用，克服盲目性和偏激性。另外，在借鉴学习发达地区经验的同时，要学习别人符合规范的方向性东西，又要结合本地的实际情况，找出过渡或变通的做法。

德宏州教育改革和发展政策参考

李慧勤

云南省教育科学研究院院长、研究员、博士

德宏州各级党委、政府高度重视教育，各族人民热情关心支持教育，全州教育事业得到了长足发展，基本形成了学前教育、基础教育、职业技术教育、高等教育、成人教育在内的完善的教育体系，为提高全州各民族的科学文化素质，促进经济发展和社会进步，加强民族团结、保持社会稳定作出了重大贡献。但因种种原因，教育事业发展仍存在诸多困难和问题。2008—2009学年[①]，人均地方教育经费支出580元，列全省第10位；校舍面积、图书数量、固定资产均列全省第13位；中小学危房面积37.38%，居全省首位；农村中小学教师周转房中危房面积占71.9%。“普九”总体水平城乡极不平衡，巩固提高任务艰巨。农村初中入学率低，辍学率高，学生厌学现象较为突出，“控辍保学”任务重。小学学龄儿童入学率97.67%，列全省第11位；全州初中辍学率为2.31%，居全省第6位；初中毕业生升学率43.48%，居全省第13位；小学专任教师本科以上学历比例4.99%，列全省第13位……

今后教育改革与发展，以下政策选择，可供参考。

一、强化教育优先发展的战略地位

教育具有先导性、基础性、全局性、战略性作用。教育是民族振兴、社会进步的基石，是提高国民素质、促进人的全面发展、开发人力资源的根本途径。优先发展教育，为打造全州的核心竞争力提供智力支持，对建设富裕、民主、文明、开放、和谐边疆，促进全州经济繁荣、社会和谐、边疆稳定、民族团结具有决定性意义。

各级党委、政府要积极提升教育在经济社会发展全局和民生建设中的

① 数据来源：云南省教育厅计划处《云南省教育事业统计报表》（2009）。

战略地位。既明确各级各类教育的定位，深刻分析全州教育事业发展水平的现状，增强忧患意识，又充分发掘全州教育的后发优势和潜力，增强发展信心，以更大的决心、更多的资源促进教育发展，切实保证经济社会发展规划优先安排教育发展，财政资金优先保障教育投入，公共资源优先满足教育和人力资源开发需要。

目前，需实施积极的教育财政政策，争取各方面支持，尽快解决“两基”国检前的不达标问题。

二、抓住国家、云南省大力发展民族边境教育的机遇，积极争取中央财政进一步加大对民族教育的支持力度

大力实施学校标准化建设。巩固提高民族地区普及义务教育成果，全面提高教育教学质量。加快高中阶段教育发展，加大对中等职业教育的支持力度。改扩建、新建一批普通高中和中等职业学校。在进一步完善农村义务教育经费保障机制改革的基础上，全州实行义务教育经费保障机制全覆盖，无论农村、城镇，小学生补助500元，初中生补助750元。将边境县学前一年纳入义务教育范畴，对7个人口较少民族的学生实行全免费教育。免除边境县高中阶段学生的学杂费，并给予一定的生活补助。积极发展高等教育，支持德宏高校加强学科和人才队伍建设，提高办学质量和管理水平。办好德宏高校民族预科班。注重教师队伍建设。将学前班双语教师纳入国家编制。加大对师资培养培训力度，提高教师的政治素质和业务素质。继续采取“特岗教师”、对口支援、在职培训、提高工资待遇等政策措施，稳定教师队伍。制定更加优惠的政策，鼓励支持高等学校毕业生到本地区基层任教。

继续实施好两个工程，即“东部地区学校对口支援西部贫困地区学校工程”和“西部大中城市学校对口支援本省贫困地区学校工程”。在实施校安工程的同时，优化、整合教育资源。“按照全州中小学布局调整规划，2010年全州要撤并中小学校点187个（其中含撤并29个‘1师1校’校点），2～4年内再撤并校点154个、5～10年内撤并中小学校点126个，10年后全州共保留中小学校点280个，使全州中小学校点布局更趋合理。”[①] 如何有效利用废弃的校舍，亦值得研究。

三、提高各民族群众“重教”意识

一是坚决贯彻落实《中华人民共和国义务教育法》，该法规定：“适

① 王根顺：《抓管理　提质量　促均衡　切实推动全州教育事业又好又快发展——在2010年全州教育工作会上的讲话》（2010年1月28日），潞西市教育信息网（http://www.dhlxjy.com/）。

龄儿童、少年的父母或者其他法定监护人应当依法保证其按时入学接受并完成义务教育。”要加大《义务教育法》的宣传力度，提高各民族群众的“重教”意识。有法必依、执法必严、违法必究。

二是营造良好的教育环境。彻底清除遍布大街小巷的“黄、赌、毒、枪”等违法广告。继续认真做好“禁毒防艾”、“综治挂钩”工作。充分发挥媒体的舆论导向作用、宣传教育的意义，增进人民群众对教育的认识、理解与支持，努力营造“重教、兴教、支教”的良好社会氛围。要采取多种形式，调动贫困民族地区群众学习科学文化知识的积极性。

三是倡导全民学习，终身学习，学以致用，强化少数民族的终身教育价值观。“终身学习对于应对全球教育问题和挑战具有至关重要的作用。‘从摇篮到坟墓’的终身学习是一种哲学、概念框架和各种形式教育的组织原则，它以包容性的、解放性的、人性的、民主的价值观为基础，它无所不包，对具有知识社会的视野是不可或缺的。”① “政策的目的在于机会平等，而并非结果平等。虽然更公平的竞争环境往往可以缩小教育结果的不平等，但政策的目标并不在于保证结果平等。因为，即使有真正的机会平等，由于喜好、天赋、努力和运气的不同，结果总是存在一些差别。”② 弱势群体知识与文化的贫乏，造成其对于教育的漠视和子女受教育方面的目光短浅。他们的教育价值观是影响其子女受教育状况不良的一个重要原因。弱势群体子女教育水平的低下又必然会导致他们成为新的社会和教育弱势群体。由于弱势群体落后的教育观念及对教育的漠视，其在自身发展的过程中，很容易形成一个恶性循环。美国学者埃弗里特·罗吉斯认为③，年青一代是继续留在父母曾经历过的恶性循环之中，还是进入社会的更高阶层，家庭、父母的教育价值观具有决定性作用。④ ⑤ 推进终身学习、建设学习型社会的核心就是要合理地清除学习障碍，公平地提供教育机会，倡导个体和群体对学习的自觉而有效的介入。把教育从工具主义和功利主义藩篱中脱离出来，是重新理解教育、理解生活、理解人本身之存在的必然要求。要倡导教育生活由“外部生活”向“自我的生活”转变。州教育局已经拟定了“按照‘全州职业教育一盘棋’的思路，积极探索组建德宏州职业教育集团，统一统筹全

---

① 联合国教育、科学与文化组织：《贝伦行动框架：利用成人学习和教育的力量与潜力走向美好未来》，第六次国际成人教育大会，2009 年 12 月。

② 胡鞍钢：《序：追求公平的长期繁荣》，载世界银行《2006 年世界发展报告—公平与发展》，清华大学出版社 2006 年 1 版，第 13 页。

③ 刘复兴：《教育政策的价值分析》，教育科学出版社 2003 年版，第 167 页。

④ [美] 埃弗里特·M. 罗吉斯等著，王晓毅等译：《乡村社会变迁》，浙江人民出版社 1988 年版，第 140 页。

⑤ [美] 约翰·罗尔斯著，何怀宏等译：《正义论》，中国社会科学出版社 1988 年版，第 96 页。

州各中等职业学校专业设置和主攻方向，突出各学校办学特色，以专业带动学校教师队伍建设和办学条件改善，从根本上改变当前普遍存在的‘小、散、弱、乱’等突出问题，全面提升职业教育的办学水平。”[①] 的思路，建议进一步结合地方经济、口岸经济、劳务经济和其他特色经济发展的需要，研究、论证、调整和优化中等职业教育学科专业结构，完善职业教育发展规划。实施贫困民族边境农村劳动力转移培训工程和农村实用人才培训工程，加强“三教统筹”，促进“农科教”结合，培育有文化、懂技术、会经营的新型农民。促进农村劳动力的合理有效转移，为脱贫致富提供智力支持。

对未完成九年义务教育的“非在校生”、基础教育年龄段的社会闲散青少年，实行召回就读，开设有助于就业的职业技术课程，把社会闲散率降到最低。

四、继续巩固成人扫盲成果

“我们坚信扫盲是为所有青年和成人建立全面、包容、完整的终身学习和全方位学习最重要的基础。……我们必须加倍努力，以确保用一切可能的手段实现现有的、包含在全民教育（EFA）、联合国扫盲十年（UNLD）和提高能力的扫盲行动（LIFE）中的成人扫盲目标。”[②] “据目前的估计，成人人口每一年平均提高的教育水平可以相应的使长期经济增长 3.7%，人均收入增加 6%。然而，成人学习和教育不仅仅是社会支出或财政支出的一个项目。它们是对未来的投资。”[③] “我们应该十万火急地采取行动，促使各国和国际社会增加和保证对青年教育和成人教育的投资，并确保私人和社区为他们提供资源。……我们决心通过‘每日学习一小时’运动以及开展‘联合国成人教育周’等活动来加强学习的气氛。”[④]

继续办好扫盲提高班。努力形成“有文化的都来教，没文化的都来学”的学习氛围。要加大扫盲工作投入的力度。实现学校的教育资源与村寨群众扫盲教育共享。顺应时代需要，更新扫盲提高班的教学内容。将社会主义新农村建设、小康示范村建设、“兴边富民”行动与扫盲教育的发展结合起来，提高扫盲教育的实效性。

---

① 王根顺（德宏州教育局党组书记、局长）：《抓管理 提质量 促均衡 切实推动全州教育事业又好又快发展—在 2010 年全州教育工作会上的讲话》（2010 年 1 月 28 日），潞西市教育信息网（http：//www.dhlxjy.com/）。

② 联合国教科文组织：《贝伦行动框架—利用成人学习和教育的力量与潜力走向美好未来》，第六次国际成人教育大会，巴西贝伦，2009 年 12 月 4 日。

③ 联合国教科文组织：《贝伦行动框架—利用成人学习和教育的力量与潜力走向美好未来》，第六次国际成人教育大会，巴西贝伦，2009 年 12 月 4 日。

④ 《汉堡成人教育宣言》，联合国教科文组织第五届国际成人教育会议文件，德国汉堡，1997 年 1 月 14 日。

五、优先扶持，公共教育资源向民族地区倾斜

从历史的角度看，社会成员的社会地位、权力、经济、社会关系不平等造成了教育的不平等，仅仅强调平等对待、机会均等并不能从根本上消除教育弱势群体发生的恶性循环过程。“强势”、“弱势”两个起点不等的群体，即便给予同等条件，仍然不在同一竞争水准上。对弱势人群需要采取“优先扶持”的政策，在生均经费投入、学校基础设施水平、师资水平等方面，给予更高的关注。要把“弱势补偿”和“优先扶持”作为教育政策决策和实施活动必须遵循的一项基本的价值原则。公共教育资源要更多地向民族地区倾斜。中央财政进一步加大对民族教育支持力度，民族地区各级政府按照事权划分增加投入。大力支持贫困民族边疆地区学校标准化建设，巩固提高民族地区普及义务教育成果，全面提高教育教学质量。加快民族地区高中阶段教育发展，加大对民族地区中等职业教育的支持力度。支持教育基础薄弱县改扩建、新建一批普通高中和中等职业学校。在进一步完善农村义务教育经费保障机制改革的基础上，对边境县实行义务教育经费保障机制全覆盖，无论农村、城镇，小学生每个补助500元，初中生每个补助750元。将边境县学前一年纳入义务教育范畴，对7个人口较少民族学生实行全免费教育。免除边境县高中阶段学生的学杂费，并给予一定的生活补助。积极发展民族地区高等教育。支持德宏高校加强学科和人才队伍建设，提高办学质量和管理水平。进一步办好高校民族预科班。注重民族地区教师队伍建设。将学前班双语教师纳入国家编制。加大对民族地区师资培养培训力度，提高教师的政治素质和业务素质。继续采取“特岗教师”[①]、对口支援、在职培训、提高工资待遇等政策措施，稳定边疆教师队伍。制定更加优惠的政策，鼓励支持高等学校毕业生到民族地区基层任教。

六、大力发展现代远程教育，扩大优质教育资源覆盖面

教育信息化是让学生直接面对现代文明、实现终身教育的必由之路。针对山区交通不便的特点，首先要“通路”，大力加强基础网络设施建设。云南省的通信运营商互联网覆盖面已达所有乡镇和97%的行政村，借助通信运营商的优势，逐步使所有学校进入网络。其次要靠行政强制与社会力量推动，提升教育行政管理信息化的愿望、水平，进而使学校教育教学信息化上层次。继续大力实施农村中小学现代远程教育工程。

① “特岗教师”主要是针对“两基”攻坚县和边远贫困地区师资紧缺的义务教育阶段学校设立，旨在逐步解决农村中小学校师资总量不足和结构不合理等问题，提高农村教师队伍整体素质。“特岗教师”聘期内工资支出将由中央财政设立专项资金，自2010年起，中央补特岗教师工资标准为每年20 540元。

针对教育信息化基础薄弱、整体建设水平不高、教育基础数据缺乏、教育资源缺乏、教师信息化水平偏低、经费短缺等困难，按照云南省教育厅《云南省教育信息化发展规划》，实施教育信息化专网建设和网络互联互通工程，“金教”工程[①]，教育资源建设与应用工程，学生、教师和校长信息素养提升工程，远程教育教学工程、教育信息化评估与创新工程，按照“统筹规划、突出重点、分工协作、共建共享”的原则，建设“天地合一”的全面开发的教育资源体系，建成面向广大山区、少数民族地区、边疆地区的远程教育服务体系。

进一步办好农业广播电视学校。云南省农业广播电视学校现已初步形成天网（广播、电视和卫星接收）、地网（培训基地、互联网）、人网（各级各类办学队伍、机构）三网合一，教育培训、科学普及、推广服务和信息传播多功能一体化的农业现代远程教育公共服务平台。把课堂办到了田间、地头和农民家中，实现了农民科技教育培训大容量、广覆盖、低成本和快捷有效的跨越式发展。

七、抓住国家“桥头堡”建设的机遇，积极推进教育国际交流与合作

教育国际合作是合作国家充分利用国内和国际两个教育市场，优化配置本国教育资源和要素，抢占世界教育制高点，培养国际性有竞争力的高素质人才，实现国家利益的基本需要。

在2007年第十次中国与东盟领导人会议上，中国政府表示要加强在学历和学位互认、派遣教师、留学生以及青年志愿者等方面与东盟的合作。根据2007年1月中国与东盟双方签署的《服务贸易协议》规定，中国和东盟将进一步相互开放教育服务领域，这为各国实施教育开放，消除教育壁垒，实现资源共享创造了条件。在中国—东盟自由贸易区框架下的优先区域，即大湄公河次区域，合作的重点领域是人力资源开发。2008年3月发布的《中国参与大湄公河次区域经济合作国家报告》提出，中国将积极推进“金边培训计划”的实施，以云南和广西为参与区，继续加强次区域高等教育等领域的交流与合作，积极推进次区域内职业资格互认、高等教育学历学位互认工作，多渠道扩大次区域国家来华留学政府奖学金名额。中国与东盟双方签署的《全面经济合作框架协议服务贸易协议》特别强调，“对柬埔寨、老挝、缅甸和越南展现适当的灵活性，允许它们开放较少的部门和较少的交易种类，并按照它们各自的发展情况逐步扩大市场准入”。东盟承诺“教育服务”的有5个国家：越南、新加坡、马来西亚、柬埔寨、泰国。在教育服务

① “金教”工程即教育部推动的教育电子政务建设工程。

承诺中，有关承诺开放的“部门或分部门”也有所不同：承诺开放中等教育服务的有越南、泰国；承诺开放高等教育服务的有越南、马来西亚（特指私人机构）、柬埔寨、泰国；承诺开放成人教育服务的有越南、新加坡、柬埔寨；承诺开放其他教育服务的有越南、新加坡、柬埔寨、泰国。泰国还有开放技术和职业教育服务部门的承诺。其中，承诺开放最多的国家是越南、泰国，其次是柬埔寨；承诺开放最多的部门是高等教育服务、其他教育服务特别是语言培训。2007 年以来，中国与东盟国家的教育合作步入快车道。中国与新加坡、马来西亚、越南、文莱、缅甸、老挝、柬埔寨、菲律宾分别签署了一系列政府间的教育交流合作协议或学历学位互认协议，这些协议的签署有力地推动了双方教育合作的持续发展。中国正在与马来西亚、菲律宾、新加坡积极探讨学历学位互认协议的可能性。在中国—东盟双边合作机制下，中国积极支持教育发展水平较低的东南亚一些国家发展教育事业，提供多种项目的教育援助和支持。

到目前为止，云南的高校已经和 50 多个国家的 200 多所高校建立了交流合作关系，全省已有 30 所普通高等院校招收了东盟留学生，全省各高校招收的 5 000 多名留学生中，60% 以上来自东盟国家，云南已成为中国吸纳东盟国家留学生最多的地区。

目前，云南与东南亚各国进行高等教育合作的高校主要有：云南大学、云南师范大学、昆明理工大学、云南财经大学、云南民族大学、云南农业大学、大理学院、红河学院、曲靖师范学院、玉溪师范学院等。德宏高校可抓住机遇，充分发挥地域的口岸、热区和旅游三大优势，调整专业结构，加强学科建设，引入竞争机制，增强活力，发挥潜力与优势，加快发展步伐，积极加入此行列。

目前中国与东盟“10+1”的教育合作还缺乏一种有约束力的、规范的合作制度，教育服务贸易准入和争端解决机制等相关内容还未成形，因此合作不能得到实质性的推进。中国与东盟国家间高等教育的跨国质量评估与资格认证机制尚未建立，课程、学分、学位还不能互认。目前的合作主要是停留在交换留学生和教师、进行国际学术交流，缺乏实质性的国际合作办学。中国与东盟国家的高等学历互认工作开展于 2008 年 7 月，但至今只有泰国和越南两国与中国签订了高等学历互认协议。国际化课程、科研合作项目和外国留学生的数量是衡量大学国际化水平的重要指标，德宏高校的办学层次提升、学位点建设都需要加快步伐，尽快提升学科专业结构调整、学位点建设的国际化水平。在谋求各级政府、社会各界、专家、各合作国的大力支持下，积极探索解决以上几方面问题的有效途径，加快多边师资队伍培养。扩大多边高校教学与科研合作领域，全面参与各国（特别是东/南盟国家）高校教学与科研的合作与交流，并加快合作的进度、拓展合作的空间并提升交流的水平。

围绕德宏教育改革发展需要和实施“走出去”战略的要求，积极主动与东南亚国家高校在人员跨国流动方面签订若干合作协议，进一步加大引进国外高智力人才的力度，特别建议设立“德宏学者”。借鉴“长江学者”模式制定并实施《云南“德宏学者奖励计划”》、《德宏高校“德宏学者”岗位制度实施办法（试行）》和《“德宏学者成就奖”实施办法（试行）》，以注重引进德宏经济建设、社会发展和科技攻关急需的和学校重点建设的学科及专业人才。充分发挥外籍教师的作用，使其积极参与高校的教学与科研工作。继续增加财政投入，保障外国专家和教师的收入水平。

以德宏和周边国家优势产业和优势资源为依托，广泛开展相关领域的研究和科技开发合作，建立跨国联合科技攻关的新机制。由于德宏和东南亚各国在民族、资源和文化等方面有许多共同之处，可建立若干个国际研究中心和学术交流框架，如民族学国际研究中心、GMS国家跨境河流开发及研究中心、有色金属与磷矿国际研究中心、热带植物国际研究中心、药材与香料国际开发中心等，为跨国学者联合进行科学研究提供高品质的合作平台，并授予有重大贡献的跨国学者“德宏学者奖”。

深化高等教育教学改革，全面整合教学资源，开展学科、专业、课程等各层面的教学合作，加强协作，突出特点，形成合力，并在适当时候纳入全省“集团化”战略来构建良好和谐的国际交流与合作的氛围。紧密结合州内外、省内外、国内外，特别是东南亚国家经济社会发展对高技术人才的需求，全面深化人才培养模式和教育教学改革，积极调整学科专业结构，努力形成一批有特色、高水平、强适应区域经济发展需要的学科和专业。尤其要吸收新、马、泰等国高等教育国际化的经验，对一些具有较好基础的学科、专业和课程，参照国际通行模式进行教学改革，从而形成一大批课程“品牌”，以此加大对东南亚国家学生的吸引力并增强德宏高校高等教育国际化的核心竞争力。

争取实施一批重大项目：德宏高校高水平建设项目、东亚高等教育论坛、国际留学生基地建设项目、汉语国际推广基地建设项目、国际人才培养基地建设项目、国际远程教育信息网络建设项目。建设面向东南亚、南亚国家的国际远程教育信息网络。

通过教育国际交流与合作，实现以下目标：推进德宏与东南亚、南亚高等教育机构交流与合作进一步深化，并与东南亚、南亚国家高等院校建立长期、稳定的合作关系；吸引更多的东南亚、南亚国家学生来德宏学习，使在德宏的东南亚、南亚留学生数量在全省处于领先地位；加大对外汉语教学和汉语国际推广力度，将德宏高校建设成为向东南亚、南亚开放的国家语言文化中心，进而将留学生由汉语学习为主逐渐转变为以专业为主，将德宏高校建成向东南亚、南亚开放的国际人才培养基地；提高德宏高校高等教育的质量和国际化水平，增强高等教育在东南亚、南亚的影响力和竞争力；完善德宏高校与东南亚、南亚国家的教育交流与合作机制，构建适应中国“向西南开放重要桥头堡战略”的“全方位、多层次、广领域、高水平”的国际教育合作交流格局。

在坚持为国家“与邻为善、以邻为伴”、“睦邻、安邻、富邻”的周边外交方针和政策服务，坚持扩大中华文化在国际上的影响力，提升中华文化的国际地位，坚持为云南经济和社会发展服务的基本原则，利用地缘优势，积极办好各级各类国际学校。率先制定区域性的外国留学生管理规定，并提高其示范性。按照“政府引导、学校为主、市场运作”的原则，在外国留学生教育和管理方面走在全省甚至其他省（区、市）前列。进一步发挥德宏向周边国家留学生提供“国家义务教育经费保障”、奖学金的导向作用，积极扩大基础教育阶段外国留学生招生规模。

德宏州德昂族的经济发展与民族关系调适

李晓斌　程　旭

李晓斌：云南大学边疆少数民族研究中心教授、博士

程　旭：德宏州社会科学界联合会副主席

德昂族是分布于我国西南边疆的一个人口较少民族。现有人口 17 052 人，主要分布于德宏傣族景颇族自治州，州内又以潞西市三台山乡最为集中。中华人民共和国成立以前，大部分德昂族还保持着原始社会形态，阶级分化不明显。1955 年以后，德昂族的经济取得了极大的发展，建立在经济领域共同利益基础上的民族关系也越来越密切，尤其是改革开放以后，社会主义市场经济体制的建立和发展，为德昂族和其他民族的交往提供了更为广阔的空间和多样的途径。从民族关系的角度来讲，经济发展以后，一方面，社会分工更加细化，使得各民族之间的联系越来越紧密，另一方面，各民族之间也因经济差距的存在而影响着民族关系的良性发展。本文以德宏州潞西市三台山乡为例，对这一调适过程进行具体的分析。

一、德昂族经济的发展与民族关系的调适

（一）调查点基本情况

三台山德昂族乡是全国唯一的德昂族乡，位于云南省德宏州潞西市中部，距市府 22 公里。全乡国土面积 158 平方公里，辖 4 个村民委员会，31 个自然村，34 个村民小组，共有 1 578 户 6 517 人。主要居住着德昂族、景颇族和汉族三个民族，其中：德昂族村寨 19 个，933 户，3 851 人，占全乡总人口的 59.1%，占全国德昂族人口的 23%；景颇族村寨 7 个，295 户，1 148 人，占全乡总人口的 17.6%；汉族村寨 8 个，350 户，1 518 人，占全乡总人口的 23.3%。

（二）经济发展的基本情况

20世纪50年代初期，三台山德昂族的生产方式还比较落后，基本上处于“靠天吃饭”的粗放型耕作状态，毁林开荒、刀耕火种的生计模式仍然盛行。社会主义改造完成后，三台山德昂族逐步学习兴修水利、科学种田等技术，经济水平获得一定的提高。但在集中制的计划经济体制下，其经济发展的积极性和民族地区的潜能受到抑制，经济交往活动中仍体现出较明显的封闭特点。改革开放后，在市场经济的刺激下，经济交往日渐开放和频繁，经济得到快速发展。

表1 三台山德昂族收入情况[①]

年份	粮食总收入（元）	人均口粮（公斤）	农民总收入（元）	人均纯收入（元）
1978	323 592	311	488 306	115
1988	800 000	297	1 861 000	251
1998	2 458 900	281	11 548 100	646
2005	3 170 300	304	15 931 900	911

1978至2002年，三台山乡累计投入资金约1 324.5万元，大修农田水利、道路、人畜饮水工程，实施农村用电、安居工程等项目；2002至2008年，通过整合“兴边富民”、“较少民族项目”、“整村推进”、“新农村建设”、“上海对口帮扶”等建设资金2 770.528万元，分别组织实施了基础设施、产业开发和科技推广及培训3大类171个项目。通过各种项目的实施，三台山德昂族乡的经济和社会各项事业有了较大的发展，具体表现在以下几个方面：[②]

第一，基础设施不断完善，群众生产生活条件明显改善。全乡34个村民小组已全部通公路；全乡4个村委会和34个村民小组实现通电和通广播电视，通电率达100%，有3个村民小组74户334人实施了“村村通”工程；解决了涉及面积广、受益人数多的拦水坝、小塘坝和引水沟渠，提高了农田抗洪、抗旱能力。

第二，经济快速增长，群众生活水平明显提高。中央、云南省、德宏州各种支农惠农政策的实施，使全乡农民在项目支持、资金政策倾斜等方面得到充分支持，农民收入显著增加，群众生活水平明显提高。2008年，全乡农民人均纯收入达1 875元，比改革开放前的82元增加1 793元，增长21.9倍。60%的群众由过去吃饭靠返销，用钱靠救济、靠借贷步入小康生活的行

① 三台山乡政府：《三台山乡地方志》。

② 三台山乡政府：《三台山德昂族乡解决社会发展情况汇报》

列，汽车、拖拉机、高级家电等高档耐用消费品进入寻常百姓家庭。

第三，增收产业小有规模，发展后劲明显增强。一方面，仔猪产业已发展成为新亮点。德昂族群众告别了不懂养猪技术的历史，并探索出“猪—沼—果”产业发展模式，在广泛使用沼气的同时，也促进了养猪业的发展。全乡已涌现出了一大批德昂族养猪大户及养猪示范村。如德昂族寨子允欠三组，养殖大户年出售仔猪100头以上有3户，从过去无仔猪销售发展到2008年销售4 560头，收入达136.8万元，占牧业收入的22.8%。另一方面，经济林果产业粗具规模。本着多渠道增加农民收入的原则，三台山乡德昂族逐步调整产业结构，大力发展有发展潜力的经济林果，使之成为农民增收的重要组成部分。

第四，人居环境明显改善。通过实施安居工程720户、易地搬迁435户、安居抗震房改造160户，并将14个村民小组内的道路修成水泥路、弹石路面，使人居环境得到改善，改变了德昂族和景颇族群众人住楼上、畜养楼下、家禽随意放养等不良生活习俗，改善了村内卫生脏、乱、差的现状。

（三）民族关系的调适

随着其经济的快速发展，德昂族与其他民族的经济联系有了较大变化，经济交往比以往任何时期都要密切，这也使其民族关系逐渐从封闭走向开放。

1. 自给自足的经济状态的改变与民族关系调适

在中华人民共和国成立前，德昂族以农业为主，从生产组织方式来看，传统的德昂族以家庭为单位进行生产活动，高度自给自足，但生产经营能力比较差，生产的农、副产品拿到市场出售的不多，主要用于满足本家庭成员的生产和生活需求。并且，“德昂族人口少，居住又极为分散，没有形成以本民族为主的交易市场，而依赖于傣族地区的定期集市。他们把自己生产的少部分麻布、水果、茶叶等带到市场出售，购回生产和生活所需的犁、锄头、刀、盐、布匹等物品”[①]。经济交往的面比较狭窄，频率也不高。多数人商品观念淡薄，从事商品交易的也主要是妇女，交易的商品多半是山茅野菜，交换一般不用秤，以堆、把、篮、件、个为计算单位，货物比较廉价，自己所种的农产品主要用于自足，很少成为商品。

中华人民共和国成立以后，在很长一段时期内，三台山乡德昂族除了本民族能自给自足的物品外，其他商品的购买仍依赖于附近乡镇的市场。到2002年9月，在国家、云南省、德宏州、潞西市民委的大力支持下，共投入资金113.2万元，建成三台山乡综合农贸市场。该农贸市场占地面积

① 《德昂族简史》编写组：《德昂族简史》，云南教育出版社1986年版，第58页。

5 267 平方米，两组大棚面积 1 008 平方米，设有 137 个摊位。自 2003 年初开市以来，该市集每 5 天一次，前来进行商品买卖的有三台山本乡德昂族、汉族、景颇族，也有附近乡镇的傣族、汉族、傈僳族、阿昌族等，出售的商品既有本乡自产的蔬菜、水果、编制竹器等，也有来自外界的蔬菜、水果、小食品、啤酒等饮料、服饰、家电、锄头等铁制生产工具，日常生产和生活用品在这里应有尽有。三台山农贸市场的设立，加强了三台山德昂族对外的经济联系。

从三台山乡农贸市场交易的商品来看，德昂族自产的产品市场上的种类和交易量都极为有限，主要有酸木瓜、菠萝蜜等水果以及竹笋、野菜等蔬菜，而他们从市场上购买的商品却涉及生产和生活的方方面面，如服饰、工业饮料、小食品、家电、化肥、农药、摩托等，从中可以看出，德昂族对市场的依赖性越来越强，由此产生的与其他民族的交往也更为密切，交往的频率也有所提高。在三台山乡的邦外村，有 21.2% 的被调查者认为，他们在买卖东西的过程中，结识了许多其他民族的朋友。

从德昂族产业结构的调整也可以看出德昂族与市场的联系越来越紧密，这主要包括养殖业和经济作物的发展两方面。

德昂族都信仰南传上座部佛教，南传上座部佛教的四个派别润、摆奘、多列和左抵在德昂族地区都有传播。三台山的德昂族大都信仰南传上座部佛教多列派。按此派教规，一般不饲养除耕牛以外的牲畜家禽，不杀牲，见杀不吃，闻声不吃。① 这也是德昂族村的畜牧业在经济结构中的比重都很小的主要原因。但通过近五年的引导、带动，养殖业获得长足发展，全乡形成了以允欠三组为代表的一大批德昂族养猪大户及养猪示范村，养殖大户年出售仔猪 100 头以上有 3 户，仔猪销售从过去的 0 头增加到 2009 年 4 560 头，收入达 136.8 万元，占牧业收入的 22.8%。

随着农业产业结构的调整，经济作物的种类日渐增多，在经济总收入中的比重也逐渐上升。以邦外为例，1965 年邦外粮食作物收入 10 922 元，占农业总收入的 84.8%，2006 年粮食作物收入 19.53 万元，只占经济总收入的 21.3%。与粮食作物收入比重下降形成鲜明对比的是，经济作物收入在总收入的比重日益增加，成为主要的经济收入来源。1965 年，经济作物收入仅占农村经济总收入的 4.5%，1966 年经济作物收入占农村经济总收入的 2%。改革开放后，经济作物收入比重跃上新的台阶，1986 年，经济作物收入增长，占农村经济总收入的 43%，1996 年有所下降，仅占 30%，2006 年经济

① 国家民委《民族问题五种丛书》编辑委员会云南省编辑组：《德昂族社会历史调查》，云南人民出版社 1987 年版，第 198~201 页。

作物比重增加到61%，经济作物收入的比重自20世纪80年代初和近10年来的增长最为迅猛，目前已成为邦外农村经济收入的支柱。[①]

养殖业和经济作物的发展实际上把德昂族与市场联系了起来。在市场经济的发展不断促进了各民族经济一体化的进程中，德昂族经济活动也被纳入到了市场经济的体系之下。其产业结构的变化调整，正反映出其对外经济联系的加强。

随着经济工业化和产业结构的调整，德昂族被纳入到了新的经济和分工当中，打破了以往以家庭为主的封闭式生产方式，与其他民族的交往更为频繁和密切，民族关系也在这样的基础上逐步由封闭走向开放。

2. 德昂族人口流动与民族关系

“社会主义市场经济是以市场为基础的社会主义经济，必然促使一切生产要素进入市场。市场经济正常运行，要使生产生活资料、劳动力、土地矿产资源和科学技术等都要进入市场，这就不可避免地出现少数民族之间和少数民族与汉族之间的双向流动。劳动力的自由流动是社会主义市场经济的重要条件，要搞活市场，就需要有人从事商品生产和销售。经商、办企业、发展第三产业，没有劳动力和技术人员的自由流动是不行的，这在客观上促进了不同民族人员的自由流动。”[②] 随着经济发展的需要，德昂族的人口流动有所增加。

1964年全国第二次人口普查对三台山邦外社的统计资料表明，在当时邦外3个社61户的362人中，迁入迁出人口的比例为零。据笔者在三台山乡的调查，截至2008年初，全乡劳务输出264人，其中男性99人，女性165人，从2002年开始，邦外有2人外出务工，主要从事装潢工作。2006年，外出务工人数增加到26人，占总劳动力的9.5%，从事的行业主要有建筑、做切割、机械等。2008年，邦外劳务输出人数达到42人，从事保安、建筑、装潢、帮人看守鱼塘等工作。出冬瓜自2005年搬迁到320国道旁边以后，从2007年开始出现了外出务工的情况，有的从事饮食行业，自己开店卖早点，有的在制衣厂、建筑工地、金矿厂、纸箱厂、电站等地方打工。从数量上看，两寨人口流动的总数都不多，但对于德昂族这样一个长期处于封闭状态的民族来说，外出务工人口逐年增加以及所从事的行业的多样性，已经显示了德昂族逐渐从封闭走向开放。

① 数据来源：1965年《三台山乡1965年农业生产、粮食工作、农业社分配情况决算统计表》；1966年《三台山乡1966年粮食工作、农业生产、农业社分配情况决算统计表》；1986年《三台山乡1986年农村经济情况统计年报表》；1996《邦外村1996年农村经济受益分配情况统计表》；2006年《邦外村委会2006年农村集体经济统计表》。

② 温华：《社会主义市场经济下的民族关系》，载《黑龙江民族丛刊》1995年第2期。

德昂族的人口流动，为德昂族向其他民族学习提供了更多的机会，也增进了德昂族与其他民族的合作。在对邦外德昂族关于与其他民族的关系调查中，与其他民族有交往的占48.5%，对于与其他民族交往的原因，有54.5%的人表明他们因为在一起工作而认识了其他民族的人，并结为朋友关系，在这些人中，78.8%的人有3个以上的其他民族的朋友。

由于经济联系和劳动力流动规模日益扩大，德昂族与其他民族之间交往的自由度、深度和广度都有了前所未有的发展。

二、经济发展引起的民族关系问题

市场经济的发展，使德昂族的民族关系进一步由封闭走向开放，但经济发展是一把双刃剑，在促进德昂族民族关系发展的同时，也因不平衡发展给民族关系的发展带来一些新的问题。

（一）经济发展差距对族际通婚的影响

婚姻的缔结需要一定的经济基础作为支撑，民族之间经济发展水平的差异，无疑是影响族际通婚的一个重要因素。经过半个多世纪的发展，与解放前相比，德昂族的经济虽然取得了极大的发展，但与其他民族的差距也日益明显，这种差距直接体现在经济收入方面。

以三台山乡德昂族为例。从乡的层面看，三台山德昂族在人均收入方面与周边的景颇族、汉族有着极大的差距。2004年，“三台山乡人均口粮不足300千克的有667户2 748人，占农业人口的43.2%，其中德昂族443户2 134人，占农业人口的33.5%；绝对贫困人口年人均经济纯收入在667元以下的有49户206人，绝对贫困人口都是德昂族，占农业人口的3.2%；相对贫困人口人均经济纯收入在667～924元之间的有787户3 476人，占农业人口的54.6%，其中德昂族749户3 302人，占农业人口的51.9%；居住在茅草房、危房的有402户1 845人，占农业户的28.9%，其中德昂族295户1 326人，占农业户的20.8%”。[①]

从村寨层面上看，2005年，“邦外村下辖6个村民小组，德昂、景颇、汉族各两个村民小组，包含拱别小组，光明小组，邦外一、二、三小组，邦滇小组。其中德昂族163户771人，占总人口的52.7%；景颇族97户378人，占总人口的25.8%；汉族72户315人，占总人口的21.5%。人均纯收入845元，其中德昂族人均纯收入783元，比全村人均低62元，低7%；景颇族人均880元，比全村人均高35元，高4%；汉族人均872元，比全村人

① 2006年三台山乡政府资料：《三台山乡经济社会发展状况报告》。

均高 27 元，高 3%”[①]。

收入的差别反应了德昂族的经济地位，经济地位又在很大程度上影响着德昂族与其他民族族际婚姻的缔结，因为经济地位的高低、收入的多少，在很大程度上影响着德昂族族际婚姻的实现，而族际通婚比例的高低，也反映出其民族关系的状况。美国著名社会学家辛普森曾说：“不同群体间通婚比率是衡量任何一个社会中人们之间的社会距离，群体间接触的性质，群体认同的强度，群体相对规模，人口的一致性以及社会整合过程的一个敏感的指标。”[②]

德宏州潞西市三台山乡的德昂族族际婚姻的比例很低。据笔者 2008 年 1 月的调查，在三台山德昂族乡，德昂族仍然以族内通婚为主，族际婚姻的比例很小。自 20 世纪 90 年代以来，邦外一组仅有 25 位德昂族女子嫁到本寨以外的地方，其中 17 人嫁到本乡其他村寨或附近的乡镇德昂族家庭，只有 8 人分别嫁入保山施甸、龙陵、昆明、山东的汉族家庭。出冬瓜四组自搬迁以来，虽然与其他民族有了更多的接触和交往，但到 2008 年 1 月为止，也只有 6 人缔结了族际婚姻，其中有一户人家的两个女儿都嫁给了四川的汉族男子，另外 4 人分别嫁到保山、梁河、风平、轩岗的傣族家庭。

此外，邦外一组的一些男青年表示，他们一般会选择与自己家庭经济条件相当的女子结婚，如果选择比自己差的女子，结婚后负担会很重，赡养老人、抚养小孩、维持家庭的日常开支等，这些都将是沉重的负担。在他们看来，“外面”的人，不管是汉族、傣族，还是其他少数民族，富裕的都很多，很难与他们结成婚姻关系，因此更愿意在本民族内部选择“门当户对”的人结婚。当被问到为什么不去其他地方（如出冬瓜）“串姑娘”时，他们中很多人表示心里想，但不会真的去串，成功率很低，因为出冬瓜的德昂族大多比较富裕，他们看不上邦外的德昂族。而且邦外住在山顶，交通很不方便，很少有女子愿意嫁过来。

此外，基于经济条件的限制，邦外少部分家境贫困的男青年及其家长，还倾向于娶缅甸媳妇。据他们说，娶一个缅甸姑娘，3 000 多元就可以办成婚事，但在国内娶媳妇，办婚事至少要花上万元，如果娶的是其他民族的姑娘，婚事就得办得更隆重一些，花费就更大。

从全国范围来看，德昂族族际通婚的比例也不高。

从表 2 可以看出，在全国范围内，德昂族主要与汉族、景颇族和傣族缔结婚姻关系，从比例来看，德昂族与其他民族的通婚率都没有达到 10% 以

① 2006 年三台山乡政府资料：《三台山乡邦外基本情况》。

② 马戎：《西方社会学的理论与方法》，天津人民出版社 1997 年版，第 380 页。

上，从民族社会学的角度来看，“当两个集团的通婚率达到10%以上，则可以说他们之间的族群关系是比较好的”[①]。因此，德昂族的族际关系并没有达到理想的程度，而经济发展是其中一个重要的影响因素。

表2 全国德昂族与其他民族通婚情况（按户主与配偶民族人口统计）[②]

通婚族别	德昂族	汉族	傣族	景颇族	其他
比例	86%	6.3%	3.7%	1.3%	2.7%

“在市场经济发展中，经济条件成为青年择偶的一条重要标准。社会学家将婚姻的行为动机归纳为经济、子女及感情。感情因素固然重要，但还是受到经济的制约。在利益的驱动下，一些族群不再讲究‘根骨’了，更看重潜在的经济价值。当经济诉求成为一个标准时，族际通婚的广度和深度得到了延伸，族际通婚的比率也就相应提高了。”[③] 反之，在一些经济发展相对滞后的地区，经济发展水平、收入、活动范围等方面都极其有限，严重制约了族际通婚的深度和广度的延伸，族际通婚的比率也相对较低。德昂族经济发展对族际通婚的影响，正说明了这个问题。

（二）经济发展与民族纠纷

“改革开放以来，少数民族对自身的利益越来越重视，要求经济权利得到落实，对经济利益没有完全实现和民族之间利益分配不合理的现象，有强烈的反响。随着社会主义经济体制的建立，竞争机制的引进，必定会在经济利益方面出现一些新的不合理，不平等的现象，由此造成各民族新的利益分配不公问题，影响民族关系。”[④] 具体而言，“社会主义市场经济在促进各民族联系日益密切的同时，也大大激发了各民族，尤其是少数民族积极寻求发展、缩小与先进民族之间发展差距的愿望和要求。同时，由于市场经济是以市场和公平竞争来调节经济活动，而少数民族在竞争中又不占优势，无形中也给少数民族带来了巨大压力，正常的经济纠纷极易转化为民族纠纷”。[⑤] 随着经济的发展，德昂族民族关系中的一些情况正反映了这一问题。

全乡目前还存在着7起山林土地纠纷案件，涉及的土地面积达900亩。7件纠纷中，有的纠纷形成已有近50年的时间，有的是从包产到户以后出

① 马戎：《民族社会学——社会学的族际关系研究》，北京大学出版社2004年版，第437页。

② 国家统计局人口和社会科技统计司、国家民族司务委员会经济发展司编：《2000年人口普查中国民族人口资料》。

③ 庄世恒：《论现代化进程中影响族际通婚的因素》，《内蒙古社会科学》（汉文版）2006年第4期。

④ 温华：《社会主义市场经济下的民族关系》，《黑龙江民族丛刊》1995年第2期。

⑤ 孙懿：《论社会主义市场经济对城市和散杂居地区民族关系的影响》，载《满族研究》2002年第2期。

现的，至今有20年左右的时间了。纠纷形成的时间不一样，但一个共同特点是近年来由此引发的冲突矛盾明显增多了，例如，三台山乡出冬瓜自然村是一个纯德昂族村寨，风平镇帕底村委会介桃村民小组、户育村民小组是傣族聚居的村寨，他们之间长期存在山林、土地的纠纷，虽然经过多次调解，但并没有得到彻底解决。2005年，双方再次就此发生了纠纷。出冬瓜村对介桃村民小组、户育村民小组“侵占”其土地的行为“已悲愤到极点、忍无可忍，要求毁坏对方种植的庄稼，收回土地”，并且把对这件事的认识上升到了民族矛盾的高度。

在市场竞争中，德昂族明显看到了本民族与其他民族的差距，对自身的利益也更加重视，对土地、山林等赖以生存和发展的资源也越发重视，为争取土地、林地等资源的分配和使用而引发的纠纷也因此不断发生，且频率越来越高。具体而言，从20世纪80年代土地承包责任制的实行到现在集体林权制度改革的全面推进，农民与土地的关系逐渐明晰，土地所有权被划归到具体的农民，农民利益与土地的自身价值更为紧密结合在一起。随着土地价值与价值归属主体的明确，土地纠纷从以往的隐性利益变为显性利益争夺。在三台山乡，德昂族与其他民族的纠纷，大多是围绕土地的归属和使用而展开，民族关系也在这一过程中得以体现。

新型戒毒康复模式的探索与实践

——以德宏老弱病残吸贩毒人员康复关爱中心为例

骆寒青

云南警官学院教授

毒品犯罪最主要的形式是贩运毒品。零星贩毒活动是吸毒者获取毒品的主要途径，也是禁吸戒毒难以巩固，复吸率高的重要原因之一。“以贩养吸”是许多吸毒者获取毒资维持吸毒的手段，特别是历史遗留问题：老弱病残吸毒人员以贩养吸现象在德宏各县市普遍存在，居于其特殊的身份和特别的身体状况，公安机关在对其进行处罚和使其戒毒时，出现法律滞后、措施不力、管理不到位等问题。由于其特殊的身体状况，老弱病残特殊吸贩毒群体基本没有固定收入，使得“以贩养吸”成为其几乎是唯一可获得毒资的手段。老弱病残特殊吸贩毒群体的存在以及无法进行打击处理，给禁毒工作特别是巩固戒断成果带来极大的困难，并对防止新吸毒人员的滋生造成威胁。该问题已成为制约德宏禁毒人民战争深入开展、打好禁毒防艾攻坚战的瓶颈问题。随着《中华人民共和国禁毒法》（以下简称《禁毒法》）的实施，针对特殊群体探索公共管理框架下的新型戒毒康复模式刻不容缓。盈江等县在该问题上进行了探索，为治理特殊群体的吸贩毒问题提供了的借鉴。

一、德宏州老弱病残特殊吸贩毒群体现状

零星贩毒活动的存在是禁吸戒毒复吸率高的重要原因之一，如何建立打击零星贩毒活动的长效机制是禁毒人民战争能否取胜的关键。而在德宏，老弱病残的以贩养吸人员不计其数，并且，该现象在德宏各县市普遍存在。

（一）盈江县老弱病残特殊吸贩毒群体现状

全县在册吸毒人员 11 920 人，现有吸毒人员 4 236 人，在所强制隔离戒毒 2 938 人，社区戒毒 452 人，社区康复 960 人，美沙酮治疗在治 391 人。

现有吸毒人员中老弱病残吸毒人员总数 697 人（其中：又吸又贩 102 人）。具体情况如下：

性别：男 641 人，女 56 人。

民族：汉族 166 人，傣族 313 人，景颇族 120 人，其他 98 人。

年龄：16 岁及以下无，17~59 岁 403 人，60 岁及以上 294 人。

户籍：农民 696 人，城镇居民 1 人。

文化程度：无大专及以上人员，初中及以下 697 人。

病残情况：病残 680 人，HIV 抗体阳性 16 人，抗病毒治疗 1 人，无美沙酮治疗人员。

（二）陇川县 414 名老弱病残特殊吸贩毒群体基本现状

全县在册吸毒人员 11 580 人，现有吸毒人员 4 143 人，男性 3 898 人，女性 245 人；其中民族清楚的有：汉族 1 040 人，傣族 740 人，景颇族 1 893 人，傈僳族 78 人，德昂族 38 名；全县美沙酮入组人数累计 713 人。现有吸毒人员中老弱病残吸毒人员总数 414 人，其中老：298 人，弱：32 人，病：87 人，残：21 人；自愿戒毒：281 人，强制隔离戒毒 41 人，社区戒毒 33 人，社区康复 40 人，失控：19 人。具体情况如下：

性别：男 351 人，占 84.8%；女 63 人，占 15.2%。

年龄：60 岁以上 283 人，占 68.4%；36 ～ 60 岁 87 人，占 21%；26 ～ 35 岁 29 人，占 7%；18 ～ 25 岁 2 人，占 0.48%；另有 13 人资料不全。

（三）瑞丽市老弱病残特殊吸贩毒群体现状

全市在册吸毒人员 5 336 人，现有吸毒人员 2 035 人。其中男 1 955 名，女 80 名；汉族 434 名，傣族 1 040 名，景颇族 460 名，傈僳族 22 名，德昂族 60 名，其他少数民族 19 名；17 岁以下 5 名，18 ～ 25 岁 430 名，26 ～ 35 岁 658 名，36 ～ 60 岁 791 名，60 岁以上 151 名。其中 17 岁以下和 60 岁以上老弱吸毒者人数共计 156 人。

二、老弱病残特殊吸贩毒群体给德宏禁毒工作带来的困难及危害

（一）收戒难，影响收戒率的巩固提高

对于一些年龄大、恶习深、身体弱且既吸又贩的“老烟鬼”，缺乏有关法律规定，不仅使这些人逍遥法外，而且又形成交叉感染。这些人逍遥法外的主要原因就是法制不够健全——《禁毒法》规定，70 周岁以上的或因患有严重疾病或者残疾，生活不能自理的不适用强制隔离戒毒，只能社区戒

毒，而刑法对特殊群体涉毒行为难以追究刑事责任，只能按照《中华人民共和国治安管理处罚法》处理。如吸毒人员黄国清，男，56岁，盈江县旧城镇东山村新抛山人，属又吸又贩、以贩养吸的老弱病残人员，吸毒史20年，下肢瘫痪，双眼残疾，在新抛山公开从事零星贩毒活动，2008年曾先后两次送到关爱中心，因身体严重不适，限其在所外社区戒毒，但仍无法戒除毒瘾，现开始又吸又贩，在当地造成恶劣影响。一些人员以身患顽疾，年老多病为挡箭牌，肆无忌惮地进行吸毒和零包贩毒，在政法界和吸毒者圈子里小有“名气”。公安机关对这些人十分头疼，认为这些人依靠贩毒为生，刑罚和行政处罚对其作用有限，按有关精神，这些人由于年老体弱，稍有不慎就会出现生命危险，不能强制戒毒，而拘留所、看守所、劳教所、戒毒所这些羁押场所都无依据关押，严重影响收戒率和戒断巩固率。

（二）管理难，导致零星贩毒屡打不绝，引发新的吸毒问题

这些人都是年老、体弱、多病且已有多年吸毒史的零星贩毒人员，他们没有固定的收入，为了吸食毒品，只有以零星贩卖毒品来维持吸毒的开支。这些人认为公安机关没有办法处理他们，使他们在零星贩卖毒品上更是肆无忌惮，对这一部分人的存在，广大人民群众反映最大、最强烈。用群众的话说就是“他们像瘟疫一样在村社中感染传播”，是打击零星贩毒工作中最大的难点。高龄老年人零包贩毒的渗透力和危害性不容忽视，这类人员危害乡里，常常起到“牺牲”一人，“带动”一片的效果，吸引、诱惑戒除毒瘾人员重新吸毒，甚至产生新的吸毒人员，广大人民群众深恶痛绝。一些吸毒者甚至认为，以贩养吸者必是在闲人圈子里有一定人缘和威信的，一些老头是明着卖，公家拿他们也没有办法。如余绍定，男，68岁，盈江县弄璋镇永保村麻茄二组人，属又吸又贩的老弱病残人员，吸毒史20年，患有高血压、风湿等多种疾病，曾经有三次到强制戒毒所戒毒，因病情严重，要求在所外社区康复戒毒。但仍无法戒除毒瘾，现又吸又贩在当地造成恶劣影响。

（三）跟踪帮教难，缺乏经费与专业技术，制约跟踪帮教工作的进行

一方面，经费不足是制约开展关爱工作的根本性问题。无专职人员从事该项工作，加之一些工作人员不具备专业技能，难以对带有其他疾病的老弱病残吸毒人员实施有效救治。另一方面，有的老弱病残吸毒人员行踪飘忽、居无定所，难以找到。对其进行分散式的管理，跟踪帮教需要投入大量人力和物力，导致工作难以开展。

三、德宏州治理老弱病残特殊吸贩毒群体存在的问题

（一）打击处理缺乏法律依据，戒毒康复现行法律方面不具备可操作性

我国现行刑法并没有关于老年犯罪人刑事责任的特殊规定。但根据刑事政策和行政法规对这些人在行刑当中一般从宽处理。刑法总则第十三条（1979 年刑法典第十条）规定，情节显著轻微危害不大的，不认为是犯罪，因而刑法理论界普遍认为，对于走私、贩卖、运输、制造、非法持有毒品数量较小，危害确实不大的，一般不应以犯罪论处，而应依一般违法行为论处。实践中，抓获零包贩毒者后，由于查获的毒品数量不多，往往采用治安管理处罚，而长期吸毒的人 80% 以上身体都有病，有些是严重传染病。因老弱病残等原因，他们无法从事生产劳动，采用以贩养吸维持生活和烟瘾。根据《中华人民共和国治安管理处罚法》第七十二条规定：向他人提供毒品的；吸食、注射毒品的处十日以上十五日以下拘留，可以并处二千元以下罚款；情节较轻的，处五日以下拘留或者五百元以下罚款。第七十二条规定：教唆、引诱、欺骗他人吸食、注射毒品的，处十日以上十五日以下拘留，并处五百元以上二千元以下罚款。罚款又没钱，因其身体情况特殊，一旦在羁押场所死亡，还有可能涉及国家赔偿问题，因此具体操作上很棘手。

我国司法实践中对老年犯罪人从宽的条件，一是年老，二是必须身体有病，已失去危害社会的可能。这样就出现了冲突：对于身体有病的老年人零包贩毒的，刑法出于从严禁毒的考虑认为要予以刑事处罚，但根据部门行政法和刑事政策，这些人可以准许监外就医、监外执行刑罚。根据规定，在抓获贩毒者后，如果其染有毒瘾，应先在戒毒所进行戒毒，但根据《禁毒法》规定，患有急性传染病或者其他严重疾病者，不应收入强制隔离戒毒，而应在所外参加社区戒毒。而实际上这些人放到社会上后因为居住分散、没有经济来源进行治疗，我们的社区专职戒毒工作人员力量明显不足，老弱病残特殊吸贩毒群体进入社区戒毒后，往往处于失控状态，继续危害社会。这样一来，刑法中贩卖毒品，无论数量多少，都应当追究刑事责任的规定处于落空状态，严重损害了法律的尊严。

（二）收戒对象及家属存在心理障碍

一是有部分家属不理解、不支持、不配合，认为年纪已大没有必要戒断，部分家属一旦将老弱病残吸毒人员收戒，就以交给政府为借口，不闻不问。二是部分收戒老弱病残吸毒人员抵触情绪大，在收戒期间以不能吃、不能喝为由，拒绝进食、就医等。三是部分收戒老弱病残吸毒人员特别是年纪较大的，怕离开自己的住所死在外面，成为“野鬼”，抵触情绪大，故在收

戒老弱病残特殊吸贩毒群体时遇到较大阻力。

（三）专门收戒老弱病残特殊吸贩毒群体场所缺乏政策支撑，收戒场所运行经费也成为现实困难

《禁毒法》规定，戒毒所需的基建投资和经费，由县级以上地方财政负责解决。现在戒毒经费全部为地方财政承担的体制无法保证戒毒所需经费的到位。对于财政较充裕的地区，政府可以把社会弱者中以贩养吸者的戒毒治疗费用长期承担起来，然而对于类似云南这样的经济欠发达地区却不现实。经济问题成为禁毒的“瓶颈”，要解决老弱病残特殊群体吸贩毒的问题，恐怕不是只靠严打所能奏效的。

四、德宏各县市治理老弱病残特殊吸贩毒群体的做法、经验及存在的困难

（一）盈江县的方法模式、主要措施、成效和经验

经过多年探索，盈江县于 2007 年 8 月 1 日开办针对老弱病残特殊吸贩毒群体禁吸戒毒学习班，将老弱病残特殊吸贩毒群体集中管理，在此基础上，成立了“老弱病残吸贩毒人员关爱中心”。关爱中心机构设置为临时性机构，主任一名，常务副主任一名，工作人员由公安、司法、民政、卫生、劳动保障、教育等部门组成。对关爱学员的执法工作由公安机关负责，医疗救助、康复关爱等业务工作由民政、卫生、司法、劳动保障等部门负责。关爱中心核定工作人员 29 人，其中事业编制医疗卫生人员 5 人，公安人员 20 人（民警 5 人，禁毒辅警 15 人），司法、民政、劳动保障、教育等部门工作人员共 4 人。工作人员工资由原单位发放。

1. 方法模式

一是成立盈江县关爱中心工作领导小组，确定关爱场所，抽调民政、卫生、公安干警等人员参与开展关爱工作。二是对全县老弱病残又吸又贩人员进行全面摸底排查，再分类建档，分批分次一个不留，全部收戒。三是积极开展社区戒毒康复及美沙酮维持治疗工作，把符合社区康复社区戒毒、美沙酮维持治疗的老弱病残不能收戒的人员，纳入社区康复社区戒毒、美沙酮维持治疗。四是对关爱中心的学员实施关爱式管理。制定实施一日生活制度，规范学员作息时间；对学员每天进行健康检查，对有病的学员建立档案，重点进行管理，必要时送到县医院进行检查、治疗；免费为学员打电话与家属

联系；鼓励家属到关爱中心看望和照顾学员；进入夏季，为学员宿舍安装电风扇；购买象棋、扑克牌等工具丰富学员的文化生活。五是建立关爱中心与乡镇党委、政府的联系制度。关爱中心积极主动地与乡镇党委、政府联系，在每个乡镇确定一名领导负责与关爱中心沟通联系。

2. 主要措施

一是县委、政府高度重视，保障有力，确保工作正常开展。县委、县政府多次召开现场会，研究解决关爱中心开办存在的困难和问题，在人、财、物方面给予大力支持，确保关爱中心工作正常开展。二是各级各部门大力支持，通力协作，确保工作有效运转。及时组织召开有县四套班子分管领导，15 个乡镇、县禁防办、禁毒办、防艾办、县民政局、县卫生局主要领导及村、社干部代表、关爱中心学员、家属代表参加的帮教现场会，明确相关部门在关爱中心管理中的职责任务。民政、卫生等部门派专人参与医疗、关爱救助，每个乡镇指定一名领导为关爱中心联系人等。各级各部门大力支持，通力协作，确保了关爱中心工作有效运转。三是加大宣传，扩大影响，最大限度地得到广大群众的理解和支持。向广大群众宣传收戒老弱病残又吸又贩人员的好处，表明党委、政府对禁毒工作的坚强决心，最大限度地得到广大群众的理解和支持。通过宣传，学员家属亲自到关爱中心了解情况，也给予了充分的理解，从自身的角度积极配合关爱中心开展对学员的帮教工作，积极到关爱中心看望家人，给他们送钱送物。广大群众的理解和支持是开展关爱工作的坚强后盾。

3. 成效和经验

一是增强了乡、村、组广大干部群众和禁毒防艾工作队开展禁防人民战争必胜的决心和信心，净化了吸贩毒环境。二是有效遏制了社会面上的吸毒人员和零星贩毒活动。将这些人集中起来组织进行学习关爱，对其他没有抓获的零星贩毒人员起到了震慑作用。三是建立了处理正常死亡学员的善后工作机制。关爱中心开办以来共有 6 名学员因病送医院抢救无效死亡，特别是刚开办的时候连续死亡了 5 名，对这些死亡的学员乡镇都组织进行了妥善处理，没有发生任何纠纷。四是进一步提高了吸毒人员禁毒防毒意识。通过组织老弱病残学员集中学习国家的法律法规和毒品的危害，使他们对毒品危害的认识得到提高，充分认识到了吸食和贩卖毒品对自己、对家庭、对社会的危害。许多学员毒瘾戒除和身体恢复后，积极参与种菜、养鸡、编竹芭等生产劳动，达到了预期的目的。

（二）瑞丽开展老弱病残吸贩毒人员工作的主要做法、采取的措施、取

得的经验

瑞丽市“老弱病残吸毒人员康复关爱中心”隶属于瑞丽市委、市人民政府领导，以市民政局、市卫生局为主，市公安局积极配合管理。该中心设中心主任一名，副主任两名，分别由市委、市人民政府任命。

1. 主要做法

一是加强《禁毒法》的宣传，提高老弱病残吸毒人员自觉参与戒毒意识，严格执行《禁毒法》的有关规定。二是针对老弱病残吸贩毒人员在身体状况允许的情况下进行收戒。三是在收戒期间如发生急病，可出所就医或提前出所。四是总体上坚持能收尽可能收的工作原则，确保社会面上无失控漏管人员。

2. 工作措施

一是对因生活不能自理、HIV感染发病不能实行收戒的人员，采取吸毒人员和家属写出保证书后纳入“三帮一、多帮一”实行管理措施。二是对人民群众反应强烈，又吸又贩的老弱病残吸贩毒人员坚决打击，发现一个收戒一个。三是积极开展社区戒毒康复及美沙酮维持治疗工作，把符合社区康复社区戒毒、美沙酮维持治疗的不能收戒的老弱病残人员，纳入社区康复社区戒毒和美沙酮维持治疗。

3. 取得的经验

一是各级领导、各部门对收戒工作重视，加大经费投入，保障工作顺利开展。二是充分发挥党、团、妇、民兵、工作队员的工作积极性，确保收戒工作的顺利开展。三是对强制戒毒的老弱病残吸毒人员，在生活、医疗上给予关爱，加强与家属的联系沟通，争取家属的理解、支持、配合，使他们安心戒除毒瘾。四是专群结合，走群众路线，加大《禁毒法》宣传教育工作，取得家属配合支持，并签订保证书，增强自戒意识。

（三）建立老弱病残吸贩毒人员康复关爱中心急需解决的问题及困难

（1）机构设置、与现行法律法规的衔接等，是阻碍开展关爱工作的根本性问题。

（2）经费不足是制约开展关爱工作的关键性问题。

（3）人员配备、专业技术的培训与提高，是影响关爱工作的基础性问题。

五、对策与建议

（1）成立老弱病残吸贩毒人员康复关爱中心工作领导小组。成立以州、县政府分管禁毒防艾工作的领导为牵头的工作领导小组，领导小组坚持政府领导，主要参与部门为公安、司法、民政、卫生、劳动保障、教育、文化、妇联、禁防办、禁毒办、防艾办，建议以市民政局、市卫生局为主，公安局积极配合管理的工作模式开展工作。

（2）建议将建设经费和行政经费纳入人民政府财政预算，分级承担。按照《禁毒法》的规定，县级以上人民政府应当将政府开办戒毒康复场所的建设经费和行政经费纳入财政预算，分级承担。

（3）充分整合社会资源，为关爱中心提供资金保障。按国家现行法律法规和政策，整合新农合、农村养老保险、民政贫困救助等资金，多渠道筹集关爱对象所需医疗保障费和最低生活保障费用。

（4）建立关爱中心业务培训机制，定期轮岗培训，提升科研水平，将相关技术人员的技术培训和技术资格认定，纳入国家专业技术职称认定和考核范围。

（5）切实解决好工作人员的待遇问题。卫生、民政、劳动保障等业务工作人员按事业单位人员的标准由县财政全额发放工资，并参与正常的职务职称晋升。

（6）建立关爱中心管理程序与监督体系。建立健全关爱中心管理程序与监督体系，以保证老弱病残特殊群体在关爱中心得到合法有序的康复和关爱。

德宏边境一线基层党组织建设中的几个特殊性问题及着力点

欧黎明　杨晓兰

欧黎明：中共云南省委党校党委委员、公共管理教研部主任、教授

杨晓兰：中共德宏州委党校、德宏州民族干部学校副校长，副教授

德宏地处祖国西南边疆，国境线长503.8公里，全州5个县市有4个属边境县市。2009年末，边境一线农村人口占全州总人口的10.02%，占全州农村人口的15.23%，边境少数民族人口占边境农村人口的87.65%以上。边境一线乡镇除瑞丽市部分边境乡村与缅甸木姐、南坎直接相连外，大多分布在海拔1 000～2 500米的山区，与缅甸隔山相望。载至2009年，边境乡镇党委22个，占德宏州乡镇党委总数的44%，有边境村委会57个、边境村党支部110个。边境一线党员占全州党员总数的5.45%，占全州农村党员总数的10.48%，占边境总人口的2.3%。从性别看，男性党员占83%，女性党员占17%。从民族结构看，汉族党员占党员总数的34.3%，少数民族党员占党员总数的65.7%。德宏边境一线少数民族地区党的基层组织建设所面临的经济、社会、自然、人文和政治环境的特点可以集中概括为：边疆、民族、山区、贫困、宗教、毒品、艾滋病和涉外婚姻等因素相互影响和相互渗透。由于特定的自然环境、社会结构、政治结构、经济状况、人文和宗教因素的相互作用，德宏边境一线少数民族地区党的基层组织建设呈现出自身区别于非边境少数民族地区的特殊性。

一、经济社会发展中地域性发展非均衡的典型现状与加快发展的问题

德宏边境一线少数民族地区经济社会发展中呈现出区别于内地和非边境、非民族地区的特殊性，集中表现为地域间非均衡发展为主要形式的多层次性的典型特征，即处于同一发展阶段上的各县、乡、村之间发展层次不

同，而且差异性很大；在同一地区内的不同地方不同民族间发展也很不平衡。具体表现是：经济结构单一，产业支撑能力不强。在22个边境乡镇中，有16个边境乡镇第一产业占家庭经济总收入的比重均在80%以上，有7个边境乡镇在90%以上，其中个别边境民族乡镇更是高达96.4%。因田地多处半山坡，主要靠畜力和人力开挖，生产方式极为粗放，加之山区立体气候变化大，种植农作物投入成本高、产量少、收益低，基础设施脆弱，生产发展后劲不足。目前边境一线村寨尚有两个自然村不通电，47个村寨不通电话，18个村寨不通路（仅为土路，晴通雨阻），59个村寨不通生活饮用水，23个村寨不通邮。已通的地区也多属基础设施标准低、损毁严重，电路电线破损。加之农田水利设施建设严重滞后，耕地有效灌溉率不足30%，抵御自然灾害能力十分脆弱。集体经济基础脆弱。在现有的村委会中，有集体经济的有42个，占边境村委会的38.18%，其中万元以上的仅占17.3%，且多为集体林、地出租所得的一次性收益。如瑞丽市29个行政村中有集体经济收入的有25个村，其中：年收入2万元以上的有两个村；1~2万元的7个村；1万元以下的有16个村，占64%。概括地说既呈现出历史纵向阶段性发展的不平衡性，又呈现出现实横向层次性发展的不平衡性。这种经济社会发展的特殊性、层次性和不平衡性的典型特征，对德宏边境一线少数民族地区各级党组织有效领导经济社会发展形成了很大的阻碍，各级党组织加强自身建设的必要物质基础受到冲击和削弱。

解决以上问题，要把着力点放在抓住生产力发展这个关键环节上。在德宏边境一线少数民族地区，围绕“提高党的执政能力，首先要提高党领导发展的能力”这一根本要求，必须实事求是地根据自身实际，确立符合实际的目标，区分不同层次，突出重点，扬长避短地去有效提高党领导发展的能力。具体来说，应该注重从抓住生产力发展这个关键环节，立足于区域经济发展和改善边境民族村寨群众的生存环境，继续实施惠及广大农民的人畜饮水、农业灌溉、乡村道路、农村电网、农村综合能源利用和信息化建设，不断改善公共设施服务；改善农村金融服务，扩大农村有效担保物范围，不断满足农村市场日益增长的多层次、多样化的金融需求，为边境一线农村经济发展提供更多、更大的金融扶持，实现边疆少数民族地区经济社会的跨越式发展，坚持以市场为导向，以科技为依托，找准自身优势，调优经济结构，促进发展方式转变，走产业化经营之路；“先富”带“后富”，引导有条件的村寨农户，依托优势产业建立合作经济组织，提高农民组织化程度，提高边境民族村寨农户在市场中的交易地位并增强竞争能力，在非均衡发展中加快边疆少数民族地区经济社会发展的步伐；保护与开发并重，完善农村生态屏障，加快防洪工程建设和水土流失及泥石流治理，为边疆民族村寨生产发展创造更好的条件，确保边疆少数民族地区经济社会的可持续发展；统筹兼顾，促进边疆少数民族地区经济社会的全面协调发展等方面来有效提高党领导发展的能力，确保党在领导发展中的先进性。

二、宗教影响的长期性、复杂性现实与坚持马克思主义在意识形态领域中的指导地位的问题

德宏边境一线少数民族地区，宗教的民族性导致宗教问题与民族问题交融渗透，集中表现为：宗教信仰与大多数民族的心理、风俗习惯、文化几乎融为一体，作为多种宗教形式之统一的宗教唯心主义世界观具有强大的民族心理支撑和浓厚的文化氛围，同时具有深厚的群众基础和民族基础。德宏世居少数民族与缅甸、泰国等东南亚国家和印度等南亚国家相关民族语言、宗教、生活习俗相通，文脉同源，外来文化和宗教渗透现象在边境一线农村表现尤为明显。信仰宗教的人数占少数民族人口的80%以上，特别是傣族和德昂族信教群众的比例接近95%。且群众参与宗教活动的形式和内容多样，规模较大，宗教的教义、教规在边境村寨具有深厚的民族心理支撑和浓郁的文化氛围和社会基础。因此，宗教唯心主义世界观获得了民族感情、心理、意识、风俗和文化的强大支撑。在一些宗教活动集中的地方，申请入党的人数较少，入党积极分子队伍难以建立；在一些信教群众聚居的民族村寨，一些坚持不信教的老党员，受到群众的排斥（如他们参加寨子组织的集会活动时，不能与同龄的老人同坐；有的老党员去世后无法按传统的习俗进行安葬）。因此，在少数地方出现“双重信仰”问题，少数村寨存在个别党员隐蔽信教的情况。在边境一线少数民族地区，宗教组织活动场所遍及边境一线农村，有的还占据了所在乡村最显赫的位置；而大多数边境村民小组无文化活动室的情况还比较普遍，已有的活动室无论从面积上、外观上还是内部装修、设备上与宗教场所还有一定差距。另一方面，农村宗教活动次数多、规模大、吸引力强。而边境一线村党组织活动开展不固定、次数少（在多数边境村每年仅有两次组织活动），即使是在补误工费、办伙食的情况下，仍难以坚持；有的村寨对公益事业漠不关心，而对建盖教堂、奘房，过宗教节日积极踊跃地捐资出力，有的甚至将政府救助的低保费和粮食均自愿捐出。这样的现实，使得作为主流意识形态的马克思主义唯物世界观与宗教唯心主义世界观并存，使得一些基层党组织中的党员出现了信仰的双重性。在党外，多数群众信仰宗教，宗教唯心主义占据主导地位，马克思唯物主义的存在缺乏必要的心理基础、文化基础和群众基础，因而处于十分脆弱的地位。

解决以上问题，要把着力点放在加快农村文化阵地建设和强力推进乡风文明建设上。首先，加快农村文化阵地建设，要借助中央、省、州对边境一线党组织活动场所建设投入力度加大的契机，坚持“一室多用”，确保边境一线的所有行政村和村民小组都有活动场所，并不断拓展活动室功能，使之真正成为“拓展决策议事聚民心、拓展教育培训增民智、拓展便民服务解民难、拓展文化娱乐正民心的阵地”；加快农村文化信息资源共享工程和广播电视“村村通”工程建设，切实抓好农村电影放映工程、农家书屋等文化惠农工程建设，满足农民群众精神上的需求。其次，强力推进乡风文明。一是强化“三大思想”教育：以“五用”（用民族干部宣传科学发展观、用民族语言讲解科学发展观、用民族文字阐述科学发展观、用民族节庆展示科学发展观、用民族文化体现科学发展观）为抓手，强化科学发展观教育；紧扣“稳边、固边、睦边、兴边、富边”要求，推进“感恩思进”主题教育活动，增强村民自力更生、勤劳致富的信心与决心；结合边境一线“红旗飘飘”工程的实施，强化爱国主义教育，增强各族边民的国家意识、国民意识、国防意识、国门意识、国土意识，筑牢党在边境地区的思想阵地。二是开展特色民族文化村创建活动，努力引导移风易俗。利用少数民族能歌善舞和民族地区节日多的特点，演傣戏、跳目瑙纵歌、对山歌，丰富农民群众的文化生活和精神生活，通过文艺“养”高人的精神境界。

这样做的目的，关键在于在边境一线少数民族地区，党的各级组织要着力处理好既坚持马克思主义在边疆少数民族地区意识形态领域中的指导地位，又有效整合各种宗教信仰、民族心理、风俗习惯和文化传统，使其能够为巩固马克思主义在边疆少数民族地区意识形态中的指导地位服务。

三、民族问题表现形式的多样性与提高党的科学化建设水平的问题

德宏边境一线少数民族地区，民族问题中渗透着多种因素，尤其是宗教影响的长期性使民族问题和宗教问题交融渗透，宗教的教仪、教规，包括其中一些腐朽、落后、带有较强的唯心主义和封建迷信色彩的东西，与当地的民族传统文化、习俗交融渗透，你中有我，我中有你。边境乡镇毗邻缅甸，国境线长，无天然屏障，境外宗教组织多以投资、扶贫、旅游慈善为名，传经送教，并组织景颇族、傣族少年儿童进行集中培训，灌输宗教意识，极富诱惑力。宗教及外来文化快速发展不仅使得民族问题表现形式的多样性，还对执政党的主流意识形态产生极大冲击，使边境一线农村经济社会发展的和谐基础面临宗教快速发展的侵蚀，在很大程度上危及党在基层的执政基础。与此同时，毒品危害的严峻形势和跨境婚姻的现实存在，也使得民族问题表

现形式呈现多样性。边境沿线是毒品通往内地的重要通道，尤其是许多特困民族聚居区，近年来毒品危害加剧。据不完全调查，全州边境乡镇涉及跨国婚姻的行政村有 107 个（含非边境村），自然村有 692 个（同前），边民跨境婚姻呈现快速上升之势。边民跨境婚姻带进大量素质不高的缅籍人员，加之落户难（因婚姻登记手续不全）、信仰与思想差异等现实问题，加剧了边境农村人口素质提高与管理的难度。在这些地区，各级党组织和党员在处理宗教问题、民族问题、传统文化和各类民族习俗这一类问题时，存在许多无法回避的现实矛盾，诸如唯物主义世界观与唯心主义世界观的矛盾，民族问题和宗教问题的矛盾，封建迷信和传统民族习俗的矛盾，小生产习惯势力和现代化要求的矛盾，等等。这些矛盾融汇和渗透在边疆少数民族地区的政治、经济、文化和社会生活之中，现实中出现了在恒定具体事物时是非标准的不确定性。长期以来，由于这一无法回避的现实矛盾的存在，使得边境一线少数民族地区按照党的基层组织的战斗堡垒作用和党员队伍的先锋模范作用在边疆少数民族地区的有效发挥，始终不同程度地受到限制。

解决以上问题，要把着力点放在抓党建促经济、促经济保民生上。这就要求各级党组织必须牢固树立“抓党建就是抓发展”的理念，坚持统筹兼顾，做到既抓基层、打基础，又树典型、抓示范，带动整个党建工作在措施、方法、机制等方面的创新，把“虚”功做实做细，使党建工作与经济发展相得益彰。

首先，必须强化区域“大党建”意识，彻底转变城乡二元分割的思维模式，打破“就村论村”的党建工作思维定式，努力实现城乡党建工作的整体推进、协调发展。

其次，必须强化民生党建理念，将服务作为推进基层党建工作的切入点，形成上级党组织为下级党组织服务、基层党组织为党员服务、党员为群众服务的工作链条；以增强基层组织带领群众发展生产、增收致富的功能为突破口，把加强党建工作与多做“聚人心、暖人心、稳人心、得人心”的实事和好事相结合，在“团结各族群众推动发展、促进和谐、反对分裂、维护稳定”中发挥战斗堡垒作用。实践必须注重因时、因事，应把党的先进性要求中的普遍性原则，与边境一线少数民族地区党的基层组织和党员队伍的特殊性实际有机结合起来，注意区别实践中加强党的先进性的普遍性原则要求与党的各级组织和党员加强自身先进性建设中的特殊性问题。

再次，对边境跨国婚姻的管理，既要积极争取上级机关政策扶持与中缅地方会晤协调，又要从边疆民族地区实际出发，用好民族区域自治州制定和实施自治条例的优势，探索边境跨国婚姻管理的有效方式，使边民跨境婚姻更加有利于睦邻友好与边境和谐安宁。进一步加强对边境宗教事务工作的领导，建立健全管理制度，深入持久地开展党的宗教政策宣传教育，不断提高信教群众辨别是非的能力；加强对爱国宗教人士的培养，更好地引导宗教事务为基层党建和经济发展服务；正确区分参与宗教活动和信教的界限，妥善处理党员信教与参加宗教活动问题。有效把握加强党的先进性建设的普遍性原则要求与党的各级组织和党员加强自身先进性建设特殊性问题之间的相互转化，实现原则性和灵活性的有机结合，才能够使党的基层组织和党员队伍有效保持自身应有的先进性，充分发挥战斗堡垒和先锋模范作用。

四、社会政治环境的异常复杂性与充分发挥党的基层组织的战斗堡垒和先锋模范作用的问题

德宏边境一线少数民族地区由于特殊的地理位置、地缘环境、风土人情、生活习俗、经济状况、社会发育程度等因素的综合作用，成为西方敌对势力利用民族宗教问题进行“西化”和“分化”，利用民族宗教问题对我国进行攻击和渗透的重点地区。现实的状况为西方敌对势力利用民族宗教问题进行“西化”和“分化”，利用民族宗教问题对进行分裂和渗透提供了现实的可能性。从目前的情况看，在一些局部地区，宗教势力和宗教组织直接干预甚至支配着基层政权的情况和事例时有发生，对少数民族信教地区基层党的执政地位和领导权威构成现实的威胁，影响到边疆少数民族地区社会的稳定与和谐。

异常复杂性的社会政治环境，对边境一线党的基层组织战斗堡垒作用和党员先锋模范作用的发挥提出了很高的要求。而目前德宏边境一线党的基层组织建设的状况和党员队伍的现况与社会政治环境的异常复杂性对边境一线党的基层组织党员提出的要求尚有很大差距。

从党的基层组织建设的状况来看，面对社会政治环境的异常复杂性，党的基层组织任务重、压力大、基础弱。具体表现是：（1）边境一线农村党组织既肩负着建设社会主义新农村的艰巨使命，又需按照各级党组织要求推进基层党建工程，还要守边安关、禁毒防艾，工作任务重、压力大、顾及难。当前，边境农村抓发展的任务非常繁重，易导致干部把党建工作视做“虚任务、软指标”，在实践中出现了“说起来重要，做起来次要，忙起来不要”的倾向。加之地方财力相当有限，导致村级党组织处于“要办事，却无钱；不办事，失民心”的两难境地，在客观上削弱了村“两委”服务群众的功能。（2）近几年，各级党委重视建立健全村干部激励保障机制，部分县市在村干部岗位补贴、社会保障、表彰奖励、提拔使用、离任补偿等方面

均作了积极探索。但总体来讲村干部工资多在400~600元之间，600~800元的仅为村“两委”正职，村组干部退下来后的待遇保障较难，“责任太大、任务如山，而前途无望”等现实，严重影响村干部的工作热情和工作效率的提高。（3）党建资金来源渠道窄、投入有限。随着农村各种税费改革的实施，过去依靠收取各种提留增加收入的乡镇财政减收明显。尽管组织部门每年也有一定的农村党建经费下拨，但对当前日趋拓展的党建工作领域来说显得较为有限，且党建工作缺乏必要的经费保障，党建资金投入除受县市财力制约外，还与党委主要领导重视程度相关，有的投入存在“马太效应”（多投到示范村、点）。仅以盈江为例，全县党员人数在10人以上的村民小组共103个，仅有36个有活动室，无活动室的占65%；陇川县陇把镇有43个村民小组，有文化活动室的仅占34.9%。

从党员队伍的现况来看，面对社会政治环境的异常复杂性，党员的素质能力很难适应。具体表现是：（1）党员队伍“一高三低”（年龄偏高、文化素质偏低、科技素质偏低、致富能力低）问题突出。从目前全州边境村所拥有的党员看，30岁以下的占16.1%；30至50岁的占49.8%人；50岁以上的占34.1%。从文化结构看，小学学历的占55%；初中学历的占30.1%；中专高中学历的占9.3%；大专以上学历占3.6%；文盲半文盲占2%。（2）新党员发展难。许多农村青年初、高中毕业后，相约外出打工或经商，使得村寨里具备一定文化水平的知识青年越来越少。有的边境村寨外出打工的18岁~30岁之间的农村青年高达85%，农村入党积极分子后继乏人，发展党员从“矮子里面挑高个”，从根本上影响党员队伍整体素质的提高。（3）基层党员干部“双带”能力弱。引领科学发展的农村干部队伍源头不足，使许多惠农政策效应难以体现；部分基层党组织负责人对党建工作认识不足，多以“硬件建设”代替党组织活动开展、以“制度上墙”体现工作成效，对党建工作 “统筹兼顾”能力不强；一些党员党性觉悟不强、先进性与示范性作用较差，在一定程度上损害了党在群众中的形象和威信。如有的边境乡镇虽消除了党员空白村小组，但党员3人以下的村小组有16个（1名党员的有8个），加之农村党员老龄化，居住分散，党员集中难，活动开展难，一定程度上制约着党员先锋模范带头作用的发挥。

解决以上问题，要把着力点放在抓班子、调设置、建平台和拓空间上。

第一，拓宽渠道抓班子，配强基层组织带头人。一是紧紧围绕“加强组织、发展经济、富裕农民、锻炼干部”的思路，加大选派县乡机关优秀干部到边境一线新农村建设示范村、扶贫开发重点村和后进村兼任村党支部书记，形成到基层、到一线干事创业的正确导向。认真做好到村任职大学生跟踪培养和管理服务工作，使他们尽快成为边境一线农村党支部的好帮手、村民发展的好助手、农村青年的好带头人。推进“党建带团建”工作，选拔优秀大学生“村官”担任农村团支部书记，让大学生“村官”真正成为城乡党建统筹发展的“种子”，成为边境新农村建设的新生力量。二是延伸“三个培养”工作，进一步开展“四培致富工程”，把致富能手培养成党员，把党员培养成致富标兵，把党员致富标兵培养成村干部，把村干部培养成农村社会化服务带头人；积极推行“基地 + 远教 + 课堂”的培训模式，在有条件的边境村寨不断探索建立“进门是课堂、出门是基地”的党员教育培训方式，切实把一批“三强”型（政治素质强、带头致富能力强、率众共同致富能力强）党员选拔到边境一线村寨任职，使边境村干部队伍结构更趋合理，带领群众致富的能力进一步增强，边境一线基层组织执政能力明显提升。三是以集中培训、学历教育、结对帮扶、岗位锻炼等多种形式，加大后备干部的培训力度，适时通过组织程序，大胆选拔启用一批优秀后备干部到“两委”干部岗位，有效缓解边境一线村寨农村班子后继乏人问题。对村内确无合适人选、长期软弱瘫痪的村，则要鼓励或选派乡镇干部“彻底入村”开展工作。

第二，围绕经济发展完善边境一线农村党组织设置。一是完善“支部建协会，协会带农户，共同促发展”的服务模式。按照相对集中、适当分散，无偿使用、滚动发展的原则，以农村党员、入党积极分子和致富积极性高、诚信意识好的农民群众为重点，通过项目整合、党员与群众“1+1”联保、基地示范、以村带户等方式，不断形成以支部为龙头、以党员和致富能人为骨干、以特色产业为依托、以合作经济组织（或协会）为纽带、以农民增收致富为目标的新型农村党建工作模式。二是以推广党员双带发展（致富）基金的做法为切入点，在农村基层党组织和农村党员中广泛开展“创业行动”，引导村民以土地、技术、资金、劳动力等生产要素入股的方式，不断转变生产方式，发展壮大村集体经济。整合涉农部门新农村建设项目资金，支持党员发展创业项目，积极探索围绕特色产业发展建协会、围绕科技推广建协会、围绕组建市场建协会，加强农村社会化服务体系建设，引导并提高边境一线农民进入市场的组织化程度，变领导为服务，化管理于无形。三是结合边境一线村寨实际，按照就近便利和工作需要，积极探索“联合党支部”和“专业整合、为民所需”的个性化党组织设置模式，设置不同类型的功能型党小组，使每个党小组在原有职能的基础上拓展“专业”功能（如政策宣教党小组、帮贫致富党小组和普法民事调解党小组、禁防工作党小组）等，真正实现有群众的地方就有党的工作，有党员的地方就有党的组织，有党组织的地方就有党的活动和党员作用发挥。

第三，创新边境一线农村党组织活动方式，搭建基层党组织发挥作用的平台。按照四中全会《决定》“深化基层党建工作三级联创活动和创先争优活动”的要求，探索边境一线农村联创联动的具体办法，使三级联创活动内容更加丰富、方式更加多样、效果更加明显。要以更实的措施促进机关单位和边境一线农村党组织协调联动，根据边境村寨各族群众需求和村寨特点，创设多种形式的志愿服务项目，鼓励党员带头参与志愿服务，推广党员承诺制等做法，努力打造一批富有实效、群众欢迎的党员志愿服务品牌，不断密切党和人民群众的血肉联系，促进社会和谐与边境安宁。

第四，加快边境一线党组织信息化工程实施，拓展党组织开展活动和发挥作用的空间。要及时把握信息化给边境一线农村党的基层组织建设带来的机遇，积极利用“农村现代远程教育工程”实施契机，强化“农村党员干部现代远程教育课件制作管理制度”落实，在边境一线优先构建立体化、互动式的基层党组织信息工作平台，努力使互联网、手机等信息媒介成为加强边境一线村寨党组织建设的有效载体，成为提高边境一线农村党员素质能力的重要途径，成为传播党的政策主张的重要阵地和展现新时期党的光辉形象的重要窗口。

对加强德宏公共文化服务体系建设的思考

刘建平

德宏师范高等专科学校副校长、教授

当今世界文化与经济、政治的联系日益紧密，文化的地位和作用越来越突出，已经成为综合国力的重要组成部分。从经济学角度来看，无论是科学发展，还是和谐发展、和平发展，都离不开文化的有力支撑。公共文化服务体系是政府公共服务体系的组成部分，是旨在实现和维护公民基本文化权利、保障文化发展的方向，为公民提供公共文化产品和文化服务的公共服务体系，这一体系的建设已成为加强文化软实力和竞争力的迫切要求。

对于边疆民族地区德宏而言，贯彻落实科学发展观，积极推进和谐社会建设，迫切要求加快文化发展步伐，加强公共文化服务体系的建设，使文化与经济、政治和社会建设全面推进，使人民群众的经济、政治和文化权益得到充分保障，丰富群众文化生活，激发文化创造活力，从而促进民族团结和睦，推动经济发展和社会进步。

一、加强德宏公共文化服务体系建设的战略意义

构建公共文化服务体系，是社会主义和谐社会的重要内容和任务。它既体现了时代的要求，顺应了社会发展的趋势，又体现了人民的心声，符合群众的意愿。加强德宏公共文化服务体系建设，有利于全面贯彻落实科学发展观，有利于全面贯彻落实党的民族宗教政策，有利于促进区域经济社会又好又快发展，维护民族团结，构建和谐社会。

（一）加强德宏公共文化服务体系建设，是在边疆民族地区全面贯彻落实科学发展观、构建社会主义和谐社会的必然要求

历史唯物主义认为：一定的文化是一定社会政治和经济的反映，同时它又反作用于其社会的政治和经济，并制约其经济社会的发展。贯彻落实科学发展观、构建社会主义和谐社会，就是要坚持以人为本，把最广大人民的

根本利益作为一切工作的出发点和落脚点，实现好、维护好、发展好最广大人民的根本利益，不断满足人民群众日益增长的物质文化需要，使各族人民共享改革发展的成果；就是要按照“四位一体”总体布局的要求，把文化建设同经济建设、政治建设和社会建设一并纳入发展全局，促进全面协调可持续发展；就是要积极发展文化事业，努力形成各民族文化各展所长、相得益彰、交相辉映的生动局面。

由于历史和地理等多方面原因，德宏公共文化建设相对滞后，文化生活相对贫乏，甚至极少数困难家庭几乎与文化生活无缘，享受不到基本的文化生活，这种公民之间的文化权益不公平现象导致了人们生存心理的严重失衡，如果放任这种状态的发展，民族间的共同利益将逐渐减弱，民族利益冲突将日益增长，这种社会解体性因素积累到一定程度，必然会成为引发民族问题、导致社会不和谐的导火索。加强德宏公共文化服务体系建设，可以尽可能多地提供公共文化产品和服务，促进各民族文化共同繁荣，实现和保障人民群众基本文化权益，理顺民族情绪、化解民族矛盾、优化发展环境，民族之间的关系就会愈加融洽，社会建设的根基就愈加深厚，人与自然和谐的理念就会愈加完善。因此，加强德宏公共文化服务体系和少数民族文化建设，营造和谐文化，是推进德宏经济社会和谐发展的内在要求，是建设社会主义和谐社会的重要条件，是贯彻落实科学发展观、构建社会主义和谐社会的一项基础性工程。

（二）加强德宏公共文化服务体系建设，是实现德宏各民族共同团结奋斗、共同繁荣发展的根本要求

民族团结是维护国家统一、实现各民族共同发展的根本保证。没有各民族的团结，就没有社会主义祖国的统一、稳定和繁荣。民族地区只有发展才能稳定，才能安定团结。文化是增强团结、催人奋进的精神力量。加强德宏公共文化服务体系建设，繁荣发展少数民族文化，就可以形成忠诚守信、团结互助、善良友爱的淳朴民风，培育坚韧不拔、自强不息的奋斗精神，从而引导广大人民群众正确认识人类社会的发展规律，认识国家和民族的命运和前途，坚定对改革开放和现代化建设的信心，增强对党和政府的信任，营造健康、和谐、文明、进步的良好社会氛围。

文化是培育人民、促进发展的智力支撑。今天的经济是昨天的文化，今天的文化是明天的经济。经济的发展、社会的进步很大程度上取决于劳动者素质的提高。因此，科学总结德宏公共文化建设的历史经验，通过尽可能多地提供公共文化产品和服务，不断提高德宏各族人民群众的综合素质，培养

有社会主义觉悟、适应社会主义市场经济要求的一代新型公民，是促进德宏各民族共同繁荣发展的有效途径，能最广泛最充分调动各族人民的积极性、创造性。德宏有着丰富多彩的民族文化资源，这是维系德宏各族人民共同团结奋斗、共同繁荣发展的坚强纽带。所以，加强德宏公共文化服务体系建设，大力发展丰富多彩、各具特色的少数民族文化，对于加强德宏各民族的团结合作，实现各民族的共同繁荣具有重要作用。

（三）加强德宏公共文化服务体系建设，是抵御境外不良文化和腐朽文化渗透、维护国家文化安全的现实要求

经济全球化的迅猛发展，为各种文化交流学习、取长补短、共同发展提供了重要的机遇和舞台。同时，西方发达国家也在抓紧利用经济全球化为其文化的对外扩张和渗透服务，他们通过传媒影视、音像、文化交流和互联网，不断地将其影响施加给中国人。德宏地处边陲，从战略的角度看，是各种文化思潮和民族主义思潮交融、碰撞的敏感地区，是境外文化渗透的前沿地带。因此，加强德宏公共文化服务体系建设，大力弘扬少数民族优秀传统文化，抵御西方的不良文化和腐朽文化的渗透，是巩固和扩大社会主义先进文化阵地、维护文化安全和国家利益的战略选择。

（四）加强德宏公共文化服务体系建设，是打造服务型政府、提升社会整体素质的本质要求

随着政府角色定位的日益清晰，公共服务职能日趋强化，公共文化服务体系的构建，已成为履行政府公共服务职能的重要途径。完善政府公共服务职能，加强公共文化服务体系建设，为德宏各族人民提供更多更好的文化产品和文化服务，使他们真正从中增进知识、陶冶性情、明德积善，获得审美享受，增添精神动力，从而提升社会整体素质。这不仅是保护文化创造力、为文化产业发展奠定深厚基础的需要，而且是执政为民理念的重要体现，是建设服务型政府的本质需要。

二、德宏公共文化服务体系的基本框架

公共文化服务体系是政府主办的、非赢利性的、传播先进文化、保障大众基本文化需求的文化机构和文化服务的总和。结合德宏实际，德宏公共文化服务体系主要应包括以下八个方面。

（一）政策法规体系——公共文化服务体系的法律保障

以理论研究和社会实践为基础，以法律、法规、规章、政策等形式，对公共文化服务的设施规划、资金投入、服务内容、队伍建设和管理利用等方

面进行确定和规范，为公民文化权利提供最基本的法律和制度保障，全力满足德宏各族人民群众的精神文化需求，确保国家的文化主权和文化信息安全。

（二）基础设施体系——公共文化服务体系的物质载体

政府统筹规划并委托建设各类公共文化基础设施，以大型公共文化设施为骨干，以社区和基层文化设施为基础，以电视台、电台、文化馆、图书馆、博物馆、美术馆、乡镇文化站、村文化室建设为重点，形成遍及全州、布局合理、准入公平的公共文化设施网络，从物质层面对文化服务提供保障。

（三）产品供给体系——公共文化服务体系的中心内容

以满足德宏各族人民群众最直接、最现实、最关心的文化需求为目标，以广播电视村村通、文化信息资源共享工程等重大工程为着力点，以文化事业单位为主，引导社会文化艺术团队和中介组织积极参与，承担创作、生产、经营公共文化产品及服务任务，为德宏各族群众提供直接的、先进的文化产品和文化服务。

（四）人力资源体系——公共文化服务体系的活力源泉

主要包括提供文化服务产品的专业文艺工作者、业余群众文艺骨干队伍、为公共文化服务机构提供服务的管理者、热心公益文化事业的志愿者。完整的人力资源体系，还应包括吸引人才、凝聚人才、帮助人才出成果、出精品的人才制度和人才环境。

（五）资金投入体系——公共文化服务体系的运行血脉

由于公共文化产品的非竞争性和非排他性，单纯依靠市场调节会导致“市场失灵”，因此，德宏公共文化服务的投入体系，必须以政府公共财政投入为主，以民间资本、社会捐助、企业赞助等多元投入为补充，从资本层面保证整个体系的良好运行。

（六）评价监督体系——公共文化服务体系的外力保障

通过行政评价、行政责任、审计监督和社会监督形式，以公共文化服务体系的覆盖率、方便率和满意率为重要内容，经科学、完整、可量化、易操作的评价标准为依据，对公共文化服务体系进行严格全面的评价和监督，确保群众能够得到公平的、便利的公共文化服务，确保财政投入、社会捐助等得到合理规范的使用。

（七）机制创新体系——公共文化服务体系的动力源泉

必须推进体制改革与机制创新，推动公共文化服务的社会化与市场化；

加快公益性文化事业单位改革，深化劳动、人事、分配等方面的内部改革，建立健全竞争、激励、约束机制，促进服务主体的多样化。建立激励竞争机制，形成压力；建立以责、权、利相统一的工作机制，形成活力；建立合理的分配和利益机制，形成动力。只有建立多元发展机制，才能确保公共文化服务体系效能的发挥。

（八）民族民间文化保护体系——公共文化服务体系的生长土壤

民族民间文化作为民众生活层面的文化，植根民间，是中华民族文化的重要组成部分。要做好德宏民族民间文化的搜集整理、管理保存和展示传播工作，特别是重点抓好非物质文化遗产的保护工作。同时，要积极实施特色品牌战略，充分开发利用好德宏民族民间文化资源。

三、加强德宏公共文化服务体系建设的对策措施

明确了构建公共文化服务的意义和体系，公共文化服务体系的建设就有了发展的方向。但公共文化服务体系建设要收到实效，还需要政府出台相关的政策，落实具体的措施。

（一）加大文化设施建设的扶持力度

德宏应切实加大对文化事业的投入，着重解决好公益性文化设施建设问题，特别是抓好贫困地区文化中心、文化站建设。坚持因地制宜、从实际出发的原则，解决好基层特别是农民群众在读书、看报、听广播、看电视、看电影等方面的实际问题，让人民群众共享文化发展成果。

（二）充分发挥文化设施的功能作用

充分而有效地使用公共文化设施，经常不断地组织开展群众文化活动，满足群众的文化需要，实现自身的社会价值。加强文化设施的管理，建立、健全岗位责任制和工作目标管理责任制，提高文化活动的水平和效益，使文化设施真正成为群众的文体活动中心和开展文化体育活动的重要阵地。发挥基层文化设施所具有的开展文体活动、宣传时政、普及科技、传播知识等多种功能和作用，丰富群众的文化生活，提高德宏各族群众素质。

（三）注重发展流动文化车

对于交通不便的边远地区，应积极为文化馆、图书馆、剧团等配备文化服务车、电影放映车和流动舞台，运用现代化的文化宣传演出设备，深入乡镇农村，开展政策宣传、电影和电视节目放映、文艺演出、图片展览、农牧业科技宣传、图书销售及借阅、非物质文化遗产保护、共享工程网点建设、

维护及资源传输等文化宣传服务活动，以满足边远地区少数民族群众的文化生活需求。

（四）切实抓好少数民族文艺创作

德宏蕴涵着丰富的民族文化资源，要收集、整理、研究、开发民族民间文化艺术，维修少数民族文物古迹，支持少数民族文化创新。应鼓励创作人员深入民族地区，发掘和弘扬各民族文化传统，反映少数民族的新生活、新风貌，创作出更多具有浓郁民族特色和地方特色的优秀作品，特别是要多创作面向基层和群众的中小型剧目，以适应少数民族群众的审美需求。

（五）积极开展丰富多彩的文化活动

德宏五种世居少数民族都有着深厚的民族民间文化传统，民族民间文化的独特性、不可复制性、不可替代性一直为世人所瞩目。应组织、动员和吸引广大少数民族群众参与他们喜爱的、有一定品位的传统文化活动，感受文化的迷人魅力，陶冶情操，寓教于乐。组织开展州内各民族独具特色的传统文化节庆活动，弘扬和发展优秀的少数民族文化。组织文化馆、图书馆、艺术表演团体开展文化下乡活动，逐步形成制度，坚持经常地为广大群众提供文化服务。

（六）尊重个性，维护不同人群、不同族群的文化权益

不同民族有各自的文化传统，保持民族传统文化，是民族得以延续的前提。同时由于经济利益的分化，德宏出现了不同的社会阶层和社会群体，他们的文化诉求也有差别。只有充分尊重和积极保障人们的文化选择权，才能体现以人为本的精神，促进文化的繁荣发展，使德宏的社会文化具有更大的适应性和涵盖性。应深入群众，按照“三贴近”的原则，及时把握群众的精神文化需求，研究大众审美变化趋势，加强对包括民族传统文化习俗等在内的优秀本土文化资源的开发与利用，不断提高公共文化活动的水平，提高活动的吸引力，用先进文化引导人，不断满足人民群众的精神文化需求。

（七）认同差异，扶持和鼓励多样化的文化艺术

扶持和鼓励多样化的文化艺术，特别是具有民族特色的传统文化艺术，是公共文化服务体系建设需要解决的问题。德宏现有五个世居少数民族，在长期的发展演变中，都形成了有各民族特色的文化艺术，如民族工艺、神话传说、音乐舞蹈、戏曲艺术、节日庆典、婚丧嫁娶、文娱体育、宗教信仰等等，需要通过举办少数民族文艺会演等公共文化活动，对德宏的各类传统歌舞戏剧进行挖掘、整理和提高，配以现代高科技手段（如声、光、电等），

使民族文化的表现力提高到一个新的高度，充分展示各民族文化特有的魅力。应弘扬主旋律、提倡多样化，大力发展先进文化，支持健康有益文化，努力改造落后文化，坚决抵制腐朽文化，不断丰富人们的精神世界，不断增强人们的精神力量。

（八）正视发展瓶颈，加快文化人才建设步伐

当前，民族文化生态环境日益恶化，民族民间文化的生存屏障受到现代化的冲击，民族文化人才相当缺乏，民族民间文化的继承后继乏人。构建公共文化服务体系，加快德宏的文化建设，应把保护与培养少数民族文化人才摆在重要的战略位置上，通过“送出去”、“请进来”，开办少数民族文化艺术班等形式，充分发挥德宏师专的作用，采取多种方式加强对少数民族文化艺术人才和民间文化传承人的培训，培养一批优秀的少数民族文化技术人才、艺术人才和管理人才，满足德宏文化事业发展的人才需要。同时，重点保护少数民族优秀民间艺人和濒危文化项目的传承人，授予相关称号，对文化传承有突出贡献的传承人和被传承人给予生活补助或奖励。

（九）构建核心价值体系，引领民族文化和谐发展

核心价值体系是社会意识的本质体现，决定着社会意识的性质和方向。任何社会都有自己的核心价值体系。社会主义核心价值体系是社会主义制度的内在精神之魂，是全党全国各族人民团结奋斗的共同思想基础，在所有社会主义价值目标中处于统摄和支配的地位。应紧密结合德宏干部群众的思想实际，扎实开展社会主义核心价值体系宣传教育，坚持以社会主义核心价值引领社会思潮；坚持不懈地用中国特色社会主义理论体系武装党员、教育人民，使党的理论创新成果入脑入心，把广大干部群众团结和凝聚在中国特色社会主义伟大旗帜下；深入进行民族团结教育，大力倡导爱国主义、集体主义、社会主义思想，用建设中国特色社会主义事业的共同理想信念统一思想、凝聚力量；坚持开展马克思主义唯物论和无神论的宣传教育，逐渐淡化宗教的影响和氛围，形成崇尚科学、反对迷信的良好风气，引导德宏各族群众移风易俗，建立科学、文明、健康的生活方式；应有效调控大众媒体，积极引导社会舆论、民间舆论和网上舆论，巩固和发展积极健康向上的主流舆论，激发群众爱国热情，把国家的独立和强盛、人民的团结和幸福、民族的振兴和发展作为德宏公共文化的核心内容，使群众不断增强中华民族的认同感和爱国心，坚定祖国统一、民族团结的信念，为国家的繁荣富强共同奋斗。

运用多元智力理论　探索分层教学途径

孙和平

德宏州教育局高级教师

针对人的智力有多元化的特点，运用加德纳的多元智力理论，在教育实践中探索对不同层次的学生实施分层教学的途径：一是同一班级的分层教学形式；二是设置各学科不同层次的分班教学形式；三是根据学生差异的分流施教形式。从而达到面向全体学生，使各个层次的学生都能得到发展。

教育是一种以人为本的，由多因素、多层次、多维度、多元性所构成的复杂社会活动。其面对的是一个个在个性、气质、智商、学习程度上有差异的学生。而传统的教育观却忽视了教育对象这一主要群体的特点，以整齐划一的大一统教育观念和教学模式要求着有差异性的学生，严重扼杀了学生的个性和创造性，导致了部分学习有困难的后进生难以达到教学要求而无兴趣再学习。素质教育要求面向全体学生，并让其个性得到全面发展，提出了“学生学习本位、学生发展本位”的新理念。这就必须变革传统的教育观念、教育思想、教育模式，代之以尊重人的独立性、创造性、反思性以及相信人固有的强大学习潜能的全新的教育观念、思想及教育模式，从而达到坚持以学生发展为本，采用多元价值取向和多元评价标准，肯定学生取得的多元成就，以适应学生个性间的差异，促使每一位学生的个性和潜能在原有基础上得到充分和谐的发展，实现全人教育，为个体的终身学习打下基础的素质教育所追求的目标。

这种适应个人的能力与个性的教学，主张“最好的教育是使学生得到最大发展的教育”，也是世界各国所共同关注的一种教育理想。在美国，不仅主张“个别化教学”，而且主张“个性化教学”，即要根据学生的要求、兴趣、能力的不同展开教学，学习的目标、教材、学习方法、学习环境等都要个别化地组合。瑞典的一位教育官员说：“学校教育的最大课题，是彻底地进行个别化学习。”为此，要谋求“学力水准、速度、深度上的个别化”。

“这样就能使每个学生的能力潜力得到发挥。”而美国哈佛大学心理学家霍华德·加德纳（Howard Gardner）提出的多元智力理论（The Theory of Multiple Intelligences）基础指导下的分层次教学，则是实现上述因材施教目标的较好方法。

加德纳的多元智力理论打破了传统智力测验只重视纸笔测验可以测验出的能力及其测试方法为本位的“一元化的教育”，即学生尽可能地学习相同的课程，并且尽可能地以相同的方式将这些学科知识传授给所有的学生。加德纳认为，智力是一种或一组个人解决问题的能力，智力是以组合的方式来进行的，每个人都是具有多种能力组合的个体，而不是只拥有单一的、用纸笔测验可以测出的解答问题能力的个性。他提出了言语／语言智力（听、说、读、写的能力）、逻辑／数理智力（推理、运算能力）、视觉／空间智力（对线条、形状、结构、色彩、空间结构的感知能力）、音乐／节奏智力（对音乐节奏、音调、音色、旋律的感知能力）、身体／运动智力（运用四肢、躯干的能力）、人际交往智力（与人相处和交往的能力）、自我反省智力（自我认识、自我反省、自我评价、自我调控的能力）、自然观察者智力（辨别生物、对自然世界特征的敏感能力）、存在智力（有关生与死、身体与心理的陈述、思考能力）。他认为每个学生都在不同程度上拥有上述九种基本智力，智力之间不同组合表现出了个体间的智力差异。教育的作用就是以最大限度的个别化方式来挖掘和开发这些隐藏在学生身上的不同智力因素。如果教师考虑到了学生间的个别差异，并能有的放矢地进行因材施教，使不同智力的学生均能受到同样好的教育，每个学生就可以得到最大限度的发展。为此，教师应尽量了解每个学生的背景、兴趣爱好、学习强项等，从而确定最有利于学生学习的教学方法与策略，“只有通过利用每一种经验可能会产生的多种结果，才可能使教学更有效”（泰勒）。以此构建出集约化、高密度和不同层次的多元结构网状关系的课堂教学活动的沟通渠道。美国费城喜鹊孩高中根据这一理论就强调：“我们尊重每个学生的个性，提供不同的学习经验，帮助学生发展个人的价值观、知识和能力。”

加德纳的多元智力理论适应了我国制定的《基础教育课程改革纲要（试行）》提出的要求：“教师应尊重学生的人格，关注个体差异，满足不同学生的学习需要，创设能引导学生主动参与的教育环境，激发学生的学习积极性，培养学生掌握和运用知识的态度和能力，使每个学生都能得到充分的发展。”“建立促进学生全面发展的评价体系。评价不仅要关注学生的学业成绩，而且要发现和发展学生多方面的潜能，了解学生发展中的需求，帮助学生认识自我要求，建立自信。发挥评价的教育功能，促进学生在原有水平上的发展。”我国杭州市天长小学的差异教育实验所提供的经验：“一是面对有差异的学生；二是实施有差异的教育；三是促进有差异的发展；四是天长没有差生，只有有差异的学生。”从实践方面的一个侧面印证了加德纳多元理论的正确性。而采取因材施教的以下几种分层次教学形式，则更体现了加德纳多元理论在教育中的实践意义。

一、同一班级的分层教学形式

班级授课制经过夸美纽斯、赫尔巴特等教育家的不断完善，成为现代教育的组织基础。这在教育史上是一项重大的创造，但由于其特点是注重了工业化经济的统一性要求，随着知识经济时代强调小批量和多样化的特点需求，其大一统、产品化的弊端日渐显露。个别化、个性化的教学成为世界各国教育改革的主要方向，但这些改革都只能建立在班级授课制的基础上进行。为此，在同一班级的教学中，就要扭转各科教师在同一时间内，围绕同一教材，用同一教学目标、同一教学内容、同一教学方法和手段对个性、气质、智商、学习程度等方面存在不同层次差异的全班学生进行同样整齐划一的教学的做法。各学科教师要通过调查分析，掌握全班每个学生在该学科中的现有知识技能和素质水平，并将其归类分为好、中、差几个不同的层次，以利于因材施教。备课时，应针对各个层次学生的水平和能力，收集适应各层次的不同材料进行分层设置目标，并以此进行教学和布置作业的备课。教学时，应有的放矢地针对不同层次学生的认知学习要求，采取各种不同的教学方法进行教学。如从不同层次介绍主题，设计不同层次的目标和问题，让处于各层次的学生“跳一跳”就能达标。如针对基础较差层次的学生设置基础层次目标，即激发其学习兴趣，能初步理解掌握所学知识就算达标；对中间层次的学生设置提高层次目标，即让其在理解掌握的基础上，进一步会运用就可达标；对层次好的学生设置体验层次目标，即让其在综合运用知识和技能的基础上，体验到创造的成功。以此使不同层次的全班同学都能在同一学科的同一节课内，体验到达标后的成功喜悦。布置作业时也应因人制宜，选取适应不同层次学生知识、技能水平的作业题让其完成。通过循序渐进的练习，让各层次的学生体会到该学科中的智力活动乐趣。在辅导学生时，也要因层次的不同采取不同的辅导方式。而在同一班级中各学科好、中、差层次的学生又不尽相同，根据加德纳多元智力理论，同一学生在某一学科中处于好的层次，在另一学科中可能会处于差的层次。而另一同学在某几个学科中处于差的层次，但在另几个学科中又处于好的层次。在同一班级的不同学科中进行分层次教学，就使全班各学科中处于不同层次的学生都能得到不同层次的发展，从而促进了全班每个学生发展的全体性、全面性、主动性、差异性和持续性。

目前这种教学形式和方法已被德宏州许多学校和教师所采用，特别是为自己不同水平学生因材施教所量身订制的“学案”，就采取了A、B、C三种层次的不同作业，让好、中、后进水平的同学都能跳起来摘到自己所需要的果子，从而得到相应的发展和进步。

二、设置各学科不同层次的分班教学形式

传统的教学要求教师以相同的方式对待每一个学生，每一个学生以相同的方式学习相同的学科，然后以相同的测验接受统一的评价，从而甄别出成绩好的学生和成绩差的学生。但是加德纳的多元智力理论则打破了用统一模子塑造不同差异学生的教学模式，根据“其每个人都是各自独特的组合方式把各种智力组装在一起”的理论，教师的教学就应根据学生智力特点的不同，创设各种适宜的、能够促进学生全面充分发展的教学手段、方法和策略，促使每个学生得到最大限度的发展机会。分层次教学的另一种形式是根据学生在不同学科中的智力潜力，保留其原有的行政班形式，各学科按不同层次要求分成A、B、C几个层次的学科教学班进行授课。学生、家长则根据自己在该学科中的水平、能力以及潜力，选取各个层次教学班的教学内容进行学习。如某同学语文学科水平较高，可选取语文科的A班进行层次较高的学习；其数学水平较差，则选择数学科的C班进行层次较低的学习；英语处于中间层次，就选择了此学科的B班进行中间层次的学习。各学科不同层次教学班的任课教师按因材施教的原则进行某一层次的备课、授课、布置批改作业，辅导学生时就会显得较得心应手，因为其所教的学生基本处于该学科的某一层次上，所以就不会再出现“吃不饱”或“吃不了”的现象。此种改革实验已在我国的深圳市高级中学取得了较好的成效。在美国中学的几乎每一门学科都设置了多种程度的课程，以供不同程度、不同兴趣的学生选学。一位学生在一门学科内选学高档次的课，甚至与高年级同时上课，但在另外的科目中，也可能选低档次的课程，与低年级的学生同时上课。这样的教学组织和课程编排，充分考虑到了不同学生的个性差异和学习成绩的差异，其意在保证因材施教的个别化教学的实施，又避免了把学生区分为“快班”和“慢班”所带来的对学生自尊心的伤害。这种面向学生不同起点扬长避短的做法，使学生的学习历程越来越表现出各不相同的个性化特点。

三、根据学生差异分流施教形式的几种模式

随着我国普及九年义务教育进程的全面实施和巩固发展，大批辍学、失学的学生回归校园，给广大的农村初级中学的管理和教学带来了严峻的挑战。“普九”和实施素质教育要求学校必须改变传统教育只注重“选拔适合教育的儿童”为“创设适合儿童的教育”；面向全体学生，使其全面发展，要求办学方向必须“不求人人升学，但求个个学成才”；“让学生进得来，留得住，学有所长”是巩固“普九”成果，培养发展农村经济实用型人才的新时期要求。为此，加德纳的多元智力理论适应了时代对农村中学办学的实际需要。加德纳认为，教育的起点不在于一个人有多么聪明，而在于怎样变得聪明，在哪些方面变得聪明。智力并不只以语言、数理或逻辑推理等能力为核心，而是以能否解决实际生活中的问题和创造出社会所需要的有效产品的能力为核心，并以此作为衡量智力高低的标准。这些观点为广大农村初级中学实施分流施教的分层次办学的实践奠定了理论基础。

当前德宏州农村初级中学按该理论要求，实施的分层次教学有以下几种模式：

（一）按层次分班授课的模式

“普九”后农村初级中学的生源较复杂，许多学生只有初小水平的现实，决定了农村初中必须以因材施教的原则，按学生的不同层次分班进行教学。因为教育的价值不在于使学生都考一百分，而在于使他们能按照自己最突出的兴趣和天赋，在原有的基础上不断进步和发展，从而成为对社会有用的人。目前许多农村中学采取的或按文化层次分班，或按特长分班的这种“教育就是塑造行为，学习就是形成行为”（斯金纳）的做法，从实践上印证了加德纳“九种智力代表了每个人不同的潜能，这些潜能只有在适当的情景中才能充分发展出来”的理论。

（二）初一、初二后分流施教的模式

农村初级中学综合改革的普遍做法是：在初一、初二的普通基础教育后，进行“一·二分流”或“二·一分流”，即用一年或两年的时间，采用义务教育教材，按国家规定的正规课程，面向全体学生进行常规的教学。初一或初二后，将部分学习有困难的学生按其志愿分流到“综合班”进行学习，其余学生仍按常规进度完成正常的义务教育课程教学。综合班的学生在一年或两年内，按学校自定的适合这类有差异性层次学生的校本课程进行基础课的学习外，同时加大了适应农村经济实用技术的学习内容。这种分流施教模式切合了农村初级中学办学的实际，既能为高一级学校输送人才，又为

当地经济建设培养了一批合格的人才，达到了面向全体学生，巩固了“普九”成果的深层效应。德宏州潞西市法帕中学自1996年采取此项改革实验，十多年来的成功经验深刻地证明了加德纳的多元智力理论的行之有效。

（三）毕业前实施职前分流教学模式

农村初级中学分层施教的另一种模式为：在整个初中阶段按义务教育课程教学，其间在教学中不乏穿插着分层教学和职业技术教育的因素。初三毕业前，按学生的志愿，将不愿升学的同学编为职前班，进行集中的职前培训。这类班主要学习农村实用技术的内容，学生在这种短训班的集中教学中，充分展现了自己潜在的智力，为其走向社会打下了一定的基础。从而体现了成功的教育就在于使学生的兴趣得到满足，特长得到充分发挥，能以多样化的人才满足社会多样化需要的特点。

（四）“三加一”班办学模式

云南省在广大农村初级中学办学实践中，早就摸索出了一条“三加一”的办学路子。即让学生在三年的义务教育后，再加一年的农村实用技术的培训。这种办学模式既让学生完成了义务教育的学习，又学到了一技之长，为当地农村经济建设的发展真正培养出了一批实用型的人才。这方面的成功经验，从实践的一个侧面证明了加德纳多元智力理论认为的“智力一方面与一定社会和文化环境下人们的价值标准有关，这使得不同社会和文化环境下的人们对智力的理解不尽相同，对智力表现形式的要求也不尽相同；另一方面，智力既是解决实际问题的能力，又是生产及创造出社会需要的产品的能力”这一观点的可行性。

（五）与“绿色证书”挂钩，建立农村初中农业技术教育的课程评价机制

为了保证和提高农业技术课程的教学质量，德宏州一些县（市）和学校建立了农业技术教育的课程评价机制。其主要做法是：在学生完成初中阶段农业技术课程的学习任务后，经理论考试和实践技能考核合格，由上级主管部门授予“绿色证书”。这些县（市）和学校还实行了“双证”毕业制度，即学生在完成义务教育初中课程和农业技术课程后，同时授予义务教育毕业证书和“绿色证书”。特别是潞西市法帕中学除了“双证”以外，还与有关部门联合开设了农函大的课程教学，颁发给学生农函大结业证，这更为学生今后一生的发展奠定了坚实的基础。

与“绿色证书”制度挂钩，是对现行义务教育课程评价体系的重要补充。它完善了农村初中课程的评价体系，使农业技术教育有了比较规范的评

价机制，使学生看到了学习农业技术课程的光明前景，激发了他们学习农业技术的兴趣，从而增强了农业技术教育的力度，提高了农业技术教育的实效。

（六）把农村初中综合改革纳入社区农科教统筹结合的轨道

农科教统筹结合是科教兴农的重要机制，同时也是开发和利用农村的课程资源、推动农村初中综合改革与发展的重要机制。农村初中综合改革不仅仅是学校行为，而且应该成为政府行为和社会行为。把农村初中综合改革纳入社区农科教统筹结合的轨道，是农村初中综合改革取得成功的重要保证。德宏州的潞西市法帕镇、瑞丽市姐相乡党委、政府就在这方面作出了榜样作用。

上述农村初中在当地政府以及教育、农业、科技等部门的支持下，建立起专兼职结合的教师队伍，编写了具有当地特点的农村实用技术教材，开发了校内外的各种课程资源，建立了多种形式的生产实习基地，开设了适应学生发展需要的农业技术教育课程。这些学校加强了教育教学的实践环节，建立了新型的教育教学模式，开展了与当地经济相适应的农业科学实验，逐步形成了开发农村初中地方课程和学校校本课程的机制。这些学校已经具备了一定的农业科学研究能力和农业技术水平。学校的生产实习基地以其优良的品种、先进的技术和高产的效益，向农民显示了科教兴农的强大威力和科技致富的美好前景，成为当地农业生产和农业科学实验的样板和农科教结合的重要阵地。当地政府以及农业、科技等部门十分重视发挥农村初中在科教兴农中的作用，把农村初中看成是发展农村经济不可缺少的一支重要力量。

总之，加德纳的多元智力理论适应了当前我国素质教育的需要，体现了把统一要求与学生的个性特长的培养结合起来，是未来社会对基础教育的重要要求的时代特征。为我们面向全体学生因材施教，发展每一位学生的个性与潜在智力的分层次教学提供了坚实的理论基础。

参考文献

1. 顾明远：《多元智力理论：素质教育的最好诠释》，载顾明远、孟繁华主编《国际教育新理念》，海南出版社 2006 年版，第 146 页。

2. 霍力岩：《多元智力理论及其对我们的启示》，载《教育研究》2000 年第 9 期。

3. 李方：《多元智能理论：相信每个孩子都聪明》，http://news.163.com/10/0526/03/67J3OUAF00014AED.html.

4. 中共中央、国务院：《中国教育改革和发展纲要》。

5. 中共中央、国务院：《关于加强和改革农村学校教育若干问题的通知》。

6. 国务院：《关于基础教育改革与发展的决定》。
7. 教育部：《基础教育课程改革纲要》。
8. 王永胜：《对农村初中素质教育的思考》，http://www.edu.cn/nong_cun_jiao_yu_239/20060323/t20060323_14222.shtml.
9. 熊梅、马卓：《农村基础教育课程结构改革研究》，http://www.edu.cn/ke_cheng_244/20060323/t20060323_17038.shtml.
10. 王永胜：《农村基础教育劳动技术课程改革的理论思考》，http://www.edu.cn/nong_cun_jiao_yu_239/20060323/t20060323_17039.shtml.
11. 吴海宽、金和德：《农村基础教育培养目标的研究》，http://www.eol.cn/20011017/3005323.shtml.

德宏人才战略研究

线庆升
德宏州委党校副校长

当今世界科学技术的竞争，归根到底就是人才的竞争，谁取得了人才竞争的主动权，谁就赢得了发展的先机。德宏州是祖国最西南的边疆民族自治州，属于欠发达地区。在人才培养、选拔、使用方面存在着许多问题和不足，要在人才竞争大潮中取得主动权，只要紧紧抓住全国人才工作会议的召开和《国家中长期人才发展规划纲要（2010—2020）》颁布的重大历史机遇，结合德宏州实际，研究制定和实施人才发展规划和“人才兴州”战略，加强领导，坚定信心，强化管理，健全机制，采取积极有效的办法和措施，团结拼搏，奋起直追，就一定能培养出数以千万计的优秀人才队伍，为德宏州经济社会发展奠定坚强的人才基础。

当今世界，国际竞争日趋激烈，突出表现在科技、教育和人才竞争，科技是关键，教育是基础，人才是根本。人才争夺将是全球性的从来没有停止过的不见硝烟的战争，谁抢占了人才发展的制高点，谁就赢得了未来。人才战争争夺的重点对象，是那些能够影响世界经济、技术、金融、能源、科技等重要领域的顶尖人才，人才战争的成败，最终决定着一个国家和地区在全球化背景下的发展命运。党中央、国务院高度重视人才发展工作，2010 年 5 月 25 日至 26 日在北京召开了全国人才工作会议，颁布了《国家中长期人才发展规划纲要（2010—2020 年）》，并作了全面的部署。会议强调：全党全国要全面落实加快建设人才强国各项战略任务，努力培养造就数以亿计的高素质劳动者、数以千万计的专门人才和一大批拔尖创新人才，进一步开创我国人才事业新局面，为全面建设小康社会、加快推进社会主义现代化、实现中华民族伟大复兴提供有力的人才保证。胡锦涛总书记作了重要讲话，他指出，到 2020 年我国人才发展总体目标是：培育造就规模宏大、结构优化、布局合理、素质优良的人才队伍，确立国家人才竞争比较优势，进入世界人才强国行列，为本世纪中叶基本实现社会主义现代化奠定人才基础。全国人才工作会议吹响了奋勇前进的总号角，胡锦涛总书记的重要讲话指明了人才发展的总方向。在这催人奋进的号角声中，德宏怎么办？制定好和实施好德宏人才发展规划，关系到德宏经济社会发展的前途和命运。本文拟就德宏制定和实施人才发展战略的理论和实践问题谈点个人的认识，与大家一起商讨。

一、人才理论的产生与发展

（一）西方人才理论的产生和发展

西方人才理论的产生和发展经历了五个阶段。第一阶段是：有用才能是经济增长的源泉。18 世纪英国经济学家亚当·斯密在他的《国富论》中明确地把工人技能的增长视为社会经济进步和经济福利增长的源泉，他说："在社会的固定资本中，可提供收入或利润的项目，除了物质资本外，还包括社会上一切人的有用才能。"第二阶段是：人力资本是最重要的一种资本。19 世纪末，英国经济学家马歇尔第一个认识到，人力资本是最重要的一种资本。他在《经济学原理》一书中说："所有的投资中，最有价值的对人本身的投资。"第三个阶段是：资本也包括无形资本。20 世纪初，美国经济学家欧文·费雪在他的《资本与收入的本质》中第一次提出了完整的资本概念，他说："任何可以带来收益的东西（无论是有形的还是无形的）都可以称之为资本，而这些资本的市场价格就是资本。"第四个阶段是：人力资本投资收益高于物质资本。20 世纪 60 年代，美国经济学家西奥多·W. 舒尔茨将人力资本理论研究推到了一个新的高潮，他明确指出："人力资本的收益高于物质资本。"第五个阶段是：专业化人力资本是经济增长的真正动力。20 世纪 80 年代，以罗默尔、卢卡斯为代表的人力资本学者提出"新增长理论"。卢卡斯认为："专业化的人力资本，才是促进经济增长的真正动力。"西方经济学家对人力资本的研究十分深刻，揭示了人力资本的科学内涵和本质特征，是人才理论研究的先导和奠基人。

（二）我国对人才理论的丰富与发展

邓小平、江泽民、胡锦涛三位领导同志对人才理论有很深的研究，有许多精辟的思想和论断，这些思想进一步丰富和发展了世界人才理论宝库。

1. 邓小平同志的人才理论思想

邓小平同志在对我国经济社会长远发展的思考中，对人才资源开发作出了一系列的重要论断：

（1）人才是我国社会主义现代化建设事业成败的关键。邓小平指出：

“尊重知识，尊重人才是长远的根本大计。”这是邓小平人才理论的核心和精髓。他又指出：“现在我们国家面临的一个严重问题，不是四个现代化的路线、方针对不对，而是缺少一大批实现这个路线、方针的人才，道理很简单，任何事业都是人干的，没有大批的人才，我们的事业就不能成功。”（《邓小平文选》第二卷，第220~221页）

（2）人力资源已经成为经济社会发展中最重要的资源。邓小平指出，“同样数量的劳动力，在同样的劳动时间内，可以生产出比过去多几十倍几百倍的产品，社会生产力有这样巨大的发展，劳动生产率有这样巨大的提高，靠的是什么？最重要的是科技的力量，技术的力量”，人才在生产实践中的作用越来越显现出巨大的力量。

（3）创造使优秀人才脱颖而出的环境和机制。邓小平对人才的成长、发现、培养和使用问题尤为高度重视。他指出：“在人才的问题上，要特别强调一下，必须打破常规去发现、选拔和培养杰出的人才。”（《邓小平文选》第二卷，第95页）他又指出：“要创造一种环境，使拔尖人才能脱颖而出，改革就是要创造这种环境。”（《邓小平文选》第三卷，第109页）在如何创造环境问题上，邓小平提出了一系列的重要主张和措施：一是要树立正确的人才评价标准，德、智、体、美、劳几方面全面发展。二是要改革人事管理制度，有利于选拔人才。三是要重视青年人才的培养。他指出：“世界上的科学家，成名的很多是在三十岁左右，要开辟一条道路出来，让有才能的人很快成长。”（《邓小平文选》第一卷，第291页）他又指出：“中国只有出现三四十岁的政治家、科学家、经济管理家和企业家，并由这批人担负重任，国家才有活力，政策才能保持长久。”（《邓小平思想年谱》，第365页）

（4）促进人的自由全面发展。人才问题是和全体人民群众的素质紧紧联系在一起，只要提高人民群众的素质，才能真正出现人才辈出的局面。邓小平指出：“我们国家，国力的强弱，经济发展后劲的大小，越来越取决于劳动者的素质，取决于知识分子的数量和质量。我们工人阶级的杰出人才，是来自人民的，又是服务人民的。在广泛的群众基础上，才能不断涌现杰出人才。也只有有了成批的杰出人才，才能带动我们整个中华民族科学文化水平的提高。”（《邓小平文选》第三卷第120页）

邓小平的人才理论思想是中国特色社会主义理论的重要组成部分，为我国进一步研究人才理论打下了基础，指明了方向。

2. 江泽民同志的人才理论思想

江泽民同志继承了邓小平的人才理论思想，站在时代发展的高度，对人才开发的战略地位和作用、人才建设的目标和内容、人才培养的途径和方法、人才管理的体制和手段等重大问题作了科学的阐述。主要表现在以下几个方面：

（1）树立人才资源是第一资源的思想。2001年7月1日，江泽民在庆祝中国共产党成立八十周年大会上的讲话指出："人是生产力最具决定性的力量，……不断提高工人、农民、知识分子和其他劳动群众以及全体人民的思想道德素质和科学文化素质，充分发挥他们的积极性、主动性、创造性，始终是我们党代表中国先进生产力发展要求必须履行的第一要务。"同年8月7日江泽民在北戴河会见部分国防部和社科院专家座谈时指出"人才资源是第一资源"的科学论断，这是江泽民全面人才观的核心思想。

（2）加强人力资源能力建设。江泽民依据知识经济迅速兴起和科学技术突飞猛进的发展趋势，科学地提出了："物质资源的开发利用是人类社会发展的基础，而人类智慧和能力的发展决定着对物质资源开发的深度和广度，随着社会的进步、人类自身能力不断发展，显示出越来越大的力量。经济发展和社会进步，需要物质资源作基础，更需要人的知识和能力的支撑。"他又指出国家必须"采取积极措施，促进人力资源的开发和能力建设"（《光明日报》2001年5月16日），着力把好学习能力、创造能力、人文能力、适应能力和竞争能力五种能力建设。人力资源能力建设是江泽民全面人才观的灵魂。

（3）建立更为灵活的人才管理体制。这是江泽民同志全面人才观的重点，抓住培养人才、吸引人才、用好人才三个环节，全面实施人才强国战略。人才管理体制改革的根本目标是要"努力开创一个人才辈出并能充分发挥各种人才的积极性和创造性的新局面"，"要探索更加灵活的工作思路，适应当今人才竞争具有国际化趋势的特点，借鉴国外人才资源开发的有益经验。扩宽工作渠道和手段，扩大工作覆盖面。形成更为灵活的人才管理体制"（《光明日报》2001年8月8日）。

（4）消除政策障碍和克服狭隘人才观。这是江泽民全面人才观的关键，过去的人才管理体制是封闭的，表现在集中过多、统得过死和"单位所有"的现象，针对这种情况，江泽民在北戴河座谈会上进一步强调：要更新人才工作的思想观念，要树立全面的人才观，反对用"一个模子"培养人才，对不合时宜的传统观念和做法要坚决予以破除。在人才工作方面，他要求人才工作者既要重视有成就的人才，又要关注有潜能的人才，既要重视国内人才，又要积极引进海外人才，要以科学的态度和方法，大力开发人才资源，建立一支浩浩荡荡的高素质的科技大军。

江泽民同志一系列的人才理论思想，充分体现了时代特征和理论创新，丰富和发展了中国特色社会主义理论宝库。

3. 胡锦涛同志的人才理论思想

胡锦涛在全国人才工作会议上的重要讲话已经充分体现了他丰富而深刻的人才理论思想，他全面总结了我们党人才工作的理论和实践，结合新的形势丰富和发展了邓小平、江泽民的人才理论思想。主要表现在：

（1）坚持党管人才原则。胡锦涛指出：“坚持党管人才原则，就是要充分发挥我们党的领导核心作用，充分发挥党的思想政治优势、组织优势和密切联系群众的优势，为做好人才工作提供坚强的政治保证。”（胡锦涛在全国人才工作会议上的重要讲话）

（2）坚持尊重劳动、尊重人才、尊重知识、尊重创造的方针。胡锦涛始终把“四个尊重”作为人才工作的重要方针，体现了他“以人为本”的思想，他指出：“坚持尊重劳动、尊重人才、尊重知识、尊重创造的方针，把促进发展作为人才工作的根本出发点。”（胡锦涛在全国人才工作会议上的重要讲话）

（3）创新人才工作体制机制。胡锦涛指出：“人才工作的活力取决于体制和机制，……深化人才工作的体制机制改革，必须遵循人才资源开发规律，坚持市场配置资源的改革取向，加强和改善宏观调控，建立充满生机和活力的人才工作体制和机制。”在机制建设上，他指出：“要建立统分结合、协调高效的工作机制，形成党委统一领导，组织部门牵头总抓，有关部门各司其职、密切配合，社会力量广泛参与的人才工作格局。”（胡锦涛在全国人才工作会议上的重要讲话）

（4）培养造就高层次人才带动整个人才队伍建设，促进各级各类人才协调发展。加快经济社会快速发展离不开高层次的科技和管理人才，胡锦涛指出：“党政人才、企业经营管理人才、专业技术人才是我国人才队伍的主体，要坚持三支队伍一起抓，着重培养造就大批适应改革开放和社会主义现代化建设的高层次人才，带动整个人才队伍建设，尽快形成一支门类齐全、梯次合理、素质优秀、新老衔接，充分满足经济社会发展需要的宏大人才队伍。”（胡锦涛在全国人才工作会议上的重要讲话）胡锦涛同志的人才理论思想十分深刻，是我们进一步研究人才理论和做好人才工作的指导思想，指明了人才工作的重点和方向。

我们一定要深刻学习和领会三位领导人对人才理论的科学论断和重要思想，以指导我们的工作实践。

二、德宏州实施人才发展战略面临的机遇和挑战

随着科学技术的日新月异、突飞猛进，经济增长方式已经由对物质资源的依赖逐步转向对科技、信息、文化、教育等智力资源的需求，人才在经济社会发展中的地位和作用日益突出，成为当今时代经济社会发展最重要、最宝贵、最关键的战略资源。德宏州要加快人才队伍建设步伐，制定好和实施好人才发展战略，培养大批符合现代化建设需要、懂经济会管理的复合型领导人才，培养大批熟悉世贸规则、适应国际竞争的需要、善于资本运作管理的高素质经营管理人才。只有这样，才能顺应时代发展形势，才能够抓住发展机遇，才能掌握竞争主动权，赢得发展先机。

从国际环境看，经济全球化必然促进人才国际化，全球范围的人才竞争已经渗透到我国的很多领域，目前许多西方发达国家已确立了争夺国外优秀人才的战略计划，采取各种措施和手段抢夺世界优秀人才。发达国家通过在我国 30 所重点高校设立奖学金，获得人才优先使用权，采取“摇篮抢才”和“菜青”的种种手段，大肆掠夺我国高校青年人才；一些跨国公司在中国设立研发机构，制定“人才本土化战略”，就地取材，为己所用。

从周边环境看，德宏东南、西南、西北三面与缅甸接壤，边境线长 503.8 公里。德宏有两个国家级口岸和两个省级口岸，口岸不仅是中国对缅甸贸易的重要口岸，也是通往东南亚和南亚重要的陆路、水路口岸。中央和省要把德宏建设成为中国面向东南亚、南亚的桥头堡黄金口岸，这是德宏发展的重大历史性机遇，这个机遇不仅是德宏的，也是国内省市和周边国家共同谋求发展的共同机遇，机遇是竞争的机遇，机遇是面向有准备的人的。德宏州具有地理条件优势，但是严重缺乏人才优势，在桥头堡黄金口岸建设中，没有人才，就没有竞争的优势，更没有可持续发展的优势。再看我们的东北面是保山、大理、楚雄、昆明等州市以及省外发达地区，他们有资金、技术优势，更有人才优势。所以，我们要紧紧抓住机遇，高瞻远瞩，着眼未来，因势利导，趋利避害，发挥优势，加快人才队伍建设，才能赢得桥头堡黄金口岸建设的优势，才能取得经济社会的持续、快速发展。

德宏州要紧紧抓住全国人才工作会议和国家颁布实施《国家中长期人才发展规划纲要（2010—2020 年）》的重大历史机遇，结合德宏州实际，制定好人才发展规划。2010 年 5 月 30 日，中组部部长李源潮在海归创业峰会上强调：“全国人才工作会议和国家第一个人才发展规划确立了人才优先发展战略布局，这标志着我国人才发展进入了优先发展的新阶段，这是中国人才发展的重大历史机遇，各地各部门要抓住这个机遇。”只有抓住这个机

遇，努力实施德宏州人才发展战略，才能为德宏州经济社会发展培养出数以千万计的优秀的建设人才。

德宏州人才队伍建设在历届州委、州政府的高度重视和大力支持下有了较快的发展，但还存在许多问题和困难，主要表现在：一是德宏州还没有制定好《德宏傣族景颇族自治州中长期人才发展规划（2010—2020年）。》《规划》将成为德宏州加快人才发展步伐的纲领性文件和人才工作的总目标。二是德宏州人才总数明显不足。目前德宏州各类人才总量为32 468人，占总人口的2.7%（云南省多数州市的比例达到了10%以上）。其中，党政机关人才5 824人，事业单位专业技术人才19 006人，企业经营管理人才1 804人，高技能人才834人，农村实用人才5 000人。三是德宏州人才结构和分布不合理，高技能人才稀缺。在结构上，2009年全州事业单位共有专业技术人员19 006人，其中，具有高级技术职称868人，中级技术职称6 333人，初级技术职称11 110人。可以看出：高技人才占人才总数的2.6%，占总人口的0.5%，中技和副高人才占人才总数的22.04%，占总人口的0.6%，高技能人才比较稀缺。在分布上，人才在教育、卫生行业的比重占人才总数的47.1%，全州教育系统人数为14 047人，有职称人数12 603人，占教育系统人数的89.7%，占人才总数的38.8%；全州卫生系统人数3 645人，有职称人数2 713人，占卫生系统人数的74.4%，占全州人才总数的8.4%。四是经济人才和管理人才偏少，特别是在新材料、机械电子、生物医药、食品加工、工业化工、矿藏开采等产业的专业技术人才、经营管理人才、技能型人才比较缺乏，涉农专业人才和农村实用人才有待加快培养。五是德宏州干部队伍整体素质有待进一步提高。表现在部分党政干部的政治理论、政策水平、工作能力、应变能力等都存在难以适应新形势新任务的要求。多数党政干部的文凭是通过函授学习、自学考试渠道获得的，没有经过系统的正规教育，存在着先天的“营养不良”，平时又不注重自身的学习，知识老化现象严重，难以适应新形势的需要。

三、实施人才战略的建议

人才战略，顾名思义就是依靠人才实现经济社会持续、快续、健康发展的战略，包括两个方面的基本内容：一是要通过采取各种办法和措施加快人才队伍建设，造就一大批结构合理、素质优良、规模宏大的人才队伍。二是要通过改进人才队伍管理、挖掘人才潜力、激发人才活力，让人才的能力充分发挥，让人才的价值充分体现，形成尊重劳动、尊重知识、尊重人才、尊重创作的社会氛围。德宏实施人才战略的基本思路应当定位在：针对德宏经济社会落后的现实，牢固树立人才工作服务于经济建设的思想，以转变政府职能和加快制度、体制、机制创新为推动力，以创造公平、公开、公正的人才竞争环境为目标，以培养建设高素质人才队伍、增强激发人才活力为着眼点，注重发挥人才市场在人才资源配置中的基础性作用，逐步提高人才管理社会化、人才开发市场化、人才服务规范化。积极实施人才战略，为德宏州经济社会的全面发展，提供坚强的人才保证。

（一）进一步提高认识、更新观念，着力打造实施“人才兴州”战略的社会氛围

德宏地处祖国最西南的边疆地区，是具边疆、民族、贫穷、落后为一体的自治州。主要表现在经济基础非常薄弱、财政十分困难、教科文卫落后、交通信息滞后、人民生活困难、区位优势不明显、思想观念落后、人才资源稀缺等方面。这是德宏的最大的实际，我们要正视这个现实。要改变这些现状，除了国家、省给予政策资金等方面的大力支持外，更主要的是靠我们自己，靠全州 119 万各族人民群众的团结奋斗，奋起直追，靠我们通过实施“人才兴州”战略，努力培养和造就数以万计的懂经营、会管理、能干事、干大事的中高级人才队伍，有了人才何愁发展不快。在提高认识、更新观念方面，必须做到：第一，牢固树立“人才资源是第一资源”的思想观念。要充分认识到人才决定着德宏经济社会发展前途和命运的根本因素，没有人才什么也办不了，什么也办不好。第二，牢固树立“人人都可以成才”的思想观念。要坚持德才兼备原则，把品德、知识、能力和业绩作为衡量人才的主要标准，努力营造人才健康发展的社会氛围，形成人才辈出的良好局面，让每个人知道，自己只要努力就可以成为人才，成为大有作为的优秀人才，就能为社会作出更多的贡献，实现自己的人生价值。在德宏州干部中存在着“怕他人超过自己”的落后思想，这种思想是非常有害的。第三，牢固树立“以人为本”的思想观念。各级领导一定要把促进人才健康发展和充分发挥人才作用放在首要位置，做到“用事业留人、用感情留人、用待遇留人”，做到“政治上关心、生活上爱心、工作上放心”，做到相信人才和依赖人才，切忌感情用事、嫉妒和压制人才。只有这样，才能使人才充满信心，放心大胆地工作，只有这样，才能使人才的智慧和能力得以充分发挥、充分展现。所以，各级党政领导干部一定要树立“以人为本”的思想观念，提高对人才工作的认识，更新培养、选拔、用人的观念，努力打造德宏“人才兴州”的浓郁的社会氛围，这样，德宏州人才队伍建设工作就一定能够取得更好更大的成绩。

（二）采取积极有效措施，加大教育培训力度，提升人才能力水平，是解决人才总量不足的基本途径

德宏州人才总量明显不足，已成为事实。由于德宏州经济社会发展条件受限，引进大量的人才的确有难度。再由于德宏州就业压力较大，每年毕业的大学生就业率不到三分之一。在这种情况下，德宏州的人才队伍建设最有效的途径之一，就是采取“自我培养、就地取材”的办法，这更适合于德宏的实际。采取的办法和措施是：第一，继续加强大规模干部教育培训工作力度。加强领导，严格组织纪律，完善培训计划，健全考试考核制度，创新培训方式，改进培训方法，提高教育教学质量，真正收到教育培训的效果。第二，支持和鼓励在职人员考读成人函授教育。在德宏州干部中，大学本科以上学历的比较少，干部要提高学历也只有通过成人函授学习。所以，各级政府要支持和鼓励干部考读大学本科成人函授，特别要支持在职干部考读硕士研究生，在学费问题上，采取财政、单位、个人各承担三分之一的办法来解决，通过函授学习，来达到提升干部学历知识水平的目的。第三，有计划地选送优秀年轻干部到高校深造学习。每年选送 100 名年龄在 25 ～ 30 岁的年轻干部到重点高校脱产（半脱产）攻读专业硕士学位，在学习期间，财政给予报销学费和书费，工资照发，生活自费，签订协议，毕业后听从组织安排工作。通过全面系统的专业硕士学位学习，既增长了知识，又开阔了眼光，增强了信心，充满着抱负，为今后工作打下坚实的理论文化基础。第四，有计划地选送后备干部到发达地区挂职锻炼。每年选送 50 名后备干部到发达地区挂职锻炼一至两年，通过岗位锻炼，无论是政治思想、组织能力，还是工作方法、工作经验都会得到极大的锻炼和提高。第五，加强企事业经济管理人才的教育培训工作。以岗位培训和技能提高为主要形式，对企事业单位的技术员和管理员进行专门训练，提高他们的技术水平和管理能力。关于受聘职称与能力水平的关系问题，要制定考核标准和办法，每两年考核一次，考核合格的继续聘用，不合格的暂不聘用，待下次考核合格再聘用，这样就能鞭策有职称的人不断努力学习，自我提高。第六，加快发展职业教育。国家非常重视职业教育，出台了许多给予学生生活补助、学费减免等政策。职业教育已经成为青少年就学、就业的有效途径。德宏州每年大约有三分之一的初中毕业生不能升高中，这些学生到职校理论学习两年，实习训练一年，学有一技之长，然后介绍到企业就业，成为建设人才。德宏州要加快职业教育发展步伐，为青少年就学就业创造良好条件。第七，积极开展农村实用人才的培训工作。要解决农业、农村一个最重要的问题，就是要采取多种形式，积极开展农村实用人才的培养培训工作。政府要组织力量对农村进行调研，了解和掌握农民生产生活状况，了解他们需要什么农科技术，有针对性、有重点地开展技术培训工作，并在资金上给予支持和帮助，这些“乡土人才”富了，才能去带动更多的农民富裕。德宏州2008年以来，共培训农村实用人才4 119人次，取得了初步的经验，但是任务还十分艰巨。

总之，我们要清醒地认识到当今世界科学技术的竞争，归根到底就是人才的竞争，谁取得了人才竞争的主动权，谁就取得了发展的先机。德宏州经济社会发展虽然有许多制约因素，但是，我们坚信，只要我们紧紧抓住全国人才工作会议的召开和《国家中长期人才发展规划纲要（2010—2020年）》颁布的重大历史机遇，以邓小平、江泽民、胡锦涛同志关于人才理论思想为指导思想，制定好和实施好德宏州人才发展规划和“人才兴州”发展战略，加强领导，强化管理，健全体制机制，采取积极有效的办法和措施，狠抓贯彻落实，就一定能取得人才培养上的成功。我们坚信，只要全州各族人民群众在州委、州政府的正确领导下，同心同德，万众一心，与时俱进，开拓创新，团结拼搏，奋起直追，就一定能够培养出数以万计的优秀人才队伍，为实现德宏州经济社会又好又快发展奠定坚实的人才基础。

推进桥头堡建设，急需关注中缅边民跨境婚姻问题

——以德宏州边境一线农村为例

杨晓兰

中共德宏州委党校、德宏州民族干部学校副校长，副教授

关注并做好边境一线农村边民跨境婚姻管理工作，及时化解跨境婚姻当事人面临的困难与问题，利于中缅跨境婚姻群体增强对国家、民族的认同感，更好地促进边疆稳定与和谐，推进中缅睦邻友好，为桥头堡建设营造良好的发展环境。

德宏地处祖国西南边陲，国境线长503.8公里，有24个乡镇600多个村寨与缅甸村寨毗邻，有两个国家一类口岸，两个国家二类口岸，28个渡口、64条通道、9条公路通往缅甸。边境沿线无天然屏障，两国多个民族同根同源，跨境而居，边民通婚互市极为频繁。伴随着我国经济社会的快速发展、综合国力的全面提升，中方边境地区生产生活条件明显改善，边民物质文化生活水平大步提高，与缅甸边境一线地区形成鲜明反差。缅边民入中国境“打工”和通婚的现象日趋增多，随之而来的问题日渐突现。

一、中缅边境一线农村边民跨境通婚呈上升之势

从州县民政部门婚姻登记情况看：1987—2004年，中缅边民跨境婚姻缅籍人数为253人（其中男性82人，妇女171人），占涉外婚姻登记数的60.96%（登记总数为415对）；2005年至2010年4月，全州登记涉外婚姻为2 085对，而中缅边民跨境婚姻有2 038对，占涉外婚姻登记总数的97.75%（缅甸妇女1 744人，占登记人数的85.57%）。仅2009年，登记中缅涉外婚姻1 158对，比2008年增866对，增长3.97倍；2010年1月至4月登记136对，占涉外婚姻登记数的97.85%，其中缅甸妇女123人，占90.44%。

从边境乡镇实地调研所得的不完全统计分析：2009年，潞西、盈江和陇川、瑞丽四个边境县（市）20个边境乡镇（这里不含潞西市勐戛镇和陇川县陇把镇）涉及中缅跨境婚姻的行政村有107个（含边境乡镇的非边境村），自然村有692个（同前），中缅边民婚姻6 520对。其中，嫁入中国的缅甸妇女5 235人，占边民跨境婚姻缅籍人数的80.29%；育有1～2个子女（多为两个）的占80.51%，育有3个子女及以上的占13.45%。另一方面，跨境婚姻在地域上呈现出由传统区域分布（沿边境一线60公里以内）向缅甸腹地延伸的特点。

边境一线农村边民跨境婚姻的大量存在，反映了边民流动频繁及边民与境外素有通婚的习惯，更主要的则体现了改革开放、边境睦邻友好、边民和谐的现实状况，彰显了中央惠农政策、“兴边富民”工程和社会主义新农村建设等重大战略举措的实施，给我国西南边疆农村带来的发展变化所具有的吸引力。同时，也折射出边境一线农村旧婚俗使一些贫困家庭难以支付婚嫁的沉重经济负担，而以较低婚嫁成本迎娶缅甸妇女的现实需求（一般情况下，本地姻缘最少需花费20 000～30 000万元，但从缅甸迎娶则需3 000～5 000元即可），在一定程度上缓解了中国边境农村大量女年青外出务工后边境村寨男子娶妻难的问题。

二、中缅边境一线农村边民跨境通婚带来的主要问题

相对于涉外婚姻，中缅边民婚姻人数较多、情况复杂，在社会管理上面临的户籍、耕地、就学、就业等问题不容忽视。

（一）嫁娶的缅籍人员婚姻登记中存在“两低”现象

《中华人民共和国婚姻法》、《中国与毗邻国边民婚姻登记管理试行办法》（1995年中华人民共和国民政部第1号令）、《中华人民共和国治安管理条例》及相关涉外婚姻登记管理条例规定，凡中国公民与外国人（包括常驻我国和临时来华的外国人、外籍华人，定居我国的外国侨民），港、澳、台同胞，华侨及出国人员自愿结婚、复婚，以及港、澳、台同胞，华侨及出国人员协议离婚的，男女双方必须同时到当地民政局涉外婚姻登记处申请婚姻登记。婚姻登记当事人男年龄不得早于22周岁，女不得早于20周岁，同时须分别持有相关证件，即：中国公民须持本人户籍证明，本人所在工作单位或城市街道办事处、农村乡（镇）人民政府出具的婚姻状况证明；涉外人员须持有本人护照或其他身份、国籍证件以及我公安机关签发的《外国人居留证件》或外事部门颁发的身份证件，或临时来华的入境、居留证件，经本国外交部（或外交部授权机关）和我驻该国使领馆认证的由本国公证机关出

具的婚姻状况证明，或该国驻华使领馆出具的婚姻状况证明；外国留学生中的中专、大专和本科学生在校学习期间一般不得结婚，其他学生（进修生、研究生等）要求与中国公民结婚的，除持有上述证明外，还须持有所在院校的学业证明；再婚者还须持有离婚证件或配偶死亡证明（离婚证件须经我国驻该国使领馆认证，或由该国使领馆直接认证）。

从中缅边民通婚现实分析，一方面是婚姻登记率低。在边境乡镇统计的6 520对中缅边民跨境婚姻中，已办婚姻手续的有1 102对，占16.90%；未办理婚姻手续的有5 418对，占83.10%。其中办理率最高的瑞丽，占本市跨境婚姻总数的27.24%，占全州列入统计数（6 520对）的15.71%。越是靠近缅甸山区，边民跨境婚姻登记率越低。如陇川县户撒乡涉缅婚姻11个行政村、65个自然村、161对，婚姻为零登记；章凤镇7个行政村、85个自然村、854对中仅一对办理登记手续。另一方面是边民涉外婚姻登记合格率低，且多为婚后登记。随着跨境婚姻的快速发展，出于孩子落户、就学、生活保障及家庭经济发展等方面的现实需要，越来越多的边境涉外婚姻当事人补办结婚登记手续的需求日益迫切，然而实际操作中却面临涉外婚姻当事人落户难（在中国出生的子女可落户）的困扰。

其主要原因：一是与边民传统观念和少数民族婚姻习俗有关（早婚、法制观念弱）；二是受家庭经济状况、交通不便制约；三是缅甸人员取证较困难。由于缅甸边境地区尚未完全纳入缅政府管控范围，存在“民地武”（或特区），许多缅甸山区边民难以办理缅甸国民身份证或无法按我国政策规定在缅甸县一级政府部门获取婚姻状况证明材料，而多由边境地区乡村一级部门或当地华人社团出具证明材料，致使婚检证明材料不规范，有的缅甸婚姻当事人区域已超边境线200公里以外，其婚姻证明须到曼德勒或更高一级有关部门获取，取证难度与成本增大。若严格按涉外婚姻管理规定办理结（或离）婚手续，多数缅甸人难以提供齐全的证明材料。加之缅方目前未明确具体的婚姻机构，缅甸公民结婚一般是通过本地有威望的长者公证，父母和当事人同意即视为正式结婚；有部分则是通过当地法院公证和证明人证明，在誓言书上签字认可；若结婚当事人为基督徒的，只需在当地教堂由牧师证婚，出具结婚证明签字即视为合法。诸如此类现象，致使缅甸涉外婚姻当事人婚姻证明形式多样且难以符合中方规范要求，致使婚姻当事人无法正常登记或登记合格率较低，难以办理落户手续，出现了大量事实婚姻（非法婚姻）。这既不利于婚姻的稳定、婚龄男女尤其是妇女权益的保护，也不利于农村社会的治理，还易诱发婚姻诈骗、买卖婚姻等违法犯罪、民间纠纷，给边境睦邻友好与边疆农村和谐安宁带来一定的负面影响。

（二）随婚姻入境的缅甸人员素质普遍不高，使边境农村后续发展的内生动力更弱

在调研的6 520对边民跨境婚姻家庭中，嫁娶的缅籍人多以农民或个体商人为主，小学文化程度的占67.53%（其中瑞丽为72.92%、盈江为69.57%、陇川县章凤镇为93.91%、潞西市中山乡高达97.3%），初中文化水平仅占2.19%。越靠近山区边境，嫁娶的缅甸边民文化素质越低，家庭生产生活状况越差。因边境一线农村多数涉缅婚姻当事人文化程度低，加之边境农村教育资源的缺乏与落后等原因，使其子女教育面临诸多问题，影响边境农村后续发展与反渗透、反西化、反和平演变战略的实施。

（三）对基层组织社会管理能力提出新的更高要求

周边国家不同的政治信仰和思想意识，在长期的交往和生活过程中影响着中方边境村民的思想意识、政治倾向和行为选择；而外来人口的增加，使得人多地少的矛盾更加突出，优生优育、禁毒防艾、外籍人口管理等现实问题不断涌现，边境农村基层组织社会管理的任务与难度增大。

（四）中缅涉外婚姻家庭经济状况受地域影响明显

一是思想差距明显。条件较好的瑞丽市与陇川、盈江两边境县相比，瑞丽市边境村寨边民的发展意识、商品意识、竞争意识较强，但党的观念与国家意识较弱；陇川、盈江两县落后山区村寨则更多地表现为思富、盼富心理强烈，同时“等、靠、要”思想突出，安于现状的意识明显。二是发展差距较大。多数中缅涉外婚姻家庭以农业为主（具有口岸优势的乡镇除外，如瑞丽市的姐相乡、勐卯镇、弄岛镇，盈江县那邦镇，潞西市芒海镇，边民以农业、边贸、服务业为主，收入状况较好），收入来源渠道窄，经济状况较差（多数家庭年收入在1 000～2 000元之间）。从横向看，2009年，瑞丽市边境乡镇边民人均纯收入达到3 654元，而潞西市中山乡仅1 000多元，盈江县苏典乡还不到800元；同一边境县内，不同边境乡镇、村的差距较大。如2009年，瑞丽市姐相乡农民人均纯收入到7 000多元，而同一市的勐秀乡仅1 000多元。从边境和谐安宁的高度，急需关注边境农村贫困的涉外婚姻家庭生存与发展。

三、加强中缅边境一线边民跨境婚姻管理的思路与主要对策

（一）提高做好中缅边民跨境婚姻管理重要性的认识

边民跨境婚姻具有涉外性，既是社会问题，也是国际问题。随着桥头堡建设的推进，德宏对缅开放的广度和深度进一步加大，跨境婚姻将会越来越

多地走进人们的生活。做好中缅边民跨境婚姻管理工作，对落实以邻为伴、与邻为善的对外政策，加强与周边国家的交流与合作，推进桥头堡“黄金口岸”建设和边境一线地区可持续发展具有重要的现实意义。我们必须强化“涉外工作无小事”的思想，把做好边民跨境婚姻管理作为树立政府形象的大事来抓，作为一项民生工程来落实。

（二）抓住大通道建设与维稳的现实需要，力争政策支持与中缅合作

当前，国际国内形势的深刻变化，使祖国西部沿边地区的重要性迅速提升，推动西部地区与周边国家的全面合作正在成为国家对外开放战略的重要组成部分。我们应以桥头堡建设为契机，争取国家、省的政策和项目支持，积极改善边境一线农村生产生活条件，从维护稳定的层面打牢桥头堡建设的基石；愈加需要依托国家、省有关部门增强边境会谈会晤，加强与缅方沟通、协调，积极为缅方涉外婚姻当事人办理相关结婚登记提供必要的方便；结合全国正在探索推进的“居住证制度”改革实践，立足边情，制定出台相应的边民跨境婚姻管理的地方性法规（暂行规定），力争在边民跨境婚姻管理上有新的突破。

（三）加强部门合作，构建共管协调机制

中缅跨境婚姻管理工作涉及外事、民政、公安、计生、卫生等多个部门。既要立足岗位特点，履行各自职责，又要及时沟通、研究涉外婚姻面临的新形势、新情况、新问题，按照“同宣传、同管理、同服务”的要求，善待、优待边境涉外婚姻人群和家庭，将服务作为推进管理的切入点，把加强涉外婚姻管理工作与多做“聚人心、暖人心、稳人心、得人心”的实事和好事相结合，在“团结各族群众推动发展、促进和谐、反对分裂、维护稳定”中体现管理效能；进一步推进户籍管理制度配套改革，逐步将就业、就学、社会保障等与户籍管理剥离，为涉外婚姻当事人落户和就业创造良好的条件；结合少数民族地区自然环境、生活、生产方式的特点，推广适合民族文化传统、群众容易掌握的婚育措施，切实开展好避孕节育知情选择服务、出生缺陷干预服务和生殖保健服务；坚持统筹兼顾，将涉外婚姻人口管理工作纳入计划生育、社区建设，在社会治安、出租房管理、市场管理和劳动用工管理等工作中，做到资源共享，责任共担。

加强涉外婚姻人群信息库建设，进一步掌握涉外婚姻人群分布情况、生产生活状况、家庭财产情况，尤其要加强对婚姻状况的跟踪，摸清底数，掌握情况，保证涉外婚姻当事人员登记到位，为实现中缅边境涉外婚姻群体的动态管控打牢基础。

（四）多策并举，提升中缅边民跨境婚姻当事人素质

1. 加强教育与培训，提升其文明素质

加强法制宣传，提高边民依法进行婚姻登记的自觉性与主动性；重视计生和防治艾滋病知识的普及，传播科学、文明的婚育观念和先进的生育文化，引导中缅涉外婚姻当事人树立科学、健康的婚育观。

用先进文化武装边民，培育和造就新型农民。加快边境一线农村教育事业发展，提升边民文化素质；大力开展实用技能培训，提升边民科技素质；广泛开展"乡风文明"创建活动，提升边民文明素质，着力培养有文化、懂技术、会经营的新型农民，增强中缅边境涉外婚姻群体在市场经济条件下的生存能力、就业能力和创业能力，尽可能地减少他们与乡村、社区边民在文化、生活方式等方面的矛盾冲突；强化爱国主义教育，增强各族边民的国家意识、国民意识、国防意识、国门意识、国土意识，提高边民群众对腐朽落后思想文化的鉴别力和抵抗力，筑牢党在边境地区的思想阵地。

2. 激励优者，增强国家、民族认同感

当前边境一线农村跨境婚姻大量存在，涉外婚姻当事人在我方边境村镇，能与各民族和谐相处，共生共融，同为边疆的开发与经济社会发展作贡献，值得肯定与激励；中缅边民思想、文化交流与相互融通，成为边境安宁与和谐的重要纽带，需要弘扬与光大。要积极吸收涉外婚姻中的先进分子参与社区、乡村管理，增强其对组织的认同与追从。结合当前创先争优活动的开展，在边境一线农村推进文明新风进家庭、勤劳致富作表率等评比评选活动，对于那些遵守法律、规章制度，勤劳致富的涉外婚姻当事人群体及其家庭，要真正使他们在经济上有实惠，政治上有地位，生活上有保障，以增强他们对国家、民族的认同感。

3. 抓孩子教育，为明天培养栋梁之材

青少年是祖国的未来，是边疆发展的希望所在，更是边疆民族地区反西化、反渗透的重要力量。要关注中缅边境涉外婚姻家庭子女教育，制定和实施必要的"优先扶持"政策，推进中缅边境涉外婚姻家庭 "扶贫助学"工程，提高其义务教育的入学率与巩固率；加强边境一线农村"双语"教育，改善边境农村"双语"教学设施条件，为更多涉外婚姻贫困家庭的孩子接受高层次的教育创造良好条件。

坚持把社会主义核心价值体系融入边境一线农村青少年教育的全过程，以理想信念教育为核心，以爱国主义教育为重点，以公民道德教育为基础，引导青少年树立正确的世界观、人生观、价值观、荣辱观，增强学生热爱祖

国、服务人民的使命感和责任感，使其形成健全的人格和良好的心理品质，构筑反西化、反渗透的坚强堡垒。

4. 扶贫济困，用党的关怀感召边民

加大政策资源、社会资源的整合力度，创新扶贫开发机制和模式，强化“整村推进”的工作力度，在项目、资金、技术、物资、信息等方面做好对边境一线农村涉外婚姻家庭，尤其是困难家庭的真帮实扶，使贫困村有增收的项目，贫困人群有增收的切入点，并加强社会保障，使弱势群体共享发展成果，逐步消除绝对贫困现象，以党的温暖感召边民。

总之，中缅边境一线农村边民跨境婚姻管理，既要积极争取上级部门政策扶持，又要从边疆民族地区实际出发，用好民族区域自治州制定和实施自治条例的优势，谋求中缅边民跨境婚姻管理的新突破，做到“管而不死”、“活而不乱”。

参考资料

1.《中华人民共和国婚姻法》。

2.《中国与毗邻国边民婚姻登记管理试行办法》（1995年中华人民共和国民政部第1号令）。

3.《中华人民共和国治安管理处罚条例》。

4. 德宏州民政局相关材料。

试析德宏桥头堡黄金口岸建设中的高等教育

景德萍

德宏师范高等专科学校党委副书记

2009年7月，胡锦涛主席在云南考察工作时明确指出：云南要统筹对内对外开放，一方面要加强同国内其他地区的横向经济联合和协作，积极引进省外资金、技术、人才，主动承接东部产业转移；另一方面要拓展对外开放广度和深度，推动对外贸易，利用外资、企业“走出去”上水平，尤其是要充分发挥云南作为我国通往东南亚、南亚重要陆上通道的优势，深化同东南亚、南亚和大湄公河次区域交流合作，不断提升沿边开放质量和水平，使云南成为我国向西南开放的重要桥头堡。2009年12月，中共云南省委八届八次全会上，确立了建设“绿色经济强省、民族文化强省、中国向西南开放重要桥头堡”三大目标。根据中央和省委、省政府的部署，2010年1月，德宏州委五届十一次全会确定了把德宏建设成为中国向西南开放重要桥头堡的黄金口岸。2010年7月2日，国家发展和改革委员会在北京主持召开会议，云南省委副书记、省长秦光荣，国家发改委副主任杜鹰出席会议并讲话。会议听取了云南省委常委、常务副省长罗正富关于云南建设中国向西南开放桥头堡的基本情况汇报，国家发展和改革委员会正式启动制定《支持云南省加快建设我国向西南开放桥头堡的指导意见》工作。这标志着云南桥头堡建设上升为国家发展规划和国家发展战略。为此，我们有必要全面把握桥头堡建设的含义。

一、桥头堡建设的含义

“桥头堡”一词作为军事术语在《现代汉语词典》里的解释是：为控制重要桥梁、渡口而设立的碉堡、地堡或据点；设在大桥桥头的像碉堡的装饰构筑物；或泛指作为进攻的据点。“桥头堡”一词作为经济概念则是指融国际运输、金融、信息、物流等为一体的国际商贸中心。作为国家发展规划的“桥头堡”一词则指在一个国家的边界或一国与他国的交界和最前沿地界，向其他国家展示本国经济、政治、社会、文化、教育等内容的通道、基地、平台和窗口。我们要善于将中国经济上的可持续发展与国富民强的实力，政治上人民当家作主，依法参政议政能力不断增强的民主机制，实施教育优先发展战略，优化教育结构，促进义务教育均衡发展，加快普及高中阶段教育，大力发展职业教育，提高高等教育质量，提升中华民族的文明素养，彰显社会主义核心价值体系，尊重差异、包容多样，加强对外文化、教育交流，增强中华文化、教育国际影响的和谐力，通过云南桥头堡建设的这一通道、基地、平台和窗口向东南亚、南亚乃至世界展示。

二、德宏是云南桥头堡建设的黄金口岸

德宏州从地理上与缅甸接壤，国境线长达503.8公里，地处中国陆地与东南亚、南亚的结合部，全州拥有瑞丽、畹町两个国家一类口岸，章凤、盈江两个国家二类口岸，有28个渡口、64条通道、9条公路通往缅甸。其中，陇川章凤口岸距缅甸伊洛瓦底江八莫港仅70公里，盈江拉邦口岸距缅甸密支那90公里，瑞丽口岸距缅甸腊戍182公里、距曼德勒387公里、距内比都670公里、距仰光981公里。自1985年德宏全境开放为边境贸易区以来，中缅双方在德宏边界线上开放了三对国家级口岸和一对指定通道，成功实施了30余份中缅双边协议协定，并在基础设施、贸易、旅游、农业、司法、科技、教育等领域建立了地方合作机制。目前德宏州已建成瑞丽、畹町两个国家边境经济合作区和实行“境内关外”特殊监管模式的姐告边境贸易区，姐告—曼德勒、畹町曼满—东阳、瑞丽弄岛—八莫、陇川章凤—八莫、盈江拉邦—密支那等一批跨境公路相继建成，还有一条国际通信电缆、9条输电线路联通缅甸。德宏州口岸综合流量在全国沿边开放地区口岸中位居前列。统计数据显示，1985年到2008年间，德宏州对缅贸易年均增长幅度逾20%。2009年，尽管遭受全球金融危机影响，德宏对缅贸易仍然保持良好增长势头，实现进出口额逾7亿美元，全州各口岸出入境人员近1 000万人次，占云南省口岸总量的56%；口岸进出口额达116 047万美元，占全省总量的29%。其中，瑞丽口岸出入境人员、出入境交通工具、进出口额在云南省口岸中均排名第一。居于这样的优势，德宏州委赵金书记提出：把德宏建设成为立足滇缅，服务全国，中国向西南开放的桥头堡黄金口岸。其总体构想是：建设“一个节点，三个基地，三个平台，三个窗口”。一个节点：桥头堡内联外通的重要交通节点。三个基地：黄金口岸经济区生物特色产业基地、进出口加工基地、物流仓储基地。三个平台：桥头堡前端的金融服务

平台、信息服务平台、文化交流平台。三个窗口：桥头堡通往东南亚、南亚的经济窗口、文化窗口、友谊窗口。充分发挥德宏地缘、人缘优势，扩大与东南亚、南亚国家的文化、艺术、科技、教育等领域的交流与合作。重点建设中缅瑞丽—木姐跨境经济合作区，构建潞西—遮放—畹町、瑞丽—陇川、盈江—梁河三个经济片区。在这一构想中，制约和影响其发展的主要因素是缺乏人才，而教育特别是高等教育为“一个节点，三个基地，三个平台，三个窗口”的建设，解决了合格人才培养的问题。

三、德宏桥头堡黄金口岸建设中的高等教育

（一）德宏教育发展沿革

回顾历史，德宏边境最早办学是在道光三年（1822 年），腾越同知胡启荣在罗卜丝庄（现梁河芒东乡）及四隅庄（现梁河勐连、帮读、腾冲永勒、线多）设义学，年给馆金八两。宣统二年（1910 年），梁河九保开办女子小学。1950 年德宏和平解放，1951 年省政府先后在梁河、盈江、陇川、潞西、瑞丽创建新的省立小学各一所；1952 年创办潞西民族中学和盈江民族中学，开创了德宏州的中学教育；1958 年建立德宏州幼儿园，开创了德宏州的幼儿教育；1955 年创办州民族师范学校，1959 年创办德宏州农校和德宏州财贸学校，形成了德宏州中等职业教育体系的雏形。1978 年 5 月，经省政府批准德宏州师专班成立；1984 年 4 月，省政府批准德宏州教育学院成立；1986 年 11 月，成立德宏州广播电视大学；1988 年，中国电视师范学院云南电视师范专科在德宏教育学院设置分部。德宏教育学院、德宏广播电视大学、德宏电视师专分部，都是成人高等学校，在德宏州形成了“三位一体”的成人高等专科教育办学实体。2004 年 7 月德宏州民族师范学校整体并入德宏教育学院。2005 年 12 月，经全国高等学校设置评议委员会严格评审，德宏教育学院顺利通过评审，由成人高校改制为普通高等师范专科学校。2006 年 2 月，教育部发文，同意在德宏教育学院基础上建立德宏师范高等专科学校，撤销德宏教育学院建制。2006 年 6 月，德宏州农校整体并入德宏教育学院。2006 年 6 月 28 日，德宏师范高等专科学校举行了隆重的揭牌庆典。德宏师范高等专科学校的建立，结束了德宏州没有普通高等学校的历史。标志着德宏普通教育学前教育、义务教育、高中教育、中等职业教育、高等专科教育体系的完整形成。2008 年 9 月云南省人民政府批准、2009 年 4 月教育部批准始建于 1960 年的德宏州卫生学校升格为德宏职业学院，至此德宏这方热土就有了两所高职高专学校。

（二）德宏桥头堡黄金口岸建设的高等教育现状

截至2009年12月30日，德宏州总人口119万，少数民族占总人口的50%以上，2009年全州实现生产总值115.2亿元，按可比价计算比上年增长15%；全年财政总收入完成17.23亿元，比上年增长17.3%；一般预算收入9.83亿元，增长10.9%；教育支出7.48亿元，增长32.2%。德宏的两所高等专科学校的发展规模是：德宏师范高等专科学校在校生4 898人，教职工352人，专兼职教师261人，其中教授6人，副教授51人。教师队伍的学历构成是博士研究生4人，硕士研究生143人。有省级教学团队1个，省级教学名师2名，校级教学名师3人。有社会学科、人文学科、工学、管理学、理学、农学6大学科门类39个专业，其中教师教育类专业15个、高职专业类24个。德宏师范高等专科学校校园占地面积309亩，建筑面积10.1万平方米，教学行政用房54 100平方米。教学科研仪器设备值1 500万元，藏书23.7万册，建有校内外实习、实训场所84个，年收入为4 000多万元。另一所高职专科学校德宏职业学院在校学生1 816人，教职工99人，其中教师77人，高级讲师25人，讲师28人，助理讲师及教员24人。教师队伍中：硕士研究生6人（含在读3人），本科58人，专科8人，中专5人。开设临床医学、护理、助产、药学、医学检验技术、医学影像技术等专业。德宏职业学院校园占地面积62.5亩，校舍建筑面积25 000平方米，运动场地5 688平方米，绿化面积3 500平方米，图书室藏书81 000册。有教室24间，电化教学场所16个，计算机200余台，多媒体教室5间，外科实验室、药理实验室、微生物实验室、细菌室、内科实验室、护理实验室、儿科实验室、化学实验室、B超室、解剖实验室、病理大标本陈列室等15个实验室；有实习基地30余家。

可见德宏州目前高等教育现状与德宏桥头堡黄金口岸建设的发展，在人才培养的规模、人才培养的质量、教师队伍建设要求、专业学科设置的合理性、办学条件的基本需求等诸多方面，都存在着不相适应的地方。

（三）构建与德宏桥头堡黄金口岸建设相适应的高等教育设想

桥头堡黄金口岸战略建设对德宏既是一个重大机遇，同时也是一个巨大挑战，在德宏经济社会跨越式发展的过程中，德宏的高等教育也必须实施跨越式发展，这就需要整合德宏目前的高等教育资源，进一步提升德宏高等教育水平。

1. 目标明确，办学层次须提升

2009年云南省有19所普通本科院校，其中12所集中在省会城市昆明，在州市设置的仅为7所。而滇西边境地区保山、德宏、临沧、怒江4个州市仅有一所本科院校，即2009年4月教育部发文批准在保山师范高等专科学校的基础上建立的保山学院。这种不尽合理的云南高等教育布局结构，难以适应边疆少数民族地区经济社会的发展，难以适应云南成为我国向西南开放的重要桥头堡建设的需要，难以适应德宏作为云南桥头堡黄金口岸建设的人才需求。德宏现有的两所高职高专学校在办学层次上制约了德宏州经济社会跨越式的发展。2010年4月29日德宏州委召开五届第66次常委会，提出至2012年德宏师范高等专科学校力争升格为一所本科院校。并成立了以孟必光州长为组长，孔勒干副州长、德宏师专党委书记克明亮、德宏师专校长江滇为副组长的德宏师专“专升本”领导小组。

他山之石可以攻玉，云南其他地方院校在提升办学层次的过程中，所走的路径是整合当地教育资源。如玉溪师范学院2000年5月经教育部批准，在原玉溪师专的基础上与玉溪成人教育中心、玉溪师范学校合并而成；楚雄师范学院2001年5月经教育部批准，在原楚雄师专和楚雄民族师范学校合并的基础上组建而成；大理学院2001年10月经教育部批准，由大理医学院和大理师范高等专科学校合并，云南广播电视大学大理分校和大理工业学校并入，组建而成。德宏师范高等专科学校、德宏职业学院创办高职高专的历史都很短，办学条件距教育部《普通本科学校设置暂行规定》尚有较大差距，仅凭一校的实力很难在一两年内实现专升本，提升办学层次。

2. 资源整合，人才培养有保障

在德宏桥头堡黄金口岸建设中，我们要坚持一切从实际出发、理论联系实际、实事求是的原则，严格遵循高等教育的发展规律，从德宏经济社会跨越式发展的需要，从云南德宏桥头堡黄金口岸建设展示我国经济、政治、社会、文化、教育等内容的通道、基地、平台和窗口的重要作用为切入点，认真按照教育部关于《普通本科学校设置暂行规定》的要求来谋划德宏高等教育的发展策略，整合德宏师范高等专科学校、德宏职业学院教育资源，组建德宏学院或德宏民族学院。按教育部《普通本科学校设置暂行规定》的下线要求，本科学校设置校园占地面积不少于500亩，生均要达54平方米，德宏师范高等专科学校现有309亩，加上德宏职业学院的62.5亩，再加上两校发展预留用地1 000亩，可达1 300多亩；学校建筑面积不少于15万平方米，现两校相加为12.6万平方米，还差2.4万平方米；教学科研仪器设备值不少于2 500万元，生均5 000元，现两校相加为1 800万元，还差700万元；馆藏图书不少于50万册，生均100册，现两校相加为藏书31.8万册，还差18.2万册；按师生1∶18计算，专任教师不少于280人，现两校相加为338人，但教授差4人。资金方面缺口约为2亿元。这对于一个全州生产总值为115.2亿元，财政总收入为17.23亿元，州级财政安排的教育专项经费约为10 000万元的边疆少数民族自治地区来讲，是一件富有挑战意义的大事。

如果德宏师范高等专科学校、德宏职业学院两校不整合，仅凭德宏师范高等专科学校现有的办学资源，2012年实现专升本难度之大是显而易见。常言道：机不可失，时不再来，一旦错失良机，德宏高等教育要搭上桥头堡黄金口岸建设的动力机车，驶上桥头堡黄金口岸建设的快车道就成了问题。

以上观点仅是我个人的一些不够成熟的想法，仅供参考。

对德宏州民族“直过区”社会主义新农村建设的再认识[①]

——兼论云南省桥头堡建设视野下德宏州“直过区”新农村建设经济模式

白　琳

德宏师范高等专科学校经济管理系副教授

由于历史的积淀，迄今为止，“直过区”仍然是德宏州最贫困、最落后的地区，“三农”问题异常严峻复杂，新农村建设面临更多的困难和更大的挑战，必须采取更特殊的政策，借助更多的外力，选择好建设模式，才能拓展新的发展空间，实现第二次跨越式发展。

翻开德宏州民族“直过区”分布图，查阅历史文档资料，我们不难发现，德宏民族“直过区”大多在农村，从某种意义上讲，这些地区的新农村建设问题，同时也就是德宏“直过区”经济发展和民族不断进步的问题。而“直过区”的建设发展状况，不仅是党的民族政策和具有中国特色社会主义优越性的具体体现，还是验证新农村建设的重要尺度。

一、德宏州民族“直过区”新农村建设的基本情况

新农村建设开展以来，德宏州委、州政府以科学发展观为指导，坚持从实际出发，创造性地把新农村建设与禁毒防艾、扶贫攻坚、整村推进、兴边富民及扶持人口较少民族发展等紧密结合起来，整体谋划，共同推进。经过三年多的实践，新农村建设取得了可喜的成绩，产业结构进一步调整优化，经济总量和农民人均纯收入稳步增加，村容村貌得到极大整治，农民群众的

① 本文将“直过区”国土面积占乡镇国土面积的80%以上界定为完全“直过区”；将“直过区”国土面积占乡镇国土面积较小的界定为不完全“直过区”；将“直过区”国土面积占乡镇国土面积的10%以下的界定为非“直过区”。

物质文化生活水平稳步提高，农村贫困落后的面貌有了很大改观，详见表 1。

表 1 德宏州主要涉农经济指标

州市县	农、林、牧、渔总产值（万元）			农民人均纯收入（元）		
	2007 年	2008 年	2009 年	2007 年	2008 年	2009 年
德宏州	383 571	455 896	57 000	2 046	2 439	2 837
潞西市	123 654	141 443	147 600	2 296	2 734	3 106
瑞丽市	55 496	67 393	74 168	2 957	3 372	3 766
陇川县	69 040	82 581	96 499	1 580	1 853	2 186
盈江县	99 235	122 276	143 888	2 218	2 669	3 122
梁河县	36 146	42 203	48 932	1 277	1 586	2 016

资料来源：《德宏年鉴》、《德宏领导干部经济工作手册》及各县市政府工作报告。

但无须讳言，经过 50 年的努力，特别是改革开放和兴边富民工程、新农村建设以后，虽然德宏民族“直过区”在经济发展和社会进步方面取得了不菲的成绩，却始终没有从根本上改变经济贫困落后、社会事业发展滞后的被动状态，甚至已成为一种固化现象，特别是近年来在市场经济机制和“马太效应”的共同作用之下，“直过区”与非“直过区”的差距越来越大。据调查，德宏州 42.4 万贫困人口、24 万绝对贫困人口，大部分分布在“直过区”，“直过区”贫困程度是非“直过区”贫困程度的 2～3 倍，发展程度远远落后于其他地区，详见表 2。

表 2 2007 年德宏州“直过区”乡镇与州、省、全国农民人均纯收入比较

“直过区”乡镇	指标值（元）	德宏州（2 046 元） 相当于全州平均水平（%）	云南省（2 600 元） 相当于全省平均水平（%）	全国（4 140 元） 相当于全国平均水平（%）
苏典乡	681	33.28	26.19	16.45
勐弄乡	1 172	57.28	45.08	28.3
卡场镇	1 083	52.93	41.65	26.16
勐约乡	1 200	58.65	46.15	28.99
王子树乡	1 300	63.54	50	31.4
护国乡	1 318	64.42	50.69	31.84
户撒乡	1 301	63.59	50.54	31.43
勐秀乡	2 520	123.17	96.92	60.87
中山乡	1 879	91.84	72.27	45.39
三台乡	1 562	76.34	60.08	37.73
芒海镇	1 820	88.95	70	43.96

资料来源：根据 2008 年《德宏年鉴》、《云南省经济年鉴》相关数据计算而得。

表 3 2008 年德宏州“直过区”乡镇与州、省、全国农民人均纯收入比较

“直过区”乡镇	指标值（元）	德宏州（2 439 元）相当于全州平均水平（%）	云南省（3 103 元）相当于全省平均水平（%）	全国（4 761 元）相当于全国平均水平（%）
苏典乡	700	28.7	22.56	14.7
勐弄乡	1 541	63.18	49.66	32.37
卡场镇	1 278	52.4	41.19	26.84
勐约乡	1 402	57.48	45.18	29.45
王子树乡	1 438	58.96	46.34	30.2
护国乡	1 477	60.56	47.6	31.02
户撒乡	1 665	68.27	53.65	34.97
勐秀乡	2 900	118.9	93.46	60.91
中山乡	2 124	87.08	68.45	44.61
三台乡	1 875	76.88	60.43	39.39
芒海镇	2 355	96.56	75.89	49.46

资料来源：根据 2009 年《德宏年鉴》、《云南省经济年鉴》相关数据计算而得。

由上可见，德宏州完全“直过区”乡镇除瑞丽市勐秀乡、潞西市芒海镇外，农民人均纯收入水平均大幅度低于全州、全省、全国平均水平，尤其是盈江县苏典乡和卡场镇、陇川县勐约乡还不及全省、全国的一半和三分之一，处于贫困线以下，急需解决温饱问题，“直过区”仍然是德宏州最贫困、最落后的地区，直过民族是德宏州最弱势的群体、最特殊的族群。

二、德宏州民族“直过区”落后的原因分析

德宏民族“直过区”土地面积有 5 426.56 平方公里，约占全州土地面积的 47.08%；涉及现在全州 36 个乡镇，占全州乡镇总数的 71.88%；人口 25 万人，约占全州农业人口的 40%。这些区域集边疆、山区、少数民族、欠发达为一体，政治敏感度高，战略地位显要，影响极其深远。

（一）“直过区”自然条件差，所需投资数量大，见效慢

“直过区”绝大部分地区分布在德宏州偏僻的高寒山区、复杂的边境地区和少数民族聚居、杂居的地区，土地寡薄，山高坡陡，水资源难以利用，泥石流、山体滑坡等自然灾害频发，交通闭塞、社会封闭，人口大分散、小集中，组织化程度低，市场可达性差，资源条件和人居环境相当差，生产生活条件异常艰苦。特殊的自然条件，使得“直过区”建设的成本十分昂贵，投入与产出比例严重失调，严重制约着投资，也制约着“直过区”的发展。

（二）“直过区”社会形态发育滞后，思想保守，进取不足，发展的内驱力小

虽然“直过区”跨越千年变化，但是，原有的落后的社会经济形态的遗迹并没有完全消除，原始宗教带来的负面影响根深蒂固，传统观念起着强烈的惯性作用。“直过区”人民思想保守，安于现状，甘于贫困，乐于守成，不思进取；生产的自给性、半自给性强，市场经济的适应能力低；群众等、靠、要和怨天尤人思想严重，创业冲劲微弱，非正常消费比重高，“吃在酒上，穿在银上，花在鬼上”并不只存在于个别民族，商品意识、积累意识、发展意识淡薄。贫穷的生活，贫穷的思想，贫穷的精神，对“直过区”建设影响深刻。

（三）“直过区”起点低，基础薄弱，离新农村建设的标准最远

长期以来，“直过区” 基础设施建设滞后，生产力水平低，生产方式落后，经济结构单一，人民生活贫困面大，贫困程度深，脱贫成本高，减贫速度慢，尚处于维持生计水平状态或者低于生计水平以下，发展的起跑线明显落后于其他地区。对照2005年德宏州民族“直过区”经济社会发展研究课题调研组撰写的调研报告所提出来的近期发展定量目标——“到2010年，争取农民年人均纯收入增加到2 500～3 000元，贫困人口比重控制在10%以下”，[①] 我们可以发现，到2010年底为止，几乎所有的指标都不可能达到。离我国新农村建设的经济指标“农民年人均纯收入6 000元；农村贫困人口发生率为零”等的要求更是相去甚远，“直过区”建设和发展具有艰巨性、长期性、复杂性。

（四）“直过区”倾斜政策缺乏连续性，影响其发展

20世纪60年代中期以来，“直过区”特殊政策事实上就已经弱化和边缘化了。改革开放以来，中央投资政策向东部倾斜，“直过区”缺乏有力的优惠政策支持。新农村建设开展以来，德宏州大多数地区也都是按照“循序渐进、先易后难、群众积极性高、有一定基础条件、容易见效”的指导思想来选择和建设示范点的。而“直过区”由于基础条件和自身积累差，能够成为试点或示范点的较少，新农村建设资金大量流向易于见成效的坝区、半山区，就是有一部分，也由于政策指向而主要集中在人数较少的少数民族“直过区”。据调查，2007年德宏州的34个州级试点中，属于“直过区”的有19个，比例为55.88%；2008年和2009年分别新建了50个试点，属于“直

① 德宏州委党史研究室：《“直过区”呼唤第二个春天——德宏州民族“直过区”经济社会发展研究》。

过区”的仍然只有19个，比例为38%。最需要国家重点帮扶的“直过区”，却在事实上被政策、原则排除在外，“直过区”干部群众怨言不少。

（五）“直过区”文化、教育、科技落后，劳动力素质低，发展后劲明显不足

据典型调查估算，2009年德宏州“直过区”人均受教育不足5年，小学文化程度及其以下的比例大大高于非“直过区”和不完全“直过区”，而初中及以上文化程度的比例则大大低于非“直过区”和不完全“直过区”，文盲率和半文盲率高于非“直过区”，高文化素质人口率明显低于其他地区。劳动力素质低，农业生产仍然停留在对资源的自然利用上，基本上还沿袭着传统、简单、粗放、低效的生产方式，严重影响先进农业生产技术的引进、推广、普及，农业机械化、现代化程度相当低，效率低下，发展后劲明显不足。

从以上分析可见，“直过区”经济发展的内外部条件与环境的限制性都很强，农民增产增收的能力很弱，农村缺乏优势产业，农村仅靠传统的种养殖业和自然经济，是难以发展，农民也难以致富的。

三、德宏州民族“直过区”新农村建设的主要经济模式

新农村建设是“直过区”一次巨大的嬗变，不仅意味着农业增效、农民增收、农村面貌的改变，还包含着对农村文化、价值观和生活方式的尊重、改变和发展，对自然环境的敬畏，是一次全方位、多领域的历史变迁。而正反两个方面的实践和历史的经验都已经充分证明：市场力量越强，优胜劣汰机制越完善，处于弱势的民族就越离不开“看得见的手”的作用，越离不开政府的帮助和扶持，越需要政府采取强有力措施弥补市场失灵。各级政府要直面“直过区”更特殊的事实，实施政策倾斜，为“直过区”新农村建设提供良好的政策环境和制度环境，通过“看得见的手”集中政府力量打破自然条件的限制，在外部大力支援和激活内部发展动力的结合点上下工夫，不断探索新农村建设发展的经济模式，有效提高和增强“直过区”的发展能力，确保“直过区”可持续发展。

（一）生态移民模式

德宏民族“直过区”许多地方生态环境脆弱，山、水、路等都已经成为其无法回避的限制性因素。如果一味去改造具有限制性的自然环境，不仅发展的成本高，而且也不一定能获得预期的效益。当前我们应紧紧抓住国家深入实施西部大开发、云南省桥头堡建设和新农村建设的大好时机，用好、

用活兴边富民、西部大开发、财政转移等优惠政策、扶持人数较少的少数民族，整合各种资金，对已丧失基本生产、生活条件的“直过区”果断实施生态移民，将农民有计划地迁移到资源条件相对比较好的地方，彻底改善他们的生存、生活和发展条件。同时要注意把国家、企业安置与建设新农村结合起来，搞好移民的各项培训，使他们尽快适应环境，掌握新的生产方式和技能，搬得了，住得下，能发展，多获收益。近几年来，德宏州特别重视生态移民，不仅仅把它作为一种权宜之计，而是作为一种新经济模式抓紧抓好。潞西市三台山德昂族乡允欠村、沪东娜村，陇川县勐约栋村、芒棒村、滇赛村，盈江县翁宾村等村组，或者是整合扶持人口较少民族、“兴边富民”工程、“整村推进”项目和民政资金，或者是利用水利水电工程开发，或者是灾后重建，整体搬迁到条件较好的地方，在移民新区实行产业转移，着力培育和发展咖啡、坚果、香料烟等新兴特色生物创新产业，大力发展林果经济和种养殖业，村民安居乐业，生产生活条件大幅度改善，经济社会和谐发展，取得了巨大的成功。允欠村 2009 年全村农民人均纯收入 2 746 元，比 2004 年的 788 元增加了 1 958 元，较全乡人均纯收入 2 202 元高 544 元。

（二）沿边开放模式

“各国经济发展史表明，只要‘综合边缘化’因素存在，必定造成经济布局及发展水平在接壤地区呈现为‘经济低谷’状态。但随着‘综合边缘化’因素的祛除，‘经济低谷’状态将随之改变，在双边经济贸易自由化的演进中，‘经济低谷’地区有可能旧貌变新颜，一跃成为‘经济高地’。”[①] 德宏民族“直过区”正是这样。德宏州与缅甸山水相依，村寨相连，有 4 个边境县市，4 个国家一、二类边境口岸，64 条通道，28 个渡口，“直过区”接边乡镇 14 个，接边乡镇总人口超过 16 万人，具有沿边开放的地缘优势、人文渊源和边民互市传统习惯，边贸经济往来历史悠久。随着国家深入实施西部大开发和云南省面向西南开放的桥头堡建设及德宏州桥头堡黄金口岸建设，沿边“直过区”将成为德宏州开发、开放和民族政策最富集的地方，外部的物质流、信息流、经济流、文化流等将源源不断涌入“直过区”，给“直过区”带来更大的发展空间和更多的发展机会。“直过区”完全有条件走“外生型”经济发展之路，充分利用“两种资源、两个市场”，逐步拓宽经济活动领域，内建基地，外拓市场，大力发展特色农业、边境贸易、边境旅游业、进出口产品加工业等，推动农业和农村经济结构优化升级，形成以口岸经济为导向、种养殖特色农业协同发展、建设沿边小城镇的沿边开放

① 李淳燕：《中缅发展口岸经济论—纪念中缅边民联欢 50 年》，载《云南财贸学院学报》（社会科学版）2007 年第 1 期。

经济模式。“直过区”盈江县那邦镇、潞西市芒海镇等口岸村民从开放中吸取了经验教训，改变传统发展思路，逐步增强商品观念和开放意识、竞争意识，融入现代市场经济元素，积极利用口岸优势，大力发展滇缅边贸经济，不仅繁荣发展边疆民族经济，还加快农民脱贫致富步伐。据不完全调查和统计，凡是口岸经济比较发达的地区，都能发展成为较为富裕的地区，农民人均纯收入都高于同期本地平均水平，这一点也在云南其他“直过区”得到初步印证。

（三）循环经济发展模式

循环经济发展模式即在工业化水平低而生态条件较好的村寨，利用生物链和能量循环链的运行机制，将传统种养和现代能量循环利用技术结合起来，形成“发展种养—利用沼气—改善人居环境和生活条件—带动种养发展”的循环经济模式。不仅有效保护生态环境，绿化、美化居住环境，提高农民生活水平及文明程度，还能为今后资源的深度开发奠定基础。潞西市三台山德昂族乡，在党和国家兴边富民和大力扶持人数较少的民族政策的支持帮助下，大力发展以“畜—沼—果、畜—沼—茶、畜—沼—粮”为模式的循环农业，建成了以养猪、养牛、种香蕉、种番木瓜等为主的农业产业链，2009 年全乡农民人均纯收入达 2 202 元，走上了一条可持续发展的道路。陇川县勐约栋村搬迁以后，实行产业大转移，积极发展服务业、种养殖业，形成了“种植粮食—烧小锅酒—扩大养殖—提高沼气能量—种植有机蔬菜”的无公害产业循环模式。实践证明，发展循环经济是建设新农村的有效模式，以后还需进一步完善，特别是在德宏州生物特色产业基地建设过程中，要逐步引导农产品加工企业参与特色农产品的深加工，延长循环经济的产业链，提高附加值，促使其不断升级，培育后发优势，从而促使农业和农村经济从常规发展转向可持续发展和快速发展。

值得注意的是“直过区”一般生态保存完好，民族风俗习惯各异，有着丰富的文化遗存和深厚的历史积淀，新农村建设在经济模式的选择上，既要充分反映和体现新农村建设的内容、基本要求和重点，又要顾及这一地区的文化特色、民族传统；既要促进农业发展、农村繁荣，又要彰显各民族深厚的历史文化底蕴，传承文明，适应农民生产和生活需要，切忌“一刀切”和简单跟风。

总之，新农村建设是“直过区”社会经济持续发展的需要，也是兴边富民、建设和谐边疆的需要，还是德宏州桥头堡黄金口岸建设和推进现代化进程的需要，是时代赋予我们的历史使命，光荣而艰巨，任重而道远。只要我们认真分析，精心谋划，真抓实干，不断探索新农村建设的经济模式和路径，“直过区”生产发展、生活安康、环境优美、社会和谐的喜人局面一定会早日到来。

参考资料

1. 张放：《云南民族“直过区”：又走到了一个严峻的历史关口》，载《云南政协报》2006年8月9日。
2. 周联友：《澜沧县“直过”民族地区社会经济文化发展问题初探》，载《中共云南省委党校学报》2005年第3期。
3. 王元辅：《云南民族“直过区”经济社会发展调查》，载《云南社会科学》2007年第1期。
4. 张锦鹏、韦永宜：《云南边疆民族地区社会主义新农村建设路径探讨》，载《云南省委党校学报》2007年第4期。
5. 李淳燕：《中缅发展口岸经济论—纪念中缅边民联欢50年》，载《云南财贸学院学报》（社会科学版）2007年第1期。
6. 朱玉福：《人口较少民族全面建设小康社会探讨》，载《新疆社会科学》2006年第2期。
7. 李澜：人口较少民族经济发展模型转型研究—以广西壮族自治区京族经济发展模式为例》，载《学术论坛》2007年第5期。
8. 德宏州委党史研究室：《“直过区”呼唤第二个春天—德宏州民族“直过区”经济社会发展研究》。
9. 云南省人民政府研究室：《云南经济年鉴》（2009年）。
10. 德宏州史志办：《德宏年鉴》（2009年）。
11. 德宏州统计局：《德宏领导干部经济工作手册》（2009年）。

◎ 德宏对外开放研究

德宏参与面向西南开放桥头堡建设的思考

任　佳

云南省社会科学院副院长、研究员

国际国内形势的变化，使中国西部沿边地区的重要性迅速提升，推动西部地区与周边国家的全面合作已成为国家对外开放战略的重要组成部分和应对新形势的必然选择。2009 年 7 月胡锦涛同志考察云南后提出，要充分发挥云南作为我国通往东南亚、南亚重要陆上通道的优势，深化同东南亚、南亚和大湄公河次区域的交流合作，不断提升沿边开放质量和水平，使云南成为我国向西南开放的重要桥头堡。德宏地处云南的西南，与缅甸接壤，拥有众多陆路口岸和通道，是我国西部沿边的最前沿，也是我国最早开放的沿边地区之一。在中国面向西南开放的桥头堡建设中，德宏应抓住机遇，顺势而上，全面提升经济发展水平。

一、“桥头堡”的内涵及德宏的地位

怎样理解“桥头堡”，明确其内涵是规划和建设桥头堡的前提。弄清桥头堡的内涵和面向的区域，才能对德宏的定位和发展有明确的思路。

（一）“桥头堡”及德宏的地位

“桥头”就是前沿，“堡”就是基地。中国面向西南开放的桥头堡，可以理解为中国面向西南开放的前沿和基地。“前沿”不仅是经济意义的前沿，应该包括三大前沿：经济开放的前沿、文化交流的前沿、和谐安宁的前沿。要成为这三大前沿，承担起桥头堡的重任，就要加快三大基地建设，构筑起面向西南开放的产业集聚地、文化交流基地、民族和谐基地。从经济、文化、社会三方面夯实前沿的基础。在这三大基地的建设中，德宏都应处于排头兵的位置，在产业基地、文化交流基地、民族和谐基地建设方面应走在全省前列。

（二）桥头堡面向的区域及德宏的作用

中国面向西南开放的桥头堡，其开放与合作的区域是两大方向：南向和西向。向南——东南亚、GMS 地区、南太平洋地区；向西——南亚、西亚、东非、印度洋地区。德宏无论是向南还是向西都有明显的优势，历史上德宏就是中国与东南亚、南亚、西亚贸易的集散地和重要陆路通道。民间贸易往来从未间断，至今仍是周边地区各国商人聚集最多的地区之一。正因为德宏特殊的区位和边境贸易的地位，1992 年瑞丽市、畹町市成为我国第一批开放的城市之一。2000 年 4 月，国务院正式批准德宏州瑞丽市姐告边境贸易区实行"境内关外"政策。德宏拥有多个国家级陆路口岸和多条通道，在陆路贸易方面可以发挥陆路贸易港功能。瑞丽还是允许第三国人员出入境的陆路口岸，因而也是对外人员交流的重要通道。基于其物流、人流的通道功能，德宏还应具有商务信息流动最快的功能，成为物流、人流、信息流通畅的前沿地区。

二、　德宏作为"桥头堡"的经济前沿应加强产业基地建设

经济前沿需要产业来支撑，并要求产业具有外向度。德宏的产业要在继续发展农业的基础上，加大工业，尤其是服务业的发展力度。利用 GMS 和 BCIM 两个次区域的机制，建设好境内关外边境贸易区和跨境经济合作区，使德宏真正成为开放的经济前沿。

（一）培育和调整产业结构，建设内外联动的外向型产业基地

1. 大力发展特色农业，建设亚热带农业示范区

德宏具有明显的特色农业优势。特殊的地理区位和地貌形成了多样的气候，德宏主要受印度洋季风影响，属南亚热带季风气候。州内有四种气候带：北热带气候，年降雨量 2 655.5 毫米；南亚热带气候，年降雨量 1 546 ～ 1 717 毫米；中亚热带气候，年降雨量 1 775 ～ 2 080 毫米；北亚热带及其他气候，一般年均温小于 15℃。亚热带适合多种水果、干果的种植，主要气候特点是：春温高，夏季长，秋多雨，冬极短，雨热同期，干冷同季，年温差小，日温差大。德宏被称为"热区宝地"、"天然温室"、"生物宝库"、"植物基因库"、"香料王国"等。德宏州发展特色农业已经取得了成效，2009 年种植面积得到进一步扩大，已种植竹子面积 70.47 万亩、咖啡 10 万亩、澳洲坚果 9.5 万亩、柠檬 3.4 万亩、番麻 2.15 万亩、核桃 24.51 万亩、油茶 4 万亩。橡胶、茶叶等传统产业稳步发展。水产养殖面积 3.39 万亩，增长 14.98%，实现水产品产量 1.5 万吨，增长 17.6%。德宏要进一步加快特色农业产业化进程，借助国家鼓励云南建设亚热带农业示范区

的极好机遇，选择基础好、管理优的特色农业产品，如甘蔗、咖啡、坚果、香料等，努力建设成为国家级的亚热带农业示范区。

2. 形成面向西南的出口加工业基地

首先，要加快对外互动。产业的培育和结构调整要与周边国家的收入水平、消费习俗、资源状况结合起来，利用两种资源、两个市场形成面向周边国家的加工制造业基地，包括农林产品、食品、日用品、农机具、饲料、烟糖茶胶、生物制药、玉石、生物农药、建材等加工制造业。形成林、竹、木产业集群；生物产业集群，包括傣王药等特色药品、生物农药、天然香料等；珠宝玉石产业集群；粮食、水果、干果等农特食品加工业集群；蔗糖产业集群；等等。

其次，要加强对内联动。建立产业互动链，推动建立承接产业转移的示范园区和东西部地区互动产业合作示范园区。国家已在研究制定中西部地区承接产业转移的具体政策。要抓住东部地区产业转移的机遇，积极走出去，引进一批科技含量高、耗能低、污染小、效益好的工业企业进入德宏。切实加快潞西、瑞丽两个省级重点工业园区的基础设施建设，引导和鼓励更多的工业企业入驻园区。要争取东西部地区互动产业合作示范项目进入国家规划，用好用足西部大开发的政策，吸引东部地区产业转移。增强工业示范园区对全州工业经济发展的推动和带动作用。

3. 建设安全高效的交通、物流体系和现代服务业

加快发展面向西南开放的交通、物流、金融、信息、电子商务、旅游、会展等现代服务业，这是经济开放、产业发展、人员交往、文化交流的基本条件。德宏已提出“一个机场、一条铁路、三条公路、四个口岸”为重点的交通等基础设施发展目标。

首先，要加快推进亚洲公路网和泛亚铁路在德宏的对接，利用国家要加快泛亚铁路西线境内建设和中缅铁路建设合作步伐的机遇，使德宏交通基础设施建设上一个新台阶。公路方面：瑞丽、章凤、盈江均可与缅甸曼德勒、八莫、密支那等城市和商贸中心连接。要加快德宏境内公路的提级改造，还要推动各个方向的境外公路连接部分的改造，尤其是与亚洲公路网一号线连接，进而可以和印度和孟加拉国连接。铁路方面：泛亚铁路西线缅甸腊戍与瑞丽的连接需要新建，尽早实现西南出境国际交通大动脉和第三亚欧大陆桥与缅甸、泰国、孟加拉国和印度的对接。

其次，大力发展现代服务业。加强现代物流仓储、金融服务、信息服务、电子商务、旅游、会展等服务业的建设。要合理配置物流资源，建立起德宏面向东南亚、南亚的仓储、运输、配送服务一体化的现代物流中心，服

务于面向西南开放的货物商品流通。要形成更大规模的商业和批发中心。德宏已形成中国沿边的重要口岸群，玉石和商品交易市场及货物集散地，也是国内著名的旅游目的地和进出口基地，相应的商务活动和交易需求会更加旺盛，建立交易平台，将有助于吸引更多的人流、资金流。鼓励股份制商业银行和外资银行在德宏设立分支机构。加快发展电子商务、口岸服务、信息服务、金融服务、旅游服务、会展服务等现代服务业。没有良好的现代服务环境，桥头堡的黄金口岸、商务中心等功能和作用就难以发挥。

（二）立足两个次区域，建设互利共赢的国际次区域合作前沿

德宏处于GMS和BCIM两个次区域的汇合地，是向西南开放的最前沿。面向东南亚和南亚两个区域，是中国西南内陆地区重要出海通道的必经地。要依托次区域的合作走向更广阔的合作空间和领域，同时为东南亚和南亚国家走进中国搭建桥梁和平台。要加大与次区域国家开展互利共赢的合作力度，参与两个次区域经济合作。应抓住国家在新一轮西部大开发中把瑞丽等作为开放试验区的机遇，用更加创新的思维规划各类经济区建设，使之成为名副其实的桥头堡。

重点加大姐告边境经济区的建设，姐告实行“境内关外”运作方式，是中国对外开放程度最高、运作机制最便捷、政策最优惠的经济区域之一。它已成为中国与国际市场接轨的桥头堡，要进一步发挥其保税区、出口加工区功能，大力推进姐告—木姐跨境经济合作区建设。继续拓展缅北境外合作开发区，把替代种植发展为替代经济，发展边境旅游；推动孟中印缅地区经济合作，开通中缅印、中缅孟陆路交通，建立昆明—仰光、昆明—加尔各答、昆明—吉大港三条对外开放走廊；把瑞丽建设成为次区域合作的大本营，争取举办次区域合作论坛，引进各国商会、协会等组织和金融分支机构，提升其外向度和对外服务水平，使这个边陲城市成为一个开放、繁荣、时尚、和谐的现代化边城。

三、加强对外文化教育和科研基地建设，成为中国面向西南开放的对外文化交流基地

德宏的文化交流活动有鲜明的周边特色，应继续开展多样化、多层次的文化交流活动。还要主动与东南亚、南亚等周边国家的省邦开展文化交流活动。

德宏曾经是我国研究缅甸的重要基地，为国家和省提供了大量第一手信息，应加大对缅甸等周边国家的跟踪研究，办好云南省社科院／云南省东南亚南亚研究院的“德宏基地”。要重视对外汉语教育、劳动力技能培训和中

小学教育。加大对中等职业教育发展的支持力度，把中等职业学校和德宏职业学院建设成为对外开放的教育培训基地。这不仅对于密切与周边国家的关系，增进相互了解有重要意义，而且对于培养周边国家的年青一代，让他们成为对华友好的新一代具有长远的意义。

四、加强民族和谐示范基地建设，构筑边疆安宁、民族和谐的前沿

德宏历史上与周边国家在民族、文化、宗教、习俗等方面互相传承、借鉴，数千年的交往史使这一地区的关系盘根错节。德宏与东南亚、南亚这两个地区的民族跨境而居，语言相通，宗教信仰相同，极其需要加强民族和谐示范基地建设，增强跨境民族的国家认同感，维护边疆的安全与稳定。

（一）继续实施兴边富民工程

确定有一定基础的傣族、景颇族跨境民族乡镇作为民族和谐的示范基地。实施新三年“兴边富民工程”，引领和带动边区建设特色农业示范区，带动边区特色农业的发展，带动边疆适用技术产业发展，建成面向周边国家市场的实用技术产业基地。使跨境民族首先在经济发展上超过境外的同类民族。

（二）加强社会建设和民生工程

社会建设是民心工程，对边疆稳定、民族和谐有积极作用。在国际国内经济复苏形势十分复杂的情况下，要把扩大就业摆在经济社会发展的突出位置，完善公共就业服务体系，创造就业岗位，解决农村劳动力的转移问题，落实就业和再就业的各项优惠政策。推进中小学校舍安全工程，让中小学生有一个安全舒适的学习环境。继续实施基层卫生服务体系项目，完善城乡医疗服务体系。加快推进保障性住房项目建设，重点实施好城市廉租住房、农村危旧房改造和农村民居地震安全工程等专项工程。加快推进新型农村养老保险以及以养老服务等为重点的社会福利事业建设。

（三）维护边疆安全和稳定

主要是社会安全和文化安全问题。社会安全方面，走私、跨境犯罪等非传统安全问题是边疆面临的主要社会问题。德宏是我国贩毒吸毒的重灾区之一，也是非法走私、跨境犯罪的易发地区，要加强与周边国家在非传统安全方面的合作，警惕国外反动势力进行跨境犯罪活动，构筑我国边疆的防火墙。要加强阵地意识和对外宣传工作。要强化国家认同感，同时尊重民族认同。

中国—东盟自由贸易区建设与德宏的对外贸易发展

王玉主

中国社会科学院亚洲太平洋研究所区域合作研究室主任、副研究员

一、中国—东盟自由贸易区的两个特点

中国—东盟自由贸易区是中国与东盟国家自2001年开始推动的双边经济一体化努力，经过近10年的努力，2010年1月1日中国—东盟自由贸易区在中国与东盟六个老成员国之间建成，中国与这些国家的7 000多种贸易产品随之开始实施零关税。回顾中国—东盟自由贸易区的建设历程，我认为它具有如下两个比较重要的特点。

（一）超越经济利益的自由贸易安排

1. 危机与中国、东盟合作的深化

20世纪末冷战格局的打破彻底改变了第二次世界大战后形成的国际力量格局，这成为中国、东盟开展合作并最终达成自贸区（即自由贸易区，下同）这种制度性安排的结构性基础。1991年钱其琛副总理应邀出席东盟外长会议开启了中国、东盟双方交流合作的大门。此后，中国作为东盟的磋商伙伴开始了与东盟的经济合作。1996年，中国成为东盟对话伙伴国，但正当双方试图在新的形势下推动经济合作时候，一场突如其来的危机袭击了以出口导向为核心发展战略的东亚。金融危机在无情打击了东盟国家通过区内安排来应对经济区域化挑战的信心的同时，① 也使西方兜售的“中国威胁论”在经济层面似乎得到了有力的佐证，因为危机不仅使东盟国家的出口下

① 1992年启动的东盟自由贸易区建设项目，在很大程度上是东盟在后冷战时期应对区域化浪潮兴起，试图通过整合内部市场，改变过度依赖欧美市场的发展格局的努力。1991年北美自由贸易区的建成应该是东盟推动内部经济合作升级的一个重要外部影响因素。因为东盟国家担心北美自由贸易区的贸易转移效应会使东盟对北美市场的出口受阻。后来的事实发展证明东盟当时的努力方向是正确的，但可惜的是，这一合作思路并没有得到认真的贯彻和持续的推动。

降，同时也使其外资流入数量大幅下滑，而同期的中国在这些方面的表现要好得多，这加深了东盟国家把中国作为竞争对手而感到的威胁。①

为了抑制危机的进一步传染，同时消除“中国威胁论”带来的负面影响，中国在国内面临巨大自然灾害等压力的情况下，坚持人民币不贬值。中国在危机中的表现“展现出一种富有同情心、具有责任感、乐于助人、亲切待人的伙伴形象”②，改变了东盟对中国的认知。1997年底，江泽民主席出席中国东盟领导人会议，并把中国与东盟的关系定义为“睦邻互信伙伴关系”，这是中国开始定义与东盟合作关系性质的开始。从这个意义上讲，危机为中国、东盟合作提供了关键契机。

此后，中国、东盟无论是在双边，还是在“10+3”多边框架下的合作都大大加强了。1991年，当中国、东盟双方刚刚开始官方接触时，中国海关统计的双边贸易额只有84亿美元，东盟在中国对外贸易中所占份额大约在6%，到20世纪90年代末，双边贸易已经跃升到接近300亿美元，双方的贸易依存度也大幅提升，尤其是中国从东盟的进口在中国进口总量中所占份额已经从1991年的6.2%提升到9%。同一时期投资领域的合作发展也很快，其间东盟国家自1995年以来对中国的投资一直保持在每年30亿美元左右。③贸易投资领域合作的加深是中国—东盟自由贸易区计划的重要基础，同时也是自贸区追求的一个直接目标。

2. 自贸区与双边关系的战略塑造

从某种意义上讲，中国—东盟自由贸易区计划代表着中国主动塑造其与东盟关系的开始。④2000年是中国、东盟经济合作历史上的一个转折点，面对东盟国家对于中国加入世界贸易组织后竞争力加强的担心，朱镕基总理提出了建设双边自由贸易区的构想。这成为双边经济合作迈向制度化安排的重要一步。随后，中国、东盟双方在2001年达成了建设自贸区的协议，并于2002年签署了《中国与东盟全面经济合作框架协议》，明确在2010年建成自贸区。

而这时，随着“富邻、睦邻、安邻”政策的提出，塑造稳定周边、服务

① 事实上，东盟国家外资流入减少与危机对其内部投资条件的负面影响有直接关系，很多国家的金融体系由于汇率的巨幅波动而处于崩溃边缘，另外一些国家则因为危机引起政局动荡，这些自然会拒以逐利为目标的外资于千里之外。但这并不影响东盟国家在与中国的对比中产生危机感、受威胁感。当然，这种错误的意象在危机后不久就在中国的积极努力下得到了有效的纠正。

② 时任印度尼西亚总统顾问兼发言人迪诺·帕蒂·贾拉勒的这一评论说明了危机给东南亚国家带来的对于中国认知的转变。转引自陈显泗《论中国在东南亚的软实力》，载《东南亚研究》2006年第6期，第43页。

③ 数据来自中国商务部统计资料。

④ 在作者看来，中国在与东盟合作的关系发展过程中，经历了从被动应对到主动塑造的变化。转引自王玉主：《中国东盟关系中的相互依赖与战略塑造》，载《国际问题论坛》2008年秋季号。

中国经济崛起大局的战略也开始出现其雏形。通过建立和睦的周边环境而保持邻安，其背后是中国外交政策调整后周边外交在总体战略中地位的提升。为了消除东盟国家对南中国海潜在冲突的担心，中国先是与有关各方发表了“南海各方行为宣言”，进而加入了《东南亚友好合作条约》，将双边关系上升到战略合作伙伴层次。根据框架协议的要求，双方相继在2004年签署了《货物贸易协议》，在2007年签署了《服务贸易协议》，又在2009年签署了《投资协议》。这些协议的签署意味着双边自贸区建设在制度安排上已经告一段落。[①]

或许与中国国家利益的多重性有关系，[②] 中国—东盟自由贸易区建设，虽然是从区域经济一体化入手的安排，但也很清楚地被赋予了塑造双边关系的使命。自2004年开始的中国—东盟博览会很好地体现了中国试图通过加强经济合作带动双边关系的战略意图，这个在自贸区框架下开展的博览会从一开始就表明要“站在国家战略的高度，紧紧围绕中央确定的‘与邻为善、以邻为伴’的周边外交方针，为巩固和平安定的周边环境，深化与东盟国家的经贸合作”。[③]

中国—东盟自由贸易区发展历程说明，它是一个目标多元化的合作平台。一方面，自贸区是双边关系发展到一定阶段的产物，表达了双方试图通过加强双边合作获取更大收益的努力。通过双边自由贸易区的建设，中国试图把东盟培养成为一个重要的出口市场和原料来源地。另一方面，自贸区还是双方化解利益冲突的一种手段，通过内部贸易投资自由化、便利化安排，消除由竞争而给双边关系带来的负面影响，为双边关系发展服务。与此同时，虽然在亚太地区特殊的力量结构背景下，东盟并未放弃其“大国平衡”外交战略，[④] 但频发的国际危机日益加深了中国和东盟的相互依赖关系，中国和东盟在这些问题面前甚至开始表现出越来越清楚的共同身份，[⑤] 这为中国通过自贸区建设这一平台来塑造双边关系提供了基础。对于自贸区建设本身来说，这实际上是一种超越性诉求，但却是双边合作追求的重要目标。而自贸区建设的这种复合目标，也是接下来评价中国—东盟

① 由于双边自贸区的渐进性，实际上货物贸易协议本身包含着逐步实施减税的条款，而在服务贸易方面，则采取的是分阶段谈判的办法，因此，目前有关服务贸易协议第二阶段的谈判仍在进行中。

② 关于这个问题可参考王缉思《关于构筑中国国际战略的几点看法》，载《国际政治研究》2007年第4期。

③ 广西博览局：《广西壮族自治区主席陆兵向吴仪副总理作广西壮族自治区政府关于承办中国—东盟博览会和中国—东盟商务与投资峰会的情况汇报》，2004年7月15日。

④ 曹云华：《中国—东盟自由贸易区与亚太经济新秩序》，载《亚太经济》2003年第2期。

⑤ 陈世瑞：《中国与东盟间的国际危机管理合作—基于博弈分析的角度》，载《东南亚研究》2007年第1期。

自由贸易区影响的主要方面。

（二）以渐进性、妥协性推动的一体化

对于中国来说，中国—东盟自由贸易区承载着经济利益和战略诉求，是一个复合目标的载体，而它本身也表现为一种包含多个领域合作的一体化进程。要推动这一进程，很重要的一点在于要依照由东盟发展的多元性决定的“东盟方式”，即协议的协调一致性、渐进性、妥协性等。这使得中国—东盟自由贸易区合作与西方的模式存在一定差异，也很大程度上影响自贸区作用的发挥。

中国—东盟自由贸易区的基本框架是由2002年双边签署的《中国与东盟全面经济合作框架协议》（下简称《框架协议》）确定的。《框架协议》从推动中国东盟经济合作的总体视角，规定了自贸区建设涵盖的范围、进程的安排以及实施的原则等，是自贸区建设的核心指导文件。根据《框架协议》规定，自贸区建设将包括货物贸易、服务贸易以及投资领域的相关安排。此外，争端解决机制的制定也是自贸区建设的一项重要内容。

1. 自贸区建设的时间框架

在货物贸易方面，协议规定有关关税削减或取消和其他问题的协议谈判应于2003年初开始，2004年6月30日之前结束，以建立涵盖货物贸易的中国—东盟自由贸易区。对于文莱、中国、印度尼西亚、马来西亚、菲律宾、新加坡和泰国，建成自贸区的时间是2010年，东盟新成员国建成自贸区的时间是2015年。与此相关的货物贸易原产地规则谈判应不迟于2003年12月结束。为了使协议各方尽快享受到自贸区的实惠，《框架协议》还规定将双方贸易中的农产品（HS1—8章）列入“早期收获计划”，各方不迟于2004年1月1日开始落实协议。[①]

服务贸易和投资方面，各项协议的谈判应于2003年开始，并应尽快结束，以依照相互同意的时间框架付诸实施，但实施时需要考虑各缔约方的敏感领域；为东盟新成员国提供特殊和差别待遇及灵活性。此外，协议规定各缔约方应在本协议生效1年内为实施本协议建立适当的正式的争端解决程序与机制。在实际操作中，由于一些客观因素的影响，《货物贸易协议》于2004年11月签署，2005年7月开始实施，《服务贸易协议》于2007年7月开始实施，而《投资协议》则直到2009年8月才得以签署。

2.《货物贸易协议》的基本内容

《货物贸易协议》规定，纳入关税削减或取消计划的税目应该包含所有未被早期收获计划包含的税目。这些税目进一步分为正常类和敏感类，各自

① 在早期收获计划的实施过程中，由于一些国家在产品清单提供上的推迟，使得个别国家加入计划的时间大大推后，其中菲律宾是最晚加入实施该计划的国家。

遵循双方协定的减税模式（具体减税安排见表 1、表 2、表 3）。在贸易产品的涵盖范围问题上，协议对于一般性例外和安全例外也作出了规定，以保护任一缔约方的安全或基本利益。协议同时对货物贸易的原产地规则、数量或非关税壁垒以及争端解决机制等问题作出了明确的规定。

表 1 中国与东盟六国的减税表

X= 最惠国税率	中国—东盟自由贸易区优惠税率（不迟于 1 月 1 日）			
	2005*	2007	2009	2010
X > 20%	20	12	5	0
15% < x < 20%	15	8	5	0
10% < x < 15%	10	8	5	0
5% < x < 10%	5	5	0	0
X < 5%	维持不变		0	0

注：东盟六国指东盟六个老成员。

* 开始落实日期为 2005 年 7 月 1 日。

表 2 越南的减税表

X= 最惠国税率	中国—东盟自由贸易区优惠税率（不迟于 1 月 1 日）							
	2005*	2006	2007	2008	2009	2011	2013	2015
X > 60%	60	50	40	30	25	15	10	0
45% < X < 60%	40	35	35	30	25	15	10	0
35% < X < 45%	35	30	30	25	20	15	5	0
30% < X < 35%	30	25	25	20	17	10	5	0
25% < X < 30%	25	20	20	15	15	10	5	0
20% < X < 25%	20	20	15	15	15	10	0 ~ 5	0
15% < X < 20%	15	15	10	10	10	5	0 ~ 5	0
10% < X < 15%	10	10	10	10	8	5	0 ~ 5	0
7% < X < 10%	7	7	7	7	5	5	0 ~ 5	0
5% < X < 7%	5	5	5	5	5	5	0 ~ 5	0
X < 5%	维持不变							0

* 开始落实日期为 2005 年 7 月 1 日。

表 3 柬埔寨、老挝和缅甸的减税表

X= 最惠国税率	中国—东盟自由贸易区优惠税率（不迟于 1 月 1 日）							
	2005*	2006	2007	2008	2009	2011	2013	2015
X > 60%	60	50	40	30	25	15	10	0
45% < X < 60%	40	35	35	30	25	15	10	0
35% < X < 45%	35	35	30	30	20	15	5	0
30% < X < 35%	30	25	25	20	20	10	5	0
25% < X < 30%	25	25	25	20	20	10	5	0
20% < X < 25%	20	20	15	15	15	10	0 ~ 5	0
15% < X < 20%	15	15	15	15	15	5	0 ~ 5	0
10% < X < 15%	10	10	10	10	8	5	0 ~ 5	0
7% < X < 10%	7**	7**	7**	7**	7**	5	0 ~ 5	0
5% < X < 7%	5	5	5	5	5	5	0 ~ 5	0
X < 5%	维持不变							0

* 开始落实日期为 2005 年 7 月 1 日。

** 缅甸可以在 2010 年维持不高于 7.5% 税率。

（三）《服务贸易协议》的基本内容

《服务贸易协议》规定了双方在自贸区框架下开展服务贸易的权利和义务，同时包括中国与东盟十国开放服务贸易的第一批具体承诺减让表。各方将根据减让表承诺的内容进一步开放相关服务部门。协议规定，中国在WTO承诺的基础上，在建筑、环保、运输、体育和商务等5个服务部门的26个分部门，向东盟国家作出市场开放承诺，东盟十国也分别在金融、电信、教育、旅游、建筑、医疗等行业向我国作出市场开放承诺。① 此外，协议还要求双方对第二批具体承诺减让表进行谈判。

（四）《投资协议》的基本内容

《投资协议》的目标旨在通过逐步实现东盟与中国的投资体制自由化；为一缔约方的投资者在另一缔约方境内投资创造有利条件；促进一缔约方和在其境内投资的投资者之间的互利合作；鼓励和促进缔约方之间的投资流动和缔约方之间投资相关事务的合作；提高投资规则的透明度以促进缔约方之间投资流动；为中国和东盟之间的投资提供保护来促进东盟与中国之间投资流动，建立自由、便利、透明和竞争的投资体制。协议同时还对国民待遇②、最惠国待遇③ 以及投资待遇④ 作了具体规定。

二、自贸区建设以来中国、东盟关系的发展

随着双边自贸区建设的深入，中国、东盟经济合作逐步形成两个显著的特点：一是双方经济逐步形成比较深入的相互依赖；二是随着双方在《全面经济合作框架协议》下自由贸易区计划的落实和推动，合作的制度化达到一定的水平。

（一）器物层面上，双方在贸易、投资等领域的相互依赖关系日益深化

首先，到目前为止双边贸易方面的相互依赖表现出明显的深化趋势。从双边货物贸易情况看，2008年中国、东盟贸易总额比1991年增加了26.5倍，达到2 311亿美元，约占当年中国对外贸易总额的9%。虽然双边贸易额的增加很大一部分被中国对外贸易总量的扩张所解释，但仍有大约722亿美

① 中国及东盟10国所作的具体承诺详见中国—东盟自由贸易区服务网（http：//fta.mofcom.gov.cn）。

② 国民待遇是指各方在其境内，应当给予另一方投资者及其投资，在管理、经营、运营、维护、使用、销售、清算或此类投资其他形式的处置方面，不低于其在同等条件下给予其本国投资者及其投资的待遇。

③ 最惠国待遇内容比较复杂，详见《投资协议》第五条。

④ 投资待遇要求各缔约方应给予另一方投资者的投资公平和公正待遇，提供全面保护和安全。其中，公平和公正待遇是指各方在任何法定或行政程序中有义务不拒绝给予公正待遇；全面保护与安全要求各方采取合理的必要措施确保另一缔约方投资者投资的保护与安全。

元、大约占中国对外贸易总量3%的贸易量源自双边贸易的绝对增长，① 双边贸易份额的增长反映了中国、东盟贸易相互依赖程度的提高。目前，东盟以其约1.5万亿美元GDP的经济规模，不到2万亿美元的对外贸易总量，担当着中国第四大贸易伙伴的重担。从表4给出的数据变化可以看出，1991年以来，东盟无论是作为中国的出口市场，还是中国进口商品的来源地，都变得更加重要。在这一时期内，中国从东盟进口份额的增加明显高于中国对东盟出口份额的增加，说明东盟对中国市场的依赖性发展更快。

这一结论也得到来自东盟方面统计资料的支持，根据东盟秘书处公布的数据，2000年东盟对中国的出口只占东盟对外贸易的3.5%左右，这一数值在2004年上升到7.5%，到2008年则进一步上升到9.7%。进口方面的经历与此类似，2000年东盟自中国的进口占东盟进口总量的大约5.2%，2004年增加到9.7%，2008年增加到12.9%。

由此可见，东盟的统计支持中国、东盟相互依赖关系更快速地深化的事实，只是由于统计口径原因，双方都强调作为对方出口市场作用的发展。而随着中国、东盟大部分贸易从明年开始逐步实施零关税，中国东盟贸易会进一步增加。②

表4 中国东盟双边贸易（1991—2008）（单位：亿美元）

年份	中国出口		中国进口		贸易总额	贸易差额
	金额	占中国总出口(%)	金额	占中国总进口(%)		
1991	44.6	6.2	39.4	6.2	84.0	5.2
1992	46.7	5.5	44.1	5.5	90.8	2.6
1993	53.4	5.8	63.0	6.1	116.4	-9.6
1994	71.6	5.9	71.7	6.2	143.3	-0.1
1995	104.7	7.0	99.0	7.5	203.7	5.7
1996	103.1	6.8	108.5	7.8	211.6	-5.4
1997	127.0	7.0	124.6	8.8	251.6	2.4
1998	110.3	6.0	120.7	9.0	231.0	-10.4
1999	121.7	6.2	148.7	9.0	270.4	-27.0
2000	173.4	7.0	221.8	10.0	395.2	-48.4
2001	183.9	6.9	232.3	9.5	416.2	-48.4
2002	235.7	7.2	312.0	10.6	547.7	-76.3
2003	309.3	7.1	473.3	11.5	782.5	-164.0

① 1991年，中国与东盟的贸易占中国对外贸易总量的约6.2%，如果中国与东盟贸易到2008年仍保持这一份额，也即假如中国东盟贸易仅随中国对外贸易的发展的而水涨船高，那么2008年中国与东盟的贸易应该在1 588亿美元左右。因此，根据静态的估计，在2008年中国与东盟的2 311亿美元双边贸易中，约有1 504亿美元是由中国外贸增长引起的，但另外722亿美元贸易增量则反映了中国、东盟贸易联系的加强。

② 根据中国—东盟自由贸易区的进程安排，从2010年1月1日起中国与东盟六个老成员国之间将有大约7 000种贸易产品享受零关税。

续表

年份	中国出口		中国进口		贸易总额	贸易差额
	金额	占中国总出口(%)	金额	占中国总进口(%)		
2004	429.0	7.2	629.8	11.2	1 058.8	-200.8
2005	553.7	7.3	750.9	11.4	1 303.7	-196.3
2006	713.1	7.4	895.3	11.3	1 608.4	-182.2
2007	941.8	7.7	1 083.7	11.3	2 025.5	-141.9
2008	1 141.4	8.0	1 169.7	10.3	2 311.2	-28.3

资料来源：原始数据采自《中国对外经济贸易统计年鉴》及商务部网站。

其次，近年来中国与东盟之间的国际直接投资（FDI）已经逐步从单向流动转向双向互动。自中国改革开放以来，中国、东盟双方在投资领域的合作成就也是有目共睹的。东盟国家自1995年以来对中国的直接投资一直保持在每年30亿美元左右，其中新加坡一直是东盟对华投资的主力（见表5）。2007年，东盟对华协议投资1 922项，投资额121亿美元，实际完成44亿美元。截至2007年，东盟总计对华投资30 963项，协议投资额1 037亿美元，实际完成465.5亿美元，是我国前五位的直接投资来源。虽然东盟多数国家的经济在2008年受到了次贷危机的影响，但2008年东盟对中国的投资仍保持很高的水平，仅新加坡等五国的对华投资额就达到51.2亿美元。

表5 东盟国家对华直接投资（单位：亿美元）

国家＼年份	2004	2005	2006	2007	2008	2009（1—6月）
印度尼西亚	1.0	0.9	1.1	1.3	1.7	0.7
马来西亚	3.9	3.6	4.5	4.0	2.5	2.3
新加坡	20.1	22	24.6	31.8	44.4	19
菲律宾	2.3	1.9	1.4	1.9	1.3	0.6
泰国	1.8	0.9	1.5	0.9	1.3	0.1
合计	29.1	29.3	33.1	39.9	51.2	22.7

资料来源：中国商务部网站统计信息。

同时，受经济发展水平的影响，中国对外直接投资发展起步较晚，[①] 中国对东盟的直接投资在很长一个时期都非常有限。因此，在中国东盟投资合作领域一直处于东盟对华投资一边倒的状态，东盟作为中国重要的投资来源，表现为某种不对称依赖。但近年来随着中国经济的快速发展，中国对外直接投资飞速发展，2008年中国对外直接投资已经达到521亿美元（见下图），中国对东盟国家的投资于是有了非常显著的增加。根据东盟秘书处的统计，仅2006年至2008年三年时间内，中国对东盟国家的直接投资累计就

① 根据《中国对外直接投资统计公报》提供的数据，1990年至1999年中国对外直接投资累计只有234亿美元。

达到36.8亿美元。其中，2008年中国对东盟直接投资14.4亿美元，约占东盟当年602亿美元外资总额的2.4%，超过东盟长期以来的重要投资来源韩国，列在东盟外部直接投资来源的第四位。

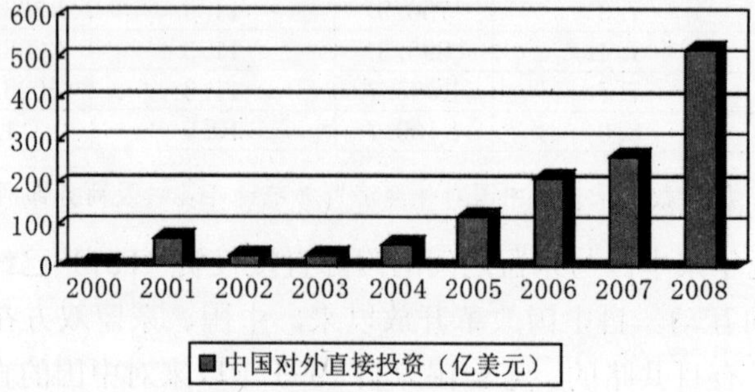

中国对外直接投资发展（2000—2008）

资料来源：相关各年份的《中国对外直接投资统计公报》。

这种发展趋势说明中国、东盟双边投资已经从单向的一边倒转入相互流动的发展阶段，同时，不管是从东盟对华投资的发展，还是从中国对东盟投资的快速增加来看，投资领域双边的相互依赖在迅速深化是不争的事实。

（二）制度层面上，自贸区把双边经济合作提高到一个较高的机制化水平

在中国东盟经济合作发展的同时，双方为经济合作达成的制度化安排也随之确立并逐渐迈向较高的层次。1991年7月，钱其琛副总理应邀出席第24届东盟外长会议之后，中国成为东盟的磋商伙伴国，这应该是东盟给予与之关系一般的国家的合作地位。此后5年中，中国一直以东盟的磋商伙伴身份开展与东盟的经济合作。考虑到中国和东盟在冷战时期的长期相互敌视和对立，以及当时双方仅有84亿美元双边贸易的脆弱经济联系，东盟如此冷淡对待中国是完全可以理解的。虽然从经济合作角度来看，这种伙伴关系，甚至后来东盟给予中国的全面对话伙伴国地位都不能被看做是有效的制度化安排，但这一关系的确立标志着中国、东盟双方在后冷战时代摆脱对立、迈向合作，实际上成为双方经济合作逐步迈向机制化发展的重要基石。后来，随着1997年金融危机的爆发，中国、东盟经济合作逐步走上机制化轨道并逐步深入。把“10+1”合作向自贸区建设推进是中国深化与东盟国家经济合作机制化进程的重要举措，因为它实际上把双方的相互依赖纳入了制度化保障的框架。自贸区规定的《货物贸易协议》、《服务贸易协议》以及《投资协议》必然会通过对双边经济合作的推动而深化双边的相互依赖程度。

三、未来德宏的对外贸易发展

德宏地处中国的西南边境，五个县市中有四个拥有边境口岸，主要面对的是东盟成员缅甸。在当前中国—东盟自由贸易区建成的背景下，德宏下一步的对外贸易发展应该说是面临着机遇，但也存在一些挑战。

（一）发展的机遇

（1）东盟一体化水平加深，使得德宏通过中国—东盟自由贸易区进入东盟市场更容易。东盟自1992年开始的一体化进程目前已经取得了很大成就，2007年东盟提出建设经济共同体，目标是把东盟建成单一市场和生产基地，这大大提升了中国—东盟自由贸易区的意义。这意味着德宏通过缅甸可以进入一个更加一体化的市场。

（2）西南陆路通道桥头堡概念提出以后，德宏的区位特点和优势得到了更进一步的突出和重视。德宏在中国西南大通道计划中具有十分重要的战略地位，桥头堡建设使德宏各口岸的地位远远超出了目前其主要承载的贸易功能。国际区域合作的发展与西南大通道和桥头堡概念的出台将德宏从中缅合作前沿推向中国与南亚、东南亚合作的前沿。

（二）面临的挑战

（1）虽然德宏州少数民族众多，与缅甸拥有较为悠久的历史联系与合作渊源。但一方面，缅甸是东盟成员中经济发展较为落后的国家，人均GDP不足500美元，对外贸易规模由于受到以美国为主的西方的制裁而十分有限。另一方面，缅甸的政治体制比较特殊，国内各民族关系比较紧张，尤其是与德宏州接壤的几个省区与缅中央政府的关系一直比较微妙。这使得德宏州地处对东盟贸易前沿的优势大打折扣。

（2）德宏州的产业发展相对滞后，对外贸易缺少强有力的产业支撑。调研中我们发现，州内各县的产业发展都不是很全面，多数还是农业为主，工业也多是基于农业的农产品加工业等。

（三）几点建议

（1）结合德宏当前面临的机遇和挑战来认识德宏下一步的对外贸易发展。自贸区虽然为德宏发展对东盟的贸易提供了机遇，但德宏面对的缅甸却存在一系列不确定性。因此，应该加强对缅甸政局和经济发展战略的变化与调整的研究，做到知己知彼。

（2）充分利用桥头堡建设带来的机遇。桥头堡计划说明国家对西南通道建设、对云南在中国周边地缘战略中的地位有了新的认识和定位，作为这一通道的主要承载口岸地区，德宏应以桥头堡建设为契机，争取国家的政策及项目支持，改善和提升地区的航空、交通、通信等基础设施水平，从物理层面上打牢桥头堡建设的基础。

（3）加强地区产业培植，把桥头堡做实，避免通道建成后仅成为其他省份对外贸易的过道。这里同样可以利用桥头堡建设这一概念，有选择地引进东部地区的一些企业和资金，结合本地的优势资源，培育优势产业，为口岸对外贸易水平的提升提供支持。

（4）前面对中国—东盟自由贸易区的分析说明，双边贸易投资合作承担着构筑双边关系的重要使命。因此，德宏各口岸在确定自身功能定位、突出其对外贸易功能的同时，也应注意其在中缅关系建设方面应该发挥的作用，避免一些可能损害双边关系的贸易行为。

缅甸军政府对“民地武”① 的改编及其对缅甸大选的影响

李晨阳

云南大学国际关系研究院东南亚研究所所长、教授

自从2009年4月底缅甸政府推出将“民地武”改编为边防军（Border Guard Force，简称BGF）计划之后，缅甸“民地武”与缅中央政府的关系持续紧张，2009年8月8日爆发的果敢事件是双方矛盾的一次大爆发。此后由于中国方面的积极斡旋，2009年9月之后缅北地区没有发生新的武装冲突，但是缅甸军政府与“民地武”的关系持续紧张，并对缅甸的大选产生了较大的影响。

一、缅甸军政府对“民地武”进行改编的背景

（一）缅甸民族问题的复杂性

缅甸是一个民族组成相当复杂的国家，缅甸政府自称有135个民族，实际上比较大的民族大约有40多个。缅甸的少数民族约占全国人口的1/3，其居住区域超过了缅甸国土面积的一半，而且缅甸独立以后，十多个较大的少数民族都组建了本民族的武装与以缅族为主的中央政府对抗。缅甸少数民族地方武装数量之多，与政府对抗之激烈，持续时间之长，在东南亚是独一无二的，在世界上也罕见。所以，缅甸的民族问题不仅带有普遍性，而且带有尖锐性和复杂性，它过去、现在和将来都是影响缅甸政治、经济和社会发

① “民地武”是中国对缅甸少数民族地方武装（Armed Ethnic Group）的简称，包括已经与缅甸军政府达成停火协议的民族武装以及继续与军政府对抗的民族武装。不过国内学界、政界对“民地武”这个称谓有不同看法，有的学者认为，对于已与军政府和解或实现停火的民族武装应称为“停火组织”（民地武S）；还有的认为，鉴于已与缅甸军政府实现停火的17支武装中有12支武装的辖区被划为缅甸特区，因此，再将其称为“民地武”是对这些民族武装地位的贬低，并且容易引起我国政策上的混乱，故主张和缅甸军政府一样将其称为“特区”（Special Region）。由于“特区”不能涵盖所有已与缅甸军政府实现了停火的民族武装，所以本文仍统一称之为“民地武”。

展的一个基本因素。

缅甸和平与发展委员会（SPDC，1997年11月以前称SLOC）1988年9月取得国家权力之后，对奈温政府的民族政策进行了重大调整和改革，采取了一系列灵活务实的措施，在一定程度上缓和了紧张的民族关系。到1997年共有17支民族武装与政府达成了和平协议或者停火协议，其中12支武装的辖区被缅甸军政府编为特区（见下表）。这些特区仅是名义上服从中央政府的领导，承认特区是缅甸联邦不可分割的组成部分，特区政府主要领导人名义上由中央政府任命，特区政府武装也被视为国家的边防警察部队，缅甸中央政府按照规定的编制给予特区政府官员和部队一定的经费，但特区总体上仍是“拥兵自立、占地自管”，而且特区的武装力量都超出了政府规定的编制。没有特区政府的允许，缅甸政府官员和武装部队不得进入特区，即使获准进入特区，也不能携带武器。特区政府的经济建设，也基本由特区自行组织，中央政府很少提供支持。尽管特区大都是边远山区，但蕴藏着丰富的木材、矿产、宝石和玉石、水电等自然资源。为了削弱特区政府的生存能力，缅甸政府规定，特区政府无权与外国公司签署合作开发特区内的自然资源的合同。

截至1999年已与缅甸军政府和解的少数民族地方武装

武装和 辖区名称	主要 领导	力量		和解 时间	总部 所在地	英文名称 主要民族
		人数	枪支			
缅甸民族民主同盟军 掸邦北部第一特区	彭家声 彭家富	2 706	1 345	31/3/89	老街	MDNAA 果敢族
缅甸民族团结军 掸邦北部第二特区	赵尼莱 鲍有祥	9 994	7 564	9/5/89	邦康	MNSA 佤族
民族民主同盟军 掸邦东部第四特区	林明贤 蒋志明	3 300	2 650	30/6/89	勐拉	NDAA 阿卡族
掸邦军 掸邦北部第三特区	色廷	2 130	1 340	24/5/89	盛加	SSA 掸族
克钦新民主军 克钦邦第一特区	吴色空登银（即丁英）	1 286	1 150	15/12/89	板瓦	NDA 克钦族
克钦保卫军 掸邦北部第五特区	木吐诺	2 000	2 009	11/1/90	岗卡	KDA 克钦族
勃欧民族组织 掸邦南部第六特区	昂坎迪	1 400	1 320	18/2/91	椒得龙	PNO 白勃欧
崩龙邦解放军 掸邦北部第六特区	吴埃孟	1 404	1 257	21/4/91	楠玛都	PSLA 崩龙族
克洋民族保卫军 克耶邦第一特区	给巴耶邦	80	80	27/2/92	孟别 佩孔	KNG 克耶族
克钦独立军 克钦邦第二特区	昭迈	6 050	5 600	24/2/94	莱辛	KIA 克钦族
克伦尼民族解放阵线 克耶邦第二特区	吴桑达 吴吞觉	1 615	1 236	9/5/94	霍雅 比亚	KNLF 克耶族
新克洋邦党 克耶邦第三特区	吴瑞埃 吴丹梭奈	1 496	801	26/7/94	彬泷	KPP 克耶族

续表

武装和辖区名称	主要领导	力量		和解时间	总部所在地	英文名称 主要民族
		人数	枪支			
掸邦各民族 人民解放组织	吴达格雷	3 148	752	9/10/94	瑙都	SSNPLO 红勃欧
克伦尼民族进步党	昂丹雷 吴库帖布佩	7 790	8 936	21/3/95	多达玛基 梯波格罗	KNPP 克耶族
新孟邦党	奈瑞景	7 860	8 346	29/6/95	耶羌帕	NMSP 孟族
蒙泰军	坤沙	14 000	9 000	5/1/96	贺蒙 莱浪 莱栋 孟都	MTA
若开共产党	吴沙吞吴	298	61	6/4/97	布帝洞 貌夺	CPB
总计		66 516	53 447			

资料来源：[缅]《军政府重建民族团结的措施》附录，仰光，1999 年缅文版。

（二）缅甸军政府一直谋求从根本上解决“民地武”问题

尽管 1988 年以后缅甸民族问题有了明显的换届，但是军政府始终谋求从根本上解决这些少数民族地方武装“拥军自立、占地自管”的局面，真正统一国家。长期主抓民族问题的缅甸政府总理钦纽上将 2004 年 10 月被迫退休以来，缅甸政府对其民族政策再度进行了较大的调整。

1. 提出“以武器换和平”，增强“以压促变”的力度

2004 年起，军政府启动了民主改革计划，面临的首要问题就是制宪。如何明确少数民族的权利与地位，直接关系到新宪法对缅甸国体、政体的定位，继而影响军队的利益。为此，军政府向“民地武”组织提出 “以武器换和平”，不允许“民地武”擅自扩充武装实力，严格限制这些组织的政治与经济权力。在此基础上，军政府对各“民地武”组织采取了“区别对待、步步紧压”的策略。对实力强、影响大的组织，当局利用这些组织管理不严、违法违规之机进行敲打，极力压缩其生存空间。2005 年至 2006 年，政府军多次以违反规定为由毙伤、抓捕数十名克钦独立军成员，抢占该组织地盘。对实力弱小的“民地武”组织，军政府则以彻底解除武装为目标，施以重压，这在崩龙邦解放党、掸邦民族军等组织身上取得一定成效。

2. 加紧插手“民地武”内部事务，以期从内部摧毁

除在外部加大施压外，军政府还有意识地加强对民地组织的渗透，在其内部制造分化与动乱，从中渔利。2005 年 9 月 14 日，克钦新民主军发生内讧，当局在冲突双方已发生多次交火的情况下，并不急于介入，而是积极在

该组织控制区外部署兵力，作壁上观。最后，军政府根据冲突双方的实力对比，以调解为名将兵变方的主要领导人泽龙等骗至密支那，使丁英部乘机粉碎兵变，既稳定了当地局势，又赢得丁英的忠心，还借机使克钦新民主军元气大伤，取得“一石三鸟”之效果。又如2004年，军政府收买克钦独立军人员，散布谣言称该武装侦探部部长腊萨翁图谋兵变，克钦独立军总司令恩板腊获知此情后下令逮捕了一批嫌疑人，腊萨翁等则逃脱。后经证实，此事系军政府暗中策划的离间计。

3. 严厉打击“民地武”组织制毒贩毒和违规经济活动，削弱其经济实力

缅甸“民地武”组织的财政收入多源于制毒贩毒活动与变卖控制区内自然资源，这些活动给军政府采取打击措施提供了上佳理由。当局打着禁毒、保护自然资源的旗号，名正言顺地对“民地武”组织的活动进行限制，对他们的违法违规行为进行严厉打击，而不必担心外界的抗议与反对。但是军政府迫使“民地武”彻底缴枪计划的实施总体上并不成功，之后才转而谋求对“民地武”进行改编。

（三）2008年缅甸新宪法关于民族问题的有关规定

2008年公投通过的缅甸新宪法中，并未明确提及“民地武”问题解决方案，但从其中有关条款中，仍可看出缅军政府解决此问题的一些思路。新宪法第三条指出，“缅甸联邦共和国是多民族聚居的国家”；第十条规定，“缅甸联邦共和国所辖省、邦、联邦直辖区、民族自治地方等任何时候都不允许分裂出去”；第五十六条规定，“缅甸联邦共和国设以下少数民族自治地方：在实皆省设那伽族自治县，在掸邦设德努族自治县、勃欧族自治县、崩龙族自治县、果敢族自治县（该县基本涵盖果敢同盟军控制区），掸邦的霍班、勐冒、班歪、那坊、万曼、邦康等6个镇区组成两个县，并组成佤族自治州（只包括北佤地区的大部分，未含南佤地区以及北佤的勐波县等）”；第三百三十八条规定，“全缅范围内的武装力量统一归国防军领导指挥”。从上述规定看，克钦独立军、克钦新民主军和掸东同盟军现有的控制区将不会再单独设立自治地方，未来的佤族自治州范围与佤联军现有控制区相比，面积大幅缩小，而各“民地武”的武装力量将统一纳入国防军的指挥管理体系。

二、缅甸军政府的边防军改编计划及其实施过程

（一）缅甸军政府2009年出台的“民地武”整编计划的基本内容和实

施方案

长期以来，缅军政权对“民地武”控制区“统而无治”，当局始终视“民地武”拥兵自治为国家稳定和军人集团利益的主要威胁之一，为确保2010年大选顺利举行，军政府以新宪法为依据，提出了解决国内“民地武”武装割据的方案，将其改变成为缅国防军统一领导和管理下的边防军（Border Guard Force）。具体方案为：将各“民地武”部队以营为单位进行整编，每营编制326人，其中营长和一名副营长由“民地武”成员担任，另一名副营长由缅国防军军官出任，每个边防营中必须有一定数量的国防军官兵，全部人员待遇按照缅军标准执行。此外，还规定了各组织改编后的员额标准，如佤联军3 000人，果敢同盟军1 000人，掸东同盟军500人，等等。军政府原计划分三步完成，第一步在2009年6月底以前完成武装人员和武器装备的登记工作；第二步于7月至10月进行整编；第三步自10月起按新编制对改编后的部队进行训练。为保证改编工作的顺利展开，军政府成立了三个级别的委员会：一是由和平与发展委员会主席丹瑞大将任主席，和平与发展委员会副主席貌埃副大将任副主席，成员包括和平与发展委员会全体委员的“过渡时期政策委员会”；二是由军队事务安全总局局长耶敏中将任主席，成员为各军区司令的“过渡时期工作委员会”；三是各军区司令牵头组成的“过渡时期军区级工作委员会”。从2009年4月底开始，缅政府多次与各“民地武”接触商谈，宣扬“一个国家只有一支武装”的宪法精神，劝说各组织接受改编。但在具体实施过程中，遭受了巨大阻力，缅北地区主要的“民地武”中，只有克钦新民主军愿意接受改编，其余各组织均予以拒绝。

（二）果敢事件的简要经过

2009年8月8日，约70名缅甸政府军没有按照事先的约定，直接来到果敢同盟军在老街的一家军械修理厂，宣称要突击检查毒品，遭到了果敢同盟军的坚决抵制，300多名同盟军将缅军反包围。经过5个半小时的对峙之后，政府军撤退。这一事件在果敢地区造成了巨大恐慌，约1万名居民逃往中国南伞。后经多方调停，果敢局势有所缓和，但是以彭家声为首的果敢特区政府仍不接受军政府的改编方案，导致局势持续紧张。8月21日，由果敢同盟军、佤邦联合军、掸东同盟军等组成的缅甸和平民主阵线就果敢“8·8”事件召开会议，发表了联合声明，一致支持果敢特区政府在“8·8”事件中的立场和采取的措施，反对军政府借禁毒为名打压“民地武”，呼吁通过对话来解决分歧。8月24日，果敢同盟军副司令白所成发动政变，组成一个新的中央执行委员会。缅甸政府军趁势大规模进入老街，不费一弹占领了这个果敢首府，并任命白所成为果敢地区新领导人。

2009年8月27日，果敢同盟军与缅政府军发生激烈武装冲突，成千上万的边民涌入中国境内。由于缅政府军使用了大口径火炮等重武器，最后果敢同盟军在8月29日放弃抵抗。缅甸政府8月30日称，果敢战事共造成15名警察和11名军人死亡，13名警察和34名军人受伤，8名少数民族武装人员死亡。而缅方也有3发炮弹射入中国境内，造成中国两位边民死亡，多人受伤。

这次缅甸政府选择1989年打响了分裂缅共第一枪，为缅共的瓦解和少数民族武装与政府和解立下了汗马功劳的彭家声为攻击对象，标志着缅甸政府的民族政策发生了根本变化，当政者已不再念当年的旧情，怀柔和安抚为主的政策成为过去。我们尤其要提及的是，缅甸独立后没有用武力成功解决民族问题的先例，但是2009年5月斯里兰卡政府用武力彻底消灭了实力比缅北“民地武”更为强大的泰米尔猛虎组织，为缅甸政府内部力主用武力解决缅北“民地武”的强硬派提供了重要的决策依据。

（三）果敢事件之后的缅北局势

果敢事件之后，缅军继续向缅北地区部署重兵，目标直指佤联军、掸东同盟军、克钦独立军等“民地武”，并且完成了对佤联军等“民地武”的军事分割和包围。处于被动守势的“民地武”为了最大限度地维护自身利益，一方面表示同意有条件接受整编，与缅政府进行了多次谈判；另一方面提出了诸多接受改编的条件，试图以拖待变，维持现状。与此同时，佤联军、克钦独立军等“民地武”也加快了扩军备战的进程。由于中国方面的斡旋，果敢事件之后缅北没有发生大规模武装冲突，但是缅中央政府与“民地武”的改编条件谈判也异常艰难，缅政府也不得不将改编的最后期限延长到2009年12月31日。

不过在军政府的高压下，部分实力弱小的“民地武”已经接受改编。如克钦新民主军于2009年11月8日被改编为边防部队，缅军政府给予其3个营的编制，番号为1001、1002、1003边防营，每营员额326人，原武装人员299人、缅国防军人员27人。由白所成领导的原果敢同盟军余部已于2009年11月29日改编为边防部队，缅军政府予其1个营的编制，番号为1006边防营，员额296人。克钦民族进步与安全军（也称克钦保卫军）已于2010年1月正式被改编为民兵组织（非边防部队，因为该组织活动范围位于掸邦北部贵街一带，并未在缅中边境地区），缅军政府要求其上缴所有武器，经登记后再由缅东北军区根据实际需要重新配发。克伦尼各民族人民解放阵线于 2009 年 11 月 8 日在克耶邦第二特区克耶邦的班登和速摆地区正式接受了缅中央政府的改编。克钦独立军腊萨翁分裂部于 2009 年 10 月 16 日被改编为民兵组织，总部设在克钦邦外恩谟镇区卡瓦延村。

与此同时，缅政府与佤联军、克钦独立军、掸东同盟军的谈判陷入了僵局，这些武装提出的条件和军政府的改编要求相距甚远，而且双方都互不让步。到 12 月 31 日，上述三股武装都没有按缅政府要求提交人员和武器装备清单。受这几股武装强硬态度的影响，原本倾向于接受改编的民主克伦佛教徒军、掸邦军也要求维持现状，不想被改编为边防军或者民兵。缅甸军政府随后将接受改编的截止日期延期到 2010 年 2 月 28 日、3 月 27 日，尽管有中国的斡旋，但是双方仍没有达成协议。2010 年 3 月底 4 月初，缅甸军政府再次通知各“民地武”，4 月 22 日是所有武装是否接受改编的最后期限，如果接受政府的方案，4 月 28 日就要改编完毕；如果不接受改编，4 月 28 日之后就要被宣布为非法组织。

（四）缅甸主要“民地武”明确拒绝军政府的改编计划

然而没有等到军政府规定的 2010 年 4 月 22 日，佤联军、掸东同盟军、克钦独立军和北掸邦军在 4 月 16 日发表拒绝接受缅中央政府改编条件的联合声明。这一事件对缅政府的“民地武”改编进程产生了严重的影响。下缅甸的新孟邦党（拥有 700 名正规部队，1995 年与缅政府和解）4 月 23 日宣布拒绝改编为边防军或民兵。4 月 23 日至 24 日，缅甸民族民主阵线（NDF）的八支少数民族武装的代表经过讨论后，决定组织从南到北全国性的系统武装抵抗运动。这 8 支少数民族组织是克伦民族联盟（KNU）、钦族全国阵线（CNF）、新孟邦党（NMSP）、勃欧民族解放组织（PNLO）、崩龙邦解放阵线（PSLF）、佤民族组织（WNO）、拉祜族民主联盟（LDU）和若开解放党（ALP）。4 月 26 日，克伦民族联盟 / 克伦民族解放军和平委员会主席腾孟少将及其他领导人呈交给耶敏一封长达 7 页的信，阐述了组织拒绝改编为军政府控制下的民兵组织的原因。克伦民族解放军和平委员会是原来克伦民族联盟 7 旅，2007 年 2 月脱离克伦民族联盟，与军政府单独签署和平协议。这些“民地武”的表态标志着缅政府在大选前彻底解决“民地武”问题的计划基本破产。

（五）近期军人政权继续推进缅甸“民地武”的改编

2010 年 4 月 28 日是缅政府规定的“民地武”改编的最后截止日期，缅甸众多的“民地武”没有发表任何声明，缅政府也没有宣布任何“民地武”

为非法组织。缅政府高层对于是否动用武力解决“民地武”问题存在比较严重的分歧，但是最终以大选为主，同时采用较为温和方式推进“民地武”改编的意见占了上风。近期缅政府的新举措主要包括以下几个方面：

（1）继续游说各少数民族武装改编为边防军或者民兵，但不再由军事安全事务局局长耶敏中将全面负责与“民地武”的改编，而是改由各个军区负责其辖区内“民地武”的谈判与改编。2010 年 4 月 30 日，金三角军区司令觉漂少将同掸东同盟军在勐拉进行了一次会谈，试图再一次说服该组织接受整编。觉漂甚至带来了一个乐队以及一些缅族歌手，在勐拉为当地居民进行表演。觉漂此行自然是无功而返。

（2）克钦独立组织成为主攻对象。2010 年 4 月 22 日，缅甸北部军区司令梭温少将在密支那再次约见了克钦独立组织主席宗卡、总书记拉嘉博士和副总参谋长关茂上校等人组成的 8 人代表团，但克钦独立组织再次明确拒绝了缅政府的改编条件。4 月 28 日至 29 日，缅甸政府派克钦邦出生的电信部长登佐准将、总监察长伦孟少将和第一工业部部长吴昂当陪同北部军区司令与以克钦独立组织主席宗卡为首的代表团谈判。这是军政府与该组织的第 17 次谈判，但是谈判仍没有取得突破。缅政府甚至提出，如果克钦独立军不愿意被整编为边防军，也可以整编为联邦国防部队（UDA）。

（3）缅政府动用其他社会力量参与改编谈判。譬如，缅政府从 2010 年 4 月份就邀请基督教克钦浸信会联合会前主席萨博维（Saboi Jum）和其弟弟昆米雅劝说克钦独立组织接受中央政府的改编。萨博维是基督教克钦浸信会联合会的创始人和前主席（1993 年至 2000 年任主席），同时担任缅甸最大的全国性非政府组织之一的沙洛姆基金会董事。萨博维和其弟弟昆米雅曾在 1994 年成功地促使克钦独立组织与缅政府签署了停火协议。

当然，缅政府的“民地武”改编计划在此期间也取得了一定的进展。首先，尽管北掸邦军与佤联军等签署了拒绝接受改编的联合声明，但在缅政府的高压之下，北掸邦军领导人雷茂少将与其他 12 个高层领导向缅甸东北军区司令昂丹图少将表示接受改编，此举在北掸邦军内部引起了分裂。2010 年 4 月 25 日，只有北掸邦军第 3、第 7 旅的约 200 多名官兵参加了东北军区副司令主持的北掸邦军改编为盛高自卫队的仪式，实力最强大的北掸邦军第 1 旅（约 2 500 人）选择了坚决抵制的道路，第 3、第 7 旅中反对改编的官兵也加入了第 1 旅。其次，4 月 28 日，1995 年从克伦民族联盟分裂出来的民主克伦佛教徒军部分领导决定接受缅政府的改编计划，成为政府控制下的民兵。但这一决议同样在拥有 6 000 名武装人员的民主克伦佛教徒军中引发了争议，最后只有齐督领导民主克伦佛教徒军第 999 旅接受了改变，大约有 2 000 多名官兵又回到了继续坚持与军政府武装对抗的克伦民族联盟。目前缅政府军已加强了对这两股武装中反对改编部分的围困，并有发动军事进攻的迹象。

与此同时，佤联军对前一阶段与缅政府的关系也进行了总结，认为以强硬的态度反对改编是合理、有效的，今后要继续坚持。此外，为了应对以后军政府的改编计划，佤联军已着手将部分主力部队改编为水电、开矿等生产型的部队，这样这些部队就不在改编之列了，同时也为佤邦的经济建设增加有生力量。还有，佤联军和掸东同盟军的联合防御也在不断地推进，大约有 3 000 名佤联军官兵已进入掸东同盟军防区，共同抵御缅政府军可能发动的进攻。

（六）“民地武”拒绝改编的原因（以佤联军和克钦独立军为例）

缅甸军政府与“民地武”在改编问题上的核心分歧有两个方面：一是武装的主导权，二是“民地武”上层的个人权益的保护。佤联军和 KIA 是缅甸最大的两支“民地武”，从他们与军政府的谈判中提出的要求就可以清晰地看到这两方面的矛盾。

1. 佤联军与缅甸军政府的分歧

佤联军是缅甸最大的一支少数民族地方武装，其辖区（掸邦北部第二特区）分为南北两部分，共 3.5 万平方公里，果敢事件之前拥有武装力量约 2.5 万人，到 2009 年底已扩充到了约 5 万人（含武装民兵）。

针对缅军政府的改编要求，佤联军在 2009 年 4 月底与缅政府举行了第一轮谈判。会后佤联军领导层形成了放弃武装和坚持武装斗争两派，分歧严重，没有达成一致意见。佤联军总司令兼特区政府主席鲍有祥、副主席肖明亮等人不想与军政府对峙，希望通过和平协商解决，但佤联军大多数中下层干部坚持武装斗争路线。5 月 16 日至 17 日，缅军政府官员与佤联军领导人再次会谈，佤联军方面表示，从情感上不能接受将佤联军改编为边防部队，尤其是无法接受军队裁员并与政府军混编的要求，而且佤联军官兵基本上不懂缅语，事实上无法混编。6 月 6 日，佤联军领导人再次向缅甸军事安全事务局局长耶敏中将表示，拒绝改编，要求维持现状。2009 年 8 月果敢事件爆发后，佤邦与缅中央政府之间一度关系紧张。局势稍微安定之后，特区副主席肖明亮 10 月 25 日率团赴腊戌与缅东北军区司令昂丹图会晤，肖明亮表示，佤邦联合党中央委员会全体委员均接受缅政府的改编要求，佤邦理解国家对部队整编的心情，但鉴于佤邦政府主席鲍有祥身体情况不佳，也请国家理解佤邦的困难和难处，目前部队整编的时机和条件尚不成熟，要求政府再给佤邦一段时间维持现状。而缅中央政府不同意推迟改编，只要求佤邦提出具体的改编条件。佤邦上下经过反复商量，11 月 14 日提出了接受改编的九大条件，具体如下：

第一，关于佤族自治州的辖区范围。新宪法规定佤族自治州由 2 个县组成，下辖 6 个区。佤邦不同意新宪法将南佤地区和勐波县划出去，提出将勐波县改为勐波区，归入温高县。这样，根据新宪法成立的佤邦自治州将包括 2 个县、7 个区。

第二，关于部队的改编。按照缅政府的计划，佤联军改编后将有 10 个营的编制，每营 326 人，其中包括 30 名缅军官兵，营长由佤族担任，缅族担任副营长。佤邦不同意缅中央政府的改编方案，要求在南北各成立一个军分区，每个军分区的司令和参谋长由佤族担任，副司令、副总参谋长由缅族担任，下属各个营的官兵均由佤族组成，不接受缅族官兵与佤族官兵混编的方案。

第三，关于部队官兵的年龄问题。佤邦不同意 50 岁以上官兵全部退出现役的方案，认为 50 岁以上的只要本人愿意，身体好，就可继续服役。

第四，被整编下来人员的安排问题。佤邦要求被整编下来的 5 000 多官兵要按国家军队的标准退伍或者提供 5 年的伙食，以使其平稳过渡。对于为政府作战而伤残的 1 000 多名官兵，由政府供养他们到去世；对于因公牺牲者的家属和孤儿 2 000 多人，政府也要负责供养。

第五，关于改编后部队的受训问题。按照缅政府的方案，改编后的佤邦士兵要统一到当阳受训，排以上军官到东枝附近的缅军基地受训。佤邦不同意这一安排，要求在佤邦本地受训，教官可由缅中央政府派出。

第六，关于地方工作人员的安置问题。按照新宪法成立佤邦自治州之后，大约有 7 000 多名地方工作人员富余出来，这部分人如何安置，要求政府提供帮助。

第七，民兵问题。目前整个佤邦有 2 万多民兵，缅政府要求取缔民兵，佤邦同意精简民兵，但要求保留民兵组织。

第八，社会治安问题。佤邦要求在辖区内设立警察局，以保护各地的社会治安。

第九，改编之后对佤邦官兵和政府工作人员的法律追溯问题。佤联军高层认为，如果仔细推敲，佤邦过去 20 年来的许多做法都违反了缅中央政府的现行法律和有关规定，佤邦要求缅政府承诺今后不追究他们的法律责任。

2009 年 11 月 24 日，佤邦派出以特区副主席肖明亮为首的代表团到腊戍与缅政府代表谈判。对于佤邦的九条要求，缅中央政府代表态度强硬，逐条驳回了佤邦的所有条件，并且要求佤邦在12月31日之前提交整个佤邦的全部官兵和地方工作人员名单。佤邦虽然承认其条件有些苛刻，但指出，既然是谈判，就应允许双方提出条件。现在缅政府代表一条都不接受，也不说回去之后向上级报告和研究，而是当场就拒绝，这是对佤邦的羞辱。因此，佤邦联合党迅速于11月26日至28日在邦康召开了中央全会，讨论与缅中央政府的关系问题。这次佤邦内部达成了高度的一致，90%的代表拒绝接受政府的改编。全会最后决定，佤邦将继续高举“和平建设”与“武装自卫”的两面旗帜，不独立，不分裂，不向政府军开第一枪，但不交一枪一弹，不交人员名单，要求维持现状，最终目标是获得像中国香港、澳门一样的特区地位。这就标志着佤联军与中央政府的谈判濒于破裂。

2010年2月24日至25日，鲍有祥在其安全得到保障的情况下，率领佤邦联合军副总司令岩伦、佤邦联合党中央办公厅主任李祖烈等人与负责“民地武”改编事务的缅甸军事安全事务局局长耶敏中将在缅政府控制的当阳举行了自2009年11月以来的新一轮谈判。在会谈中耶敏再次敦促佤邦联合军接受政府的改编。2月27日，佤邦联合党在佤邦首府邦康召开了中央全会，会议最后通过了两点决议：

第一，原则上尊重2008年宪法关于佤邦自治州辖区范围的规定，但是请求缅中央政府从历史、民族感情等因素出发，将勐波、勐平以及南佤地区划归佤邦自治州管辖。

第二，原则上接受政府的改编计划，但是坚持以2009年11月提出的九点条件为基础进行谈判。

2010年3月底缅政府通知佤邦领导人鲍有祥等人4月1日前往当阳与政府谈判，佤邦首先以佤联军总司令鲍有祥身体欠佳为由，试图将谈判时间推迟到4月4日，但遭到主管“民地武”改编事务的军队安全事务局局长耶敏中将的拒绝，最后不得不派出了以掸邦北部第二特区（佤邦）政府副主席赵文光为团长的谈判代表团。其次，佤邦在谈判中提出了接受改编的八大要求，与原来的九条相比，这次佤邦联合军明显作出了让步。如在佤联军改编方面，佤邦不再坚持在北佤和南佤都设立军分区，只要求在北佤的邦康设立军分区，在南佤的万宏与回俄分别设立战术指挥部；北佤军分区的司令仍由佤族担任，两个副司令是佤族、缅族各一个，但参谋长可以由缅族军官担任，每个营接受5名缅军军官，而佤邦以前一直坚持参谋长由佤族担任，不接受缅族官兵进入佤邦联合军。不过耶敏在当阳没有对佤邦的新方案具体表态，只是说政府的要求已经非常明确了，不用反复说明。当然，耶敏也向佤联军通报了4月22和4月28日两个接受改编的截止日期。但是4月9日缅甸军政府再次逐条驳回了佤邦的条件。

2. 克钦独立军与缅甸军政府的分歧

拥有约7 500兵力的克钦独立军是缅甸的第二大“民地武”，主要位于缅甸的克钦邦，其辖区被划为克钦邦第二特区。该组织实行党（克钦独立组织）、政（克钦邦第二特区政府）、军（克钦独立军）三合一的领导体制，克钦独立组织中央委员会是最高领导机构，下设地方行政管理委员会、军事委员会和经济发展委员会。在整编问题上，双方进行了多次谈判，但进展甚微。2010年4月16日，克钦独立组织在其总部拉扎召开了有超过2 400名克钦独立组织成员和民众代表参加的群众大会。克钦独立组织总书记拉贾（La Ja）博士向参会代表介绍了该组织与军政府之间的15次改编谈判情况，着重解释了4月4日缅甸军事安全事务局局长耶敏中将要求该组织在4月22日答复是否接受改编和4月28日完成改编的要求，以及克钦独立组织对此要求的态度。

拉贾在会议上指出，克钦独立组织认为将少数民族地方武装进行改编是非常好的事情，也愿意接受中央政府的改编；但是改编必须根据1947年的《彬龙协议》进行，因而克钦独立军不同意被改编为边防军，而应直接进入国防军的序列，成为过去曾经存在的缅甸国防军克钦营。在英国殖民统治期间，为了对缅族和各少数民族分而治之，单独组建了由克伦、克钦、钦等民族组成的少数民族营。缅甸独立后，这些少数民族营继续存在，但这些纯粹由少数民族组成和领导的军队，后来成为了武装反抗中央政府的主力军，因而缅甸政府取消了少数民族营的编制。现在克钦独立组织提出重建国防军克钦营，实际上是为了拒绝国防军官兵进入克钦独立军，继续保持对军队的控制，也就是要求维持现状。

此外，拉贾强调，该组织之所以与中央政府的谈判不顺利，主要是因为负责谈判的军事安全事务局局长耶敏中将的态度生硬，不尊重少数民族的权益。因为耶敏在谈判中威胁到，如果该组织拒绝接受政府的改编，就要回到1994年达成停火协议前的状态。因此，克钦独立组织已向丹瑞大将写信，控诉耶敏中将，同时请丹瑞大将对该组织的提议进行裁决。在丹瑞正式回复之前，克钦独立组织不会在4月22日之前表态是否接受中央政府的改编方案，但是会派遣代表在4月22日与政府军会面，再次解释克钦独立组织的立场。克钦独立组织同时又一次表示愿意用和平方式解决与政府之间的分歧，不愿和政府军动武。

三、缅甸“民地武”改编问题的前景及其对大选的影响

（一）制约缅甸“民地武”改编问题发展的主要因素

1. 缅甸军政府和未来民选政府与“民地武”之间能否建立互信

互信问题是改编能否实施的关键，问题是钦钮下台之后，“民地武”对缅甸军政府和未来只是换汤不换药的民选政府严重缺乏信任。所以，互信的建立必须有第三方的参与和保证，目前和将来有可能发挥这种角色作用的包括中国政府、联合国甚至东盟，问题是外部势力是否愿意深深卷入缅甸国内的问题。

2. 缅甸军政府能否改变谈判方式

2009 年 4 月以来在与“民地武”关于改编问题的谈判中，军政府基本上是以一种居高临下的姿态，甚至用训斥的口吻和威胁的话语来谈判，没有把双方置于平等的地位。尤其是军政府一味地顽固坚持对自己的改编方案，不愿意作丝毫的让步，只要求“民地武”接受其方案。其实谈判就是双方讨价还价，其中一方不作任何让步就不叫谈判。

3. 已经接受改编的“民地武”及其辖区的状况

尽管几支最大的“民地武”尚未接受缅甸军政府的改编，但克钦新民主军、果敢同盟军等已经被改编成为边防部队。从目前的情况看，这些被改编的“民地武”的作用被严重削弱，其领导人的处境尴尬，基本上被架空，甚至开设的公司都被没收。这种状况在果敢地区表现得最明显，改编之后社会不稳定，白所成领导的临时管理委员会无所事事，民众安全没保障，外来投资严重萎缩，与“8·8”事件之前的繁荣状态形成了鲜明的对比。如果缅甸政府不能迅速改变这种状态，把已经接受改编的地区建设成为繁荣和发展的典范，其他“民地武”是不会步其后尘的。

4. 周边国家尤其是中国政府的态度

中国一方面希望缅甸政府能顺利推进国内的民族和解，实现国家政令、军令的统一，另一方面又希望缅甸政府能承诺保障中缅边境地区的安全与稳定。尽管这两个目标之间有一定的冲突，但确实反映了中国政府的一种两难选择。泰国、印度的政策与中国基本一致，美国尽管想介入“民地武”问题，但从目前来看，其影响有限。

（二）缅甸“民地武”改编问题的发展趋势

（1）由于目前已进入雨季，而且缅甸军政府的主要精力已转移到大选的筹备上，因此，缅甸军政府在大选之前用武力解决“民地武”改编问题的可能性已经很小。

（2）对“民地武”进行彻底的改编是缅甸军人政权的既定目标，甚至可以说是缅族上层长期以来试图实现的夙愿。大选之后的新政府将继续推进这一进程，而且总体上不会对少数民族作出太多的让步。

（3）目前佤联军、克钦独立军等主要“民地武”对改编是非常抵触的，可以说认定改编将彻底改变其命运，加上白所成、丁英等人的下场并不太好，所以这些“民地武”近期是很难接受缅甸军政府的改编方案的。为了维持现状和保住其既得利益，这些“民地武”高层已四处寻找军事、经济援助。

（4）缅甸政府要用和平的方式完成对“民地武”的改编将是一个比较长期的过程，但是缅甸政府又没有彻底消灭所有“民地武”的军事能力以及长期占据这些地区的财力、物力和人力资源。不过缅甸军队内部确实有部分高级将领主张用武力解决“民地武”问题。

（三）“民地武”改编问题对缅甸即将举行的大选的影响

（1）对“民地武”的改编进展不顺利对于缅甸军政府确定大选时间产生了比较大的影响，甚至可以说是缅甸军政府迄今为止尚未宣布大选时间的关键因素。

（2）“民地武”改编进展不顺利也影响到了个别政党的注册。如克钦邦进步党已经提交了注册要求，但迟迟未能获得批准应该和克钦独立军的改编不能取得突破性进展有直接的关系。

（3）根据新宪法的规定，对个别没有实现改编的“民地武”辖区的选举可能会延期举行。

四、结 语

缅甸“民地武”的出现既与缅甸国内复杂的民族问题和以缅族为主的中央政府的民族政策密切相关，也与冷战期间的国际格局不无关系。少数民族武装长期占地自管、拥军自立不是现代民族国家内部的正常形态，缅甸中央政府对“民地武”进行改编有其合理性，但其方式、方法和实施的时间不是很得当。缅甸民族问题的解决和完成对“民地武”的改编需要较长的时间，并将对缅甸的政治转型尤其是即将举行的大选产生一定的影响。

建设我国面向西南开放的桥头堡

——德宏州从陆路融入全球化和区域化势在必行

童晓谷

云南省国际贸易研究所所长、高级经济师

中国是一个既有较长海岸线又有广大内陆地区的国家，必须同时重视从海上和陆路两个方向融入全球化。中国人均资源并不丰富。随着中国经济规模的不断扩大，能源、资源、生态环境对经济增长的约束日益明显。因此，大规模参与国际分工，不断充分利用国外资源和开拓国际市场，已成为中国可持续发展的必然的战略选择。云南与越南、老挝、缅甸接壤，具有沟通太平洋、印度洋，连接东南亚、南亚的独特的、不可替代的地缘优势，是中国与东南亚、南亚次大陆相通的连接点，是中国从陆路融入全球化的重要通道。在云南对外开放发展战略中，这种区位优势决定了云南必须更加高度重视通过大通道经济从陆路融入全球化和区域化，大力实施南向开拓合作战略。

2009 年 7 月，胡锦涛总书记视察云南时指出："要充分发挥云南作为我国通往东南亚、南亚重要通道的优势，深化同东南亚、南亚和大湄公河次区域的交流合作，不断提升沿边对外开放质量和水平，使云南成为我国面向西南开放的重要桥头堡。"

可见，中国面向西南开放已不再是一个理论问题，而是一个十分重大而紧迫的实践问题；不仅是地方经济发展问题，而且是中国如何进一步扩大对外开放，通过云南从陆路融入全球化和区域经济一体化的重大战略问题。

分析云南以及德宏州的实际，我们对桥头堡建设应该有符合实际的认识，应该清醒认识以下几个方面。

一、云南的桥头堡建设是在全球化背景下中国进一步面向世界开放、进一步提升沿边对外开放质量和水平、服务于全国对外开放战略的必然要求

二、德宏州位于连接亚洲三大经济圈（东亚经济圈：包括中国沿海地区、日本、韩国；东南亚经济圈：东盟十国；南亚经济圈：印度、巴基斯坦等七国）的要冲。云南融入全球化必须通过区域经济一体化来实现，而在融入的整个过程中德宏的地缘优势无可替代

三、桥头堡建设不是一句时髦的口号，需要有实际内容来支撑和体现

分析德宏州经济发展的现状，桥头堡建设的主要内容应该突出以下几个方面：

（一）大通道经济是桥头堡建设的主要内容和最显著的特点。没有大通道经济就没有桥头堡建设

尽管中国东部已建成了便利的出海通道，但是当今世界经济主要还是陆路经济，在今天的技术基础上，大陆资源的配置能够最有效地推动经济发展，“路有多长经济就有多长”。

大通道不仅是德宏的大通道，更是云南的大通道、中国的大通道、亚洲的大通道，是中国连接亚洲三大经济圈的大通道。云南大通道经济的实现，可以形成昆明—河内经济走廊、昆明—仰光经济走廊、昆明—曼谷经济走廊、昆明—加尔各答经济走廊，进而形成大规模的人流、物流、资金流大进大出的集散地。

德宏州要积极推进中—缅—印通道建设，与缅、印共同打造昆明—瑞丽—曼德勒—德木—因帕尔—加尔各答经济走廊，进而培育新的周边市场，构建贸易投资新格局。

在上述对缅甸通道建设中，德宏州应争取从地方政府角度出发推动实施，有助于淡化我国家主导色彩，有利于我缓解国际舆论压力，增大回旋余地。

（二）建立跨境经济合作区是桥头堡建设的另一个重要内容和有效步骤，同时也是云南充分利用两种资源、两个市场、扩大外需的重要措施

欧盟的经验表明，跨境经济合作区是实现区域经济一体化的有效途径。欧盟各国之间60多个颇具规模的跨境经济合作区的成功实践，实现了生产要素在欧洲大陆的无障碍配置与流动，最终形成了欧元区的共同市场。

云南应该抓紧建立中—越、中—老、中—缅跨境经济合作区，不失时

机地把云南建成承接东部产业转移的基地，面向东南亚、南亚出口的加工基地，利用东南亚、南亚国家资源的合作开发基地。

德宏州应该积极创造条件抓住时机，扩大姐告边境经济合作区的规模，进一步提升和完善其功能。同时加快推动建设中缅瑞丽—木姐跨境经济合作区，吸引人流、物流、资金流在这一区域内聚集，扩大产业转移和加工贸易规模，带动周边经济发展。

（三）德宏州要把大力发展服务贸易作为“调结构、转方式”的主要内容，精心谋化，认真实施

进入21世纪以来，世界经济全球化进程不断加快，全球服务贸易发展速度逐渐超过全球货物贸易，成为当今世界经济增长的“新引擎”。世界经济重心逐渐由制造业转向服务业，国际贸易竞争的核心开始由货物贸易转向服务贸易。

云南服务贸易起点低，产业基础不强，缺少大规模、多层次的产业支撑，与我国东部沿海地区相比存在较大的差距。服务贸易不发达不仅制约了云南省产业结构的优化和升级，也影响了云南省进一步扩大对外开放的进程和对外贸易的竞争力。

2007年中国与东盟签署了《服务贸易协议》，中国将在对世贸组织承诺的基础上，进一步向东盟国家开放建筑、环保、运输、体育和商务等5个服务部门，东盟也将向中国开放金融、电信、教育、旅游、建筑、医疗等行业，未来几年这无疑将极大促进云南与东南亚邻国在服务领域的相互投资，提升云南的服务贸易规模和质量。

德宏州应抓紧制定服务贸易发展规划，整合资源，花大力气、下大工夫提升和改善金融、保险、通信等重点行业，用完善的服务贸易体系来支撑大通道经济的实现。

（四）德宏州要突出重点发展比较优势，打造德宏特色产业

以资源优势创品牌优势，“引进来”与“走出去”并举，拿出最好的项目，创造条件招商引资，积极引进国内外战略合作伙伴；不断延伸产业链，提高商品附加值，扩大国内外市场。从而实现德宏州建设全国最大的咖啡种植加工基地、全国最大的澳洲坚果和柠檬基地、全省最大的竹子产业加工基地、以玉石翡翠为重点的珠宝玉石加工基地，打造德宏特色产业的战略构想。

（五）德宏州要充分发挥口岸条件优越的优势，加快发展边境贸易

人流和物流是口岸的生命。要千方百计扩大德宏州与邻边口岸的人流、

物流往来规模；扩大从缅甸进口海产品等国内市场有需求的产品；积极探索建立边境自由贸易园区的新模式，建设一批边民互市示范点；用足边民互市8 000元人民币额度的政策，扩大边民贸易往来。

积极争取和认真用好国家每年安排的口岸建设专项资金，加快口岸改造升级，全面提升口岸功能，实现口岸通关便利化。

四、与此同时，在桥头堡建设中也应该清醒地看到：与东部发达地区相比较，云南（包括德宏州）的工业化程度低，制造业欠发达；科技水平不高；产业结构缺乏与东南亚、南亚各国市场产业链的衔接。此外，地缘上的区位优势并不意味着绝对优势

最近五年来，广西在构建中国—东盟自由贸易区的过程中下了大力气，发展势头强劲。广西与东盟国家之间已经构建了包括铁路、公路、航空、港口在内的比较完善的物流设施网络。公路方面，广西已建成从南宁通往友谊关的高速公路。铁路方面，拥有由南宁经友谊关通往河内的中越铁路。航空方面，南宁已开通了一些通往东盟国家的航线。在中国—东盟自由贸易区建设中，广西的三大港口—北海、钦州、防城港是中国西南出海口的重要港口，一旦资源得到有效整合，联合广东湛江港，接受香港物流产业转移，将形成东亚经济圈中一个大规模的贸易中转枢纽。

显而易见，广西的发展速度正在挑战云南的发展速度。

这里有几个数字值得进一步分析与思考：2009年全国国内生产总值33.535 3万亿元，云南省仅有6 818亿元，德宏州115亿元；2009年全国进出口总额2 2075亿美元，云南仅有80.2亿美元，德宏州7.5亿美元。在这样的数字面前，云南省以及德宏州的经济地位和实力不言自明。可以准确地说，在建设中国面向东南亚、南亚开放的大通道经济的舞台上，如果仅靠云南来表演，将会是心有余而力不足。领衔主演的应该是中国东部沿海发达地区，乃至亚洲和世界众多的品牌企业。只有全国一起上，中国进一步面向西南开放的大戏才能演得有声有色。

五、在进一步深化同东南亚、南亚和大湄公河次区域的交流合作，不断提升沿边对外开放质量和水平的过程中，在国内外竞争日趋剧烈的形势下，德宏州乃至云南省都应当树立“二传手观念”和“民族舞意识”

排球场上，“二传手”虽然不是主要得分手，可是“二传手”往往通过巧妙的分球来组织和协调进攻，是场上的灵魂角色，发挥着不可替代的独特作用，足以影响比赛的胜负。同样的道理，德宏州只有通过下工夫大力发展服务贸易来吸引和承接中国东部，乃至亚洲以及世界一定范围内的产业转移，以大通道经济为核心构建配套服务体系；全方位提高服务质量，甘当“二传手”；在要素的配置与流动中提供德宏州可能提供的全面优良的服务。服务贸易与加工贸易并举，才能把德宏州的区位优势转化为经济优势，使德宏州真正成为中国连接亚洲三大经济圈的桥梁与纽带，在服务云南、服务全国中发展自己。与此同时，德宏州要拿出最好的项目，通过各种形式吸引国内外投资，承接产业转移，采用大进大出方式扩大进出口贸易。此为“二传手观念”。

云南有25个少数民族，各民族各有自己优秀的民族舞蹈。云南如果跳芭蕾舞、搞交响乐，也许永远不可能赶上北京、上海等大城市的世界级水平。但是如果跳民族舞、搞原生态，杨丽萍以及李怀秀、李怀福姐弟等一批云南本土民族表演艺术家就可以获得巨大成功而独领风骚。同样的道理，德宏州在巩固传统经济的同时，要大力创新，开发个性化经济，创建个性化产品，打造个性化品牌；要突出服务贸易，突出加工贸易，突出物流中转，突出旅游产业，突出民族文化产业，才能实现“转方式，调结构”的经济发展要求，才能提升云南对沿边开放的质量与水平。此为“民族舞意识”。

总之，德宏州从陆路全面融入全球化和区域经济一体化的时机和条件已经成熟，按照“服务全国、发展云南”、“服务全国和云南、发展德宏”的思路，实现把云南建设成为我国面向西南开放的重要桥头堡的战略构想，是云南省以及德宏州面临的一次重大而宝贵的历史机遇，其意义不可估量。

加快瑞丽（含畹町）跨境经济合作区建设研究

陈利君

云南省社会科学院南亚所所长、研究员

2009年7月胡锦涛总书记视察云南时指出，要把云南建设成为中国面向西南开放的重要桥头堡。2009年12月20日结束的中共云南省委八届八次全体会议，确定将“加大对内对外开放力度，把云南建设成为我国面向西南开放的重要桥头堡”作为2010年全省要做好的重要工作之一。这对云南进一步提升对外开放水平提出明确要求，也为德宏瑞丽（含畹町）建设中缅跨境经济合作区、加快对外开放步伐提供了难得的发展机遇。

桥头堡建设是中央审时度势对云南对外开放作出的重大战略部署，是坚持“与邻为善、以邻为伴”、“睦邻、安邻、富邻”和“互利共赢”的具体体现，是促进沿边地区经济发展和维护边疆安全的重要战略举措，也是新时期云南深入贯彻落实科学发展观、扩大与周边国家开放与合作、加快经济社会又好又快发展的新举措。因此，在桥头堡建设新时期，德宏要紧紧抓住这一战略机遇，加快构筑桥头堡黄金口岸，加快推进瑞丽（含畹町）中缅跨境经济合作区建设，为中国实施桥头堡战略、扩大对外开放作出更大贡献。

一、在德宏瑞丽（含畹町）建立跨境经济合作区的紧迫性和战略意义

（一）什么是跨境经济合作区

跨境经济合作区是指在沿边地区由两国或两国以上政府间共同推动的享有出口加工区、保税区、自由贸易区等优惠政策的次区域经济合作区。它与我国现行的“边境贸易区”、“边境经济合作区”、“边境经济开发区”、“境外经济贸易合作区”的模式不相同。一是两国或两国以上国家分别在口岸接壤地划出一定的区域共同组建合作区，将单边经济行为转变为双边、多

边合作的经济行为；二是将单一的边贸或加工功能拓展为集贸易、加工、物流、仓储、会展、旅游等为一体的多功能综合经济区；三是将自我管理模式转变为共同管理模式，形成“两（多）国一区、境内关外、一区多园、封闭运行、政策优惠”的跨国经济合作区。

（二）在德宏瑞丽（含畹町）建立跨境经济合作区的必要性和紧迫性

1. 世界经济全球化、区域经济一体化加速推进要求沿边地区加快开放的步伐

目前，世界经济全球化、区域经济一体化正在深入推进，各类区域经济合作组织蓬勃发展。仅亚太地区就有上百个不同类型的区域合作组织。云南的周边地区也有众多日益活跃的区域合作组织。例如中国—东盟自由贸易区、大湄公河次区域合作组织（GMS）、恒河—湄公河组织、孟印斯缅泰尼经合组织、南亚区域合作联盟等。中国只有积极打开国门，更多地参与和推动各类区域合作组织，才能分享全球化带来的利益和迎接全球化的挑战。在德宏瑞丽（含畹町）建立中缅跨境经济合作区将两国沿边经济连为一体，组成一种新的区域经济合作模式，有利于德宏与缅甸沿边地区共谋经济发展，共同应对挑战，促进双方边境地区经济一体化发展。

2. 中国全方位的开放要求德宏必须加快对外开放进程

目前，中国全方位、多层次、宽领域的开放格局基本形成，沿边地区如果不加快开放，其与先进地区的开放差距将进一步扩大。现在我国已进入区域经济加快推进的时代。仅 2009 年一年，国家就批准了 11 个区域发展规划，数量几乎是过去 4 年的总和。进入 2010 年，区域经济战略布局继续实施。深圳特区扩关、厦门经济特区扩大到全市、重庆两江新区、海南国际旅游岛等相继获批。新疆区域振兴规划、京津冀都市圈区域规划、长江三角洲区域发展规划等也正在研究中。多个区域政策的密集出台，不仅标志着国家在经济发展的布局上正从过去的“重点扶持”向促进区域间协调发展的“普惠制”区域政策转变，未来区域板块将在国家加快经济发展及产业结构转型升级过程中发挥更加重要的作用，而且显示国家正通过规划对不同区域进行功能定位，打造特色经济区域，形成新的经济增长点。在国家重构新的经济布局、实现区域经济一体化发展的过程中，云南将作为中国面向西南开放的桥头堡在更大范围内整合资源，推进区域经济合作。而建立跨境经济合作区正是德宏适应全国全方位开放政策环境的新选择，抓紧实施有利于德宏扩大开放和建设开放型经济，也有利于德宏缩小与发达地区的开放差距，还有利于国家全方位开放格局的形成。

3. 云南建设中国面向西南开放的桥头堡需要德宏作出表率

建设中国面向西南开放的桥头堡是中央对云南的殷切希望，也是云南加快发展、扩大开放的战略机遇。德宏作为全省开放的前沿地带，应在全省建设桥头堡过程中作出表率。而建立跨境经济合作区是推进桥头堡建设、扩大对外开放的新举措，有利于德宏更好地融入东南亚、南亚经济圈寻求更大发展，也有利于云南全方位开放格局的形成。

4. 现行的沿边开放政策已经满足不了沿边地区开放型经济建设的需要

过去中央为支持沿边地区的经济发展，给予了特殊的优惠政策，使沿边地区的开放型经济水平有了很大提高。但是很多政策已到期或已不适应沿边地区开放的需要。例如在中国—东盟自由贸易区框架下，大部分商品的关税已降至零。这使得中央扶持边贸、支持沿边地区经济发展的优惠政策效应正逐步减弱，包括德宏瑞丽在内的云南口岸经济面临严峻形势。因此，亟须寻找新的开放模式，以振兴沿边地区经济发展。

5. 境外沿边地区灵活的开放政策需要我方作出积极回应

中国改革开放早于绝大多数周边国家，过去是周边国家学习中国的开放经验，它们的沿边开放多是被中国推着往前走的。而今邻国的许多优惠政策已超过中国。例如缅甸，就给予了边境城市或口岸经济区特殊的政策，让其拥有特权或享受更多的优惠政策。这使得我方无论在基础设施建设力度方面，还是在政策优惠力度方面都与缅甸有差距。如缅甸已将“境内关外”范围扩大至300平方公里，而我方仍坚守1.92平方公里，这需要我方作出积极回应。

（三）在德宏瑞丽（含畹町）建立跨境经济合作区的战略意义

1. 有利于贯彻“与邻为善、以邻为伴”的周边外交方针

中国在和平发展过程中，需要搞好与周边国家的关系，共同促进发展。在德宏瑞丽（含畹町）建立跨境经济合作区，将两国周边经济融为一体，互通有无、加强交流，共同促进经济发展，不仅体现了“互利共赢”的开放战略，而且体现了中国与周边国家睦邻友好和务实合作的精神，有利于贯彻中央“与邻为善、以邻为伴”的周边外交方针，有利于获得缅甸政府的信赖和改善中缅双边关系。

2. 有利于维护西南陆上边疆安全

云南是我国9个沿边省份之一，陆上边境线长4 060公里，占全国陆上边境线约1/5。云南与越、老、缅接壤的地带关系复杂，毒品问题、艾滋病问题、非法移民问题、水资源问题、能源安全问题、拐卖妇女儿童问题等非

传统安全问题十分突出，对中国的西南边疆安全构成影响。在云南瑞丽（含畹町）建立你中有我、我中有你的跨境经济合作区，有利于消除缅甸的顾虑，共同打击各种犯罪、加强矛盾的沟通协调和化解，共同促进经济社会发展和缓解贫困，这对中国西南边疆安全稳定有重要作用。

3. 有利于拓展我国开放空间

缅甸是我国的周边邻国，虽然经济相对落后，但战略地位重要，通过其国境可与南亚、东南亚等市场对接，同时，还可利用缅甸最不发达国家的贸易特权向东盟及欧美发达国家出口对我国限制的产品，这可为德宏、云南以及中国的经济发展拓展更广阔的发展空间。特别是经过德宏瑞丽的中缅国际大通道打通后，可形成我国西南方向直接进入印度洋的国际大通道。这对中国拓展印度洋周边国家市场具有十分重要的意义，也有利于印度洋周边国家搭乘中国经济发展的快车，分享中国发展的利益，促进共同发展。

4. 有利于确保我国能源、资源安全

与我国建立跨境经济合作区的缅甸资源丰富，经其连接的东盟、南盟、中东以及其他国家都有许多我国经济社会发展不可缺少的战略资源，无论通过跨境经济合作区的商贸企业直接进口，或者是加工后再进口，都有利于确保我国能源、资源的安全。

5. 有利于提升沿边开放

沿边开放是我国整个开放战略的重要组成部分，但目前沿边开放层次和水平远远落后于沿海开放。在瑞丽（含畹町）建立跨境经济合作区就是要利用云南沿边的优势，采取新的开放模式，以集群式的优惠政策为手段，更大力度支持德宏提升沿边开放水平，以此带动云南沿边开放水平的提高。

6. 有利于推动区域经济合作

参与和推动区域经济合作是我国的一个大战略。在瑞丽（含畹町）建立跨境经济合作区，有利于德宏更好地参与中国—东盟自由贸易区、GMS 次区域经济合作等各类经济合作组织，并分享其利益和成果。同时，跨境经济合作区也是一种次区域经济形式，推动其建设与发展，也有利于我国与缅甸发展互利互惠的经贸合作关系，进而改善中缅关系。

7. 有利于将“兴边富民行动”落到实处

目前国家及云南都制定了“兴边富民行动计划”，要求各地“积极探索对外开放的新模式”。而现在德宏的人均生产总值低于全省和全国的平均水平，没有一个县财政能做到自收自支，自我“造血功能”严重不足。在瑞丽（含畹町）建立跨境经济合作区，不仅有利于将“兴边富民行动”落在实处，而且有利于充分发挥其“兴边、富民、利国、安邦”的作用，从而促进德宏地区经济社会发展和社会和谐，提高德宏的“造血功能”。

8. 有利于推进加工贸易梯度转移

产业转移是国际经济社会发展的一般规律。过去沿海地区靠发达国家的产业转移促进了经济发展，而现在却面临人工成本升高、土地资源短缺等问题，急需向中西部转移。建立跨境经济合作区有利于德宏利用优惠的政策承接东部沿海和国外的产业转移，促进加工贸易发展。

二、在德宏瑞丽（含畹町）建立跨境经济合作区的条件和时机已经成熟

（一）中国与缅甸关系不断改善

近年来，中国与缅甸高层互访增多，双边关系不断改善，加强合作的愿望强烈。在我国与缅甸政治关系不断取得新进展的情况下，经贸关系发展却相对较慢，双方都意识到必须加强经贸合作，以巩固和发展传统友好关系。因而，只要是扩大和深化经贸合作的内容或项目都容易得到缅方的认可。建立跨境经济合作区正是深化双方经贸合作的重要内容，有利于改变双方长期存在的“一条腿长、一条腿短”的格局。

（二）中国—东盟自由贸易区建成

自中国与东盟签署“全面经济合作框架协议”以来，中缅经贸合作得到广泛开展。2010 年 1 月 1 日中国—东盟自由贸易区建成，更为双方共同建立跨境经济合作区创造了条件。

（三）中缅国际大通道正在加快推进

经过双方的共同努力，泛亚铁路、亚洲公路网西线昆（明）仰（光）境内高速公路和铁路以及中缅油气管道都已动工，中缅国际大通道正在加快推进。拟建设的中缅跨境经济合作区，正处于中缅经济走廊的结点上。这为双方共同建立跨境经济合作区创造了条件。

（四）在瑞丽（含畹町）建立跨境经济合作区的地缘优势突出

云南是“三亚（东亚、东南亚和南亚）两洋（太平洋和印度洋）”的结合部，是中国唯一可同时面向东南亚、南亚开放的省份，其地缘优势突出。瑞丽是 320 国道（起于上海）的终点，是昆瑞公路和史迪威公路的交汇点，是中国最大的对缅贸易陆路口岸，是中缅陆水联运大通道的咽喉要道，是中国陆路通往东南亚、南亚的门户。在瑞丽（含畹町）建立跨境经济合作区，可推进世界三大新兴市场（中国、东南亚、南亚）的沟通和连接，进而推动中国从周边走向亚太，提升中国在世界的影响力。

（五）缅甸建设跨境经济合作区的态度积极

目前，缅甸在积极主动地与我共同探寻新的合作模式。缅甸木姐早在1998年就将海关等口岸管理部门后撤到距缅中边境线10多公里的105码（又名芒友），2004年又参照我姐告边境贸易区模式建立300平方公里、实行“境内关外”特殊管理的木姐经济贸易特区。这说明缅方已作好建设准备，建设跨境经济合作区的时机已经成熟。

（六）瑞丽（含畹町）有建立跨境经济合作区的基础

瑞丽（含畹町）与缅甸山水相连，民族跨境而居，长期交往频繁。近年来，德宏瑞丽（含畹町）经济实力和开放水平都得到了很大提高。瑞丽和畹町都是国家一类口岸，拥有中国唯一实施“境内关外”特殊监管模式的姐告边境贸易区。以口岸联检查验中心、国门、货场为重点的口岸基础设施日益完善，口岸通关速度和能力进一步提高。与缅甸发生的贸易额居全省第一位。不仅云南省委、省政府高度重视建立跨境经济合作区的工作，而且瑞丽（含畹町）在长期与缅甸的交往中积累了丰富的开放经验，培养了大批开放型人才，已探索出了一个边民互市—边境贸易—边境经济技术合作—境内关外渐次推进的沿边开放模式。因而，在瑞丽（含畹町）建立跨境经济合作区有基础、有条件、有人才、有政策保障。

（七）国内外有经验可借鉴

国际上许多国家都曾开展过跨境经济合作区的建设。东南亚的“新柔廖增长三角”、“东部增长三角”、“北部增长三角”以及“越老柬三角区合作”等都是跨境经济合作区的典型案例，说明其早就开展了试验。在国内，20世纪90年代末吉林就与俄、朝探索建立珲春—哈桑、珲春—罗津两个“跨境经济合作区”试验。近年新疆与哈萨克斯坦建立了以“中哈霍尔果斯国际边境合作中心”为名的跨境经济合作区。它们的探索可为瑞丽（含畹町）建立跨境经济合作区提供宝贵的经验。

三、瑞丽（含畹町）建立跨境经济合作区的设想

以科学发展观为指导，坚持互利共赢的开放战略，采取“政府推进，企业主导，市场运作，互利共赢”的政策，以扩大开放为重点，以经贸合作为核心，因地制宜、先易后难、有序推进，建立内外联动、互利共赢、安全高效的跨境经济合作区，大力推进全面小康社会建设进程，努力实现“富民、兴边、利国、睦邻、安邦”的战略目标。

政府推进就是跨境经济合作区的建设由中缅政府首脑或相关部委共同签

署建立跨境经济合作区的协议或备忘录，从国家层面来推动此项工作。地方政府按国家间的协议或备忘录来具体规划和组织实施。

企业主导就是跨境经济合作区的建设和发展以企业为主体，形成投资、建设、管理分离的运作模式。政府的主要职责是“营造环境、磋商协调、培育主体、制定政策和依法监管”。企业按政府的规划和政策引导，自主决策、自主建设、自主经营、自负盈亏、自求发展。

市场运作就是跨境经济合作区的建设要确立市场化的运作规则，坚持投资主体多元化，运行主体企业化，运行管理市场化，以全面提高跨境经济合作区投资、建设、管理和运营的效率和效益，减轻政府财政负担。

互利共赢就是在建立跨境经济合作区的过程中要扩大双方利益的汇合点，照顾缅方的利益和关切，在实现自己发展的同时，帮助缅甸增强自主发展能力和改善民生，促进共同发展。

在跨境经济合作区实行“两国一区、境内关外、一区多园、封闭运作、政策优惠、管理便利”的管理模式，使跨境经济合作区成为经济发展、边疆稳定、民族团结、社会和谐的开放合作区，成为贯彻睦邻友好、务实合作、互利共赢的区域经济合作典范，成为提升沿边开放水平、维护边疆稳定、推动区域经济一体化进程的先行试验区。

跨境经济合作区重点发展贸易和加工业，以贸易带动加工业，以加工业促进贸易繁荣，同时推进物流、旅游等产业的发展。跨境经济合作区内可分别设立进出口贸易区、加工合作区、国际物流区和保税区等，以丰富合作内容，提高合作成效。

四、加快推进跨境经济合作区的政策建议

（一）建议将跨境经济合作区建设上升为双方的国家战略

由于建立跨境经济合作区是中缅国家行为，需要中方和缅甸政府的认可和推动，这样才有利于其实施。建议中国和缅甸领导人以及相关部门在会晤、洽谈时，将建立跨境经济合作区纳入会谈内容，共同签署建立跨境经济合作区的协议或谅解备忘录，或者将建立跨境经济合作区作为一项合作内容写入“政府公报”、“联合声明”、“联合宣言”或双方经贸合作规划之中。同时，共同成立由双方中央政府授权的联合协调管理机构，该机构定期、不定期地进行会晤，共同协商解决合作区建设、运营中遇到的各种重大问题，建立争端解决机制，并互通发展规划、发展状况、优惠政策、设施建设、政策变动、经贸合作等方面的信息，以充分体现及时、高效、务实、合作、共赢的精神，为双方经贸发展和人员往来提供便捷高效的服务。

（二）抢抓机遇，积极推进跨境经济合作区建设

自2009年胡锦涛总书记提出把云南建设成为我国向西南开放的重要桥头堡和年底云南省委八届八次全会将“建设中国面向西南开放的桥头堡”作为全省三大战略目标之一后，云南各地都采取了许多措施加快实施桥头堡战略。德宏作为桥头堡前沿的一个重要门户，州委、州政府提出了要立足中国—东盟自由贸易区，以云南为主体，以缅甸为突破口，把德宏建设成为连接印度洋，辐射南亚次大陆的中国面向西南开放的桥头堡黄金口岸。这为德宏瑞丽（含畹町）建立跨境经济合作区提供了千载难逢的历史机遇。同时，2010年4月，国家发改委在《关于2009年西部大开发进展情况和2010年工作安排的通知》中明确提出：积极推动广西东兴、云南瑞丽、新疆喀什、内蒙古满洲里等重点开发开放试验区建设，编制西部地区沿边开发开放规划。支持有条件的沿边地区增设边境经济合作区，探索在条件成熟的地区设立跨境经济合作区，提高边境地区口岸基础设施建设水平。这直接将瑞丽（含畹町）跨境经济合作区建设提上了重要议事日程。因此，无论是云南还是德宏应牢牢抓住新一轮西部大开发和桥头堡建设重大机遇，并根据新形势重新对瑞丽（含畹町）的发展进行定位，加大开放力度，积极推进跨境经济合作区建设。

（三）加快大通道建设

通道是促进经贸合作的基础。瑞丽是中缅油气管道、泛亚铁路西线的国内段入口，并且是瑞丽（姐告）经缅甸曼德勒至缅甸皎漂高速公路、昆明—瑞丽—八莫（缅甸）沿伊洛瓦底江至仰光（缅甸）陆水联运通道等多条国际大通道的交汇处，区位优势突出。但目前德宏和瑞丽的通道还相对滞后，需要加快大通道建设，积极构建包括铁路、公路、航空、水运、能源管道在内的连通内外的立体交通网络。要积极配合国家加快建设泛亚铁路西线、龙陵—瑞丽高速公路，加快推进腾冲—陇川、潞西—梁河公路建设，形成环州高等级公路；积极争取中缅建设瑞丽—木姐—腊戍铁路、瑞丽—木姐—曼德勒—皎漂港高速公路以及伊洛瓦底江中缅陆水联运通道建设；积极争取建立德宏机场国际航空港，使德宏成为中国拓展南亚航空市场的重要前沿；积极配合中缅油气管道、境外水能开发建设。通过加快建设云南经德宏瑞丽进入缅甸到达印度洋的交通节点，建立完善的立体交通网络，以此推进瑞丽（含畹町）跨境经济合作区建设。

（四）加快口岸基础设施建设

根据大通关的要求，进一步理顺瑞丽（含畹町）等口岸管理体制，创

新口岸管理机制，深化海关分类通关改革，加快检验检疫绿色通道及屏障建设，强化边防管理信息化、规范化和便利化建设，建立覆盖全州的大通关电子口岸信息综合平台，使口岸人流、物流、资金流、信息流高效顺畅运转，形成有效监管、高效服务，口岸功能完善、安全畅通的大通关体系。进一步提高通关便利化水平，力争把瑞丽口岸建成服务优质、诚信规范、环境最好的模范口岸。积极推进瑞丽、畹町两个一类口岸对第三国人员开放，以方便人员、货物进出。努力把瑞丽建设成为中国面向西南开放桥头堡的“金大门”，联通南亚、东南亚大市场的“第一堡”。

（五）加快外向型经济发展

产业是建设“黄金口岸”的重要保障。要把产业发展纳入外向型经济的重要内容，加快建设瑞丽省级新型工业园区，大力承接国内外产业转移，建设一批外向型产业基地。加快瑞丽特色生物产业发展，积极与缅甸开展生物、矿产、能源、森林等产业合作，大力发展现代食品加工业。全面实施开放活市战略，加快大通道大物流、大边贸大市场、大流通大产业发展步伐。充分发挥瑞丽（含畹町）口岸的交通优势，依托国内国外两种资源、两个市场，以口岸经济区为重点，规划建设跨境经济合作区、综合保税区、姐告边境贸易区，加快建设进出口加工基地、仓储物流基地、珠宝产业基地、康体休闲旅游基地、特色产业基地，大力发展进口资源加工业、出口加工装配业，加快商贸物流产业、外贸加工产业、旅游文化产业、生物特色产业发展，促进口岸经济做大做强。按照一个国家级口岸带动一片区域经济发展的思路，积极构建潞西—遮放—畹町、瑞丽—陇川经济区。加快现代物流仓储设施建设，打造瑞丽（含畹町）国际区域性物流基地。加快金融服务平台、信息服务平台、文化交流平台建设，发挥窗口经济带动作用。

（六）加大对跨境经济合作区建设的支持力度

为了更好地推进跨境经济合作区建设，应根据中缅的实际情况，实行特殊的优惠政策。一是积极争取对在合作区内加工增值超过20%的产品进入内地销售时，免征进口关税和进口增值税；对合作区内生产的产品有40%的原料来自东盟国家，按东盟规定出具原产地证书，出口到欧美国家享受相应的优惠政策，而对出口到内地仍实行免税政策。二是对合作区内形成的上缴我国中央的税收，由中央财政以转移支付方式全额返还给合作区，用于区内基础设施建设。三是缅方企业、个人以人民币在中方区内的生产经营性投资视为外商投资，享受外商投资待遇。四是在合作区内实行“境内关外”的政策，并不断完善境外商品入区保税、国内商品入区退税和开展出口加工、保税仓储政策。五是对区内经营企业、单位和个人给予优惠的贷款政策、优惠的土地政策、优惠的工商管理政策、优惠的出入境管理政策。

（七）建立便利高效的边检查验管理体系

跨境经济合作区是特殊监管区，双方应建立人员出入境专用通道，两国居民在合作区内出入实行签证互免、快速验收的管理办法。合作区内的两国居民凭边民通行证出入境，其他居民凭双方认可的有效证件出入境。允许第三国人员持有效国际旅游证件出入合作区对方一侧，或通过合作区出入对方国家。建立区内货物、人员出入境专用通道，并完善监管体系。建立合作区检验检疫合作机制、疫情疫病监控体系、检验检疫认证认可合作机制、产品质量和食品安全监控体系、检验检疫信息通报体系。共同建立实用、便捷、互惠的资金流动和银行结算、货币兑换体系。加强双边保险理赔勘验认证互信合作。加强司法互助合作，预防和打击各类犯罪活动。

德宏对外贸易战略研究

何绍强　李舟宇

何绍强：经济学教授，德宏州贸易商会秘书长

李舟宇：德宏州商务局主持工作的副局长

贸易是商品交换的发达形式。贸易具有价值实现功能，代表了市场最终的需求，它具有扩大市场、争夺市场、占领市场的功能。贸易活动促进了世界市场的形成，促进了经济社会发展，推动了人类社会向高级文明的演进。古今中外，凡是经济强国，都是“出口导向”、“贸易立国”的国家。

德宏自古代南方陆上丝绸之路开通，就是中缅贸易的核心门户，是中国进入东南亚、南亚最便捷、最经济的陆上通道。德宏州改革开放的最大特色就是发展对外贸易，对外贸易是德宏经济社会发展的源泉和动力，是德宏经济社会起飞的发动机。对外贸易给德宏州聚集了资金、技术、人才和先进贸易管理经验，富裕了边疆各族人民，加快了各民族团结进步、共同繁荣，巩固了边疆稳定、和谐，加深了与毗邻国家的睦邻友好关系。

实践证明，德宏只有走一条扩大对内对外开放，不断提升沿边开放质量和水平，充分利用好国内、国外两种资源、两种市场，坚定不移发展对外贸易，才能为建设富裕、开放、和谐安宁的社会主义新边疆提供坚实的基础。当前，根据胡锦涛总书记考察云南的讲话精神，中共云南省、德宏州委都把云南建设成为面向西南开放的重要桥头堡作为经济社会发展新的奋斗目标。国家发改委颁布深入实施西部大开发战略的若干意见，把瑞丽确定为国家重点开发开放试验区。在这样的大背景下，德宏对外贸易如何发展，应实施哪些战略，需要作进一步的深入研究和探讨。

一、德宏对外贸易发展的大格局已基本形成，为今后对外贸易可持续发展奠定了坚实的基础

（一）1985 年国家批准德宏州全境率先开放为边境贸易区以来，德宏对缅经济贸易合作得到快速发展

1985 年至 2009 年间，德宏对外贸易年均增长 20% 以上，2009 年尽管遭受全球金融危机，德宏对外贸易进出口总额仍同比增长 0.21%，完成 76 279 万美元，占云南对缅贸易的 58.3%，占我国对缅贸易的 24.6%。2009 年全州各口岸出入境人员 998.62 万人次，占全省口岸总量的 56.04%。出入境交通工具 176.49 万辆，占全省口岸总量的 67.86%。进出口货运量 175.2 万吨，占全省口岸总量的 27.63%。口岸进出口额 116 047 万美元，占全省口岸总量的 28.5%，其中瑞丽口岸出入境人员、出入境交通工具、进出口额在全省口岸中均排名第一。2010 年 1 月至 5 月德宏州对外贸易形势喜人，进出口总额同比增长 69.8%，今年有望创历史最高水平，突破 10 亿美元。

目前，中缅双方在德宏与缅甸的边界线上，开放了 3 对国家级口岸，1 对指定通道，建立了 1 条国际通信光缆、4 个国家级边境经济开放区、5 条跨境输电线路、5 条跨境公路和两个渡口，中缅双方成功签订和实施了 30 余份中缅双边协议协定，在基础设施、贸易、旅游、农业、司法、科技、教育领域建立了地方合作机制，以边境贸易为主体，以边民互市、一般贸易、转口贸易、对外经济技术合作、对外工程承包、境外罂粟替代种植等多种贸易方式为补充的对外贸易大格局基本形成。

（二）从西南走向东南亚的国际通道网络逐步完善，对外贸易的物流、人流成本逐渐降低

在德宏与缅甸相接的 503.6 公里的边境线上，有 9 条公路直接与缅北 19 个镇市相通，海关监管的 7 条通道全部油路化，通往边境的 100 多条通道（渡口）全部开通，基本实现路石硬化。截至 2009 年，昆明至畹町、瑞丽、章凤等口岸的公路实现全线高等级化，昆明至瑞丽的高速公路——龙陵至瑞丽段已启动。随着潞盈路、腾陇路改造完工，环州公路全面实现高等级化。德宏外通缅甸的公路交通，高等级化基本完成，支持缅方改造或新建完成缅甸边境联通内地的跨境公路交通项目取得了成效。昆瑞铁路保山至瑞丽段近期将开工，国家已安排资金推进木姐—腊戌、腊戌—曼德勒—皎漂铁路项目的前期工作，同时进一步探讨开展中缅陆水联运合作的可能。芒市口岸机场申报工作正在进行。西南走向东南亚、南亚国际大通道建设进程加快。公路、铁路、水路、航空等交通的发展，将使对外贸易的运输

成本大幅降低。

（三）边境口岸交通、仓储、查验、货场等基础设施明显改善，口岸功能进一步提高，通关便利化加速，吞吐功能加强

德宏州已拥有瑞丽、畹町两个国家一类口岸，章凤、盈江两个国家二类口岸，2000 年至 2008 年，德宏对口岸建设已投入资金 5 400 万元，2009 年省政府口岸办直接下达德宏口岸建设专项资金 5 138 万元。各口岸的国门、联检查验、货场、通道、仓储等各项基础设施逐步完善。根据国家对口岸建设发展的要求，完成了 4 个口岸经济区总体发展规划。目前，德宏已初步构建了以国家一类口岸为核心，二类口岸为支撑，省级通道和民间便道为辅助，涵盖陆、空、水的立体口岸体系，依法把关、监管有效、通关便利、服务优良、高效文明的现代化新型通关模式已基本形成。在各口岸构建成一批符合国家规范的出口监管保税仓库、进口货物监管场所、国际物流中心、国际会展中心，口岸的水、电、路、通信、交通基础设施基本齐全。

（四）逐渐壮大的对外贸易企业家队伍，对外贸易经营规模的扩大，为对外贸易可持续发展提供了根本保证

2009 年，德宏具备进出口经营资格的企业达 741 户（含外资企业 36 户），其中完成进出口总额两亿元人民币以上的企业两户，完成进出口总值一亿元人民币以上的企业 8 户，完成进出口总值 5 000 万元以上的企业 32 户。2010 年 1 月至 5 月对外贸易总额同比大幅增长，不到半年，进出口总额过亿元的企业就达 5 户，2009 年受省政府和省商务厅表彰的边贸进出口前 5 名企业，德宏州就有 4 家企业榜上有名。

德宏从事进出口对外贸易的企业家素质不断提高，拥有高级职称、研究生学历的企业家法人代表有好几位，这些企业有健全的管理制度和营销网络。还有不少企业在缅甸有驻点人员，有的企业已成为中缅跨国公司。逐渐壮大的对外贸易企业家队伍和经营规模，为对外贸易可持续发展提供了根本保证。

（五）德宏企业家队伍“走出去”到缅甸投资办厂，对外经济技术合作，对外工程承包等劳务输出、境外投资、境外罂粟替代种植成为中缅经贸合作、发展对外贸易的新亮点

1998 年，国家批准边贸企业享有边境地区对外经济技术经营权以来，截至 2009 年，德宏州开展对缅工程承包项目 159 个，合同金额 22 901 万美元，实际完成金额 16 715 万美元，项目下带出劳务 7 000 余人次，实现劳务收入 390 万美元；开展对缅投资项目 18 个，合同金额 4 244 万美元，实际投

资 2 868 万美元，项目主要是传统生活消费品、农用机械加工装配、农业合作开发和农业资源性产品深加工；33 户企业到缅甸开展境外罂粟替代种植，协议种植面积 259 万亩，经过核查公示完成的种植面积 43.16 万亩，种植品种主要有橡胶、木薯、薯蓣、甘蔗、麻竹、香蕉、茶叶、玉米、芝麻、豆类及水果等农经作物，2009 年返销国内农产品 16.96 万吨，返销金额 3 275 万美元。

（六）对外贸易的服务体系日趋完善，管理经验不断丰富，服务能力不断提高，各部门的协调沟通不断加强

经过多年努力，为对外贸易提供服务的商务、海关、检验检疫、税务、边防、工商、银行等部门通力合作，为全面提升口岸综合服务能力和通关便利化，建立了完善的服务体系，逐步实现审批便利化、查验电子化、信息网络化、交通便捷化、口岸现代化，有力推动了对外贸易合作创新发展。在对外贸易管理方面，中央事权和地方管理关系进一步理顺，逐步建立全方位、多层次、信息共享、分工明确、监督有力、事权集中的新型口岸管理体系，在地方党委领导下，统筹协调，定期召开联席会议，促进对外贸易健康发展。

（七）德宏对外贸易面临全新的三大发展历史机遇

一是中国—东盟自由贸易区于 2010 年 1 月 1 日如期建成，将对深化与东盟国家经贸关系，开拓贸易市场创造了新的条件。二是德宏州委、州政府，抢抓机遇、发挥优势，举全州之力，打造桥头堡黄金口岸，探索一个边民互市—边境贸易—边境经济技术合作—境内关外渐次推进、创新发展的沿边开放模式。三是瑞丽市将成为全国四个重点开发开放试验区，其开发开放程度、享受各项优惠政策的力度将与特区同类，获得较多的国家政策支持。德宏的经济社会发展将遇到千载难逢的历史机遇。

（八）缅甸局势日趋稳定，对外开放步伐明显加快，市场需求日益扩充，为发展对外贸易提供了广阔的市场

中缅经贸合作机制已具备了一定的基础，如中缅官方经常性会晤互访制度，中缅边交会连续举办 9 届，成果颇丰，民间商会、侨会往来密切。尤其近一年来，缅甸局势日趋稳定，对外开放步伐明显加快，改革进出口贸易商业税计征办法，推出吸引外企投资的优惠政策，向民营企业开放 11 个投资领域，向私营企业转让国有企业，解除农副土特产产品和水果从边境口岸进出口的禁令，在仰光和曼德勒机场为游客办理落地迁证，开放石油天然气勘探、水电、农业、矿产的外国投资，市场需求日益扩充，为德宏对外贸易的

发展提供了广阔的市场。

（九）中缅两国领导人保持互访，关系密切，为及时解决中缅贸易中遇到的各种问题提供了较好的平台

尤其是2010年国务院总理温家宝对缅甸进行了正式访问，并签署了中缅油气管道项目最终合作协议，签署了木姐—腊戍铁路和中缅孟公路项目相关合作等15项双边经贸合作协议，推动了滇缅合作迈上了新台阶。

二、德宏发展对外贸易必须破解的难题及制约因素

（一）现行的沿边开放政策已经满足不了沿边地区开放型经济建设的需要，必须在充分调研分析的基础上，结合打造桥头堡黄金口岸和西部重点开发开放实验区的建设，重新研究和制定符合沿边实情、符合毗邻国家国情的新的边贸发展政策

在中国—东盟自由贸易区框架下，大部分商品的关税逐渐降到零，这使中央支持边境贸易、支持沿边少数民族地区经济发展的优惠政策效应逐步减弱，如关税减免的优惠已完全丧失作用。边境贸易与一般贸易趋同，边境贸易逐渐边缘化，因此需要寻找新的政策支撑，以发展边疆少数民族区长期依存的边境贸易，如果国家财政、税收、金融投资、口岸通关政策全国一刀切，边疆地区的对外贸易很难在有突破和发展。

（二）德宏对外贸易缺乏产业支撑，没有形成进出口产业链

目前德宏对外贸易停留在享受过道和地缘优势带来的微薄“红利”，大量进口的优质资源输往内地加工，大量出口的商品只是路过德宏，无法带动边境民族地区经济快速发展。

（三）目前国家在滇缅之间开放了11个陆地口岸，即瑞丽、畹町、章凤、盈江、猴桥、清水河、打洛、孟连、沧源、南伞、片马。对缅贸易口岸遍地开花，无秩竞争加剧，德宏也面临着更加激烈的竞争

缅方105码属缅方最大的陆路口岸，缅政府对进出口货物管理较为规范，而其他的口岸管理力度不一。进出口企业会选择成本较低的口岸进出货物。缅甸目前正式对中国开放的边境口岸共有5个，即木姐、雷基、拉咱、清水河和甘拜地。其中3个与德宏相连，德宏如何整合好口岸，加快发展，使每一个口岸都能发挥自身的优势也是一个应思考的课题。

（四）“走出去”政策、出口退税政策、境外罂粟替代种植政策不配套，操作困难，达不到预期效果

“走出去”项目国家给予财政补贴和贷款贴息，但是要求单个项目合同金额不低于1 000万美元，单笔贷款不低于1 000万元人民币，对边境地区中小型企业“走出去”没有专门倾斜，造成边境地区企业无法享受这一优惠政策。

国家规定边境地区对外经济技术合作项下带出商品，必须通过结汇、核销才能办理退税。但德宏开展的项目多数在缅甸民族武装控制区，不被缅政府认可，造成项下带出商品无法结汇，不能享受边贸出口商品人民币结算退税政策。

边民互市管理措施缺乏灵活性，国家边民互市免税额由每人每天3 000元提高到8 000元，但是，各级海关却同时严禁边贸互市境外购进商品进入国内市场流通，严格限定外销品种，而中缅边民交易商品主要是农副土特产品、海水产品和传统工业消费品，个人消费只是几十元到百元，免税额再高也无实际价值，使边民互市额连年下滑。

境外罂粟替代种植政策运用难，主要是项下出口化肥等生产资料指标严重不足，项下返销农产品一是指标下得晚，二是指标严重不足，严重脱离农业生产季节运行，导致企业成本上升，还潜伏着跨国纠纷。

（五）缅甸税收制度缺乏透明度和连续性，制定和实施缺乏稳定性，而对缅贸易的有关部门对缅甸经济社会发展战略调整未能全面了解，对缅经贸政策缺乏针对性和主动性，缅方市场购买力近几年内难有较大提高

（六）从事对外贸易的企业在进出口贸易货物单位成本举高不下

其原因一是陆路运输成本高于水路运输，原从陆路进入德宏的部分产品转由水路从天津港等进口。二是进口报关价格高估，德宏各口岸进口商品海关估价是哈尔滨海关价格中心确定的指导价，其指导价严重偏离中缅市场的实际，导致进口报关价计税价格高估，税费增加。三是德宏虽有得天独厚的区位优势，但毕竟是边疆少数民族落后地区，远离内陆大城市，而且面临的贸易对象又是世界上最不发达的国家，与沿海贸易相比，有先天的劣势。

三、德宏州发展对外贸易应采取的战略措施

（一）紧紧抓住德宏面临的全新的历史机遇，部署对外贸易发展的新格局

对外贸易发展必须要有口岸、通道、产业、人才的支撑，而更重要的支

持外贸的政策。当前必须重点抓好几项工作：一是中缅瑞丽—木姐跨境经济合作区建设应转变为现实。二是把瑞丽市作为“境内关外”实验区，实施海关的特殊监管。三是尽快实施经国家发改委确定的瑞丽市重点开发开放实验区建设，赋予国家计划单列的权限，享受产业、税收、金融、土地、外贸等特殊扶持政策。四是在各口岸确定大范围的边民互市区。

进一步扩大沿边开放。一是加快批准章凤口岸和盈江口岸升格为一类口岸，潞西芒海通道为省级通道。二是批准芒市机场为口岸机场，开通德宏—曼德勒及仰光的空中航线。三是国家应重点帮助缅方改造与德宏相关的通道及港口。四是在实施中缅已签署的中缅孟公路、中缅油气管道建设等 15 项协议中应充分考虑能促进边疆少数民族地区经济社会发展的措施。

（二）重新研究和制定符合边疆少数民族困难地区、符合毗邻国家国情的新的边贸发展政策

一是边境口岸进口环节税调整为共享税，口岸各管理部门收费按全国统一标准的四分之一执行。二是在免征稀缺资源性商品进口关税的基础上，进一步免征稀缺资源性商品进口环节增值税。三是边贸进口计税价格由口岸地价格主管部门与主管海关协商确定。四是边贸进出口商品免领配额许可证，边贸出口商品退税款由中央财政全额承担，边境地区对外经济技术合作项下商品进出口按照边贸办理退（免）税。五是制定鼓励企业进口国外资源深加工的激励措施。六是调整、完善财政转移支付办法，实行“基数 + 业绩”支付办法，在资金安排上，80% 的转移支付资金用于支付纳税企业，20% 用于边境贸易发展管理和服务。七是完善扶持境外罂粟替代种植政策，在现行优惠政策基础上，由省政府确定和管理项下返销产品指标及项下所需农业生产资料的指标，应在每年一月份下达全年指标，同时应单例境外罂粟替代种植扶持资金。替代发展政策应把加工业、采矿业、旅游业、商贸业等替代产业纳入替代计划。八是放宽边民互市政策，省级政府应尽快出台边民互市贸易管理办法和实施细则，并在德宏进行试点，放宽边民互市贸易交易商品限制，除国家明令禁止进出境的商品和配额管理的商品外，其他商品均可参与边民互市，允许边民互市贸易境外购进商品进入国内市场交易，允许外贸企业参与收购加工与再销售，安排专项资金建立边民互市贸易市场。

（三）加大对德宏已具备进出口经营权的 741 户企业（含外资企业 36 户）的政策扶持

对进出口企业提供必要的金融、技术、信息、培训的支持。调整企业的发展方向，向外向型、国际化方向发展，将眼光转向东南亚、南亚的国际市

场，对进出口贸易企业前50强建立联系制度，给予奖励和保护。地方政府每年从财政预算中安排专项资金，帮助企业开拓国际市场。制定切实可行的短期和长期目标，实行责任制度，做强做大外贸企业。

（四）转变边境贸易单一的发展模式为以边贸、投资、加工制造协同发展的综合模式

把进口资源深加工业和出口加工装配业打造成德宏的新兴产业。随着沿边开放水平的提升，德宏传统进口的大宗资源产品会大幅增长，进口资源深加工是最有潜力的产业，应重点发展木材深加工、橡胶制品深加工、农副产品深加工、矿产品深加工四大产业。出口加工装配业以德宏出口增长较快的工业制品为主，重点发展五金机械、交通电工、建材、机器设备，引进大型制造企业入驻德宏设厂搞装配加工，扶持德宏现存的自营产品出口企业，解决好出口、加工、装配、售网环节存在的问题。

在企业市场开拓、税收、土地利用等方面制定专项的扶持政策，发展面向周边国家的外向型产业，将对外贸易的发展与产业培植、城市建设、旅游文化产业有机衔接起来。

（五）坚定不移实施“走出去”战略，开拓东南亚、南亚市场

主要措施是：一是调整中缅边交会举办模式，提升其档次和影响，使其成为国际性经贸盛会，在举办地点应纵深发展，规格应提升，省政府应给予专项资金支持。二是争取商务部支持，到仰光、曼德勒举办以德宏为主体的商品展销会。三是在曼德勒、仰光试建中国商品城。四是在密支那建设现代农业示范园。五是对在缅甸投资办厂的德宏企业，给予专项扶持，确保境外投资企业均可享受税收无差别待遇。六是对边贸企业赴缅方一侧开展的境外资源开发利用、加工装配项目，一次性给予项目投资总额20%的中小企业国际市场开拓资金扶持。

（六）进一步密切与缅甸的交往，建立和完善与缅甸官方的定期、不定期会晤机制

密切中缅双方多层次、多途径、宽领域交流，及时掌握和了解缅甸政策调整、市场变化情况。通过相互参观、考察、交流，缔结“友好城市”，推动城市与城市、地区与地区、企业与企业的组织交流，发挥好华人华侨的桥梁纽带作用，巩固中缅胞波情谊。

（七）全面推进口岸通道便利化水平，理顺口岸管理关系，简化办事程序，优化查验流程，减少重复查检，降低通关成本，提高通关效率和服务能

力，营造良好的沿边开放发展环境

发展对外贸易是德宏经济发展和进步的重要决策，德宏只有走一条扩大对内对外开放，不断提升沿边开放水平，充分利用好国内、国外两种资源、两种市场，坚定不移地发展对外贸易，才能实现经济社会跨越式发展，才能为建设富裕、开放、和谐安宁的社会主义新边疆提供坚实的经济基础。

多重历史性机遇背景下德宏对缅贸易战略思考

廖元昌

中共德宏州委党校经济管理学教授

德宏与缅甸山水相连，是中缅合作的核心区。把云南建成面向西南开放桥头堡、中国—东盟自由贸易区建成、新一轮西部大开发展略、国家把瑞丽列入重点开发开放试验区、中缅油气管道建设及多项中缅合作协议的签订等多重历史性机遇的叠加，为德宏对缅贸易的发展带来了前所未有的契机。在这些背景下如何提升德宏对缅贸易层次，做大做强德宏外经贸，这需要我们作出正确的战略性选择。

一、德宏对缅贸易成效明显

德宏州共有2市3县，与缅甸有503.8公里的边境线。有4个县（市）与缅甸接壤，有两个国家一类口岸，两个国家级二类口岸，9条公路、28个渡口、64条通道及1条国际通信光缆、9条输电线路联通缅甸。德宏与缅甸有较早开展边境贸易的历史，取得过辉煌的成就，在云南乃至全国的对外开放中起到了重要的促进作用。20年前已有“中国边贸看云南，云南边贸看德宏”之美誉。

（一）德宏是中缅两国经贸合作成效最明显的区域

近年来，随着中国—东盟自由贸易区建设的深入发展，德宏州与缅甸的各项合作深入开展，特别是具有良好基础的双方边境贸易持续增长，使德宏在全国、全省的贸易地位和作用得到巩固和提升（见下表）。

德宏州 2002 年以来对缅甸贸易情况（单位：亿美元）

年份	德宏对缅甸贸易总额	中国对缅甸贸易总额	云南对缅甸贸易总额	德宏占全国对缅甸贸易比例	德宏占全省对缅甸贸易比例
2002	2.02	8.62	4.07	23%	49%
2003	2.03	10.77	4.93	19%	41%
2004	2.90	11.45	5.51	25%	52%
2005	3.90	12.09	6.32	32%	62%
2006	4.26	14.60	6.92	29%	62%
2007	5.59	20.57	8.74	27%	63%
2008	7.61	26.26	11.93	29%	64%
2009	7.63	29.07	12.27	26%	62%

资料来源：德宏州商务局，数据为海关统计数据。

2009 年全州有进出口经营资质的企业 741 户。其中，经营规模在 5 000 万以上的有 40 户。在全省边贸企业 50 强中，德宏占了 80%，前 5 强均属德宏。2003—2009 年，德宏州共执行对缅承包工程项目合同 79 个，合同总额 1.36 亿美元，完成金额 0.90 亿美元；执行对缅投资项目 24 个，投资总额 3 387.98 万美元，完成金额 2 765.5 万美元。自 2007 年中国驻缅大使代表我国与缅甸正式签署“替代发展合作协议”以来，德宏州在缅甸发展替代种植项目初见成效。截至 2009 年 12 月底，全州开展替代种植企业 33 户，累计协议种植面积 259.8 万亩，经过检查公示完成的实际种植面积 43.16 万亩。返销国内农产品 16.96 万吨，返销金额达 3 275 万美元。

（二）德宏对缅贸易增加了地方财政收入，扩大了就业

2009 年全州边贸企业上缴税收 3.1 亿元，占地方财政收入的 18%。边境贸易的发展扩大了就业，促进了农村剩余劳动力的转移，2009 年仅境外替代种植就转移全州农村剩余劳动力 5 000 余人。

（三）对缅贸易带动全州城镇化发展

随着对缅贸易量的逐年增加，物流、交通运输、宾馆、饭店、修理、房地产、金融保险、旅游等第三产业快速发展，瑞丽市凭借特殊的区位优势，聚集了众多商贩、商铺，形成了一定规模的中低档商品市场和物流中心，通过兴建边境经济合作区、实施“境内关外”等优惠政策，吸引了不少加工工业进驻。如玉石加工、贸易在国内外享有一定的声誉。在对缅贸易特别是边境贸易的带动下，全州城镇化水平由 2001 年的 19% 提高到 2009 年的 33%，接近云南省 34% 的城镇化水平。边境贸易最繁荣的瑞丽市，2009 年城镇化水

平达到50.1%，高出全省16个百分点，也高于全国水平。

（四）德宏在发展对缅贸易过程中创新发展了我国沿边开放模式

改革开放以来，德宏成为沿边开放最早的地区，随着中缅双方合作与交流不断扩大，双方地方间建立了涵盖基础设施、经济贸易、科教文卫、司法等领域的合作机制。开展了中缅边境人民币结算合作试点，开局良好。率先在全国市（州）级中向商务部申请授权州商务部门成为全国对外贸易备案登记机关。30多年来，德宏探索了一个边民互市—边境贸易—边境经济技术合作—境内关外渐次推进，创新发展的沿边开放模式。

二、德宏对缅贸易迎来多重历史性机遇

（一）国家把瑞丽市列为重点开发开放试验区

国家发改委在《关于2009年西部大开发进展情况和2010年工作安排》中明确提出：今年将继续推动云南瑞丽、广西东兴、新疆喀什、内蒙古满洲里等重点开发开放试验区的建设，编制西部地区沿边开发开放规划。支持有条件的沿边地区增设边境经济合作区，探索在条件成熟的地区设立跨境经济合作区，提高边境地区基础设施建设水平。通过政策引导，加大中央财政对西部地区的专项资金支持。瑞丽市是目前德宏州开发开放基础最好、发展最快的口岸城市。瑞丽作为边境城市纳入西部大开发开放试验区后，将能够获得较多的国家财政支持，其开放程度、享受各项政策的力度或将与经济特区媲美。

（二）中缅合作协议带来新机遇

在云南全省对外开放布局中，德宏是连接西南的重要门户，有特殊优势。德宏是中缅两国开放合作成效最明显的区域之一，与缅甸和印度东北部长期保持着友好往来、经济合作和文化交流，具有深厚的人缘基础和文化积淀。2010年6月2日至3日，温家宝总理对缅甸进行了正式访问，中缅双方达成了广泛共识，签署了中缅油气管道、贷款、交通、水电、制造业、汽车组装等方面的15项双边贸易合作协定。此次签署的中缅合作协议均与德宏有直接关系，为德宏推动中缅区域合作带来了新的发展机遇，为德宏跨越式发展、提高沿边开放水平起到重要作用。

（三）把云南建成中国面向西南开放的桥头堡带来的机遇

把云南建成我国向西南开放的重要桥头堡，是党和国家在新时期推进我国陆上开放、提升沿边开放水平的重大战略部署，给云南加快发展带来了

千载难逢的历史机遇。“使云南成为我国向西南开放的重要桥头堡”，就是要充分发挥云南的地缘优势，在中国向西南开放中先行先试，成为我国从陆路沟通东南亚、南亚，直至印度洋的通道，成为交通、电力、通信的门户枢纽，成为我国与印度洋沿岸国家交流合作的重要平台，成为我国面向印度洋沿岸国家的外向型产业基地和进出口商品加工基地，成为对外文化交流的重要窗口。

云南打造中国面向西南开放的桥头堡，德宏以其先天独特的地理区位优势全力打造桥头堡的黄金口岸。从德宏陆地口岸出境，经缅甸腊戌、曼德勒、马圭，行程约1 000公里，即可不绕道马六甲海峡，抵达仰光港、实兑港、皎漂港、吉大港等孟加拉湾沿岸国际港口，进入印度洋。从德宏州的口岸出境200公里以内即可连接缅甸铁路网，具有实现陆水连营的基础。所以桥头堡建设是德宏对缅甸贸易的新的切入点和突破口。

（四）中国—东盟自由贸易区启动带来的机遇

中国—东盟自由贸易区2010年正式启动运作。中国—东盟自由贸易区作为一种制度安排，将通过双方消除贸易壁垒，提供物流、资金方面的便利，降低交易成本，加快资金、技术、货币服务活动，扩大贸易量，提高经济效益。中国—东盟自由贸易区框架至少包括六个方面的推动双边贸易关系发展的制度设计：一是贸易投资便利化措施。包括提高透明度，消除非关税壁垒，扩大国有贸易企业的权利，简化海关程序，相互承认标准即肯定性评估程序，提供签证便利，以促进商务人员往来，促进商界及贸易政策对话，促进与便利信息和实施技术合作，以提升各国的应用水平，促进贸易的发展。二是对成员国，特别是新成员国，提供技术援助和能力建设。三是在符合WTO规则的基础上，给以东盟、中非世贸组织成员特别考虑。四是将合作领域扩大至金融、旅游、农业、人力资源、中小企业、产业合作、知识产权、环境、林业与林业产品、能源及次区域开发领域。五是为东盟的新成员提供特殊的差别的待遇及一定的灵活性。六是建立合作的组织机制以执行合作框架。显然，中国—东盟自由贸易区框架下，将会进一步强劲地提升中缅贸易关系，全面促进双方的经济合作。

自由贸易区建设通过开放市场，密切相互合作关系，共同开发更广泛的国际市场。根据协议，各缔约方不应保留任何数量限制措施，非WTO成员的缔约国也应逐步取消其数量限制。同时，各方应尽快确定其保留的非税壁垒，并逐步取消。这将迫使缅甸改变一些贸易管制措施，如以出口核定进口和限制口岸经营品种等，有利于扩大我们对缅甸商品的出口，德宏与缅甸双边深化经贸合作的机遇明显增多。

三、德宏对缅贸易存在的问题

（一）外贸企业整体实力不强

2009年德宏州具有进出口经营资质的企业达741户，企业数量多，但正常经营少，正常经营的企业不足20%，其中经营规模上亿元的企业不足20户，并且基本上是以代理制为主，自营企业相对较少。特别是出口企业竞争不强，缺乏质量高、效益好、资信高的大型外贸龙头企业和自营出口生产企业。另一方面，由于银行贷款支持力度不够，企业资金等措施渠道单一，加之多为家族式经营模式，企业扩大规模较难。

（二）进出口商品结构单一

目前德宏州对外贸易企业所经营的商品大部分是传统商品，商品结构单一、价值低。例如2009年全州重点进口的商品主要是木材、粮食油料、水产品、干鲜果品、土特产品等类。出口商品主要是农用生产资料、纺织品、化工、五金机械、百货、交通电工、文化用品、干菜及调味品、药品及医药、酒类等。具体商品有钢材、水泥、机械设备等。配额出口商品有铁丝、汽油、柴油、润滑油、液化气等品种。

（三）境内外交通基础设施相对滞后，企业经营成本较高

德宏与沿海、沿江发达地区相比运输距离较长，货物总量小、批次多、物流成本高。据商务部门提供的分析资料，以一般贸易方式从缅甸仰光至广东口岸的运输费用为每吨400～500元，而以边境贸易方式从仰光至瑞丽口岸的运输费用为900～1 000元。目前在云南省通往东盟国家的三条大通道（昆河、昆曼、昆仰）中，昆明至仰光的交通基础设施相对滞后，使瑞丽口岸的商品长期局限于缅甸中北部市场，边境贸易难以实现跨越式发展。

（四）对外经济技术合作实施“走出去”受制约因素多

一是州内外经贸企业普遍存在“经营资金缺乏，融资贷款困难，抗风险能力弱，业务素质偏低，开拓市场滞后，创新发展意识不强”，制约着“走出去”的步伐。二是“走出去”企业发展项目项下带出物品不能享受边境贸易人民币结算出口退税政策，在一定程度上制约全州实施“走出去”战略。三是替代发展项目返销进口指标严重不足，国家下达返销进口指标时间与农产品收获节令时间不一致，在一定程度上影响替代企业的经营积极性，也引发一些社会不稳定因素。四是在缅的外国投资者不能享受与其本国公民同等

国民待遇，随意性大，这是制约外经贸企业“走出去”发展的根本因素。

（五）从投资环境看，存在诸多不利因素

一是从缅甸内部环境看，缅甸受国际上炒作“中国威胁论”以及制度环境差异的影响，对与中国的合作仍存有疑虑。缅甸政策多变，不可预见的因素较多，缺乏必要的法制保障。缅甸交通、物流、信息等基础设施建设滞后，参与合作的实力不强。二是从国内看，我国对外合作政策不完善，海外投资保险机制和外汇结算制度不健全，限制了企业大规模对外投资。我国信用制度不完善，加之产品质量不高，经济纠纷时有发生，影响企业在缅甸的信誉。外经贸企业在对外经贸合作中无序竞争、低价竞销，在很大程度上影响出口企业的发展。三是从省内和州内看，对企业“走出去”的政策支持力度不够，开放程度不高，人流、物流不畅，口岸管理部门认识不一致，还不能完全适应壮大口岸贸易的发展要求，国家调整对外贸易政策后，边境贸易方式与一般贸易及其他贸易方式相比，已无政策上的优势，边境贸易口岸功能减弱，竞争力下降。

四、提升德宏对缅贸易水平的战略思考

（一）加大政策研究力度，创造性地用好用活国家和省已有的对外开放政策

要疏理和研究当前国家和省已经出台的对外开放政策，特别要把国际金融危机爆发以来，国家出台的各项促进西部大开发和对外贸易发展的政策措施，结合德宏实际进行疏理，找到对外贸易与政策的结合点，要抓好政策的学习、宣传、落实工作，不等、不靠、不看，主动出击、抢占先机。要克服重争取、轻落实的不良倾向，把争取政策与创造性的执行政策有机地结合起来，以德宏敢为天下先的精神，利用好各种机遇，积极争取更多更好的对外开放政策（促进发展的），促进对外贸易发展。

（二）完善现有中缅合作机制，推动建立新的中缅合作机制，搭建经贸合作平台

一是建立与中国驻缅使领馆商务处（室）的常态化联系机制。从使领馆及时获得缅甸政策调整、政局变化方面的信息。二是建立与缅甸联邦各级政府、合法组织的交流机制。要多层次、宽领域、多途径加强与缅甸中央政府和毗邻的缅甸克钦邦、掸邦、曼德勒省、实皆省及相关镇区政府官员、特区组织领导人的接触与交往，建立起更加密切稳固的合作关系。三是搭建中缅经贸会平台。要强化组织，加大与缅方配合力度办好中缅边交会，提升中缅

边交会的规格，扩大影响。定期举办玉石博览会，打造“中国玉都”，凸现“玉博会”的贸易功能。要搭建国际商品展览交易平台，以建立国际商品展览中心和展会的形式搭建起商品展览交易平台，促进商品交易量的扩大。四是搭建论坛平台。通过定期举办中缅发展环境论坛、中缅经济发展（合作）论坛等形式，促进中缅双方官员及企业界的交往与联络，促进合作，扩大贸易往来。

（三）加大国家特殊经济功能区建设力度，形成沿边开放的“深圳效应”

一是抓住国家把瑞丽列入重点开发开放试验区的战略部署，编制瑞丽开发开放试验区规划并对瑞丽发展及其在桥头堡黄金口岸建设中的作用作出准确定位，并做好相关工作。二是创造性地贯彻落实国家给予边境经济合作区的各项政策，特别是基础设施建设贷款贴息的新政策，切实有效地争取国家开发建设资金的投入，努力实现边境经济合作区二次创业。三是积极探索跨境合作发展新途径。要进一步推进中缅瑞丽—木姐跨境经济合作区申报工作，争取“中缅瑞丽—木姐跨境经济合作区规划”取得国家立项。构建以边境经济合作区为平台、姐告边境贸易区为核心、跨境经济合作区为重点的沿边开放空间结构。四是抓住桥头堡建设和中国—东盟自由贸易区建成的历史机遇，全力推进章凤口岸拉影经济区的开发，使之成为进出口加工基地。

（四）抓大企业，跟踪大项目，扩大口岸进出口流量

一是要继续加大对全州外经贸龙头企业的扶持，带动更多有实力的企业“走出去”开展对外工程承包、对外投资等对外经济合作项目，借助中缅油气管道建设、缅甸路桥、电站等项目建设，积极组织建材、机电等项目建设所需商品的出口，全力打造外贸品牌。二是以更加优质的服务组织好传统大宗商品进出口，特别是海产品和玉石的进口，支持企业或商会组织积极参加仰光珠宝玉石公盘、木材拍卖、专业市场交易，通过矿产勘探权转让、土地租赁，以此进一步扩大贸易领域、贸易规模和效益。三是采取有效措施，促进替代种植向替代发展转型。要规范和完善替代种植管理服务，推进替代种植示范基地建设，争取国家更加科学合理地下达替代种植项目下返销进口指标和制定替代项目下出入境人员管理办法，稳步推进替代发展各项工作。

（五）扩大对外交往与宣传，取得周边国家尤其是缅甸对我们的了解和认同

要突出桥头堡、瑞丽开发开放试验区建设，中缅合作互联互通、互利共赢的作用，做好外宣工作，要紧紧围绕建设中国面向西南开放桥头堡德宏建设桥头保黄金口岸这一目标，坚持“走出去”、“请进来”相结合，集成资

源、集中力量、聚集优势这一目标，形成以政府为主导，社会参与的对外宣传格局。要组织对外文化交流和文化宣传活动，提高国家文化软实力，适时开展对外公关宣传，树立和展示德宏良好形象，要充分利用我国驻外机构、华人华侨团体等各种资源在桥头堡建设宣传中的作用。

（六）提升口岸功能，推进现代物流体系建设

围绕提升通关便利化水平，不断完善以国家一类口岸为核心，国家二类口岸为支撑，省级通道和民间便道为辅助，涵盖陆、空、水，便利、高效、有序的立体口岸体系。一是要发挥好瑞丽、畹町两个国家级口岸的龙头作用，加快实现其对第三国人员开放，要力争盈江、章凤两个国家二类口岸升级为国家一类口岸，力争申报德宏芒市机场为口岸机场。二是理顺口岸管理体系，创新口岸管理机制。要建立健全多层次、全方位、信息共享、服务到位、运转顺畅、职责明确、事权集中、监管有力的口岸管理体系，提高通关效率。三是建立覆盖全州的大通关电子口岸信息平台。要建立可以包容口岸人流、物流、单证流、资金流、信息流的电子口岸平台，促进口岸通关服务水平和质量的提升。四是积极规划建设现代物流仓储设施，积极推进瑞丽口岸保税物流基地建设，争取建立德宏空港保税区。力争在短期内规划建设“芒市—瑞丽—陇川”和“芒市—梁河—瑞丽”两条“V”形物流带，力争规划建设连通缅甸的物流带，争取在中缅、缅印、缅孟边境口岸缅方一侧建设若干中国商品城，以此作为全州拓展南亚市场的前沿基地。

新闻报道及评述

“2010年云南社科专家德宏行暨百名学者话德宏”调研活动新闻发布会在昆举行

曹 榕

《德宏团结报》记者

4月29日，“2010年云南社科专家德宏行暨百名学者话德宏”大型调研活动新闻发布会在省社科联举行。会议通报：5月6日至14日，省内外及德宏州社会科学、自然科学和实际工作部门的40余名专家，将分经济、社会事业和对外开放三个考察调研组赴德宏州调研考察，为德宏经济社会建设中的现实问题“把脉”。

省十届人大常委会副主任、省社科联主席王义明发布新闻。她介绍了本次活动的指导思想、目标任务、主要内容及特点。

省委宣传部副部长张瑞才主持会议。省社科联副主席雷翁团参加会议。

中共德宏州委常委、副州长、州委宣传部部长田大余介绍了德宏的基本情况和活动筹备工作相关情况。他说，结合《德宏州国民经济和社会发展第十一个五个规划纲要》的要求，及当前德宏经济社会发展实际，经过多次征求有关单位、领导和专家的意见，拟定了57个关乎德宏经济社会发展的调研课题，供专家参考。主要有德宏经济社会跨越式发展研究、德宏投资环境研究等16个德宏经济发展方面的课题；德宏历史文化的发掘与保护研究、德宏传统民族民间文化保护开发研究等35个德宏社会事业发展方面的课题；云南作为中国面向西南开放的桥头堡中德宏的地位和作用、德宏对外贸易战略研究等6个德宏对外开放方面的课题。根据安排，期间将举行“专家见面会暨州情介绍会”和“德宏经济社会发展高端论坛”，专家组还将分别到各县市调研。

省社科联副主席江克在答记者问中介绍说，本次活动是继2003年“云南省社科专家红河行”，2006年“云南省社科专家临沧行”，2007年“云南省社科专家盈江行”、“云南省社科专家楚雄行”，2008年“云南省社科专家大理行”，2009年“云南省社科专家丽江行”之后，云南省哲学社会科学界又一次全方位为州市服务的大型调研咨询活动。专家们将在深入调研的基础上，形成一批有理论深度、学术新意、应用价值和指导意义的调研报告、研究论文，它们作为这次调研咨询活动的理论结晶，将于7月底汇编成《社科专家话德宏》文集，提供给德宏各级领导作为今后工作的重要参考。

《人民日报》、新华社、《光明日报》、中央电视台、《云南日报》、《香港大公报》等20多家新闻媒体单位参加了新闻发布会。

社科专家德宏行亮点闪现

——访省人大常委会原副主任、省社科联主席王义明

蓝玉芝　焦迪

《德宏团结报》记者

在德宏州发展转型升级处于最关键的时刻，由云南省人大常委会原副主任、省社科联主席王义明带队的云南社科专家德宏行学者走进德宏，以实地调研、座谈会、学术报告会等多种形式为德宏各县市的发展出谋献策，倾注心血，贡献智慧。

参加这次活动的专家层次高，学科专业门类全，调研门类最全，调研内容丰富系统，研究问题重点突出。调研组遴选的28个课题涵盖了德宏经济、政治、文化、社会、生态文明建设以及党的建设等各个领域，特别是围绕桥头堡建设的题目，专门组成了对外开放和桥头堡建设调研组在德宏调研，对德宏建设桥头堡黄金口岸提出了很多好的意见和建议。专家学者求真务实，紧密结合德宏实际，就德宏经济社会发展中的基础性、战略性问题进行深入的研究，探索解决问题的新举措、新方法、新途径，形成了一批对促进德宏边疆民族地区跨越式发展有理论高度、运用价值和指导意义的调研报告和研究论文。

行程结束时，本报记者就这次活动的特点专访了王义明。

问：这次专家学者队伍的构成特点有哪些？

答：在专家队伍的组成上，突出了四个方面的特点：一是本次调研活动的专家结构由北京、省、州专家组成，有来自北京中国社会科学院的两位专家，来自省上的25位专家和德宏州的13位专家。二是在专家的学科构成上，根据德宏州提出的调研课题，省委宣传部和省社科联组织了6位来自昆明理工大学、云南农业大学、西南林业大学的环境科学、种植养殖科学和林业科学的专家。三是在专家的部门结构上有理论研究部门的专家和实际工作

部门的专家。他们有来自北京、省州科研机构的研究员，有来自大专院校的专家教授，还有来自省政府研究室、省发改委、省商务厅的实际工作部门的专家，做到了省、州、国家一级专家相结合，社会科学、自然科学和实际工作部门专家相结合。四是在专家的结构上体现老中青相结合、中年专家为主的原则。他们中有年过花甲的资深老专家，也有70年代后出生的年轻专家。来自北京和昆明的好几位专家曾在德宏下过乡，他们是满怀着对德宏的深情来调研的。

问：这次社科专家德宏行是在什么背景下进行的？

答：这次社科专家德宏行是在三个重要背景下开展的大型调研咨询活动。一是全省、全国正在贯彻落实科学发展观；二是把云南省建设成为面向西南开放的重要桥头堡的战略已经成为国家层面的战略；三是在“十一五”规划即将结束，“十二五”规划将要开始这样一个重要的时刻到德宏，分为经济、社会事业和对外开放三个专题，为德宏经济社会建设中的现实问题现场 “把脉”、“会诊”。

问：这次调研活动呈现出哪些亮点？

答：在国家和云南省的对外开放中，德宏一直处于前沿阵地的位置，是其他地州不可替代的地区，而且作为对外开放的先行区和示范区，德宏已经作出过很多成绩。当前在桥头堡建设中德宏又定位在前沿的黄金口岸。因此这次云南社科专家德宏行暨百名学者话德宏大型调研活动亮点闪现。从调研活动内容上讲，把实地调研活动和理论宣讲结合起来，每到各县市，专家学者既有看点的，也有紧密结合各县市现状作学术报告的，还有围绕德宏经济社会发展，就各自调研的课题深入农户和部门进行个别走访的；把为党委、政府提供咨询和参考的意见与送科普书籍的活动相结合，分别为各县市新农村示范点农家书屋赠送了实用科普知识读物，向州、县市党委、政府赠送了东南亚法律研究丛书，为国家实施面向南亚、东南亚开放桥头堡建设服务。总之这次大型调研活动，既是一支社科专家推动中国特色社会主义建设大众化的“推进器”，也是一支科普知识和国家开放政策宣传队，更是一支为基层党委、政府科学决策提供智力支持的基层工作队。

瑞丽应建跨境经济合作区

谢 莹

《云南信息报》记者

“应允许边境州市开办国际中小学校和专业技术学校，高校举办对外人力资源培训班。”

——云南省社会科学院副院长、研究员任佳

“做到知己知彼，比国家的考虑超前，这样战略意义就凸现出来了。”

——中国社会科学院亚洲太平洋研究所区域合作研究室主任王玉主

“两国一区、跨境合建；依托区域、各自配套；区域配套，连为一体。”

——云南省社会科学院南亚所所长、研究员陈利君

“跳芭蕾舞，云南也许永远赶不上北京。但如果跳民族舞，就可以独领风骚。经济亦如此。”

——云南省国际贸易研究所所长童晓谷

云南建设“桥头堡”，亟须具有区位优势的德宏作出表率。德宏应该在桥头堡的建设中扮演怎样的角色，具体又该怎么做？为找到答案，省委宣传部、省社科联、德宏州联合主办大型调查研究活动“社科专家德宏行暨百名学者话德宏”。

5月6日至14日，来自省内外的多名专家依次对德宏梁河、盈江、陇川、瑞丽、畹町、潞西进行实地调研。并在昨日召开的“德宏经济社会发展高端论坛”上建言献策。众说纷纭中，本报挑选了部分专家观点呈献给读者。

一、趋势——建跨境经济合作区时机已经成熟

“云南要建设‘桥头堡’，德宏则迫切需要在瑞丽（含畹町）建立跨境经济合作区。” 云南省社会科学院南亚所所长、研究员陈利君表示，目前瑞丽建立跨境经济合作区的条件和时机已经成熟。

他分析说，将中缅两国经济融为一体，这有利于改善双边关系，共同促进经济发展。缅甸资源丰富，经其连接的东盟、南盟、中东以及其他国家都有许多是我国经济社会发展不可缺少的战略资源，无论通过跨境经济合作区的商贸企业直接进口，或者是加工后再进口，都有利于确保中国能源、资源的安全。跨境经济合作区，有利于德宏更好地参与中国—东盟自由贸易区、GMS 次域经济合作等各类经济合作组织，并分享其利益和成果。同时，也有利于我国掌握对缅甸开放的主动权。

陈利君建议将跨境经济合作区的功能定位为：兼顾国际物流和旅游的贸工型自由贸易区。建设成为特色鲜明、经济发展、边疆稳定、民族团结、社会和谐的开放合作区，成为贯彻睦邻友好、务实合作、互利共赢的区域经济合作典范，成为提升沿边开放水平、维护边疆稳定、推动区域经济一体化进程的先行试验区。

在建设方式上，他提倡“两国一区、跨境合建；依托区域、各自配套；区域配套，连为一体”。即中缅分别划定合作区域，共同规划合作区，然后按统一规划各自建设和管理。“我国政府还要对缅签署建立跨境经济合作区协议或备忘录，建立国家间的跨境经济合作区建设与管理机构，对跨境经济合作区实行特殊的优惠政策。”

二、角色——发展个性经济 德宏要当“二传手”

德宏位于连接亚洲东亚经济圈、东南亚经济圈、南亚经济圈三大经济圈的要冲，地缘优势无可替代。云南省国际贸易研究所所长童晓谷表示，云南（包括德宏）必须要清楚地看到，桥头堡建设需要有实际内容来支撑。

“大通道不仅是德宏的大通道，更是中国的大通道，亚洲的大通道。”他说，当今世界经济主要还是陆路经济，在今天的技术基础上，大陆资源的配置能够最有效地推动经济发展。德宏州应积极创造条件，抓住时机，扩大姐告边境经济合作区的规模。加快推动建设瑞丽（姐告、木姐）跨境经济合作区。

“区位优势并不意味着绝对优势。与东部发达地区相比较，云南（包括德宏）的工业化程度低，产业结构缺乏与东南亚、南亚各国市场产业链的衔接。”童晓谷认为，在国内外竞争日趋激烈的形势下，云南（包括德宏）应当树立“二传手观念”和“民族舞意识”。他解释说，“二传手观念”是指，云南（包括德宏）应大力发展服务贸易来吸引和承接中国东部、乃至亚洲以及世界一定范围内的产业转移，全方位提高服务质量，甘当“二传手”。与此同时，拿出最好的项目，通过各种形式吸引国内外投资，采用大进大出方式扩大加工贸易，把云南（包括德宏）的区位优势转化为经济优势，真正成为中国连接亚洲三大经济圈的桥梁与纽带，在服务全国的同时发展自己。

“云南如果跳芭蕾舞、搞交响乐，也许永远不可能赶上北京。但如果跳民族舞、搞原生态，就可以独领风骚。”童晓谷说，同样的道理，云南（包括德宏）在巩固传统经济的同时，要大力开发个性化经济：突出服务贸易；突出旅游产业；突出民族文化产业；突出加工贸易；突出物流中转。这就是“民族舞意识”。

三、手段——边境要建成重要对外教育基地

云南建设“桥头堡”，具体该怎么做？论坛上，省社科院副院长、研究员任佳第一个亮出自己的观点。

“首先，要把云南建成面向西南开放的二、三产业集聚地和沿边开放经济区。” 任佳说，云南应调整产业结构，与周边国家的收入水平、消费习俗、资源状况结合起来，形成面向周边国家的加工制造业基地，还要建立产业互动链，争取重大产业项目进入国家规划。其次，加快发展面向西南开放的交通、物流、通信基础设施和金融、信息、电子商务、旅游、会展等现代服务业，建立现代化的国际交通物流体系。利用国际合作机制加快泛亚铁路与中国云南连接的东、中、西线建设速度，以及中国连接东南亚、南亚的亚洲公路网建设，尽早实现西南出境国际交通大动脉和第三亚欧大陆桥与周边国家的对接。

她特别强调，要建立昆明陆港型综合保税区。同时，鼓励股份制商业银行和外资银行到云南设立分支机构。云南还要建设互利共赢的国际次区域合作前沿，就是要整合两个次区域经济合作区（GMS、BCIM），建设三个跨境经济合作区（姐告—木姐、磨憨—磨丁、河口—老街），开辟四个境外合作开发区（越北、泰北、老北、缅北），建立五条对外开放走廊（昆明—河口、昆明—曼谷、昆明—仰光、昆明—加尔各答、昆明—吉大港）。

“我们应把云南建成中国重要的对外教育、培训和科研基地，吸收更多周边国家青少年来华学习。” 任佳表示，应允许边境州市开办国际中小学校和专业技术学校，在边境州市高校举办对外人力资源培训班。

四、策略——应对缅甸局势德宏的机遇与挑战

“德宏主要面对的是东盟成员国缅甸，下一步的对外贸易发展应该说是面临着机遇，但也存在一些挑战。” 中国社会科学院亚洲太平洋研究所区

域合作研究室主任、副研究员王玉主在论坛上表示。

他分析说，西南陆路通道桥头堡概念提出以后，德宏的区位特点和优势更进一步得到了突出和重视，各口岸的地位远远超出了目前其主要承载的贸易功能。德宏已从中缅合作前沿被推向中国与南亚、东南亚合作的前沿。

而挑战是，缅甸在东盟成员中经济发展较为落后，对外贸易由于受到以美国为主的西方国家的制裁而规模十分有限。此外，缅甸的政治体制比较特殊，尤其是与德宏接壤的几个省区与缅中央政府的关系一直比较微妙。此外，德宏的产业发展相对滞后，对外贸易缺少强有力的产业支撑。王玉主建议，应该加强对缅甸政局和经济发展战略的变化与调整的研究，做到知己知彼，想办法突破，比国家的考虑超前。这样战略意义就凸现出来了，从而也就能得到重视。

王玉主表示，桥头堡计划说明国家对西南通道建设、对云南在中国周边地缘战略中的地位有了新的认识和定位。作为这一通道的主要承载口岸地区，德宏应以此为契机，争取国家的政策及项目支持，改善和提升地区的航空、交通、通讯等基础设施水平，从物理层面上打牢桥头堡建设的基础。

此外，应加强地区产业培植，把桥头堡做实，避免通道建成后成为其他省份对外贸易的过道。有选择地引进东部地区的一些企业和资金，结合本地的优势资源，培育优势产业。他还建议说，德宏各口岸在突出其对外贸易功能的同时，也应注意其在中缅关系建设方面应该发挥的作用，避免一些可能损害双边关系的贸易行为。

供图：杨邦庆（除署名外）

德宏要做建设社会主义新边疆的排头兵

——访云南师范大学历史系主任、教授周智生

蓝玉芝　焦　迪

《德宏团结报》记者

当前，在国家进一步推进西部大开发，提高对外开放水平，对西部边疆省区的支持力度不断加大的背景下，德宏应如何抓住发展机遇，建设富裕开放、团结稳定、和谐安宁的社会主义新边疆？记者走访了云南师范大学历史系主任、教授周智生。周智生教授认为 “德宏要做引领性建设新时期社会主义新边疆的排头兵”。

——德宏不仅要构建绿色德宏，而且要大力发掘和保护各民族反侵略保边疆的历史遗迹，大力弘扬和宣传各民族的爱国传统和光辉业绩，推出“红色德宏”这张文化名片，提升德宏的历史文化底蕴，进一步增强各民族的爱国凝聚力和向心力。通过召开“土司制度与边疆问题治理国际学术讨论会”，进一步推出梁河县南甸宣抚司署这张城市名片；通过开展“刀安仁与云南辛亥革命胜利一百周年国际学术讨论会”来提升盈江县的历史文化底蕴。在加强对外宣传的同时，要及时将这些光辉业绩和历史英烈故事编入乡土教材和民族语教材中去。

——在资源开发过程中应该重视各民族的参与能力建设，避免山区或坝区少数民族在经济发展中“被边缘化”。经济社会的发展最终还是要以区域内各民族人民生活水平是否提高、文化生活是否丰富来评价和衡量。所以在引进一个项目、建设一个工程时，都应该反复思考和评估，如何与各民族经济社会参与能力建设相衔接，如何让各民族群众更好地分享德宏经济社会发展的新成果和新贡献，以更好地实现各民族的共同富裕和共同发展。

——以山坝民族一对一互助帮扶为纽带，构建互惠互生、共同进步、共同富裕的新型边疆民族关系。历史上各民族反侵略保边疆的动力，来自坝区

民族和山区民族如同鱼和水唇齿相依的关系，形成了相帮互助的历史传统，结成了许多“牛亲家”、“干亲家”，各民族十分珍视和珍惜这个来之不易的发展格局，面对分裂和侵略势力都能够自觉自愿展开斗争和反抗。而今，应通过山区和坝区之间以乡、村、农户这三级单位之间一对一的帮扶关系和新型互助组织的构建，进一步实现山坝区之间人员往来、经济联动、交流通畅、互信互帮的新型民族关系，建设边疆民族地方内部自身发展的帮扶新机制。

——继续加强少数民族优秀人才的培养和使用，及时启动少数民族代表人物信息库的建设。少数民族的代表人物通常具有特殊的影响力。当前德宏经济社会发展步伐的不断加快和社会转型程度的不断加深，促使利益主体日趋多元，统筹协调各方面利益的难度加大，对民族地区经济社会全面协调发展提出了新的要求，在这种背景下，德宏要尽快启动各少数民族代表人物的信息库建设，一方面摸清现有代表人物的分布状况、生存状况和影响力，主动关心和保护他们；另一方面要加快培养新时期政治立场坚定、群众威信高、善于与群众沟通的少数民族代表人物。

建桥头堡 云南更要紧盯国内

谢 莹

《云南信息报》记者

面对广西、重庆、四川等省区市的强力竞争，云南有些急了。桥头堡到底怎么建，如何把握机遇？目前云南最迫切需要做的是什么？在区位优势上具有不可替代性的德宏州最迫切需要做的又是什么？

“别以为建桥头堡就要往外看，现在中国才是世界经济增长的发动机，30%的精力盯着国外，70%的精力要盯着国内。”中国社会科学院亚洲太平洋研究所区域合作研究室主任、副研究员王玉主接受本报专访时表示，云南建桥头堡一定要依托通道建设，首先要建立和谐融洽的中缅关系，“不能只顾眼前利益”；其次，桥头堡的建设还需要有产业支撑；再有，要利用桥头堡的机遇，争取国家在政策、项目上的支持。

他表示，云南（包括德宏）一定要认清桥头堡在战略、外交、地缘上的重要性，再从这些意义上去挖掘发展云南经济的可操作性。盯住国家的政策、项目，利用桥头堡的概念去吸引国内其他地区的项目投资和能源。“要知道，这条通道越拥挤，这个桥头堡的重要性就越强。”

“首先我们要清醒地意识到，要真正让桥头堡变得重要起来，一定要依托通道建设。从物理上来讲，没有一个桥，桥头堡有何意义？” 王玉主表示，西南通道是国家能源、地缘方面的一个重要通道，通道的建设于国家的战略、外交、安全有着非常重要的意义，所以，云南下一步的工作重点应该放在通道建设上，让国家重视起来。一定要充分利用桥头堡的机遇，把通道做好做扎实。

一、融洽的中缅关系是桥头堡的重要依托

“云南依托通道建设桥头堡的时候，一定要把双边关系搞融洽，这是国家需要的，也是桥头堡发挥作用的重要依托。千万不能只看到眼前利益。”

王玉主举例说，他最近刚去缅甸克钦邦，听到不少抱怨，说中国人过去把人家的山头一片片砍光了。“当地一个说话客气的部族首领说，你们要砍就砍大的，小的树就留一留嘛，不要全都砍光。而更多当地天主教徒对此非常反感。这些都是地方政府不容忽视的，是要管的。”王玉主再三强调，地方千万不能只看到眼前利益，而忽略了长远的利益。

“中国现在60%原油进口都走马六甲海峡，这很可怕，我们需要通道，而通道要安全才是真正意义上的通道。所以云南下一步应该重点把对缅关系做扎实，充分把握住缅甸发展动态，否则，油管埋下去后，谁都不踏实。”他认为，地方需要打好外交牌，打造融洽的双边关系，展示良好的对外形象，有塑造周边的概念。然而地方政府往往在外交层面上认识不够，认为外交不是自己的事儿。但双边关系至关重要，没有融洽的双边关系，桥头堡就没有依托、没作用，就建不了通道，不能把通道做活。广西之所以做得好，原因之一就是在这方面下了工夫。

二、桥头堡一定要有产业支撑

为什么云南现在抱怨通道变成了过道，王玉主认为正是因为云南没有对照通道去定义桥头堡。而作为桥头堡一定要有产业支撑。

“为啥现在缅甸用的三轮车还是四川制造，云南不能造吗？干吗还要大老远从四川拉到缅甸去？” 王玉主说，云南应该研究缅甸的需求，自己发展一些产业，农、林不是优势，但在制造业上肯定是有优势的。同时，要引进一些当地环境能支持、生态保护能支持的制造业，依靠国内，从国内发达地区引进企业、引进投资，把资源、技术带过来，再利用这些发挥云南当地的特色产业优势，譬如旅游业。“云南这样一个旅游大省，发展到现在只有个别地方从旅游业中得到好处，这是不够的。”

他特别强调，在发展的过程中，云南一定要有长远的眼光，不能为眼前利益过分破坏环境资源。云南丰富的生态资源是独有的，如果为了眼前的利益，云南也就丧失了吸引力。“这个地方应该重点发展服务业，把服务做好。”

他认为，云南的经济真要发展，既要对外看，还要往里看。往里看不仅是看云南，最重要是紧紧盯住国内。

“30%的精力盯着外边，70%的精力要盯着国内。现在全世界都在看中国，我们还要往外到处‘瞎看’是错误的，中国才是世界经济增长的发动机。”

桥头堡还要让当地产业、人民加入到通道建设、对外开放的潮流当中，并从中得到好处。

三、争取国家支持

王玉主表示，云南一定要利用建桥头堡的机遇，争取中央的政策支持、项目支持、资金支持。“近两年，广西在对外开放中取得不少优势，正是抓住了自贸区这张牌。”王玉主分析说，实际上广西得到的并不是贸易本身，主要是得到中央的重视和政策支持，资金支持只是小部分。中央给了政策和项目，别的资金就过来了。

依托通道建设桥头堡，如何才能让中央重视？王玉主说，云南紧邻缅甸，如果在中缅关系上，云南能给自己寻找到一个合适的、发挥作用的位置，就能够在战略上得到关注和重视。这一点非常重要，只要能提出切实可行的、具有战略意义的项目、规划，国家是会重视的。譬如缅甸的发展局势是国家特别关注的，云南在这方面，要想办法突破，要比国家的考虑超前，这样战略意义就凸现出来了，从而也就能得到重视。

“云南的经济要从战略、外交上获益，如何获益，这就要依托对外口岸，借助国家的支持，做活桥头堡。桥头堡概念本身是虚的，我们需要赋予它实在的内容。”王玉主说。

四、德宏要尽快打造便利交通

一个不争的事实是，在桥头堡的建设中，德宏的区位优势不可替代。为云南提高竞争力，德宏未来可能作出哪些突出贡献？

“‘德宏是桥头堡的黄金口岸，瑞丽是黄金口岸的金大门’——我来到德宏调研发现，德宏已经不缺口号，关键是如何落实？金大门怎么就金了？金不金关键是看大家走不走这儿，走这儿，那就金了，不走，那就不金。而走不走这儿决定于具体的步骤。”王玉主说，现在德宏的交通还是不够便利，物理上的通道没有，这个桥头堡是做不实的。“十二五”期间，德宏应该把通道物理性地建设起来，起到示范性效应，加强桥头堡的基础设施建设。

此外，在维稳方面，德宏也要积极发挥自身的作用。同时在外交上创造一种相互依赖。为大通道建设做好服务。

德宏可利用打造桥头堡的机遇，发展自身经济，基础设施上要积极争取国家政策资金支持。“必须要注意的是，德宏不能过分强调投资，忽视环保。起点要高，宁可发展慢一点也不要破坏当地生态，不要过于着急。”

“事实上，总书记提出建桥头堡的意义是非常深远的，但我们还没有完全领会。下一步云南要把它做深、做大、挖宽，做实，不能着急，目标要远大，但一定要脚踏实地，逐步从项目建设、智力储备、基础研究等方面把桥头堡做实。”王玉主总结说，桥头堡要做成一个有产业支持，有人力资源、管理技术支持，服务业发达，既向外又向内，塑造良好和谐中缅关系的大通道。

瑞丽：夯实桥头堡通道基础服务于国家大开放战略

蓝玉芝　焦迪
《德宏团结报》记者

改革开放以来，瑞丽市以贸易为先导，以改革促开放，以开放促发展，形成了边境贸易、一般贸易、边民互市、对外经济技术合作等多种贸易方式并存的局面，创造了“全国边贸看云南、云南边贸看德宏、德宏边贸看瑞丽”的辉煌业绩，在大胆探索、先行先试的过程中，瑞丽成为国家多项陆路口岸开放政策的试验区和“先行者”。

随着中国—东盟自由贸易区的全面建成，国家和省委提出要把云南建设成为中国面向西南开放的重要桥头堡，州委提出要把德宏建设成为中国面向西南开放桥头堡的黄金口岸，瑞丽作为云南乃至全国面向南亚、东南亚开放的“金大门”的区位优势更加突显。

走进瑞丽，参加“2010年云南社科专家德宏行”活动的专家就被旖旎的边境风光、浓郁的民族风情、璀璨夺目的奇珍异宝深深吸引。通过实地查看姐告边境口岸等，专家对瑞丽作为全国面向南亚、东南亚开放的重要通道有了更全面和深刻的认识。

专家们认为，近年来，在全国对外贸易下滑的形势下，瑞丽还能做到四五十亿的贸易额很了不起。德宏与缅甸接壤，具有连接东南亚、南亚的独特的、不可替代的地缘优势，是中国与东南亚、南亚次大陆相通的连接点，也是中国从陆路融入全球化的重要通道。专家们建议，作为全国面向南亚、东南亚开放的边境口岸的重要通道，瑞丽要在敢为天下先的基础上，更加高度重视大通道建设，为全国面向南亚、东南亚战略的顺利实施打好基础。

一、王玉主：“桥头堡”要有产业支撑

中国社科院亚洲太平洋研究所区域合作研究室主任、副研究员王玉主

说，西南陆路通道桥头堡概念提出以后，德宏从中缅合作前沿推向中国与南亚、东南亚合作的前沿，瑞丽的区位特点和优势进一步凸现。瑞丽在中国西南大通道建设中具有十分重要的战略地位，桥头堡建设使瑞丽口岸的地位远远超出了目前其主要承载的贸易功能。

德宏产业发展相对滞后，产业不全，多以农业为主，对外贸易缺少强有力的产业支撑，而瑞丽对外贸易中原先所具有的领先优势已风光不再，尽管如此，目前瑞丽对缅贸易仍很繁荣，就全国面向南亚、东南亚的要冲来说，它仍有着举足轻重的作用。去年国家提出桥头堡计划，说明国家对西南通道建设、对云南在中国周边地缘战略中的地位有了新的认识和定位，东盟自贸区的建成意味着瑞丽从任何一个东盟国家的关口都能够进入到东盟这个大市场，在这种背景下我们再谈桥头堡的时候，瑞丽就不仅单单是中缅贸易的前沿。

瑞丽如何夯实桥头堡基础？王玉主认为，瑞丽要认清桥头堡在战略、外交、地缘上的重要性，再从这些意义上去挖掘发展瑞丽经济的可操作性。通道的建设于国家的战略、外交、安全有着非常重要的意义，瑞丽应把重点放在通道建设上，并依托通道建设，建立和谐融洽的中缅关系，“不能只顾眼前利益”而忽略了对缅甸经济发展战略的变化与调整的研究，要调查清楚邻国缺什么，就发展什么；桥头堡建设需要有产业作支撑，瑞丽不能仅仅满足于大过道的现状，要紧紧盯住国家的政策、项目，利用桥头堡的优势，把国内的项目投资和能源吸引过来，同时结合本地优势资源，培育优势产业，发展属于自己的产业支撑，为口岸对外贸易水平的提升提供支持；利用桥头堡建设机遇，争取国家在政策及项目上的支持，改善和提升地区的航空、交通、通信等基础设施水平，从物理层面上打牢桥头堡建设的基础，避免通道建成后成为其他省份对外贸易的过道。

二、周智生：引领全国边境城市外籍流动人口管理创新实践

云南师范大学历史系主任、西南边疆稳定与发展研究中心常务副主任周智生教授认为，由于改革开放和广泛的包容性与吸纳性，目前瑞丽市已有外籍流动人口20 000多，如此众多的外籍流动人口在当地能够与各民族和谐相处，共同为瑞丽区域经济社会发展作贡献，这本身就是一个奇迹。说明瑞丽在外籍流动人口管理上独具特色的“瑞丽管理模式”，这本身就是国家实施开放战略构建和谐边疆、安宁边疆最好的城市名片和城市竞争力的直接体现。他建议瑞丽在全国边境城市外籍流动人口管理上要继续作出引领性的创新实践，把瑞丽建设成为新时期我国沿边城市外籍流动人口管理的创新实验

区或者是示范城，特别是在面向南亚、东南亚的发展战略中，瑞丽要把进一步作好外籍流动人口管理作为一个重要抓手，对外籍流动人口的管理要与流动人口的区域认同的培养并重，为全国摸索出在新形势下搞好外籍流动人口管理的经验，以更好地激发外籍流动人口的工作积极性，激发他们为瑞丽改革服务的热情，让全国人民知道，开放的瑞丽不仅风光美丽，而且人文社会环境也是和谐美的。

如何把外籍流动人口管理作为重要抓手？周智生为其支招：增强外籍流动人口的区域认同。对外籍流动人口聚居的社区实行人性化管理，从他们的发展背景和需要出发，站在他们的角度为他们考虑如何把管理工作搞好，让他们感受到瑞丽人民对他们来为瑞丽的改革开放和经济社会发展作贡献是有诚意的；利用外籍优秀人士及外籍流动人口代表人物在群众和社区的威信和影响力，着手进行外籍优秀人士和外籍流动人口代表人物的信息库建设，及时掌握他们的动态，建立良性互动的沟通机制；启动并且优化外籍优秀市民贡献奖工程，对已工作生活了一段时间，对瑞丽改革开放和经济社会发展及社会稳定作出杰出贡献的外籍优秀市民，给予一定的奖励或者荣誉市民称号，定期举行外籍优秀市民贡献奖遴选，通过这种方式，增强外籍流动人口对瑞丽市的认同感，让他们感到来到瑞丽是被重视的，以激发他们更好地融入整个经济社会发展的格局中。

三、陈利君：在新的开放模式中夯实交通基础

云南省社会科学院南亚所所长、研究员陈利君认为，现行的沿边开放政策已经满足不了沿边地区开放型经济建设的需要。在中国—东盟自由贸易区框架下，大部分商品的关税已降至零。这使得中央扶持边贸、支持沿边地区经济发展的优惠政策效应正逐步减弱，包括瑞丽在内的云南口岸经济面临严峻形势。因此亟须寻找新的开放模式，以振兴沿边地区经济发展。而中国全方位的开放要求德宏必须加快对外开放进程。目前中国全方位、多层次、宽领域的开放格局基本形成，沿边地区如果不加快开放，与先进地区的开放差距将进一步扩大。而建立跨境经济合作区正是瑞丽适应全国全方位开放政策环境的新选择，这种新的区域经济合作模式，不仅有利于德宏与缅甸沿边地区共谋经济发展，也有利于缩小德宏与发达地区的开放差距，还有利于国家全方位开放格局的形成。但在发展新的开放模式和国际通道建设上，瑞丽要找准着力点，在交通和电子商务等信息服务上做好文章。

“德宏经济社会发展高端论坛”在芒市举行

蓝玉芝　焦　迪

《德宏团结报》记者

“2010年云南社科专家德宏行暨百名学者话德宏”大型调研活动的重要内容之一“德宏经济社会发展高端论坛”，5月14日在芒市宾馆举行。24位社科专家为德宏经济社会发展献计献策。

省人大常委会原副主任、省社科联主席王义明，中共德宏州委书记赵金出席论坛并讲话。

会前，与会社科专家深入德宏各县市的特色产业基地、制糖企业、边境口岸、新农村示范点、重点工程建设项目和旅游景区景点，进行了为期8天的实地调研咨询活动，形成了一批有理论深度、有学术造诣、有应用价值、有指导意义的调研成果。

王义明在讲话中希望以打造桥头堡黄金口岸为目标，进一步优化德宏经济社会跨越式发展战略思路，把德宏的发展战略定位与省和国家战略相结合，积极配合桥头堡建设，以打造桥头堡黄金口岸作为主线，认真作好德宏“十二五”总体规划；进一步加强与缅甸的联系和友好往来，展示友好合作诚意和改革开放成果，传播中华文化，真正把德宏作为一个促进相互了解和友谊的重要窗口，服务于国家大战略。跨境经济合作区的建设和营运，不仅是工业园区，更多的要考虑农业开发园区、保税区，开辟跨境旅游区、加工贸易区等等，继续积极组织参与到省和国家一级国际合作交流机制中去，寻求更多的话语权和发展机会。

赵金在讲话中指出，在德宏发展转型升级处于最关键的时候，“云南社科专家德宏行暨百名学者话德宏”大型调研活动在德宏开展，参加活动的各位专家在调研的基础上，以座谈会、学术报告会等多种形式为当地的经济社会发展出谋献策，倾注心血，贡献智慧，体现了省委、省政府对德宏的关心，体现了全省社会科学界对德宏的关注和支持。

赵金指出，这次调研活动和论坛有三个特点，一是调研专家水平层次高，学科专业门类全，调研门类最全。二是调研内容丰富系统，研究问题重点突出。调研组遴选的28个课题涵盖了德宏经济、政治、文化、社会、生态文明建设以及党的建设等各个领域，特别是围绕桥头堡建设的题目，专门组成了对外开放和桥头堡建设调研组在德宏开展调研，对德宏建设桥头堡黄金口岸提出了很多好的意见和建议。三是专家学者求真务实，调研活动成果丰硕。各位专家紧密结合德宏实际，就德宏经济社会发展中的基础性、战略性问题进行深入的研究，探索解决问题的新举措、新方法、新途径，形成了一批对促进德宏边疆民族地区跨越式发展，有理论高度、运用价值和指导意义的调研报告及研究论文。

赵金要求：一是充分利用调研成果，全力推动德宏经济社会发展。二是要加大基础设施建设力度，改善跨越式发展的条件，大力发展生物特色产业，为富民强州打下坚实基础。三是发展旅游文化产业，为德宏发展营造良好氛围。四是加大教育发展力度，为提高各族群众的思想道德水平、科学文化素质打下良好的基础。五是加大对外开放的力度，建设好桥头堡黄金口岸。六是加强民生建设，建设和谐、安宁的社会主义新边疆。围绕这些重点工作，按照“思路项目化，项目工程化，工程操作化，操作数据化”的工作要求，把发展的思路变成实实在在的工程项目，推动各项工作取得实效，将各位专家的成果真正运用到我们的实际工作中，推动德宏跨越式发展。

赵金强调，德宏目前要抓紧抓好一项重中之重的工作，就是把握历史机遇，全力推进中国面向西南开放桥头堡黄金口岸建设。桥头堡是胡锦涛总书记对云南发展的最新定位。对德宏来说，是一次千载难逢的机遇。德宏处于云南沿边开放的前沿，处于中国经济区、东盟经济区、南亚经济区的一个交汇点，是中国陆地连接东南亚、南亚走向印度洋一条最便捷的通道和最佳的集合处，云南是桥头堡，德宏则是这个桥头堡的黄金口岸。要紧紧围绕把德宏建设成为面向西南开放桥头堡黄金口岸这一目标，高度重视，加强引导，把握重点，突出特色，打牢基础，不等不靠，主动作为，全力推进。

省社科院副院长、研究员、博士生导师任佳在论坛上建议把德宏建成面向西南开放的二、三产业集聚地、构筑边疆安宁民族和谐的前沿。中国社会科学院亚洲太平洋研究所区域合作研究室主任、副研究员王玉主结合当前面临的机遇和挑战，建议德宏应加强对境外经济发展战略的变化与调整的研究，以桥头堡建设为契机，争取国家政策及项目支持，改善和提升地区的航空、交通、通信等基础设施水平，打牢桥头堡建设的基础。西南林业大学副校长、教授、博士生导师杨宇明就德宏发展竹产业、打造竹文化旅游新品牌、创新地方特色竹用品市场等提出了很好的建议和意见。西南林业大学教授、博士、国家林业局生物多样性保育重点实验室首席科学家田昆认为，盈江建设国家湿地公园对丰富德宏旅游品牌提升大盈江知名度、维护国际河流水生态安全及国际形象、为云南省乃至我国河流湿地生态系统的保护和利用树立示范很有意义。云南农业大学教授、博士、省现代农业奶牛产业技术体系首席科学家毛华明建议发挥德宏农业资源优势，培育特色产业；省社会科学院经济研究所副所长、研究员、博士生导师马勇建议把德宏建设成为我国边疆民族地区跨越式发展和长治久安试验示范区。

受省委常委、省委宣传部部长张田欣的委托，省委宣传部副部长张瑞才作了讲话。

德宏州党政领导余麻约、龚敬政、柳五三、田大余、李燕兰、汪宝泉、杨红、王兴才、卜金富等参加了高端论坛。

论坛分别由中共德宏州委常委、副州长、州委宣传部部长田大余和省社科联副主席江克主持。

开方献策增活力

——“2010年云南社科专家德宏行”大型调研咨询活动综述

刘薇薇　曾滨

《云南日报》记者

5月6日至14日，参加“2010年云南社科专家德宏行暨百名学者话德宏”大型咨询调研活动的32名社科专家，深入德宏傣族景颇族自治州2市3县的农村社区、工厂企业、边境口岸、民族聚居区、建设工地进行实地调研，在认识发现、分析总结中为促进德宏州经济社会又好又快发展把脉会诊、献策开方。

一、生态德宏，打好特色农业牌

冬无严寒、夏无酷暑，四季瓜果飘香，满目苍翠欲滴，光、热、水、土资源丰富，物种神奇多样……大自然赐予德宏无限厚爱。

凭借自身的资源条件，粮食、蔗糖、茶叶、橡胶、畜牧成为德宏州传统的优势产业。近几年，德宏州又开始大力发展具有地方特色和比较优势的竹子、咖啡、坚果、柠檬、油茶、核桃“六棵树”和番麻“一棵草”，逐渐走出一条规模化、龙头化、现代化、品牌化、市场化的生物特色产业发展路子。如今，全州已建和在建的竹子、咖啡、番麻、澳洲坚果、柠檬、油茶等生物特色产业加工生产线已有10条。云南坚果、后谷咖啡、遮放贡米、水牛奶等一批带有浓浓地域特征的特色农产品，逐渐成为“德宏制造”的突出代表……

西南林业大学副校长、云南竹产业专家杨宇明教授认为，德宏竹资源异常丰富、民族竹文化奇妙无穷，开发竹产业和竹旅游前景十分广阔。应该在保护竹类多样性的前提下，依靠科技进步，选择优良竹种，加快培植优质、高效、丰产的人工竹林资源，并通过发展当地优良乡土竹种和引进优良品种相结合的方式，对竹资源按用途进行优化布局，合理规划开发。

云南农业大学教授、云南省农业奶产业首席专家毛华明希望德宏州能够采取有力的措施，加快奶水牛养殖基地建设，加快奶水牛养殖的现代化进程；采取积极的财政政策，扶持、支持现有的加工企业发展，切实帮助他们解决目前的困难；制定优惠政策，吸引州外的投资进入水牛奶加工和规模化奶水牛养殖行业，促进德宏州奶水牛产业做大做强。

站在陇川县万亩甘蔗种植基地前，云南大学经济学院徐光远教授建议，德宏州在发展甘蔗种植与蔗糖生产的同时，应该引进国内知名糖企进行合作，沿着产业链发展深加工业，提高产品的附加值。

二、美丽德宏，唱响“有一个美丽的地方”

在德宏，有一个问题一直困扰着旅游产业：不缺好生态、好资源、好风景，同样打“傣乡”牌，有着同样的民族文化和生态景观，为什么德宏的旅游产业一直不能和西双版纳并驾齐驱？

昆明学院旅游系主任窦志萍教授认为，虽然德宏州各县市旅游资源都很丰富，每个县市都将旅游列为县域经济发展的重点，但是，都缺乏核心旅游资源、缺乏成系列的旅游产品。德宏州迫切需要重新认识自己的优势资源、优势产品，并开发出成系列的旅游产品，进行整合营销与包装，打造属于德宏自己的强势旅游品牌。要实施“耦合战略”，一方面，将旅游与农业、工业、水电、矿业等传统产业相结合，从而生成新的旅游业态，如梁河县可发展茶山体验旅游，潞西市可发展咖啡种植园观光旅游等。另一方面，注重将旅游业与新兴产业融合，为传统旅游产业注入时尚和现代的元素，比如，深化珠宝产业与旅游产业的有机结合，开发珠宝养生旅游等。同时，还应注意充分调动社会资源发展旅游，推进社会旅游产品的开发，进而使得公共资源更好造福当地居民、造福群众。

云南财经大学旅游学院院长许南垣教授认为，德宏应该转变旅游发展方式，在发展定位、形象定位、功能分区定位、市场定位上作一些深度的规划和布局。应着重打造一个中心——芒市；一个龙头——瑞丽；一个腹地——盈江；两条驱动轴——瑞丽江、大盈江；两个文化园——陇川景颇文化园、梁河中国土司文化园；三个旅游功能区：南部边境风情旅游区——芒市、瑞丽；中部边地文化体验旅游区——梁河、陇川；北部绿色水乡生态旅游区——盈江。应充分借助腾冲大循环经济圈的机遇，进一步突出优势资源和核心资源，盘活旅游存量资产，加快融入国内国际的区域旅游合作。

三、开放德宏，打造桥头堡“黄金口岸”

与缅甸接壤，国境线长达503.8公里的德宏州，5个县市中4个县市都处在边境线上。而今，德宏已拥有两个国家一类口岸（瑞丽、畹町）和两个国家二类口岸（章凤、盈江），有28个渡口、64条通道、9条公路通往缅甸，形成了以国家一类口岸为核心、国家二类口岸为辅助、省级通道为补充的口岸体系。同时，还建成了瑞丽、畹町两个国家边境经济合作区和全国唯一的姐告“境内关外”边境贸易区，形成了边民互市、边境贸易、跨境经济合作的沿边开放格局。省委提出建设面向西南开放的重要桥头堡战略之后，德宏州调整对外开放的思路，明确了把德宏建设成为中国面向西南开放桥头堡的黄金口岸的目标。

“建设桥头堡‘黄金口岸’，不能只停留在一个通道的概念上，而应该更加充分地加强地区之间的产业培植，把桥头堡做实，避免通道建成后只成为对外贸易的过道。”一直致力于东盟关系问题研究的中国社科院亚洲太平洋研究所区域合作研究室主任王玉主提出了自己的思考。

省社科院副院长任佳认为，德宏州迫切需要做强产业来夯实桥头堡建设的实质内核。应该更多地从周边国家的收入水平、消费习俗、资源状况出发来进行自身的产业结构调整，建设面向周边国家的加工制造业基地，如发展农林产品、副食品、日用消费品、农机具、纺织品、化肥等加工制造业，更多地面对东南亚、南亚的市场来作我们自己的产业发展规划。

省国际贸易研究所所长童晓谷认为，一方面，应当通过大力发展服务贸易来吸引和承接中国东部、亚洲以及世界一定范围内的产业转移，以大通道经济为核心，构建配套服务体系，全方位提高服务质量，甘当“二传手”。与此同时，拿出最好的项目，通过各种形式吸引国内外投资，采用大进大出方式扩大加工贸易，把云南的区位优势转化为经济优势，真正成为中国连接亚洲三大经济圈的桥梁与纽带，在服务全国中发展自己。另一方面，借助自己的个性优势跳好“民族舞”，在巩固传统经济的同时，大力创新，不断开发个性化经济领域，突出服务贸易、旅游产业、民族文化产业、加工贸易、物流中转，提升云南沿边开放的质量和水平。

省社科院经济研究所副所长马勇指出，建设桥头堡的黄金口岸，德宏州除了需要强化基础设施建设之外，还需通过教育、文化、会展、科研等领域加强与东南亚、南亚国家的交流往来，架起中国同周边国家互惠互利、睦邻友好的友谊之桥，进而使自己发展成为面向东南亚、南亚的文化交流基地、教育培训基地、科研基地、边疆和谐稳定的基地。

后　记

按照社科专家德宏行调研咨询活动的安排，“2010 年社会科学专家德宏行暨百名学者话德宏”活动结束后，7 月底前完成《社会科学专家话德宏》一书的编辑，9 月底前出版。在省社科联党组的领导下，通过各方面的通力合作、全体编辑工作人员的共同努力，该书按期与读者见面了。

《社会科学专家话德宏》全书由“领导讲话、专家调研报告、新闻报道及评述”三个部分组成，共收编 55 篇文章，全面反映了这次大型调研活动的调研成果，可供德宏各级领导和基层实际工作部门的同志参考。

由于时间紧，任务重，加之我们水平有限，书中难免有错误和疏漏之处，敬请各位领导、专家、读者谅解，并批评指正。

编　者

2010 年 7 月 31 日